上海戏剧学院
规划建设教材

Lectures on the Marxist Views on Arts
and Literature

马克思主义文艺观教程（修订版）

陈 敏 主编

上海人民出版社

图书在版编目(CIP)数据

马克思主义文艺观教程/陈敏主编.—修订本.—
上海:上海人民出版社,2023
ISBN 978-7-208-18572-2

Ⅰ.①马… Ⅱ.①陈… Ⅲ.①马克思主义理论-文艺
理论-高等学校-教材 Ⅳ.①A811.691

中国国家版本馆 CIP 数据核字(2023)第 188962 号

责任编辑 赵蔚华
封面设计 陈 晔

马克思主义文艺观教程(修订版)
陈 敏 主编

出 版 上海人人出版社
      (201101 上海市闵行区号景路 159 弄 C 座)
发 行 上海人民出版社发行中心
印 刷 苏州工业园区美柯乐制版印务有限责任公司
开 本 720×1000 1/16
印 张 24
插 页 3
字 数 341,000
版 次 2024 年 1 月第 1 版
印 次 2024 年 1 月第 1 次印刷
ISBN 978-7-208-18572-2/A·156
定 价 98.00 元

目　录

导　论

当今世界，社会变化日新月异，多种思想文化相互激荡，有吸纳又有排斥，有融合又有斗争，有渗透又有抵御。我们面对的是多元化、市场化、全球化的文化事实。同样地，在当下中国，面对思想观念日趋多元的新形势，面对国家发展和人民生活改善对于文化发展的需求，文艺领域呈现出更为多样活跃、纷繁复杂的局面。因此，为了在新的时代背景和社会语境下发展具有中国特色的社会主义文艺，找准我们国家文化发展的方位，创造民族文化的新辉煌，增强我国文化的国际竞争力，提升中华文化话语权，坚定文化自信，我们更应该坚持马克思主义文艺观的指导，牢牢把握好社会主义先进文化的前进方向。

马克思主义文艺观是马克思主义整个理论体系的有机组成部分，是马克思主义在文艺领域的具体化，是被实践检验和证明了的指导文艺工作的正确的理论原则和经验总结。马克思主义本身的产生和发展即是不断承接和吸纳人类一切思想智慧的先进成果而进行的综合创新的结果，并始终保持着与时俱进的态势。虽然马克思和恩格斯没有留下系统完整的文艺理论，但是迄至今日，无论是东方还是西方，举凡构建任何一种文艺理论，马克思主义永远是一个里程碑式的基石。故而在这个意义上，通过研读马克思、恩格斯的文艺观，分析他们在诸多文字和著作中留下的关于文艺观点的思想片段，并进而延展到马克思主义中国化的文艺理论，通过对毛泽东、邓小平、江泽民、胡锦涛、习近平等中国历届领导人的文艺观点归纳、整理与思考，再观照西方马克思主义文艺理论在社会的传播与发展，对指导当今中国社会主义文艺发展有着不可估量的重大意义。

一、学习马克思主义文艺观的必要性与意义

当我们试图回答为什么要学习马克思主义文艺观的时候，不妨先思考一下我们为什么要学习马克思主义基本理论知识。马克思主义特别是中国特色社会主义理论体系是科学的世界观和方法论。我们学习马克思主义，不仅可以把握方向、明辨是非，还可以获得正确认识世界的思维方法，获得为人民服务的思想政治素质，获得不断奋斗前行的动力，获得伟大的人格魅力。究其原因就在于：（1）马克思主义具有与时俱进的品格。马克思主义与时俱进是变与不变的统一。正确理解马克思主义与时俱进的含义，关键在于区分马克思主义的基本原理与运用这些基本原理分析具体问题得出的具体结论。要做到马克思主义与时俱进，必须贯彻解放思想、实事求是的思想路线。（2）马克思主义与时俱进的具体表现是不断提出新的观点、新的思想，就是理论创新。但是，并不是任何新的观点、新的思想都是对的，并不是任何"创新"都是马克思主义与时俱进的产物，我们在学习的基础上亦要明辨。（3）马克思主义是关于自然和社会的发展规律的科学，它是不能停滞不前的。马克思主义随着时代的发展而不断发展着、完备着，不断以新的经验、新的知识、新的结论丰富自己。马克思主义之所以能够指导我们不同历史时期的革命和建设的实践，就是因为它不是固定不变的教条，而是能够与时俱进的学说。在此基础上，马克思主义基本原理和马克思主义文艺观有着相辅相成互为表里的关系。

当我们回顾和梳理马克思主义文艺观发展的历史时，我们发现其本身也是马克思主义发展史。马克思主义的文艺观和马克思主义的哲学、政治经济学、科学社会主义理论密切地交织在一起，辩证唯物主义和历史唯物主义犹如一条红线贯穿于他们文艺观的全部见解之中，使得他们的理论具有科学的完整性和一贯性，赋予了马克思主义文艺观以不同于历史上形形色色文艺理论的崭新的、独特的面貌。我们的任务就是把马克思主义先驱们的文艺思想从马克思主义体系中梳理出来并加以阐释，使得马克思主义

文艺观更加系统化、具体化。同时，马克思主义文艺观随着人类文艺实践的发展而与时俱进，中国社会主义文学艺术的发展，必须从我国的国情出发，从我国现代化的实际进程出发，无论文艺内容和文艺形式，都必须扎根于我国社会主义现代化建设的现实，必须有力地反映我国人民为构建社会主义和谐社会而奋发昂扬的时代精神和生气蓬勃的历史脉搏。因此，在新的历史条件下，马克思主义文艺观自然是我国文艺工作的基本指导思想，是社会主义文艺的灵魂和方向。

以上是从大方向的角度阐明了新时代我们为什么要坚持马克思主义及马克思主义文艺观的学习，接下来简单谈谈为什么要在艺术类院校中开展马克思主义文艺观的教学和科研工作。我们艺术院校肩负着为国家培养21世纪文化艺术人才的光荣任务。我们培养的学生大多数将成为国家文化艺术大军中的主力和骨干，今天的大学生思想政治道德素质如何、今天的大学生对马克思主义文艺观的信服和掌握的程度，将直接影响未来国家文化艺术事业的面貌。学校的思想政治道德的建设、学校的马克思主义文艺观的教育，能够在一定程度上让我们艺术院校的大学生深刻领会马克思主义文艺观的精髓，实在是建设社会主义文化事业的基础性工程。

首先，深入学习和领会马克思主义文艺观的理论，是艺术院校培养"德艺双馨"的社会主义艺术人才的必然要求。艺术院校在培养国家的艺术人才时面临的首要问题就是培养什么样的人的问题：我国的艺术院校培养的艺术人才不仅要具有娴熟的专业技能、高尚的艺德情操，而且还必须有为社会主义文艺事业服务的责任感。学习马克思主义文艺观是培养艺术人才综合素质的重要途径，是帮助大学生确立共产主义理想信念的主要方法之一。其次，深入学习和领会马克思主义文艺观的理论，是艺术院校正确确立艺术人才培养方式和途径的理论前提。只有在深入学习和领会马克思主义文艺观的理论之后，才能正确、合理地建立起一套科学的艺术人才培养机制。再次，深入学习和领会马克思主义文艺观的理论，是艺术院校大学生个人事业健康发展的内在保障。马克思主义特别强调人的自由全面发展，马克思主义文艺观又为艺术院校的大学生们的艺术创作指明了前进的方向，为他们艺术事业的顺利发展提供了保障，科学理论也为他们的文艺实践提供了良好的方法论的指导作用，更有利于培养德艺双馨的文艺工作者。

习近平总书记在2014年文艺工作座谈会的讲话中指出，"要高度重视和切实加强文艺评论工作"，"要以马克思主义文艺理论为指导，继承创新中国古代文艺批评理论优秀遗产，批判借鉴现代西方文艺理论，打磨好批评这把'利器'，把好文艺批评的方向盘"。① 只有坚持以马克思主义文艺理论为指导，才能有效地继承创新中国古代文艺批评理论优秀遗产，批判借鉴现代西方文艺理论，把好文艺批评的方向盘，更好地建设和发展中国化的马克思主义文艺理论。故而我们说在这个意义上，厘清马克思主义基本原理与马克思主义文艺理论之间的关系，并把握好马克思主义文艺理论的基本观点和思路，对于发展和繁荣中国特色社会主义文艺是大有裨益的。马克思主义本身有其深刻的哲学、政治经济学和科学社会主义理论，这些理论由于以人类全部实践活动的历史发展和社会整体组织结构、各种制度、功能及其历史演变作为研究对象，也就成为涵盖人类社会各个领域的总体化科学理论，对于人、自然和社会各方面问题具有全面而深刻的解释能力。不难理解，在马克思主义整体中就包含论述文学艺术活动的马克思主义文艺理论。上文也提到过，马克思和恩格斯没有给人们留下一部有完整体系的马克思主义文艺学、美学著作，他们也不是专门的文艺理论家，但是事实上，马克思和恩格斯在创立马克思主义之时，就确立了马克思主义文艺观的基本原则和方法，为马克思主义文艺观在全世界范围内的广泛传播和发展奠定了基础，且其哲学、政治经济学、科学社会主义等经典论著，也有大量关于文学艺术的论述，有对文学艺术实践精细而深入的马克思主义的分析，蕴含和集中体现着马克思主义文艺理论的基本原理，是一百多年来蓬勃发展、兴旺发达的包括中国化马克思主义文论在内的全球马克思主义文论的起点、本源和基础。因此，我们要在文艺批评中坚持以马克思主

---

① 习近平：《在文艺工作座谈会上的讲话（2014年10月15日）》，《人民日报》，2015年10月15日。

义为指导，首先要学习好马克思主义经典著作中的文艺理论思想，充分认识和理解马克思主义原典所诠释的马克思主义文艺理论的立场、观点、方法，正确地指导中国当下社会主义文艺的健康发展。

所以本教材会先从马克思恩格斯的经典文艺思想入手，辅之以其文艺论点作为切入，分不同的历史时期观照马克思主义文艺观在其中的发展与衍变。总体而言，本《教程》的编撰，是为了给艺术类院校的大学生提供学习马克思主义文艺观的基本教材。我们希望这样的教材及其课程，能在帮助大学生培养理论思维能力，树立正确的文艺观、审美观方面起到作用；我们更希望大学生在学习马克思主义文艺观的时候要特别注意理论联系实际，不但要领会马克思主义文艺观的精神，还要实践马克思主义文艺观的理论，把理论与新世纪我国现代化建设的实际结合起来，与自己文艺事业的发展结合起来，运用马克思主义文艺观的基本观点和基本方法，分析和解决所面临的问题，在实践中进一步检验和发展马克思主义文艺观。

二、学习马克思主义文艺观的主要内容

马克思主义文艺观，顾名思义，是以马克思主义基本原理作为基础理论与思维框架的体系的，自马克思和恩格斯开始走过了不同的历史时期，并在全世界不同的国家体系和社会语境中形成了各自独特的理论系统和风格。马克思、恩格斯以西方自古希腊以来包括古希腊神话与悲剧、文艺复兴时期的绘画作品、莎士比亚的剧作、歌德及巴尔扎克等著名作家创作的文学艺术的精华作为理论依据，创立了以现实主义文艺思想为核心，以真实性、倾向性和典型性为理论支柱，包括文艺美学、文艺的本质和特征、文艺的社会作用、艺术生产、文艺的创作规律、文艺的发生和发展规律、文艺的内容与形式等一系列有关文艺的基本原则和方法。

当我们在探讨马克思和恩格斯的文艺理论究竟应该学习哪些内容的时候，笔者认为绕不开的一个关键点即是现实主义的文艺创作思想。马克思和恩格斯非常看重现实主义的创作和实践及现实主义的运动思潮，在这个

基础上，他们又结合文艺创作的具体作品来进行讨论，虽然最后实际上没有哪一本书或者哪一个专著专门来谈论现实主义问题，但是马恩在很多论著中，包括很多书信中都关注和讨论了这个问题，提出了一系列非常重要的见解。马克思本身是从浪漫主义的理想主义转向现实主义的，恩格斯则是从当时的青年德意志派——他们所谓的倾向文学转到现实中去的。就马克思和恩格斯的现实主义的文艺思想本身而言，其实是包含着多重维度的。

首先，他们积极倡导以莎士比亚为代表的欧洲文学史上的现实主义传统。恩格斯明确讲，我们不应该为了观念的东西而忘掉现实主义的东西，不能为了席勒而忘掉莎士比亚，也就是说不应该为了观念的东西而忘掉现实主义的内容。观念的东西就是"主题先行"，不要为了达到一个目的、宣扬某种观念，把这个历史素材来写成历史剧，这个是为观念服务，而他们认为应该从现实主义出去。马恩在这里强调创作应该莎士比亚化，这是他们总的原则——即创作应该莎士比亚化，而不要席勒式。简单说明一下，在马克思和恩格斯看来，席勒式指的是文学创作中从观念出发的概念化、抽象化的倾向。比如讲，在塑造人物方面，它从抽象观念出发，把人物变成表现作者理想和观念的一个工具。所以，马克思讲席勒式就是把个人变成时代精神的单纯的传声筒。这个是席勒式的缺点。当然马恩对席勒也并不是全盘否定的，对很多包括他的文艺创作、文学作品、戏剧作品等都还是高度赞扬的，但是提到其至少有一部分作品，是简单化的，就是单纯传声筒的概念化的毛病。当然这里要注意不要把席勒贬低了，那个时代歌德、席勒都是伟大的作家。再看莎士比亚的作品，里面几乎从来不去写从无到有创造新故事，莎士比亚作品完全都是历史的题材，没有自己编的故事，而是经常采用历史古迹和流行叙事诗里边的现成情景，他的大部分戏剧都忠实再现了16、17世纪英国的现实生活。比如哈姆雷特、李尔王、麦克白夫人等都是独特的现实时空的代表。恩格斯谈到莎士比亚戏剧的时候说："不管剧中的情节发生在什么地方——在意大利，在法兰西，或在纳瓦腊——其实展现在我们面前的，基本上总是欢乐的英国。莎士比亚笔下的乡巴佬，精明过人的学校教师，可爱又乖巧的妇女，全都是英国的。总之，你会感到这样的情节，只有在英国的天空下才能发生。"①恩格斯对莎士比亚的评价非常高，同时对莎士比亚的现实主义的创作也非常赞赏。

其次，谈到马克思和恩格斯的现实主义文艺思想，还在于他们强调现实主义文艺的基本原则就是要真实地描写现实关系。马克思恩格斯都很强调这一点。恩格斯认为，一部具有社会主义倾向的小说，通过对现实关系的真实描写就可以完成自己的使命。这里指的是通过对现实关系的真实描写，不是光描写现实，而是真实描写，是现实主义的重要原则。马克思也持有相同的观点，他在晚年的《资本论》里，提到了巴尔扎克的一篇长篇小说叫《农民》，这个小说里面有一段情节，主要是讲一个小农和高利贷者的故事。马克思就用一句话概括这个故事：以对现实关系具有深刻理解而著名的巴尔扎克，他的描写很准确。这个话实际上就是肯定巴尔扎克作品的真实性——对现实关系深刻理解和准确描绘，就是后来马恩对巴尔扎克的高度评价，是因为他能够对现实关系精确地描绘、真实地描绘。除此之外，对人物形象的真实描绘，也是非常重要的。马克思讲：如果用伦勃朗的强烈色彩把革命派的领导人，终于栩栩如生地描绘出来了，那就太理想了。在现有的一些绘画中，始终没有把这些人物真实地描绘出来，只是把他们画成一种官场人物，脚穿厚底靴，头上绕着灵光圈，在这些形象被夸张了的、拉斐尔式的画像中，一切绘画的真实性都消失了。马克思是在评论当时的一些绘画作品。其意思在于批判现有的一切绘画都没有能把人物形象真实地描绘出来，而出来的都是夸张的拉斐尔式的画像，当然这里不要看成他对拉斐尔作品的全盘否定。马克思希望用伦勃朗式的强烈色彩，把革命派领导人的栩栩如生描绘出来的。这其实是一种对比，在对比中强调要描写人物形象的真实性。恩格斯也不赞成把人物完全脱离实际地理想化。恩格斯讲现实主义，除了讲现实关系的真实性、人物形象的真实性，还讲到细节的真实性，他虽然没有突出地强调，但是在评论某些小说的时候，还是提到了这个意思，比如他充分肯定了小说《城市姑娘》里边细节

---

① 《马克思恩格斯论艺术》第四卷，人民文学出版社 1985 年版，第 385 页。

的真实。

最后，观照一下马克思和恩格斯现实主义文艺观中很重要的一点就是要塑造典型环境中的典型人物。这个观念可以说是马恩的独创，以前没有学者提出，后来也很少有人提。我们先从典型人物说起。因为现实主义在马克思恩格斯那个时代，很多作品的人物塑造不够典型。即使有某些典型人物，也没有围绕他们的环境，有机地结合起来。所以这个典型环境中的典型人物，当然主要还是针对他们那个时代的作品，对我们今天来讲，同样对文学创作、艺术创作有着相当的指导意义。恩格斯把《浮士德》《永世流浪的犹太人》和《粗野的猎人》这三部作品中间的人物，作为预期的精神自由的三个典型，并且要独具一格地塑造这三个典型。塑造这三个典型，是恩格斯早期提出的概念，到晚年重提的时候，这个所谓"典型"的概念当然有很大的发展。他认为典型人物并不是标签化的、概念化的一个人物，他一定是有独特的鲜明个性。每个人都有自己独特性，特殊性，不可取代性，鲜明的个性、独特的个性就是典型的重要内涵。马克思还明确说过一句话：个性和特征是典型性的组成部分。没有鲜明独特的个性，就不是典型人物，这是一个方面。这方面还有另外一层意思，就是马恩他们还对作家创作提出思考，讲到在作家作品中，当塑造了这个人物，后面的这个人物的很多行动就不一定能够为作家所左右，他会应该按照他自己的性格逻辑行动，而不应该强制他做什么，按照所谓观念的意图来。就是你不应该把作家自己的动作意图硬加给这个人物，而是要变成他们自己的动机，这个表达了自己思考的结果。马恩强调必须在创作中尊重人物的独立性、尊重人物自身的性格的问题，这个就是典型，如果塑造出典型就应该是这样的。第二方面，就是他的这个典型需要有一定的代表性，除了它是单个人，还要有一定的代表性。代表性就是指在典型人物身上可以看到某一类的共性，而不是他一个人的。应该说，就是真正典型人物，不但要有鲜明的个性，而且个性背后还要体现一定的本质特征的东西，就是和代表性要结合起来。所以真正的典型人物必须是鲜明的个性和深刻的本质的代表性这两方面有机统一，这才是典型人物的基本要求。接下来再讲典型环境。从现实主义的要求来看，典型环境只有典型人物是不够的。在马克思和恩格斯以前，还没有人使用典型环境这个概念，特别是没有人把典型环境和典型人物联系在一起，那么这应该说是马恩对文艺学美学的一个重要贡献。总的来讲，人物和环境的关系是互动的，人是受环境制约的，就是人创造环境，环境也创造人，互相是辩证的，所以这个是其中的一个关键。就典型环境里面，马恩主要强调两点：一是要真实地展现出环绕的人物，这些人物促使他的行动，从而影响他命运的现实的社会关系和社会矛盾，就刚才讲的现实关系，要写出这个环境能够促使他行动，影响他命运。作品中要呈现环境对人的一种制约、衬托。二是要进一步描绘出环绕这些人物所处的社会关系的历史变迁和时代特点，围绕人的环境也会变，变了以后如何促使人物行动的进一步变化，这也是所谓典型环境需要着重考虑的地方。就马克思恩格斯的现实主义文艺观方面，可以说"塑造典型环境中的典型人物"是马恩开创性地提出了的过去所没有的观点，也是我们需要重点关注的方面。

到了 19 世纪末、20 世纪初，在世界无产阶级运动最重要的舞台——俄国、苏联，马克思主义文艺理论得到了有力的传播和全新的发展，并且随着无产阶级革命的胜利，马克思主义的文艺理论更是进入了新的发展时期——列宁主义阶段。列宁结合俄国社会主义革命的实际，系统阐述和全面论证了文艺的党性原则，创造性地回答了无产阶级文艺运动中提出的各种新问题，总结了新的经验。他在一系列文艺学美学问题上补充和丰富了马克思文艺观思想，并把它提高到了一个新的水平上。列宁的战友和追随者，像高尔基、布哈林等，也结合俄国革命和世界无产阶级运动进一步推进了列宁的文艺思想。

列宁文艺思想是马克思主义文艺思想体系中的一个重要组成部分。列宁在新的历史条件下继承、捍卫、发展了马克思和恩格斯的基本观点，探讨和回答了实践提出的新问题，在总结领导革命文艺运动经验的基础上做出了重大的理论建树，为社会主义文艺的发展指明了方向。列宁文艺思想极其丰富，本教程所涉及的也只是其中相对来说比较突出和重要的部分，拘囿于篇幅，这里先只讲其中的几个重要方面。一方面，列宁在批判马赫主义的同时，发展了马克思主义的认识论，提出了辩证唯物主义的能动的反映论。他坚持人的意识是外部世界在人的头脑中的反映这一"唯物主义的一般原理"，强调"生活、实践的观点，应该是认识论的首要的和基本的观点"。① 另一方面，他又指出认识过程是一个辩证的发展过程，强调认识主体的能动作用。根据列宁的观点，文艺是社会生活的反映，因而社会生活是文艺的唯一的源泉；同时由于这种反映是能动的反映，是一个复杂的、曲折的、不断深化的过程，在其中认识主体的思想和情感起着重要作用，所以文艺只能是生活的"近似正确的复写"，而不能要求它等同于生活。列宁的论述，一方面为批判包括"纯文学"论、"自我表现"论、"世界如文本"论等唯心主义观点提供了强大的思想武器，另一方面也为反对机械反映论和庸俗社会学提供了依据。列宁在发展马克思主义文艺学方面所作的一个重大贡献，是提出了关于文艺的党性原则的学说。我们知道，马克思和恩格斯十分重视文艺的倾向性，密切关注和热情肯定描绘无产阶级的生活和斗争的文艺作品及无产者本身的文艺创作。列宁关于文艺的党性原则的理论是在新的历史条件下对倾向性思想的进一步发展。列宁早在 19 世纪 90 年代上半期就指出："唯物主义本身包含有所谓党性，要求对事变做任何估计时都必须直率而公开地站到一定社会集团的立场上。"② 到 20 世纪初，他针对某些资产阶级代表人物宣扬的"非党性"思想，明确地宣布："非党性是资产阶级思想。党性是社会主义思想。"③ 他在纲领性文章《党的组织和党的出版物》中系统地阐明了包括文学在内的写作事业的党性问题。他强调指出，写作事业不是个人的事，它"应当成为整个无产阶级事业的一部分"④，应当受无产阶级政党的领导和监督。值得注意的是，列宁同时又强调写作事业是一个特殊的部分，不能把它同其他部分"刻板地等同起来"。他

---

① 列宁：《唯物主义与经验批判主义》，人民出版社 1998 年版，第 144 页。

② 《列宁选集》第一卷，人民出版社 1989 年版，第 363 页。

③ 同上书，第 379 页。

④ 《列宁论文学与艺术》，人民文学出版社 1983 年版，第 68 页。

说："无可争论，写作事业最不能作机械划一，强求一律，少数服从多数。无可争论，在这个事业中，绝对必须保证有个人创造性和个人爱好的广阔天地，有思想和幻想、形式和内容的广阔天地。"①这里所说的两个"无可争论"要求人们必须重视写作事业的特殊性和尊重它本身的规律，这一点对文学来说显得尤为重要。接着列宁主张"用真正自由的、公开同无产阶级相联系的写作，去对抗伪装自由的、事实上同资产阶级相联系的写作"，明确指出前一种写作应该"为千千万万劳动人民，为这些国家的精华、国家的力量、国家的未来服务"。②这里列宁提出了包括文学在内的写作事业的一个根本问题，即为谁服务的问题，第一次要求把"千千万万劳动人民"作为服务对象。这个提法具有划时代的重要意义。十月革命后，列宁在批判各种错误观点和总结经验的基础上，系统地阐述了"艺术属于人民"的思想。他说，艺术"必须深深扎根于广大劳动群众中间。它必须为群众所了解和爱好。它必须从群众的感情、思想和愿望方面把他们团结起来并使他们得到提高。它必须唤醒群众中的艺术家并使之发展"。③列宁这里提出的四个"必须"，既讲了艺术的根基问题，又讲了它如何为群众的问题，强调艺术应该起团结人民和教育人民的作用，最后讲了建设人民群众自己的艺术家队伍的问题，第一次提出人民群众不仅应该成为艺术的接受者，而且应该成为艺术的创造者。与此同时，列宁批判了无产阶级文化派否定文化遗产、臆造"无产阶级文化"和摆脱党的领导的思想和行为，为建设社会主义新文化端正了方向。现在距离列宁逝世已近百年，整个世界发生了巨大变化。列宁文艺思想在它的故乡遭到了一定程度的冷落，而在我国，一些人对它也变得淡漠起来。然而列宁当年阐述的基本观点并没有过时，甚至仍有重要的指导意义。现在应该提出重新学习马克思文艺观、列宁文艺思想的任务，这对于坚持文艺的社会主义方向、促进文艺的健康发展来说，是非常必要的。

---

① 《列宁选集》第二卷，人民出版社 1989 年版，第 664 页。

② 《列宁选集》第一卷，人民出版社 1989 年版，第 662—667 页。

③ 《列宁论文学与艺术》，人民文学出版社 1983 年版，第 433 页。

俄国、苏联时期的文艺思想充分吸收和借鉴了马克思和恩格斯文艺思想的精髓，形成了自我独特的马克思主义文艺观。在此基础之上，马克思主义文艺观在全世界范围内进一步传播和发展，结合不同国家和民族的现状，各自衍生出自身独具特色的理论体系。

毛泽东文艺思想是马克思主义文艺观中国化的第一个理论成果。毛泽东从最基本的哲学问题入手，解读作为社会意识的文艺与社会存在和经济基础的关系，提出了文艺的方向、文艺创作的原则，分析了文艺的基本特质；在吸纳了中西方优秀文化的基础上，全面阐释了文艺的民族形式和民族风格的问题，为新中国的文艺工作者们指明了方向。在吸收借鉴马克思恩格斯文艺思想的基础上，毛泽东也创造性的借鉴了列宁的文艺理论。可以说，毛泽东根据中国革命文艺运动发展的具体情况，创造性地运用和进一步发展了列宁文艺思想。他所作的关于文艺工作与一般革命工作的关系的论述，是与列宁的思想一致的。在文艺为什么人服务这个根本问题上，他根据列宁的思想，提出我们的文艺是"为人民大众的、首先是为工农兵的"，[①] 并对如何为人民大众服务的问题作了进一步发挥，阐述了普及和提高的辩证关系。在文艺与生活的关系问题上，他也像列宁一样，指出文艺是社会生活的反映，强调社会生活是文艺的唯一的源泉，同时又发表了这样一个重要观点，即文艺源于生活，又高于生活，这样既与形形色色的唯心主义文艺观划清了界限，又与机械唯物主义的文艺观划清了界限。在对待文化遗产方面，毛泽东同志对列宁的思想既有继承，也有进一步的发展，他一方面重视继承文化遗产对发展社会主义文化的重要性，提出"古为今用""推陈出新"的方针，另一方面又反对以它来代替自己的创造。所有这些事实都说明，毛泽东文艺思想是与列宁文艺思想一脉相承的。列宁文艺思想是马克思主义文艺思想发展史上的一个重要阶段。它起着承前启后的重要作用，对毛泽东文艺思想的形成产生了重大影响。

我们学习毛泽东文艺思想，有几个关键点需要把握：首先是毛泽东在

---

① 中共中央文献研究室编：《毛泽东文艺论集》，中央文献出版社 2002 年版，第 67 页。

延安文艺座谈会上鲜明地提出文艺"为人民大众首先为工农兵服务",这从根本上指明了党领导的文艺工作的政治方向,也是毛泽东文艺思想的核心和灵魂。以此为开端,解放区的广大文艺工作者及当时国统区的一些作家艺术家把自己的立场转变到人民的立场上来,按照文艺为工农兵服务、为人民大众服务的方向,纷纷下乡下厂下部队,向工农兵群众学习,从工农兵群众的火热生活中汲取营养,创作出一大批反映人民群众现实生活、为人民群众喜闻乐见的优秀文艺作品,为中国人民革命事业的胜利作出了不可磨灭的历史性贡献。然后是"双百"方针的提出,新中国成立标志着中国的历史掀开了崭新的一页。党领导全国各族人民奋发图强、艰苦奋斗,迅速改变了旧中国的落后面貌。随着经济建设高潮的兴起,一个文化建设的高潮也随之到来。1956 年 4 月 28 日,毛泽东在中共中央政治局扩大会议上的总结讲话中提出:"艺术问题上的百花齐放,学术问题上的百家争鸣,我看应该成为我们的方针。"①1957 年 2 月,毛泽东在最高国务会议第十一次(扩大)会议上发表了《关于正确处理人民内部矛盾的问题》的重要讲话。讲话再次明确指出:"百花齐放、百家争鸣的方针,是促进艺术发展和科学进步的方针,是促进我国的社会主义文化繁荣的方针。"②"双百"方针的提出,是毛泽东文艺思想的重大发展,它同"二为"方向一道,构成了毛泽东文艺思想的基本体系。"双百"方针的提出,适应了国家和人民需要迅速发展文化的迫切要求,体现了文学艺术自身发展的内在规律,是完全正确的方针。"双百"方针提出之后,在一段时间内,我国文学艺术界鼓励艺术上不同形式和风格的自由发展,尊重和支持作家艺术家的创作,大力促进文学艺术的繁荣,文化建设取得了显著的成绩。进入改革开放和社会主义现代化建设的历史新时期,我国文学艺术事业迎来了新的春天,"百花齐放、百家争鸣"作为发展文学艺术事业的正确方针被重新提到了重要位置。邓小平在第四次文代会的祝词中强调,要继续坚持贯彻"双百"方针,在艺术创作上提倡不同形式和风格的自由发展、在艺术理论上提倡不同观

---

① 中共中央文献研究室编:《毛泽东文艺论集》,中央文献出版社 2002 年版,第 143 页。
② 同上书,第 158 页。

点和学派的自由讨论。由于认真贯彻执行"双百"方针，我国文艺事业呈现出生机勃勃、硕果累累的崭新面貌。文学、戏剧、电影、电视、音乐、舞蹈、美术、书法、曲艺、杂技以及民间艺术、群众艺术等繁花似锦、姹紫嫣红。广大文艺工作者思想解放，心情舒畅，他们以与时代同进步、与人民共命运的崇高责任感和饱满激情，为人民奉献了大量思想内涵丰富、艺术品质上乘的精神食粮，对满足人民精神需求、丰富人民精神世界、增强人民精神力量、促进人的全面发展发挥着不可替代的作用。实践证明，"百花齐放、百家争鸣"的方针是繁荣发展文学艺术事业的正确方针。坚持贯彻执行这一方针，文艺事业就兴旺发达，文艺工作者就积极性高涨；而背离这一方针，文艺园地必定会百花凋零，文艺工作者的聪明才智和创作热情也必定会被扼杀掉。今天，面对推动社会主义文化大发展大繁荣的重大历史任务，我们必须更加自觉地坚定地贯彻好"双百"方针，尊重差异，包容多样，努力创作生产更多无愧于历史、无愧于时代、无愧于人民的优秀文艺作品，使社会主义文化的百花园更加绚丽多彩。最后，中华民族有着五千年连绵不断的文明历史，创造了闻名于世的优秀文化。同时，中华文化也在同世界文化的交流交往中，不断书写着新的辉煌。面对外来文化的冲击，如何对待传统文化和外来文化？毛泽东文艺思想鲜明地回答了这个重大问题，这就是：古为今用、洋为中用。毛泽东在《新民主主义论》中提出了"民族的科学的大众的文化"这一著名论断，文中指出："中国应该大量吸收外国的进步文化，作为自己文化食粮的原料"，"但是一切外国的东西，如同我们对于食物一样，必须经过自己的口腔咀嚼和胃肠运动，送进唾液胃液肠液，把它分解为精华和糟粕两部分，然后排泄其糟粕，吸收其精华，才能对我们的身体有益，决不能生吞活剥地毫无批判地吸收"①。在延安文艺座谈会上的讲话中，毛泽东也提出："我们绝不可拒绝继承和借鉴古人和外国人，哪怕是封建阶级和资产阶级的东西。但是继承和借鉴决不可以变成替代自己的创造。"②以毛泽东为代表的中国共产党人以海纳百川

---

① 中共中央文献研究室编：《毛泽东文艺论集》，中央文献出版社 2002 年版，第 41 页。
② 同上书，第 63 页。

的博大胸怀，正确地对待传统文化和外来文化，强调吸取借鉴一切优秀的文学艺术遗产和人类文明成果，鲜明地体现了毛泽东文艺思想的继承性和开放性。按照古为今用、洋为中用的原则，新中国成立后，文学艺术事业在继承和弘扬我国优秀传统文化、吸收国外有益文化成果方面，做了大量卓有成效的工作。改革开放以来，随着我国多层次、宽领域、全方位对外开放格局的形成，我国经济、文化等领域"走出去""请进来"的步伐不断加快，文学艺术事业以前所未有的广度和深度，同世界各国文化交流、交融、交往，对繁荣我国文学艺术事业，丰富人民群众精神文化生活，发挥了重要的作用。在时代发生深刻变化、世界各国经济相互交融、思想文化相互激荡的新形势下，毛泽东文艺思想所提倡的"古为今用、洋为中用"的方针原则，我们必须继续坚持。中华优秀传统文化凝聚着中华民族自强不息的精神追求和历久弥新的精神财富，是发展社会主义先进文化的深厚基础，是建设中华民族共有精神家园的重要支撑。我们应当珍惜、保护和挖掘中华民族优秀文化遗产，使之成为新时期激励和鼓舞人民前进的强大力量。在国际间文化交流日益频繁的今天，排斥外来文化，在文化上把自己封闭起来，只会延缓我们民族文化的发展进程，但借鉴外来文化，必须立足于本民族的实践。要坚持以我为主、为我所用，学习借鉴一切有利于加强我国社会主义文化建设的有益经验、一切有利于丰富我国人民文化生活的积极成果、一切有利于发展我国文化事业和文化产业的经营管理理念和运行机制。在文学艺术事业的发展和文化建设上，同样绝不能盲目崇拜西方文化，更不能搞全盘西化。

综上可以看出，在马克思主义文艺观的影响下，毛泽东文艺思想既充分吸收借鉴了其中的有益成分，同时又结合中国特色创造出独具魅力的自身文艺思想，并进一步影响了之后中国文艺道路的发展。

邓小平在深刻领会毛泽东提出的"双百"方针的基础上，全面分析了新中国成立以来文艺工作的是非得失，深刻阐述了他关于人民与文艺的辩证思想，创造性地提出了文艺的"二为"方向，纠正了我国在文艺领域长期存在的"左"的思想，为我国文艺事业的健康发展拨正了航向。江泽民和胡锦涛沿着邓小平文艺理论的正确方向，进一步促进了马克思主义文艺观的中国化，形成了一整套成熟的统领文艺工作的原则和方法。习近平在此基础上，同时结合马克思主义文艺观的思想精髓，形成了习近平文化思想。

习近平文化思想，作为习近平新时代中国特色社会主义思想的重要组成部分，是繁荣发展新时代中国特色社会主义文艺的理论纲领和行动指南。党的十八大以来，习近平就治国理政发表了一系列重要讲话，其中关于文艺的重要指示已经形成了完整、科学的习近平文化思想。如果说，集中体现在《在延安文艺座谈会上的讲话》中的毛泽东文艺思想，是20世纪40年代在抗日战争环境中的中国共产党人把马克思主义文艺观中国化、时代化、大众化的最高成果，那么，集中体现在2014年10月15日在文艺工作座谈会上的讲话和2016年11月30日在中国文联十大、中国作协九大开幕式上的讲话，以及2021年12月14日在中国文联十一大、中国作协十大开幕式上的讲话及党的十九大报告和党的二十大报告中的习近平文化思想，就是21世纪中国共产党人在继承毛泽东文艺思想基础上，与时俱进地把马克思主义文艺观中国化、时代化、大众化的最新成果。习近平文化思想是从党的十八大以来，党和国家事业发生历史性变革，我国发展站到了新的历史起点上，对新时代中国特色社会主义文艺与人民、经济、政治、社会、生态关系的辩证阐释与科学总结。习近平文化思想，发源于中华优秀传统文化和中华美学精神，熔铸于马克思主义文艺观中国化的历史进程和继承发展毛泽东文艺思想和中国特色社会主义文艺理论，植根于繁荣发展新时代中国特色社会主义文艺伟大实践。习近平作为党中央领导集体的核心，高瞻远瞩，立足中国，放眼世界，统观大势，吮吸着中华优秀传统文化和中华美学精神的丰富营养，紧密联系新时代中国特色社会主义文艺实践的新矛盾、新问题，科学、辩证地提出了成体系的新思想、新观念。习近平强调："要繁荣文艺创作，坚持思想精深、艺术精湛、制作精良相统一，加强现实题材创作，不断推出讴歌党、讴歌祖国、讴歌人民、讴歌英雄的精品力作。发扬学术民主、艺术民主，提升文艺原创力，推动文艺创新。倡导讲品位、讲格调、讲责任，抵制低俗、庸俗、媚俗。加强文艺队伍建设，造就一大批德艺双馨名家大师，培育一大批高水平创作人才。"① 这就为新时代中国特色社会主义文艺的性质与任务、内涵与主旨、标准与生态、道路与方向、继承与创新、人才与队伍等重要课题指明了方向，绘就了蓝图。

习近平文化思想是在新时代中国特色社会主义伟大实践和伟大斗争中产生形成的，是在党的十八大以来解决了许多长期想解决而未能解决的难题，办成了许多过去想办而没有办成的大事的历史性变革中产生形成的，因而必然带有鲜明的时代性、针对性、战斗性和实践品格。毋庸讳言，针对文艺领域出现的某种"去思想化""去价值化""去中国化""去历史化""去主流化"倾向，习近平文化思想强调要"牢牢掌握意识形态工作领导权"，"旗帜鲜明反对和抵制各种错误观点"；针对文艺界确曾出现的"唯票房、唯收视率、唯码洋、唯点击率"，即"唯经济效益"倾向，习近平文化思想强调"文艺不能当市场的奴隶，不要沾满了铜臭气"，②"经济效益要服从社会效益，市场价值要服从社会价值"③；针对文艺创作与批评领域一度刮起的愈演愈烈的"非英雄化""戏说历史""解构经典"等形形色色的历史虚无主义思潮，习近平文化思想针锋相对地提出："祖国是人民最坚实的依靠，英雄是民族最闪亮的坐标。歌唱祖国、礼赞英雄从来都是文艺创作的永恒主题，也是最动人的篇章。"④"文学家、艺术家不能用无端的想象去描写历史，更不能使历史虚无化。"⑤"戏弄历史的作品，不仅是对历史的不尊重，而且是对自己创作的不尊重，最终必将被历史戏弄。"⑥ 针对文艺界尤

---

① 习近平：《决胜全面建成小康社会 夺取新时代中国特色社会主义伟大胜利——在中国共产党第十九次全国代表大会上的报告》，人民出版社 2017 年版，第 43 页。

② 习近平：《在文艺工作座谈会上的讲话》(2014 年 10 月 15 日)，《人民日报》，2015 年 10 月 15 日第 2 版。

③ 同上。

④ 习近平：《在中国文联十大、中国作协九大开幕式上的讲话》(2016 年 11 月 30 日)，《人民日报》，2016 年 12 月 1 日第 2 版。

⑤ 同上。

⑥ 同上。

其是影视荧屏上出现的娱乐化、低俗化泛滥和以视听感官生理上的快感冲淡乃至取代文艺本应给人带来的精神美感的倾向，习近平文化思想突出强调"要把提高作品的精神高度、文化内涵、艺术价值作为追求"，[①] 要坚决反对"是非不分、善恶不辨、以丑为美"，[②] 坚决反对"搜奇猎艳、一味媚俗、低级趣味，把作品当作追逐利益的'摇钱树'，当作感官刺激的'摇头丸'"[③]……这些论述语重心长，振聋发聩！理论只要彻底，就能吸引群众。习近平文化思想在中国特色社会主义文化建设中具有不可估量的重要作用，其真理一旦为广大文艺工作者和人民群众所掌握，就一定能转化为强大的精神正能量，铸就新时代中国特色社会主义文艺的新辉煌。习近平强调，"繁荣发展社会主义文艺、建设社会主义文化强国，需要在党的领导下，广泛团结凝聚爱国奉献的文艺工作者，培养造就一大批德才兼备的文学家、艺术家。"[④] 作为未来的文艺工作者，艺术类院校的学生们应该加强习近平文化思想的学习，为成为德艺双馨的文艺工作者打下坚实的理论基础。

如果说马克思主义文艺观在中国得到了极大的发展，在不同时期形成了各具特色与影响的思想体系，那么其在马克思主义整体的思想理论体系下，在西方社会也掀起了一股文艺观上的浪潮。西方马克思主义的文艺观是和西方马克思主义思潮紧密联系在一起的，它是当代西方文艺理论论坛上一支极为引人注目的力量。由于许多西方马克思主义理论家同时也是西方著名的文艺理论家、美学家，他们在文艺理论研究上有很高的造诣，对西方文艺、美学理论的推动和发展作出了不同凡响的贡献。认真研究西方马克思主义文艺观的产生、发展及理论得失，对于建设有当代中国特色的社会主义文艺事业，将有直接的借鉴意义。

---

① 习近平：《在中国文联十大、中国作协九大开幕式上的讲话》(2016 年 11 月 30 日)，《人民日报》，2016 年 12 月 1 日第 2 版。

② 习近平：《在文艺工作座谈会上的讲话》(2014 年 10 月 15 日)，《人民日报》，2015 年 10 月 15 日第 2 版。

③ 同上。

④ 习近平：《在中国文联十一大、中国作协十大开幕式上的讲话》(2021 年 12 月 14 日)，《人民日报》，2021 年 12 月 15 日第 2 版。

论述西方马克思主义社会的发展与传播，首先绕不开的是观照西方马克思主义创始人——即卢卡奇与葛兰西的文艺理论思想。卢卡奇现实主义的文艺理论充分继承了马克思恩格斯现实主义文艺创作论的精髓，其对现实主义文艺理论的突出贡献，分别体现于他在现实主义文艺理论视域内对"总体"与"典型"两个概念的论述。"总体"是其理论的思想内核，"典型"是其现实主义文艺理论的主旨，这两个概念体现了卢卡奇现实主义文艺理论的主要特色，亦同马克思"典型环境中的典型人物"相契合，也是正确理解卢卡奇现实主义文艺理论的关键所在。卢卡奇的有机总体论思想与他的典型论思想紧密联系在一起形成总体性辩证法，通过对"表现主义论争"的研究，以诊断这种"伟大的现实主义"的位置、结构和功能，其总体性美学在马克思主义文艺理论发展史上占有重要的地位。与卢卡奇同为马克思主义文艺理论家的还有意大利的思想家葛兰西。葛兰西从马克思主义立场出发，提出文艺始终同社会实践活动、同历史地发展变化着的社会关系联系在一起。葛兰西针锋相对地提出唯物主义的文艺思想，他始终坚持从唯物主义的立场出发来探讨文艺问题，强调文艺与生活、现实的密切关系。葛兰西从社会实践出发，指出文艺作为观念形态，属于历史的范畴，是历史的事实。在阶级社会中，文艺问题始终与社会的劳动分工和阶级关系联系在一起，并且是后者的反映。因此，葛兰西同意文艺理论家德·桑克蒂斯的看法，即文艺属于"上层建筑"的范畴，是一定社会的精神生活，代表一个民族"对生活和人的观念"，这也是马克思主义文艺观的基本观点。葛兰西明确了马克思主义文艺观唯物主义的特性，他不仅正确地探讨了文学艺术的起源、本质及其与社会现实的辩证关系，而且解释了无产阶级自觉地进行文艺领域的思想斗争的历史必然性。正是基于这些论点，葛兰西提出了"民族的—人民的"文学主张，在此总的原则下，葛兰西运用马克思主义基本原理探讨了文艺的基本问题，从而确立了他自身的马克思主义文艺观，并对后世探讨文艺的社会功能问题起到了相当大的启发作用。

在西方马克思主义创始人的影响之下，西方马克思主义亦诞生了许多颇具影响力的派别，法兰克福学派即是个中翘楚。作为西方马克思主义的理论重镇，法兰克福学派是影响最大、群体结合时间最长的西方马克思主义学派。这是一个以对现代社会、特别是对当代资本主义社会进行多学科综合研究与批判为主要任务的哲学—社会学派，以批判理论而闻名。纵观法兰克福学派的文艺思想，大致可以总结为如下内容：首先，艺术的社会性及形式自律性。20世纪西方艺术理论的最大特征就是形式中心论，从俄国形式主义到英美新批评乃至神话—原型理论，这些理论派别都将艺术视为独立自主的实体，从而割裂了艺术同社会之间的关系。"法兰克福"学派的理论家反对这种形式中心论，认为无视艺术品的社会性实质上是对社会压抑或控制的怯懦逃避，把艺术当成了逃避现实的精神寓所。因此，他们对艺术的社会性进行普遍关注，并充分观照艺术的社会批判功能。他们认为艺术作品可以在一定程度上遮蔽社会现实的腌臜层面，并进而站在社会的对立面加以批判，此一观点在法兰克福学派代表理论家阿多诺那里得到充分的彰显，其否定的辩证法思想贯穿分析艺术作品的始终，并形成独具特色的文艺美学观。其次，法兰克福学派尤其阿多诺从"非同一性"哲学理念出发，认为艺术是对社会的否定性认识，是社会的"反题"。最后，关于艺术与人的解放的探讨。作为西方人本主义哲学的一个重要理论派别，人及人的解放始终在法兰克福学派的关注视域之中。他们把"非同一性"哲学理念延伸至美学领域，对艺术问题进行否定性反思，最终目的在于期望凭借艺术来对人的解放开辟通道。在他们看来，"艺术也是解放的承诺"。艺术之所以反抗现实，是现实的对立面，主要在于艺术是指向人的解放的，这就具有非常浓厚的人本主义色彩了。法兰克福学派的文艺思想虽然同传统马克思主义有所区别，但其仍然非常自觉地运用马克思主义的基本原理来构建自身对于艺术的理解，并且对艺术批判社会的观点进行了非常深入的剖析，对西方马克思主义的传播与发展起到了十分重要的作用。

同法兰克福学派一样，当代英美马克思主义文化批评学派也是西方马克思主义传播的一支重要的生力军。众所周知，英国的马克思主义传统十分强大，利维斯的早期带有精英意识的文化批评思想无疑为后来者的质疑和超越奠定了基础，而崔加特、威廉斯等人则为文化批评和文化研究在80

年代的崛起并逐渐步入理论批评的前台起了举足轻重的作用。这一方面是因为他们这几位批评家都出身贫寒，后者有过工人阶级社区生活的经历，另一方面则因为长期以来，英国早已形成了一个坚实的左翼文学的传统，再加之 60 年代《新左派评论》的创刊更是为这一流派的崛起提供了阵地。由于他们的努力，文化研究在英国有了新的发展，并与之前的精英取向有了明显的差别。从今天的视角来看，传统意义上的文化批评和文化研究在英国已经有了一段漫长的历史，进入 60 年代以来的文化研究者首先切入的是中等学校和专科学院的课程设置，其后又对大学的英语文学课程中所涉及的关于文学经典的构成和重铸问题提出了质疑和挑战。除却威廉斯等人外，其实当代英美马克思主义从它产生之时起，就非常看重文化因素的作用，自身更像是一种单纯的文化思潮和意识形态。可以说，他们在自身文化批评的思维上，纳入了马克思主义文化研究的视野，拓展马克思主义文艺观的广度。

三、本教程的结构框架概述

当我们明确了"为什么学"和"学什么"之后，接下来需要交代的即是"怎么学"和"如何学"的问题了。本教程作为艺术类院校"马克思主义文艺理论"课程的配套教材，旨在结合艺术类院校的学生特性与授课特点，为同学们带来马克思主义基本原理知识的同时，亦能在文艺观的方法论层面上对他们的艺术实践起到一定程度的指导作用。

教材的内容主要由以下几部分组成：首先是导论部分。此一部分介绍了作为艺术类院校的学生，为什么要进行马克思主义文艺观的系统性、成体系的学习，并进而讲解在马克思主义文艺观浩如烟海的理论系统中，应该重点学习哪些内容，亦即本书的重要组成部分，最后讲解了教材的结构框架，以便读者能迅速把握书本的逻辑思路。接下来，将分章节对马克思主义文艺观的重点内容进行详细解读。首先从马克思和恩格斯的文艺观入手，解读其产生和发展的时代背景与社会语境，观照创始人是如何在不同文本中解读文艺思想的。之后进入俄苏时期的马克思主义文艺观讲解，马克思主义思想在俄国苏联得到了极大的发展和传播，无论是深度和广度都得以在很大程度上拓展，故而观照马克思主义文艺观在其中的发展演绎是有相当程度的意义的。紧接着进入教材的重点部分内容，即马克思主义文艺思想中国化的一系列成果。首先是毛泽东文艺思想的呈现。马克思主义以其强大的理论内核加之充分结合中国实情进行演绎发展，诞生了马克思主义文艺观的第一个理论成果即毛泽东文艺思想，毛泽东文艺思想又以其深刻的理论精神和实践价值指导中国革命文艺，并对当今仍产生重要影响。在毛泽东文艺思想的一脉相承之下，邓小平、江泽民和胡锦涛文艺理论亦沿着马克思主义观的正确方向，进一步指导了中国的文艺创作，形成了一整套较为成熟完整的文艺工作纲领，指导着中国特色的社会主义文艺创作。随着国际局势的不断变化和中国社会的进一步发展，马克思主义文艺观在中国社会诞生了新的文艺指导思想——习近平文化思想。习近平文化思想在新时代的背景下，不仅充分吸取了马克思主义文艺观的正确思想，同时亦沿着毛泽东思想等中国几代领导人的思想逻辑一路迈进，为中国当代文艺工作者的创作指明了前进方向，为他们艺术事业的顺利发展提供了保障，更为我国社会主义文艺的繁荣提供了理论支撑。考察了马克思主义创始人的文艺观和马克思主义文艺观中国化成果之后，本教材的最后一部分即是观照马克思主义文艺观在西方社会的发展和传播。尽管西方社会对马克思主义有各式各样不同的声音，但不可否认的是马克思主义文艺观仍然以其强大的理论性和说服力影响了一大批思想理论家和美学家。无论是卢卡奇、葛兰西等西方马克思主义创始人的文艺观，还是法兰克福学派的批判理论，抑或是当代英美马克思主义文化批评学派，都可见马克思主义文艺观的思想端倪，他们以马克思主义基本原理作为理论武器，辅之以自身对文艺的理解，熔铸出关于马克思主义文艺观的新理解，并在全世界范围内产生广泛的影响。

以上是本教程的框架内容，除此之外，本教程除导论部分的余下每章节具体论述内容都分别遵循着"历史背景、主要内容、特征意义及著作导读"的行文思路和表述逻辑。即从本章节主要阐述的文艺思想产生的历史背景和时代语境入手,介绍在何种背景和基础之下,产生了该种思想理论,之后过渡到此文艺思想的主要内容,从代表性观点和案例入手,详细诠释文艺思想的主要组成部分,紧接着梳理文艺思想的主要特征及对当时代的影响和价值,探讨从理论意义和实践价值的角度学习此文艺思想的必要性,最后以著作和观点选摘作为结尾,回到文本细读之中,通过经典文字的选摘直观感受文艺思想的魅力。

思考题:

1. 请从理论价值和实践价值两个方面简述当代艺术院校大学生学习马克思主义文艺理论的重要意义。

2. 作为未来的文艺工作者,你认为应该在哪些方面践行马克思主义文艺观的要求?

3. 你认为中西方在马克思主义文艺观的发展和传播的过程中有何异同之处?

第一章 马克思、恩格斯的文艺理论

第一节 马克思、恩格斯文艺理论的产生和发展

马克思主义文艺理论，是马克思主义的一个有机组成部分。它的产生，是文艺思想史上的一次革命。马克思、恩格斯生平的主要活动是创立科学社会主义和共产主义理论体系以及从事无产阶级革命实践活动。他们虽然没有专门从事文艺学和美学研究，但是从他们撰写的大量的经济学、政治学哲学著作和有关书信中，我们可以发现极其丰富的文艺理论思想。列宁曾经指出，马克思主义吸收和改造了两千年来人类思想和文化发展中一切有价值的东西，回答了人类先进思想已经提出的种种问题。这也是马克思主义文艺理论思想所具有的品格。马克思主义文艺理论的产生，首先有赖于马克思主义的产生，同时又有它自己独特的前提和条件。

一、马克思、恩格斯文艺理论的产生

（一）马克思、恩格斯文艺理论产生的历史条件

1. 19 世纪的时代特征

马克思、恩格斯是马克思主义文艺理论的创始人。他们都生活在 19 世纪。19 世纪是人类历史上一个充满各种矛盾和变革的世纪。列宁就曾把 19 世纪称为"给予人类以文明和文化的世纪[①]"。马克思诞生前的 29 年，法国爆发了资产阶级革命；恩格斯逝世后 22 年，俄国发生了十月社会主义革命。这两种性质完全不同的革命都分别给 19 世纪打上自己鲜明的烙印。

[①] 《列宁选集》第三卷，人民出版社 1972 年版，第 810 页。

18 世纪末的法国资产阶级革命尽管比 17 世纪英国资产阶级革命落后了一个多世纪，并且是以英国资产阶级革命为原型的，但它是典型的资产阶级革命，对整个世界和近代史都产生了深远影响。马克思说，它不是社会中某一阶级对旧政治制度的胜利，而是宣告了欧洲新社会的政治制度；不仅反映了它们本身发生的地区即英法两国的要求，而且在更大程度上反映了当时整个世界的要求。① 这个要求就是彻底推翻封建制度及其党羽，建立新的生产关系，发展资本主义。

法国革命开创了欧洲资产阶级革命的新时期。在它的影响下，欧洲许多国家先后发生革命，其中以 1848 年革命最为突出。这是一次欧洲范围的革命。由于这次革命，资本主义制度在欧洲各国普遍确立，并且得到飞跃发展，形成了一个世界体系。

在这一时期，资产阶级是同它的对立面无产阶级一起产生和发展的。在反对封建制度的斗争中，无产阶级同资产阶级有着共同的利益，结成一定程度的同盟并肩作战。但是，当资产阶级建立起自己的统治之后，其压迫、剥削无产阶级的本质必然暴露无遗，先前为追求共同利益而结成的同盟关系也自然解体。在这种情况下，无产阶级革命的矛头就指向了资产阶级。1831 年和 1834 年法国里昂工人的两次起义和 1844 年德国西里西亚地区的纺织工人暴动，标志着无产阶级已经意识到自己的阶级本质，已经作为独立的政治力量登上了历史舞台。19 世纪三四十年代的英国宪章运动，则是世界上第一次广泛的，真正群众性的、政治性的无产阶级革命运动。此后，欧洲各国的工人运动此起彼伏，日益显示出它是推动历史前进的巨大力量。在 1848 年的法国革命中，无产阶级和资产阶级的斗争就成为现代社会中两大对立阶级之间的第一次大交锋。1871 年的巴黎公社革命则是无产阶级建立世界上第一个无产阶级专政的尝试。虽然这次革命失败了，但它却成为世界历史的一个转折点。没过多久，俄国无产阶级终于在 1917 年突破资产阶级世界体系，取得了社会主义革命的第一次胜利。

---

① 《马克思恩格斯选集》第一卷，人民出版社 1995 年版，第 321 页。

所以，19 世纪是新旧力量和新旧革命相互消长的时代。一方面，资产阶级从革命走向反动，资本主义从自由竞争走向垄断；另一方面，无产阶级的斗争从自发走向自觉，社会主义从空想转向现实。这一切，构成了 19 世纪整个时代的总特点。

2. 19 世纪的文艺状况

浪漫主义和现实主义基本上构成了 19 世纪资产阶级文艺的主流。欧洲资产阶级文艺是从 14 至 16 世纪文艺复兴时期开始和发展的。18 世纪的启蒙运动和法国大革命给它的发展以有力的推动，使它在 18 世纪末和 19 世纪初呈现出空前的繁荣。这一时期资产阶级文艺以浪漫主义为其标志。它继承启蒙运动反对古典主义的传统。直到 19 世纪 30 年代后，浪漫主义走向衰落，而批判现实主义代之而起。但是，随着资产阶级从革命到反动的发展，从 19 世纪 60 年代起，欧洲文艺的批判现实主义也逐渐开始走向衰落。其后发展出的一些文艺流派，几乎都脱离不了从反映现实走向逃避现实、从批判现实走向粉饰现实的窠臼。

这一时期，无产阶级文艺是无产阶级运动的伴生物。在这些运动中，文艺是作为群众性的斗争武器被创作和运用的。如著名的宪章派诗歌，英国伯明翰工人米德写的诗歌《蒸汽王》，1844 年德国西里西亚织工暴动中出现的著名歌曲《血腥的屠杀》等，都在无产阶级中具有非常广泛的影响。特别在巴黎公社时期，许多公社领导，如路易斯·米歇尔、茹尔·瓦莱斯等，都亲自拿起了文艺的武器，并且吸收了像现实主义艺术大师库尔贝这样的人参加到革命斗争中来。欧仁·鲍狄埃创作的"全世界无产阶级的歌"——《国际歌》，更是传遍世界，堪称无产阶级文艺的丰碑。无产阶级文艺如同无产阶级革命运动一样，并没有因巴黎公社的失败而沉寂，相反，因为资本主义大工业的发展而破产和潦倒的小资产阶级知识分子，越来越多地参加到工人运动中来，也为无产阶级文艺的发展提供了有利的物质条件。

3. 马克思、恩格斯个人的素质和经历

19 世纪的时代特征和文艺状况，是马克思主义文艺理论产生的客观条件。同时，这种文艺理论的产生还离不开两位创始人个人的优秀素质和独特经历。

马克思（1818—1883）和恩格斯（1820—1895）都是德国人。一个出生在特利尔的律师家庭，一个出生在巴门市的商人家庭，但都是爱好艺术的家庭。马克思的父亲喜爱启蒙主义文学，能够背诵伏尔泰和卢梭的作品，是特利尔市文学俱乐部的成员。恩格斯的父亲爱好音乐和戏剧，会演奏大提琴和低音笛，是巴门市艺术协会会员。家庭的教育和环境的熏陶，使他们从小就喜爱文学艺术，加上自己的勤奋好学，阅读了大量的文学名著和民间创作，很早就激发起对文艺的创作冲动，并有过初步尝试。马克思在上大学时，曾写过四本诗集，包括情歌、抒情诗、歌谣和讽刺短诗。恩格斯更是多才多艺，他会谱曲、会演奏乐器、会画画，并懂得多种外语；他在报刊上发表诗歌、散文、特写、评论之类的作品，而且还在小说和戏剧创作方面有所尝试。在大学学习期间，马克思参加了青年文学小组的活动，钻研了许多古典名著和当代作家的作品，还曾打算创办美学批评杂志和戏剧杂志。恩格斯从小酷爱民间文学，除了收集、翻译民歌民谣外，还撰写了《德国民间故事书》，对民间文学的特征和价值作了卓越的论述。他在这方面的兴趣一直保持到晚年。

马克思和恩格斯后来在主要从事社会科学研究和革命斗争中，仍终生保持着对文艺的浓厚兴趣和强烈爱好，谈论作家作品成为他们生活中不可缺少的话题，阅读和朗诵文学名著成为他们精神生活的重要方面。在他们的著作中，常常可见对这些名著的旁征博引、议论和评价。他们的引用和评论，往往言简意赅，却又包含着专业文艺工作者也自叹弗如的真知灼见。没有广博、深厚的艺术修养和熟练的技巧，是很难做到这一点的。

出于革命斗争的需要，马克思和恩格斯对他们时代文艺的发展保持着一贯的关注，同他们同时代的进步作家有着广泛的联系和直接的交往。跟他们来往的作家大致有三类：一类是革命民主主义作家，如海涅、赫尔维格；另一类是早期无产阶级作家，如维尔特、贝克尔、弗莱里格拉特等；还有一类是具有社会主义倾向的作家，如敏娜·考茨基、哈克奈斯，还包括空想社会主义的浪漫派作家乔治·桑等人。马克思和恩格斯通过《莱茵报》《社会民主》《新时代》等报纸杂志，把这些作家团结起来，争取和吸收他们投入实际的革命运动，尽可能创造条件发挥他们的聪明才智，同时也给予必要的批评和帮助。事实证明，这不仅对作家本人，而且对当时文艺的发展，都起到了十分积极的作用。

可见，马克思主义文艺理论所以能在 19 世纪同马克思主义一起产生，绝不是偶然的，而是各种主客观条件所孕育出来的必然结果。

（二）马克思、恩格斯文艺理论产生的理论前提

1. 马克思、恩格斯文艺理论产生的哲学理论前提

任何一种文艺理论的产生，都必然是建立在一定的世界观和方法论之上的。马克思主义文艺理论产生的这一理论前提，正是辩证唯物主义和历史唯物主义哲学。

黑格尔和费尔巴哈都是马克思主义哲学形成的前提。马克思和恩格斯青年时代都曾经接受过黑格尔的客观唯心主义，自称是"黑格尔的学生"（马克思）。后来，他们又接受了费尔巴哈批判黑格尔唯心主义的唯物主义哲学，一时"都成了费尔巴哈派"（恩格斯）。但是，他们对先人哲学的接受并不是全盘照抄，而是一个批判继承和革新改造的过程。通过《1844 年经济学哲学手稿》《神圣家族》等著作，他们抛弃了黑格尔的唯心主义，吸收并改造了他的辩证法；通过《关于费尔巴哈的提纲》《德意志意识形态》等著作，他们又抛弃了费尔巴哈的形而上学，吸收并改造了他的唯物主义，使之成为辩证的唯物主义。同时，他们指出："人们是自己的观念、思想等等的生产者，但这里所说的人们是现实的，从事活动的人们，他们受着自己的生产力的一定发展以及与这种发展相适应的交往（直到它的最遥远的形式）的制约。"[1] 他们从人类历史的前提开始，从"历史学科"开始，用辩证的唯物主义去考察社会历史现象，从而创立了历史唯物主义。

马克思认为，社会生活在本质上是实践的，表现为作为一切社会关系总和的人，为了获得物质资料而进行的实际斗争。在这个斗争中，人的思

---

[1] 《马克思恩格斯选集》第一卷，人民出版社 1995 年版，第 30 页。

维是否具有客观真理性，并不是一个纯粹经验哲学的理论问题，而是一个实践的问题。实践是人们认识的源泉，也是检验真理的标准。针对从前唯物主义者不重视实践的弊病，马克思提出了一个重要命题："哲学家们只是用不同的方式解释世界，而问题在于改变世界。"① 怎么去改变世界呢？当然是依赖实践，特别是革命的实践。在实践论的指导思想下，马克思、恩格斯把唯物主义历史观概括为关于生产力和生产关系、经济基础和上层建筑、社会存在和社会意识等对立统一规律的基本原理。这也成为马克思主义文艺理论的重要理论基石。马克思认为，一切社会关系都可以归之为物质关系和思想关系的范畴，其中物质关系是决定思想关系的。如果把人类社会生活比作一座大厦，那么生产关系的总和构成它的基础，政治、法律、宗教、哲学、艺术等社会意识形式以及与之相适应的国家、政党、制度等设施和组织，是竖立其上的上层建筑。上层建筑特别是文艺，有它的相对独立性和历史继承性，但归根到底是由经济基础决定的。

正因为有这样一个完整的、系统的思想体系和科学的世界观、方法论作为思想理论的基石，马克思主义文艺理论不仅具有与以往所有文艺理论完全不同的革命性特点，同时也保证了自身的科学性、完整性和实践性。

2. 马克思、恩格斯文艺理论产生的文化理论前提

马克思主义文艺理论产生的文化理论前提，大致包括两个方面：一是发源于古希腊的整个欧洲文化的一般前提；一个是 18、19 世纪欧洲和德国文化的特殊前提。

古希腊文化是欧洲文化的源头。欧洲最早的文艺理论思想，可以追溯到古希腊的柏拉图和亚里士多德的著作中。他们关于美学、艺术的观点长期影响着整个欧洲的文化，有些论断甚至成为后世文艺理论的根据。马克思在中学时代阅读了大量古典文学名著，后来还阅读了莎士比亚和很多浪漫主义作家的作品。大学时期，他又学习了文学史和艺术史，积累了很多欧洲传统文化理论的知识。恩格斯在中学时代最先接触的则是神话，他不

---

① 《马克思恩格斯选集》第一卷，人民出版社 1995 年版，第 17 页。

仅对希腊神话故事非常熟悉，而且还用希腊文撰写过这方面题材的诗歌和小说，进而热烈迷恋于德国的英雄史诗和民间故事的收集。这两位革命导师虽然文学爱好各有侧重，而且后来的兴趣也都发生了一些变化，但无疑都是在欧洲传统文学背景和启蒙下获得了文艺方面的知识的。

除了这些一般文化理论的前提，对马克思、恩格斯形成自己文艺理论最重要的特殊和直接的文化理论，还是18、19世纪法国启蒙主义和空想社会主义、英国古典政治经济学等思想资料。

启蒙运动是法国资产阶级革命的思想先导。它用理性和知识照亮人们的头脑，开发民智，启迪蒙昧，以反对君主专政的封建制度，反对基督教宗教神学和经院哲学。这一点决定了启蒙学者十分重视文艺的社会功能，他们把文艺当作移风易俗的工具。他们一方面要求文艺反映现实，宣扬资产阶级的道德和理想；另一方面揭露封建制度和基督教会的罪恶和黑暗，抨击矫揉造作、衰落腐朽的艺术风格。空想社会主义是在启蒙运动之后产生的，它以法国的圣西门、傅立叶和英国的欧文为代表，对资本主义制度进行无情的批判，企图用理想的、公正的社会制度来代替它。对这一历史趋势合理性的论证，就是他们学说的主要命题。在看待文艺方面，他们把艺术看作是人类社会进步的基础和必要手段之一，借缅怀、讴歌艺术处于尊贵地位的古希腊时代，讽刺和批判资本主义商业时代虚伪、卑劣的文明制度。以亚当·斯密和大卫·李嘉图为代表的英国古典政治经济学，提出了劳动决定价值的学说，并涉及商品生产对人们精神发展的影响问题。这不仅为马克思创立政治经济学提供了丰富的思想资料，而且还启发了马克思更深入地从政治经济学角度考察文艺问题。

正是这样，马克思、恩格斯总结和吸收了18、19世纪欧洲众多文化学说的特点和精髓，并结合德国古典哲学、美学传统，逐渐形成了自己的一套独具特色的文艺理论。

二、马克思、恩格斯文艺理论的发展

马克思、恩格斯的文艺理论从最初萌芽到最后形成完整的体系，大约经历了半个世纪。他们在每一个时期关于文艺问题的论述，既同整个马克思主义学说的发展形成有着内在的联系，又跟特定的时代和革命斗争情况密切相关。从总体上看，马克思、恩格斯文艺理论的形成和发展可分为三个阶段。

（一）萌芽阶段（19 世纪 30 年代中—40 年代初）

在这一时期，马克思和恩格斯在哲学和社会政治思想上经历了从唯心主义向唯物主义、革命民主主义向共产主义的转变。与此同时，他们在文艺思想上也经历了一场转变。马克思从浪漫民主主义的理想主义转向现实主义，恩格斯从"青年德意志"派的"倾向文学"转向现实主义。因此，我们可以说，这一时期是马克思恩格斯文艺思想的萌芽阶段。

马克思在 1835 年进入波恩大学前后，就已经开始了诗歌创作。这一时期，德国浪漫主义文学的势头已经渐止，但它作为一种时代风尚，却仍然在社会生活的各个方面，特别是在有教养阶层的精神生活方面保持一定的地位。马克思的青少年时代，也曾受到这种时代风尚的影响。但自从进入柏林大学，马克思一头钻入德国古典哲学，接受了康德、费希特，尤其是受到黑格尔的影响后，就放弃了浪漫主义诗歌的创作，开始倾向于现实主义。后来他主持《莱茵报》，参加了很多社会实践工作，逐渐与青年黑格尔派决裂，其文艺理论思想也随之发生了巨大的变化。

恩格斯在不来梅学习经商期间，同当时的"青年德意志"派建立了密切的联系。"青年德意志"文学运动是当时德国影响极大的文学思潮，他们在反对前一时期消极浪漫主义的斗争中起到十分积极的作用。但后来这一运动逐渐脱离革命的主流，分裂为几个政治派别，有的成为阻碍社会进步的障碍。恩格斯当时曾将"青年德意志"运动视为唯一进步的运动，但不到两年时间，他就开始认识到该派别的一些问题，并逐渐转入了青年黑格尔派，成为现实主义的推崇者。

（二）形成时期（19 世纪 40 年代初—1848 年）

19 世纪 40 年代中期至 1848 年欧洲大革命前夜，是马克思主义学说迅速形成的时期。在这个时期，马克思和恩格斯都完成了从唯心主义向唯物主义、革命民主主义向共产主义的转变，并开始了科学共产主义学说的创建工作。就文艺思想方面而言，这一时期则是他们的现实主义文艺思想及其理论观点的形成期。

1842 年恩格斯到英国考察，1843 年马克思流亡到巴黎。英国是当时资本主义经济最发达的国家，巴黎则是社会主义革命运动的中心。马克思恩格斯投身于这两国的现实生活和革命实践，促使他们的思想发生了重大的转变。从 1844 年开始，他们的文艺思想也呈现出焕然一新的面貌。

在《1844 年经济学哲学手稿》中，马克思不仅论述了劳动异化、人道主义等问题，还涉及文艺文学等问题，如美和美感的产生、审美活动的主体和客体、艺术活动的异化等。他一开始就考察了有关美和艺术的规律问题，揭示了历史上的"美学之谜"，为马克思主义文艺理论奠定了坚实的美学基础。紧接着的《神圣家族》一书是马克思、恩格斯第一部合写的著作。它通过批判刚刚问世不久的欧仁·苏的长篇小说《巴黎的秘密》，比较完整和明确地表达了作者的文艺理论思想。他们认为，文艺作品应该从现实生活出发，而不是从抽象原则出发；应该具体地描写各种社会关系，揭示它们的秘密和真实，而不是导致"对现实的歪曲和脱离现实的毫无意义的抽象"[①]。这已显示出了马克思恩格斯现实主义文艺理论的最初理想。其后，在马克思的《关于费尔巴哈的提纲》和马克思恩格斯合著的《德意志意识形态》中，第一次详尽地阐述了历史唯物主义的基本原理，从历史观方面为现实主义文艺理论思想奠定了坚实的理论基础。

（三）确立时期（19 世纪 50 年代—80 年代）

1848 年，马克思和恩格斯为第一个无产阶级的组织——正义者同盟起草的文件《共产党宣言》的发表标志着马克思主义的正式诞生，它标志着马克思主义文艺理论进入一个新的时期。1848 年革命失败后，马克思恩格斯在英国开始了流亡生活。在对革命经验教训的总结和对政治经济学的进一步研究的同时，他们仍然关注着文艺问题。所不同的是，他们不是就文

---

① 《马克思恩格斯选集》第二卷，人民出版社 1995 年版，第 233 页。

艺本身来研究文艺问题，而是从社会、政治、经济、历史、哲学等不同的学科领域，多角度、综合性地审视文艺这一社会现象。通过这样的研究，他们的文艺理论思想得到了进一步发展，并获得了非常显著的成果。

马克思在 1857 年的《〈政治经济学批判〉导言》和 1859 年的《〈政治经济学批判〉序言》中，从社会存在和社会结构的政治经济学视角考察社会意识形态的性质和规律，提出了物质生产的发展与艺术发展不平衡的理论，把意识形态的本质与社会物质生产紧密地联系在一起，具有重要的方法论的启示意义。

马克思和恩格斯的被称为"现实主义文艺理论的创作论和批评论的四封书信"也是在这一时期写成的。1859 年，马克思和恩格斯分别写信给拉萨尔，与拉萨尔就他写的历史剧《济金根》进行论争，其中涉及许多根本性问题：如文艺如何反映历史斗争、文艺的创作思想和创作方法、文艺批评的原则等，而中心问题是如何在文艺创作中坚持现实主义的原则。1888 年恩格斯在致哈克奈斯的信中，通过对她的长篇小说《城市姑娘》和巴尔扎克创作的评论，集中地阐述了他对文学艺术中的现实主义的见解，并对文学的真实性和典型性等问题提出了一系列重要见解。

这一时期，马克思、恩格斯文艺理论思想的现实主义原则得到了进一步的明确，并用唯物历史观为文艺问题的研究开辟了一个新的领域。把文艺从自身的封闭状况中引出来，放在更加开阔的整个社会结构当中，放在真正现实的基础上来考察，这也是马克思主义唯物史观的巨大功绩。

第二节　马克思、恩格斯现实主义文艺理论的主要内容

马克思主义的文艺理论是马克思主义整体中的有机组成部分。马克思、恩格斯及其发展者想以西方自古希腊以来包括古希腊神话与悲剧、文艺复兴时期的绘画作品、莎士比亚的剧作、歌德及巴尔扎克等著名作家创作的文学艺术的精华作为理论依据，创立了以现实主义文艺思想为核心，以真实性、倾向性和典型性为理论支柱，包括文艺美学、文艺的本质和特征、

文艺的社会作用、艺术生产、文艺的创作规律、文艺的发生和发展规律、文艺的内容与形式等一系列有关文艺的基本原则和方法。

一、马克思、恩格斯论文艺的本质

要建立一种系统的文艺理论,首先必须对一个至关重要的问题作出回答——文艺是什么?对文艺本质的讨论,一直是文艺理论界众说纷纭的一个中心问题。马克思恩格斯就在唯物主义历史观的前提下,对文艺的本质作出了明确的定位。他们对于这个问题的理解和论述,不但是全面的和深刻的,而且是从根本上有别于其他的一切文艺思想的。对这个问题的不同回答,可以作为区别马克思主义文艺理论与一切非马克思主义文艺理论的根本标志。

(一)文艺是社会意识形态的一种形式

马克思恩格斯的文艺理论思想,是他们创立的辩证唯物主义与历史唯物主义的科学世界观的重要组成部分。正是从这种新的哲学世界观出发,马克思主义创始人把文艺和审美视为人类社会劳动实践的产物,明确指出文艺属于生产关系总和构成的社会经济基础的上层建筑,是上层建筑中的一种社会意识形态。

在《德意志意识形态》和《〈政治经济学批判〉序言》中,马克思详细深入地阐释了"意识形态"这个概念,建立了一个完整而科学的意识形态理论。在马克思看来,意识形态是一个信仰、观念和思想的体系,属于社会经济基础制约的上层建筑,但又同上层建筑中设施的体制部分不同。意识形态作为哲学、宗教、伦理道德和文学艺术的集合体,属于"更高地悬浮于空中的意识形态领域"。马克思正是在这个哲学基本问题的范围内把文学、艺术同哲学、宗教等归入意识形态范畴的。

当然,一部文学、艺术作品并不仅仅是由单纯的观念构成的,其中也包含有非观念性的甚至非意识形态的成分,如某种生命的、情感的体验,他们在作品中往往并不采用意识或观念的形式。这正是文学、艺术与政治、法律、哲学等不同的地方,后者一般都采取理论、观念的形式。但是,这一切都不能否定文学、艺术的意识形态特性。对文艺作社会学的分析，即从人类社会结构的角度来看待文学、艺术，那么，把意识形态看作文学、艺术的本体存在是合理的。

马克思把文艺归入意识形态的上层建筑，其意义在于为人们提供了一种观察和分析复杂社会历史现象的唯物方法。在阶级社会里，文学、艺术、宗教、哲学等，都是一定阶级、一定社会集团用来为本阶级、本集团的生存、利益制造幻想的意识形态形式，一切精神产品都具有这样一种意识形态特性。因此，只有通过意识形态的分析，才能透彻地看到不同阶级和利益集团的真正需要及这种需要赖以产生的经济原因。

文艺作为这种上层建筑的意识形态的一个重要组成部分，主要具有以下几个方面的本质表现。

首先，文艺作为观念的上层建筑，属于精神领域的特殊活动。按照马克思主义的社会结构学说来看，社会结构可分为经济基础和上层建筑两大领域，而上层建筑又具体区分为设施的上层建筑和观念的上层建筑。文艺是一种实践活动，但却不是一种物质实践活动，因此不属于经济基础。同时，文艺又不是一种诸如法律、政治的活动，也不属于设施的上层建筑。显而易见，文艺作为观念的上层建筑——意识形态，只属于人类特殊的精神活动。

其次，文艺作为社会意识形态是对社会存在的反映。反映认识和把握社会现实，是文艺的意识形态性所包含的最基本内涵。在《德意志意识形态》中，马克思恩格斯就指出意识形态是人们的现实生活过程的"反射和回声"，是观念上的"升华物"。反映和认识社会存在，是社会意识的一般本质，这也是意识形态之首要和基本的功能所在。只有在反映社会存在的基础上，意识形态才能作为观念的上层建筑进一步发挥其社会功能。马克思和恩格斯非常看重文艺对生活的认识价值，在他们看来，真正忠于文艺和自己对于生活的感觉与思考的作家，尽管可能存在这样或那样的思想局限，但在作品中真实反映社会生活的丰富内容，却是文艺的意识形态的本质。

最后，文艺作为意识形态还具有相当的独立自主性。恩格斯在一系列哲学书信中，对经济基础与上层建筑的关系作出全面分析后指出，上层建筑的各种因素一旦产生出来，就具有了不同程度的相对独立性和特殊发展规律性，因而能积极主动地反映经济基础。"当一种历史因素一旦被其他的、归根到底是经济的原因造成了，它也就起作用，就能够对它的环境，甚至是产生它的原因发生反作用。"他还特别强调，上层建筑各部门、各因素的相对独立性是以社会分工为前提的。① 在恩格斯看来，文艺作为社会意识形态的相对独立性主要表现在以下几个方面：

第一，社会意识形态一旦在一定的经济基础上产生，便具有历史继承性和按照自己特有的规律发展的内在逻辑。文艺作为一种特殊的意识形态，有它的渊源、历史继承性和独立发展的道路，一定时代的文艺总是在其现实生活的基础上，并由前代文艺遗产的特定的思想资料而形成和发展的，如艺术经验的积累、艺术形式的承传以及艺术形象的塑造等这些特殊的审美规律的发展，都会成为文艺这种意识形态发展的内在逻辑和宝贵遗产。

第二，社会意识形态的发展与经济的发展往往是不平衡的，因而物质生产的发展同艺术生产的发展之间也有不平衡性，这就决定了文艺作为意识形态有独立自主性。马克思指出："关于艺术，大家知道，它的一定繁盛时期决不是同社会的一般发展成比例的，因而也决不是同仿佛是社会组织的骨骼的物质基础一般发展成比例的。"② 关于这点，本书将在后文做具体分析。

第三，文艺还与其他各种社会意识形态之间相互作用和相互影响。政治、哲学、伦理、宗教等意识形态影响文学艺术，文学艺术也同样影响这些意识形态。恩格斯在对宗教的历史发展作考察时，就指出过意识形态相互渗透、交互影响的特性。他说："任何意识形态一经产生，就同现有的观念材料相结合而发展起来，并对这些材料作进一步的加工。"③ 并且，"政治、

---

① 《马克思恩格斯选集》第四卷，人民出版社 1995 年版，第 728 页。
② 《马克思恩格斯选集》第二卷，人民出版社 1995 年版，第 28 页。
③ 《马克思恩格斯选集》第四卷，人民出版社 1995 年版，第 254 页。

法学、哲学、宗教、文学、艺术等的发展是以经济发展为基础的。但是它们又都相互作用并对经济基础发生作用。……这是在归根到底总是得到实现的经济必然性的基础上的相互作用"①。

（二）文艺是掌握世界的一种方式

马克思恩格斯从历史唯物主义出发，用社会结构理论将文艺定位为一种社会意识形态。同时，他们也从文艺的具体功能来探讨文艺的性质，从而得出文艺是人们掌握世界的一种方式的结论。

在马克思、恩格斯看来，人类的艺术活动，是人对世界的一种"掌握"方式。在《〈政治经济学批判〉导言》中，马克思提出了这一重要的观点："整体，当它在头脑中作为思维整体而出现时，是思维着的头脑的产物，这个头脑用它所专有的方式掌握世界，而这种方式是不同于对世界的艺术精神的，宗教精神的，实践精神的。"②这种"掌握"是专指人类思维的一种功能而言的，实际上是指人对世界的认识或反映；而所谓"掌握世界的方式"，就是认识或反映世界的方式。这里，马克思把艺术的掌握世界的方式同理论的、宗教的、实践—精神的方式区别开来，作为一种独立的掌握世界的方式来看待。这在整个马克思主义文艺理论中占有非常重要的地位。它为对艺术内部特征的分析研究，提供了基本前提，因而不仅具有原理的意义，也具有重要的方法论的意义。

马克思在《导言》中虽然对"艺术精神掌握"的含义没有作具体的解释，但从马克思主义经典作家发表的一系列见解中，可以得知文艺作为掌握世界的特殊形式，具有两方面的特点：

首先，富于想象和幻想是艺术掌握的一个重要特征。马克思指出："任何神话都是用想象和借助想象以征服自然力，支配自然力，把自然力加以形象化……希腊艺术的前提是希腊神话，也就是已经通过人民的幻想用一种自觉的艺术方式加工的自然和社会形式本身。"③马克思在这里已明确指

---

① 《马克思恩格斯选集》第四卷，人民出版社 1995 年版，第 732 页。

② 《马克思恩格斯选集》第二卷，人民出版社 1995 年版，第 104 页。

③ 同上书，第 19 页。

出，希腊艺术的前提是神话，而神话加工自然和社会的主要方式便是借助想象和幻想，这是所谓艺术掌握的最基本的含义。在写于1881—1882年的《摩尔根〈古代社会〉一书摘要》中，马克思指出："在野蛮期的低级阶段，人的较高的特性就开始发展起来。……想象力，这个十分强烈地促进人类发展的伟大天赋，这时候已经开始创造出了还不是用文字来记载的神话、传奇和传说的文学，并且给予了人类以强大的影响。"马克思的论述表明了，正是由于原始人的生产处在一个低级的发展阶段上，才产生了原始人渴望征服和支配自然力的幻想和想象，以及基于这种幻想和想象而诞生的神话和传说。即使在今天——一个人类思维高度发达的时代，想象仍是人类文艺活动的主要特征。马克思在讲艺术的掌握的内涵时，还强调了形象性的重要性。他认为神话是通过人民的幻想对自然和社会形式本身"不自觉的艺术形式"的加工，是用想象和借助想象以征服自然力，支配自然力，把自然力加以形象化，可见，"艺术精神的掌握"就是马克思所讲的艺术方式的加工，它是借用想象力创造形象的方式来把握世界的。

其次，文艺的掌握方式与理论的、宗教的、实践—精神的方式既有联系又有区别。文艺作为审美实践的产物，不论怎样荒诞离奇，它的内容与形式总是同人和人的复杂、多态的世界相联系，而人的理想、志趣等主体心灵的呼唤与表现，就成了人把自身作为本质力量加以确证的基本内涵。从而，文艺掌握世界方式也就具有迥异于其他意识形态掌握世界的方式。"动物只是按照它所属的那个尺度和需要来建造，而人却懂得怎样处处都把内在的尺度运用到对象上去；因此人也按照美的规律来建造。"[①] "按照美的规律来建造"充分地显示了艺术掌握世界的本质规定。在文艺的审美实践中，作家、艺术家所喜爱的、赏心悦目和赞美的对象，必定是那些在内容与形式上最符合人类生存和发展的美好东西。而最符合人类生存和发展的美好东西，则是人的自由自觉地本质，及其对美好人生的追求和憧憬。因此，作家、艺术家往往特别钟情于那些在实践中深切感受、与社会人生的

---

① 《马克思恩格斯全集》第四十二卷，人民出版社1995年版，第97页。

意义密切相关的生活。这一切的获得，既与他们独具的审美态度与审美体验有关，也与他们不同于科学家、理论家的艺术洞察力和创造力相联系。

在将文艺与其他几种掌握世界方式的比较中，马克思和恩格斯还特别强调了艺术想象这种特殊方式的特点：

第一是生动形象性。艺术想象的过程离不开理论思维的指导，而且要以理论思维为基础，来理解生活，创造艺术形象。但是，艺术想象不是以抽象概念的形式反映生活，而是要以生活本身的形式来表现生活，必然具有生动的形象性。正因为艺术想象具有生动的形象性，才能使人们在直观中对具体形象作审美判断。否则，离开形象性，它就不具有审美意义，也就不成其为艺术想象了。

第二是富有情感色彩。马克思说："激情、热情是人强烈追求自己对象的本质力量。"[1]艺术想象中的形象，本身就是情感化的形象。艺术家从生活中获得感受，产生创作冲动，本质上是一种情感上的激动。没有发自内心的情感上的愉悦和激动就不会有创作。情感对艺术想象具有引发和推动作用，并且在对生活逻辑自觉认识的基础上，引导艺术想象活动自由发展，因而它本身也就成为想象的重要内容。艺术家在塑造艺术形象时，总是自觉或不自觉地把自己的情感熔铸到艺术形象中。实际上，艺术家对生活形象的反映，对生活本质的思考和情感的发展，在艺术想象活动中是三位一体的。

第三是独特的个性特征。马克思认为，各种生产都有可能体现生产者的个性和人格的对象化，最富有这一特色的莫过于艺术生产。在艺术想象过程中，要比科学论文更能显示作者的气质、思想、感情的独特方面，形成作品的独特风格。另一方面，艺术想象从反映对象来说，它更注重对象的个性特征。马克思在给拉萨尔的信中就批评他"在性格的描写方面看不出什么特出的东西"。[2]恩格斯也主张文学要发现和描写"惊人的独特的形

---

[1] 《马克思恩格斯全集》第四十二卷，人民出版社 1995 年版，第 169 页。
[2] 《马克思恩格斯选集》第四卷，人民出版社 1995 年版，第 341 页。

象"。① 这都是对文艺想象中个性特征要求的体现。

二、马克思、恩格斯论艺术的起源和发展

在对文艺的本质有了明确定位之后，艺术的起源和发展问题就成为下一个亟待解决的问题了。对于这一问题，马克思、恩格斯虽然没有进行专门的探讨，但在《1884年经济学哲学手稿》《德意志意识形态》《〈政治经济学批判〉导言》《剩余价值理论》《自然辩证法》和《劳动在从猿到人转变过程中的作用》等重要著作中，他们结合对唯物史观一些根本问题的论述，提出了许多带有原则性的见解，从根本上揭示了艺术的发生和发展规律。

（一）艺术起源于人类的劳动实践

马克思在《1884年经济学哲学手稿》中提出劳动在人的形成过程中的作用问题。1876年，恩格斯在《劳动在从猿到人转变过程中的作用》一文中，创造性地提出了"劳动创造人本身"的科学结论，从而将马克思的思想具体化了。尽管恩格斯在这里没有直接谈到艺术起源问题，但从相关论述中我们可以看到，正因为劳动创造了人，才为艺术的产生提供了先决条件。

首先，劳动促使人手的形成及大脑和感觉器官的发展。劳动产生了人手，使人手变得灵巧；劳动产生了语言，使人脑和感觉器官以及思维能力、抽象能力得到发展。正是在这样的意义上，恩格斯说："只是由于劳动，由于总是要去适应新的动作，由于这样所引起的肌肉、韧带以及经过更长的时间引起的骨骼的特殊发育遗传下来，而且由于这些遗传下来的灵巧性不断以新的方式应用于新的越来越复杂的动作，人的手才达到这样高度的完善，以致像施魔法一样造就了拉斐尔的绘画、托瓦森的雕刻和帕格尼尼的音乐。"②

其次，劳动使人具有意识，具有自觉的创造性，从而奠定了艺术得以产生的主要心理基础。马克思、恩格斯都认为，人的活动和动物的活动的

---

① 《马克思恩格斯选集》第四卷，人民出版社1995年版，第346页。

② 同上书，第376页。

区别在于：人的活动是有计划、有目的的，而且具有极大的能动性，能在自然物身上打下自己的烙印，能利用自然物来为自己的目的服务。意识和自我意识的形成，使人类不再像动物那样只按照它所属的那个物种的尺度去制造，而是按照任何一个种的尺度来制造，同时懂得把内在尺度运用到对象上去。人类从此开始了有目的的创造性活动，这种活动是人类物质生产的特点，也是人类艺术生产的特点。正是在劳动中产生的意识和自我意识，为人类进行创造性想象提供了条件，使人的艺术生产成为可能。

最后，劳动促使动物群体向人类社会进化。艺术只能在人类社会出现后才能产生，而人类社会的形成，则主要是由于劳动。"随着完全形成的人的出现又增添了新的因素——社会"，这一新的因素，又使脑髓、感官、意识以及劳动本身的发展，"一方面便获得了强有力的推动力，另一方面又获得了更加确定的方向"。①

（二）艺术生产和物质生产

随着马克思主义唯物历史观的不断完善，马克思在《〈政治经济学批判〉导言》中明确使用了"艺术生产"的概念。马克思指出："就某些艺术形式，例如史诗来说，甚至谁都承认：当艺术生产一旦作为艺术生产出现时，它们再不能以那种在世界史上划时代的、古典的形式创造出来；因此，在艺术本身的领域内，某些有重大意义的艺术形式只有在艺术发展的阶段上才是可能的。"②他以辩证唯物主义和历史唯物主义作指导，将艺术生产和物质生产联系起来考察，对二者的关系做了比较系统的论述。

1. 物质生产为艺术生产创造了前提

根据"劳动创造了人类本身"的命题，无论是人手的功能还是语言的运用，以及人类感觉的复杂敏感，都是从劳动中逐渐发展而来。按照马克思恩格斯的观点，感觉能力（包括审美感觉）、思维能力、创造能力（包括创造所必需的技巧），以及进行思维、交流思想的语言，都是人的本质力量，他们都是人类在改造自然的实践中产生和发展起来的。同时，人类在

---

① 《马克思恩格斯选集》第四卷，人民出版社 1995 年版，第 378 页。
② 《马克思恩格斯选集》第二卷，人民出版社 1995 年版，第 459 页。

改造自然的实践中，还丰富了自己的感情，如因无力抗拒自然灾害而产生的畏惧感，在改造自然中有所发现而产生的惊奇感，对自然适应了自己的需要而产生的欣喜之情等。人在改造自然的实践中，还锻炼了自己的品质。这些，同样是人的本质力量的一部分。不仅如此，人在改造自然的实践中，彼此之间要形成一定的关系，这就是生产关系。这种生产关系以及由此产生的矛盾和斗争，在人的认识能力、创造能力的发展中同样具有重要的作用。在一定的生产关系的基础上，还形成了一定的思想关系和各种观念，如政治观念、道德观念、审美观念，还使人的品质和感情得到进一步的丰富和发展。这些在人与人的关系中形成的能力、观念、情感品质，同样都是人的本质力量的一部分。

从大范围和长时间来考察，马克思恩格斯认为物质生产的发展带来艺术生产的发展。在原始社会，物质生产和艺术生产几乎没有明确分工，而是紧密地联系在一起的。如果将原始社会和奴隶社会相比，奴隶社会的物质生产发展了，精神生产（包括艺术生产）也发展了。恩格斯说："只有奴隶制才使农业和工业之间的更大规模的分工成为可能，从而使古代世界的繁荣，使希腊文化成为可能。没有奴隶制，就没有希腊国家，就没有希腊的艺术和科学。"[1] 到了近现代，人类的艺术生产更是上了一个台阶。文艺复兴和批判现实主义文学的繁荣等，都与当时的物质生产的进一步发展有着紧密的联系。

2. 物质生产与艺术生产具有异同点

马克思认为，人的物质生产活动，一方面实现自然的人化，另一方面实现人的本质的对象化。实现自然的人化，即人对自然所提供的材料进行了加工，改变了它的形式，成了人化的自然。实现人的本质的对象化，即人通过劳动，把自己的智慧、才能、精神力量和肉体力量，凝结到劳动产品之中，使劳动产品成为第二个自我，人们能从自己所创造的产品中直观自身。同时，艺术和文学也是"人的本质力量的现实性和人的类活动"，因

---

[1] 《马克思恩格斯选集》第三卷，人民出版社 1995 年版，第 524 页。

为"全部人的活动迄今都是劳动，也就是工业"。① 这就是说，文学与艺术创作，也是一种生产活动，它同样服从生产的一般规律，即人的本质对象化的规律。

按照这一观点，物质生产与艺术生产都是劳动，都是人的本质的对象化。那它们的区别在哪里呢？马克思认为，这二者的区别在于：要掌握的对象不同，人的本质的对象化的内容也就不同。物质生产的对象是自然所提供的材料，人们按照自己对于自然所提供的材料的认识，对它进行改造，使它成为自己所需要的物质产品。由于物质生产对象的特点和人要实现的目的，通过对材料的加工，对象化的主要是人认识自然、驾驭自然的能力以及形式美的感觉。而艺术是一定的社会生活在人类头脑中的反映的产物。它不是物质产品，而是精神产品，它不仅反映生活的一定的方面，而且要反映作家、艺术家与所描写的生活的关系，构成客观与主观、情感与思想统一的艺术形象。它不仅要对象化文艺家的认识能力、创造能力，而且要对象化他们的感情和审美观念。

3. 物质生产与艺术生产具有不平衡性

虽然从宏观上看，物质生产的发展往往带来艺术生产的发展。但从微观角度看，这两者并不是完全平衡的。马克思恩格斯就对这种不平衡性做了详细的论述。

马克思在《〈政治经济学批判〉导言》里提出了这一命题。他说："关于艺术，大家知道，它的一定的繁盛时期绝不是同社会的一般发展成比例的，因而也绝不是同仿佛是社会组织的骨骼的物质基础的一般发展成比例的。"② 所谓社会的一般发展，指的是社会从野蛮到文明、从落后到进步、从低级到高级这样一种发展趋向，它是由生产力的发展决定。艺术生产同物质生产一般是同步发展的，用恩格斯的话说，他们是两条平行线；但是艺术的发展本身是一条曲线，它并不是在每一个阶段上都同物质生产的发展保持平衡的。它的中轴线，只是在时间愈长、范围愈广的条件下，才同经

---

① 《马克思恩格斯选集》第四卷，人民出版社 1995 年版，第 127 页。
② 《马克思恩格斯选集》第二卷，人民出版社 1995 年版，第 112—113 页。

济发展的轴线平行而进。这种情况，就是马克思所说的"不平衡性"。

马克思接着指出了这种不平衡或不成比例的两种表现：

首先，某些艺术形式只能在特定的历史条件下存在发展。如神话和史诗在生产力水平较低的古代希腊（公元前 12 世纪到前 8 世纪）就出现了繁荣，而到了科学技术发达的近现代，根本不可能产生，更谈不到繁荣。其次，从历史的纵向发展来说，后一阶段的生产水平超过了甚至远远超过了前一阶段的水平，艺术的发展却不一定如此。例如希腊艺术、莎士比亚同现代的关系。古希腊艺术的繁荣出现在原始共产主义社会末期到奴隶制时期（公元前 12 世纪到前 4 世纪），它的成就是生产技术发展的现代所不能比拟的。莎士比亚的戏剧产生于 16 世纪，当时英国的资本主义的生产关系正在代替封建主义的生产关系。现代的生产技术水平远远超过莎士比亚时代的英国，却未能出现像文艺复兴时代那样的艺术繁荣。最后，从历史的横向联系来看，同一个历史时代，有时生产力水平高的地区和国家不一定能在艺术上拉第一把提琴，相反，生产力水平比较低的国家，有时却出现了艺术的繁荣。18 世纪的德国和 19 世纪的挪威、俄国都是这样。可见，艺术有其自身的规律，最主要的是它的相对独立性和历史继承性。相对独立性指它并不随着经济基础的消失而消失；历史继承性指它自己绵延发展的内在机制。

总之，在艺术生产和物质生产的关系问题上，艺术生产要受物质生产的制约，这是原本必然的方面，不平衡则是它的派生的、偶然的表现。只有充分认识到艺术生产同物质生产发展的微观不平衡和宏观平衡的规律，将二者的关系同一定的历史条件联系起来作具体、辩证的分析，才能在平衡不平衡的矛盾运动中发展和繁荣艺术生产。

三、马克思、恩格斯论文艺的真实性

马克思恩格斯主张艺术按生活的本来面貌再现生活，主张真实地描写人类的现实关系，主张正确地处理创作中现实和理想的关系，都是为了使艺术作品具有现实主义的真实性。文艺作为意识形态所具有的认识功能，

与文艺的真实性密不可分。马克思恩格斯在致敏·考茨基、玛·哈奈克斯的信中，都就这一问题充分阐明了他们的基本看法。

（一）什么是文艺的真实性

所谓文艺的真实性，按照马克思恩格斯的理解，是指文学艺术对客观社会生活的"真实地描写""真实地再现""真实地叙述"等。文艺真实性反映的是创作关系中的客观方面，体现了文学作为意识形态与生活一致性的关系及程度。

根据马克思、恩格斯的有关论述，文艺的真实性原则主要包括如下具体内容和要求：

1. 忠实于客观现实，真实地反映生活的本来面目

马克思和恩格斯认为，客观的社会生活是不依人们意志为转移的。文艺家要真实地反映生活，就要忠于客观现实，写出生活的本来面目，而不能随意地剪裁和编造。现实主义文艺作品的内容具有客观性的品格，它的真实性不是按照某个人或某个阶级的好恶去判定，而是要看作品所描写的生活是否符合客观实际，是否符合生活的本来面目。

早在 1844 年，马克思针对《巴黎的秘密》的作者按照自己的主观意图来驱使作品中的人物如何思想和行动，从而歪曲人物性格和生活的本来面貌这一倾向指出，作者不应向人们提供用思辨哲学改造过的抽象化的东西，而应当按照生活的实际样子，描绘出人物的"本来的、非批判的形象"。他提倡"用强烈色彩"，按照生活的本来面貌，栩栩如生地描写人物的"伦勃朗式"，反对受到唯心主义神学影响的"被夸张了的拉斐尔式"，把艺术形象塑造成"脚穿厚底靴，头上绕着灵光圈"的"官场人物"。① 恩格斯赞扬雷尼克的风俗画，没有任何的装腔作势，一切都是真正生活的流露。他还称赞莎士比亚的名剧《温莎的风流娘儿们》的第一幕几乎"比全德国戏剧家在一起更具有价值"。② 马克思赞扬狄更斯、萨克雷等作家时指出："现代英国的一批杰出的小说家，他们在自己的卓越的、描写生动的书籍中向世

---

① 《马克思恩格斯选集》第三卷，人民出版社 1995 年版，第 313 页。
② 《马克思恩格斯选集》第四卷，人民出版社 1995 年版，第 108 页。

界解释的政治和社会真理，比一切的职业政客、政论家和道德家加在一起所揭示的还要多。"①

2. 真实地描写现实社会关系，揭示生活的本质和规律

作家对生活的描写怎样才能符合客观事实，具有现实主义的真实性呢？在马克思、恩格斯看来，根本问题在于作家是否真实地描写现实的社会关系。1945年，马克思在《神圣家族》一文中就向作家提出要"真实地评述人类的关系"。恩格斯在《真正的社会主义者》一文中，也辛辣地讽刺了"真正的社会主义诗人"由于对人与人之间的各种复杂的社会关系的无知带来的荒诞描写。马克思、恩格斯认为，人类的整个社会生活就是在与一定的生产关系相适应的各种社会关系中进行的，正是在这个意义上，马克思把人的本质看作是"一切社会关系的总和"。当然，随着社会实践的发展，各种社会关系也会发生相应的发展和变化，在不同的历史条件下具有不同的特点和性质。因此，马克思、恩格斯认为，作家要真实地反映现实生活，要使自己所塑造的各种性格的人物及其矛盾冲突真实地再现现实的社会关系的特点及其发展规律。如果一部作品做到了这一点，那也就是揭示了社会生活的本质和规律了。

对于这点，马克思和恩格斯都高度赞扬了巴尔扎克。马克思曾多次提到巴尔扎克对资本主义现实关系所作的"透彻的研究"，称赞他"对现实关系具有深刻的理解"，是一位"超群的小说家"。恩格斯不仅高度评价《人间喜剧》在真实地描写资本主义的现实关系方面所取得卓越成就，而且认为对资本主义现实关系的这种真实的描写，可以"打击关于这些关系的流行的传统幻想，动摇资产阶级世界的乐观主义，不可避免地引起对于现存实物的永世长存的怀疑"②。

3. 真实性还要求艺术描写的具体性和生动性

现实主义既然要真实地反映客观现实生活，就必然要求在人物、环境和故事情节的描述上做到具体、生动，给人以艺术的逼真感。为了追求文

---

① 《马克思恩格斯论文艺》第二卷，人民出版社1995年版，第255页。
② 《马克思恩格斯选集》第四卷，人民出版社1995年版，第454页。

艺的真实性，马克思恩格斯竭力倡导文艺创造的"莎士比亚化"。"莎士比亚化"，可以说是马克思恩格斯对现实主义创作原则和创作方法的通俗简明的形象表述。1859 年，马克思、恩格斯评《济金根》时指出，拉萨尔的这个剧作的最大缺点是"席勒式地把个人变成时代精神的单纯的传声筒"，[①]要求他的作品应"更加莎士比亚化"。

"莎士比亚化"要求文艺创作应当从现实生活出发，严格地按照现实生活本来的面貌来再现现实生活。莎士比亚的剧作具有强烈的真实感和浓郁的生活气息，善于捕捉生活中独特闪光的素材，编制成生动丰富的画面，凭借强大的生活逻辑和艺术逻辑的力量震撼人心。正因为它的剧作是从他所处的社会生活出发，才能他所塑造的艺术形象根植于现实的土壤里，包含着生活的血肉，传达着时代的声息。"席勒式"是指席勒的晚期作品所表现出来的概念化的创作倾向。卢那察尔斯基曾对"席勒式"做过这样的解释：作者先从理论上研究某个时代，为自己总结出这个时代的某些原则，然后设计与此相适应的人物，并将它们当作这些原则的体现者。当然，马克思恩格斯虽然不赞成"席勒式"的创作倾向，但从没有否定席勒的功绩；相反，他们对席勒的《阴谋与爱情》《强盗》等作品给予了高度的评价。

恩格斯在谈到艺术创作的"莎士比亚化"时，提出了"戏剧的未来"即理想戏剧的问题。他认为，理想的艺术，应该把"情节的生动性和丰富性"与"较大的思想深度"和"意识到的历史内容"完美地融合起来。"情节的生动性和丰富性"，是"莎士比亚化"的一个极其显著的特点。所谓"情节的生动性"，是指作品中情节的发展符合活生生的生活逻辑，合情合理，逼真可信；所谓"情节的丰富性"，是指情节的发展曲折、交错，富有变化，细节描写丰富多彩，不单一化、雷同化。"思想深度"，是指对现实历史的认识深度。而"意识到的历史内容"，是指作品所反映的现实历史的各种社会关系。艺术中的"思想深度"和"意识到的历史内容"都不可能是抽象的、模糊的，而是具体可感的，是包孕于"生动和丰富"的情节中

---

① 《马克思恩格斯选集》第四卷，人民出版社 1995 年版，第 555 页。

并通过它们表现出来的。艺术中的"思想深度"既是深化了的，也是艺术化了的。因此，只有把"较大的思想深度"和"意识到的历史内容"放在坚实的历史唯物主义的基础上，并实现它们与"莎士比亚剧作的情节的生动性和丰富性的完美的融合"，才是"戏剧的未来"。

以上论述表明，文艺的真实性体现了文艺作为意识形态具有的认识属性和反映功能。马克思恩格斯将艺术真实与创作方法联系起来，认为真实性是现实主义的核心问题，赋予真实性更为丰富的理论内涵。但真实性并不等同于毫无选择地反映和描写。马克思恩格斯认为，文艺的真实性是以现实生活为基础，同时又体现了作家对生活的选择、改造和提炼，它是生活真实的升华。恩格斯认为哈克奈斯在《城市姑娘》中对工人阶级命运的反映就没有把握好这一原则。因为在当时的欧洲，工人阶级已由麻木消极的状态转入到自觉或半自觉地反抗。而哈克奈斯仍然描写那些处于麻木迟钝的生活状态的工人阶级的形象。因此，这种创作就缺乏"对现实关系的真实描写"，没有真正做到"真实性"的原则。

（二）真实性与倾向性的统一

"对现实关系的真实描写"是文艺真实性内容的最本质的规定。而其中所包括的作家对现实生活的能动的改造、选择和把握，以及作家思想感情在文学创作中的渗透与流露，正是文艺创作中的倾向性问题，它构成了马克思主义文艺理论的一个十分重要的方面。

所谓文艺的倾向性，就是文艺家的阶级立场、道德意识、爱憎情感、理想追求等在作品中的体现。文艺作为一种观念形态，是一定社会关系在文艺家头脑中的反映的产物。这种反映，当然不是一种机械地反射，不是消极冷漠地摹写客观事物，而是经过文艺家头脑的加工、改造所进行的一种能动的反映。因此，它所创造出来的产品，即艺术形象，也就不可能是原来意义上的纯客观的东西，是主观与客观融为一体的结晶，其中总是或隐或现地反映出文艺家对被描写对象的认识和评价，渗透着创作者的思想感情和态度，从而表现出一定的倾向性。一切文艺作品都是有倾向性的，然而这一倾向性却有积极和消极之分的。正因为如此，马克思恩格斯一贯重视文艺作品的思想倾向性，并把是否具有进步的倾向性作为衡量文艺作品的重要标尺之一。恩格斯写道："我绝不反对倾向本身。悲剧之父埃斯库罗斯和喜剧之父阿拉斯托芬都是有强烈倾向的诗人，但丁和塞万提斯也不逊色；而席勒的《阴谋与爱情》的主要价值就在于它是德国第一部有政治倾向的喜剧。现代的那些写出优秀小说的俄国人和挪威人全是有倾向的作家。"①他还以欧洲文学史几个主要发展阶段——古希腊文学、文艺复兴、启蒙时代和19世纪文学的一些代表性的作家作品表明，表现一定的倾向是文学创作的规律，也是现实主义优秀创作的一个特点。他还高度评价了18世纪末的德国文学，认为："这个时代的每一部杰作都渗透了反抗当时整个德国社会的叛逆的精神。歌德写了《葛兹·冯·柏里欣根》，他在这本书中通过戏剧的形式向一个叛逆者表示哀悼和敬意。席勒写了《强盗》一书，他在这本书中歌颂一个向全社会公开宣战的豪侠青年。"②他之所以高度赞扬当时的德国文学，主要是因为德国当时正处于落后的封建割据状态，整个社会的政治生活是停滞、腐朽的，而以歌德、席勒为代表的"狂飙突进"文学，却表现出强烈的反封建的叛逆精神，他们的作品大声疾呼打破封建专制，要求个性解放和自由平等，对于德国人民民族意识和民主思想的觉醒，起了很大的推动作用。

同时，马克思、恩格斯还强调作品的倾向性要与真实性相统一。首先，真实性是倾向性的基础，艺术创作要以生活真实来制约和校正主观倾向，使主观倾向适应生活真实。文艺家在文艺作品中表现的对生活的认识、评价和理想，应当符合客观生活的实际和历史发展的必然趋势，而不是把主观意愿强加于被描写的客观事物，以至歪曲客观事物的本来面貌，或者按照主观臆想制造那些背离历史发展规律的乌托邦。恩格斯之所以赞扬巴尔扎克的创作是现实主义的最伟大的胜利之一，就在于巴尔扎克违背了自己的阶级倾向性和局限性，而描绘出生活的真实。其次，作家不能赤裸裸地表达自己的政治观点和见解，艺术倾向性的表露要隐蔽和含蓄，富于艺术

---

① 《马克思恩格斯选集》第四卷，人民出版社1995年版，第673页。
② 《马克思恩格斯选集》第二卷，人民出版社1995年版，第634页。

性，作品的思想内容要同情节的生动性和丰富性融合起来。文艺作为掌握世界的一种方式，它的根本特点，是以感性的艺术形象反映生活并影响人们的思想感情。因而作者的思想倾向不应当赤裸裸地公开说出来，而应当渗透在艺术形象的具体描绘中，使人在审美的欣赏活动中不知不觉地受到感染和教育。否则，便会成为一种枯燥无味的说教，而不是艺术的倾向了。恩格斯说："我认为，倾向应当从场面和情节中自然而然地流露出来，而无需特别把它指点出来；同时我认为，作家不必把他所描写的社会冲突的历史的未来的解决办法硬塞给读者。"①

【案例】 毕加索与《格尔尼卡》

《格尔尼卡》是毕加索作于 20 世纪 30 年代的一件具有重大影响及历史意义的杰作。画面表现的是 1937 年德国空军疯狂轰炸西班牙小城格尔尼卡的情景。1937 年初，毕加索接受了西班牙共和国的委托，为巴黎世界博览会的西班牙馆创作一幅装饰壁画。构思期间，1937 年 4 月 26 日，发生了德国空军轰炸西班牙北部巴克斯重镇格尔尼卡的事件。德军三个小时的轰炸，炸死炸伤了很多平民百姓，使格尔尼卡化为平地。德军的这一罪行激起了国际舆论的谴责。毕加索义愤填膺，决定就以这一事件作为壁画创作的题材，以表达自己对战争罪犯的抗议和对这次事件中死去的人的哀悼。于是这幅被载入绘画史册的杰作《格尔尼卡》就此诞生了。七十年过去，这幅杰作已经成为警示战争灾难的文化符号之一，也使格尔尼卡的悲剧永远留在了人类伤痕累累的记忆中。画面里没有飞机，没有炸弹，却聚集了残暴、恐怖、痛苦、绝望、死亡和呐喊。被践踏的鲜花、断裂的肢体、号啕大哭的母亲、仰天狂叫的求救，断臂倒地的男子、濒死长嘶的马匹……这是对法西斯暴行的无声控诉，撕裂长空。画家以象征和半抽象的立体主义手法，以超时空的形象组合，打破了空间界限，蕴含了愤懑的抗议，成就了史诗的悲壮；在支离破碎的黑白灰色块中，散发着无尽的阴郁、恐惧，折射出

---

① 《马克思恩格斯选集》第四卷，人民出版社 1995 年版，第 673 页。

画家对人类苦难的强大悲悯。

"我不是一个超现实主义者，我从来没有脱离过现实。我总是待在现实的真实情况中。"

——毕加索

四、马克思、恩格斯论文艺的典型性

在马克思恩格斯的现实主义文艺理论体系中，关于典型创造的理论是一个极其重要的方面，占有很重要的地位。可以说，真实性和典型性，是这个理论体系的两大支柱。对于小说、戏剧等以塑造人物、刻画性格为主的艺术品种来说，尤其是如此。

（一）什么是文艺的典型性

性格刻画问题，是现实主义的文艺创作的中心问题。马克思、恩格斯在对欧仁·苏的小说《巴黎的秘密》、拉萨尔的剧本《济金根》、敏·考茨基的小说《旧人和新人》和玛·哈克奈斯的小说《城市姑娘》的评论中，都注意分析作品在性格刻画方面的得失，总结他们的经验。马克思、恩格斯认为，人物的性格，不仅表现在"做什么"，而且表现在"怎么做""做什么"，同一阶级、阶层的人物可以是相同的，"怎么做"却不可能两个人完全一样。因此，只有把人物"做什么"与"怎么做"统一起来，才能表现出人物的性格特征，才能表现人物的独特的鲜明的个性。不仅如此，恩格斯还强调，在性格刻画中，要注意表现人物行动的心理动机，并且强调这种动机不应纯粹是从个人的、偶然的欲望中产生的，而是从人物"所处的历史潮流中得来的"。他把这种人物的性格称为"有代表性的性格"，认为文艺创作应该做到"每个人都是典型，但同时又是一定的单个人，正如老黑格尔所说的，是一个'这个'"①。这里所说的"典型"指的就是典型性、代表性，这里所说的"单个人"，指的就是具有一定的典型性的性格鲜明的人物。

综合马克思恩格斯有关典型性问题的论述，这一理论的主要内容可以

---

① 《马克思恩格斯选集》第四卷，人民出版社1995年版，第453页。

概括为两个方面，即个性与共性的统一；人物与环境的统一。其中，典型的细节、典型的环境和典型的人物，构成了典型的三个基本要素，也是对塑造典型的完整要求。

（二）个性与共性的统一

黑格尔曾经在《精神现象学》中提出过"这一个"的命题。在他看来，把事物仅仅看作只是个别的，而抹煞其普遍性，或把事物仅仅看作是诸种"共相"的"集合体"，而抹煞其个别性，都是错误的。恩格斯援引并发展了黑格尔的这一命题，用以强调文艺创作中个性与个性统一的重要性。

一方面，文艺典型的创造，应该从"这一个"的形态出发，而不应该从"这一个"的抽象"共性"（本质）出发。在马克思、恩格斯看来，典型的共性与个性的统一必须以个性为基础，即共性必须体现在真实、具体、独特的个性上面。因为"一般的东西只存在于个别的东西之中，通过个别的东西才能存在"，无个性即无共性。离开对个性的生动描写，必然导致人物描写的抽象化、概念化。在这里，个性并不局限于人物的性格的某种特征。比如，有的人勇敢，有的怯懦，有的阴险，有的正直，有的傲慢，有的谦虚，等等。正如黑格尔指出的，艺术形象的个性是指"许多性格特征的充满生气的总和"，而人物的某种突出的性格特征只是人物许多性格特征的一部分，并不是全部。马克思、恩格斯认为，个性既是具体的、独特的，同时也是丰富的、复杂的，现实主义的个性描写，应当力图再现人物思想性格的丰富性和复杂性。正因为如此，马克思批评拉萨尔使胡登这个人物"过多地一味表现'兴高采烈'，这是令人厌倦的"。恩格斯也针对拉萨尔在人物描写上的这种单调、贫乏的缺点，从近代戏剧发展的角度向他明确指出"古代人物的性格描绘在今天是不再够用了"，并让他"多多注意莎士比亚在戏剧发展史上的意义"。马克思、恩格斯都不反对以典型概括特定时代某种阶级的、阶层的或思想的"共性"，但他们认为，这种"共性"不应该是某种抽象的、赤裸裸的"本质""概念"，而应该是存在于历史或现实的人身上的具体的、活生生的性格特征。

另一方面，文艺典型所概括的"共性"（共相），都是有限的，不可能是

"类"的完满无遗的体现。那种企图把一个阶级、一个阶层甚至一种职业的"类"的共同点抽象出来加到一个人身上，或把一类人的所有优点或缺点接种到一个人身上的做法，常常是违背典型性原则的。这样做不是现实主义的典型性，而是主观唯心主义的理想化。我们通常所说的阶级性，是指某一阶级在一定的经济和政治地位中形成的思想、品质和作风的总括而言。但就实际生活的个别人来说，由于受个人实践和各种复杂原因的限制，不可能都具有他所从属的那个阶级的全部特征。例如，无产阶级的特性是大公无私、富有革命的反抗精神、有高度的组织性纪律性和政治远见等，但不等于每一个工人都具有这些优秀的品质，特别是在他们没有接受马克思主义以前更是如此。当然，在典型塑造中，不可能不体现艺术家的一定的理想，不可能不对所创造的人物做一定程度的理想化。理想化与典型化，并不是根本对立的；但是，由于现实主义跟浪漫主义是有不同的侧重点的，对于现实主义的艺术来说，典型性是人物塑造的主要手段，理想化仅仅是必要的补充，而且不能离开典型性的基本原则。马克思、恩格斯用希腊神话中的普罗米修斯、歌德的浮士德等形象来说明这个问题，这些形象同公式化、概念化的"高大全"形象是有本质区别的——只有在艺术家的审美理想能够在某种程度上符合客观社会生活的本质规律时，那么由这种观念转化而来的人物形象，才是有生命力的。

（三）人物与环境的统一

马克思、恩格斯在对现实主义文艺创作原则的论述中，还特别强调典型人物与典型环境的统一，即"真实地再现典型环境中的典型人物"。这一理论的见解，体现了马克思主义关于文艺的意识形态本质的丰富内涵，其核心在于强调典型性格作为社会存在的整体性。黑格尔在《美学》中，曾经用辩证的观点论述人物与环境的关系。他指出人物与环境不是彼此分离而是相互依存，同时也提出了"一般的世界情况"（即社会时代背景）和"情境"（即人物具体地活动于其中并展开冲突的环境）对人物性格形成的重要意义。马克思、恩格斯自此基础上进一步认为：环境，是根本的社会关系及决定这种关系的社会物质状况和经济条件，并明确指出，人的性格是由环境造成的，人创造环境，同样环境也创造人，要求"真实地再现典型环境中的典型人物"，把人物与环境辩证地统一起来。概括起来，这一理论包含以下几方面内容。

首先，所谓典型环境，实际上是指充分体现了现实关系真实风貌的人物的生活环境。它包括以具体独特的个别性反映出特定历史时期社会现实关系总情势的大环境；又包括由这种历史环境形成的个人生活的具体环境。由于典型性格的发展应该具有自身的逻辑性，但这种逻辑性不是从人物所固有的某种抽象本性推演出来的，而是从人物在其生活环境中展现出来的。正如恩格斯说得，艺术作品中的主要人物的动机不是从琐碎的个人欲望中，而正是从他们所处的历史潮流中得来的。因此，文艺创作应该从时代生活的广泛联系中把握人物性格，写出一定时代人物性格和命运的现实必然性或历史必然性。

其次，典型人物和典型环境具有互动的辩证关系。一方面，典型性格是在典型环境中生成的。文艺创作中所描写的环境，不仅是人物性格得以显现的一个框架或舞台，而且应该提供人物性格得以形成和发展的客观依据。因此，典型环境不仅是形成人物性格的基础，而且还制约着人物性格的发展变化。另一方面，典型人物在环境面前并不是完全消极被动的，而是在一定条件下，可以对环境发生反作用。所以，马克思、恩格斯也要求文艺作品应写出人物对环境的能动的改造作用，特别是正确表现工人阶级对于压迫他们的环境的革命反抗。恩格斯曾批评卡尔·倍克的创作之描写怀着卑微的、虔诚的和互相矛盾的愿望的小人物或穷人，而不歌颂倔强的、叱咤风云的和革命的无产者，希望哈克奈斯在描写了对压迫环境无动于衷的消极群众之后，能在另一本书中写出积极反抗环境的工人形象，无疑都是希望作家能够表现出人与环境关系的复杂性，体现了马克思主义的唯物主义的世界观和方法论。

【案例】 鲁迅笔下的"阿Q"

《阿Q正传》，鲁迅小说代表作。写于1921年12月至1922年2月间，最初分章发表于北京《晨报副刊》，后收入小说集《呐喊》。如《呐喊》自序："有一回，我竟在画片上忽然会见我久违的许多中国人了，一个绑在中间，许多站在左右，一样是强壮的体格，而显出麻木的神情。据解说，这绑着的是替俄国做了军事上的侦探，正要被日军砍下头颅来示众，而围着的便是来赏鉴这示众的盛举的人们。"鲁迅创作出阿Q这么一个典型形象，代表的不是一个而是千万个，是为了唤醒旧中国的无数麻木的中国人的灵魂。

《阿Q正传》以辛亥革命前后的未庄为历史舞台，以主人公阿Q的活动为线索，以批判阿Q的病态心理精神胜利法为重点来组织材料。在艺术创造的过程中，作者不但从中国的现实社会出发，以农民的实际生活为基础，概括出阿Q的典型性格，而且着眼于辛亥革命这样一个重大的历史事件，设计未庄这样一个闭塞落后的江南农村，作为阿Q生活的典型环境。阿Q这个形象，既具有鲜明的个性特征，又具有深刻的典型意义。从这个意义上说，《阿Q正传》是辛亥革命时期农村生活的一面镜子，是旧中国劳动人民的奴隶生活的深刻写照。

阿Q是旧民主主义革命时期的一个落后而不觉悟的农民典型。他愚昧，贫穷。精神胜利法是他最主要的性格特征，这也是阿Q落后不觉悟的重要原因。阿Q不满别人的压迫，想反抗又不得力，便用精神上的胜利掩盖实质上的失败。当辛亥革命的消息传来时虽一时反对，但低下的社会地位使他本能地倾向革命。他对革命的理解是错误而可笑的，行动是迟钝而软弱的，最后在假洋鬼子的棒喝下革命美梦彻底破灭。阿Q的"精神胜利法"是整个国民劣根性的集大成者，阿Q也是一个无法替代的"典型形象"。阿Q头上的"光"，照出了中国人心灵上的黑洞。文学作品就是这样以塑造人物形象为中心来反映社会现实，阅读文学作品就应该鉴赏其人物形象，探讨其人物形象的典型意义。

五、马克思、恩格斯论悲剧

在西欧，无论是作为文学体裁还是一种美学范畴，悲剧始终是为广大读者和观众所喜闻乐见的一种艺术形式。几乎在每一个时代，都产生了杰出的悲剧作家和作品，并且，悲剧都能迅速地适应新的社会需要和政治形势不断发展。自亚里士多德以来，西欧的悲剧理论就成为文学理论和美学理论中的一个专门的、最为人们所乐于谈论和探索的领域。马克思、恩格斯正是在这一文艺环境的熏陶和培育下，以唯物史观为指导思想，形成了他们新型的悲剧观和悲剧理论。在他们看来，悲剧是艺术掌握世界的一种具体方式，是艺术家对客观生活中特定的历史事件和历史关头的实质进行精神把握和艺术表现的产物。因此，悲剧，也包括与之性质相同的喜剧，不仅仅是一种文艺的体裁形式，更是具有深刻内涵的社会历史现象和美学现象。

马克思和恩格斯直接谈论悲剧问题的论述不是很多，主要都集中在他们于1859年4月19日和5月18日分别致斐·拉萨尔的信中，是围绕对拉萨尔的历史悲剧《弗兰茨·冯·济金根》的批评和分析展开的。

（一）拉萨尔的《济金根》

1848年的德国革命，由于资产阶级的背叛而失败了。许多革命者结合历史上的国民革命运动总结这次革命的经验教训。当时，大卫·施特劳斯写了《乌尔利希·冯·胡登诗》，恩格斯写了《德国农民战争》，斐迪南·拉萨尔创作了历史剧《济金根》。

拉萨尔是德国工人运动早期的著名领导人，机会主义路线的重要代表。1848年德国革命爆发，在革命运动高涨时期，他也加入了革命民主派组织，不久成为杜塞尔多夫革命运动的领导人之一。1848年革命失败，马克思、恩格斯再度被德国反动政府驱逐出境，拉萨尔被侥幸地留在国内。在这一时期，他一方面对革命灰心丧气，另一方面坚持做了一些有益的工作。马克思、恩格斯赞赏和肯定了他的某些成绩，并力图引导和帮助他成为一名真正的革命者。而拉萨尔对他们却采取一种口是心非的态度。一方面声称自己是"马克思主义的拥护者"，另一方面又竭力阻挠和破坏马克思、恩格斯著作在德国的传播。他撰写大量的哲学和政治论著，极力宣传黑格尔的唯心主义和他的一系列的机会主义观点，和马克思主义对抗，最终堕落到出卖工人运动，直接为俾斯麦效劳。看到拉萨尔这些背叛革命的行径，马克思、恩格斯终于在1863年同他决裂。次年，拉萨尔因恋爱事件，在同情敌的决斗中死去。

《济金根》的剧本是拉萨尔在1857年与1858年之交的冬天写成的。这时一个以历史人物为题材的剧本。16世纪20年代，德国已经由中央集权的封建帝国发展为诸侯割据、皇帝徒有虚名的封建帝国。随着帝国的衰落，以骑士为代表的中小贵族的地位逐渐没落。他们企图通过消灭诸侯与僧侣，重新实现德国的统一，恢复骑士的地位。济金根就是德国中小贵族的首领。1522年，济金根联合其他骑士，组成一支军队，向特里尔选帝侯发起进攻，结果被诸侯的联合力量打败而死去。关于济金根的灭亡，拉萨尔认为，历史上伟大的革命领袖之所以灭亡，是由他的革命目的与机会主义（或者说现实主义）策略的矛盾造成的。在他看来，历史上反对旧制度的伟大人物，他们追求的目的是很革命的。当他们从理论转到行动的时候，就不能不考虑当时的现实状况而采取"狡诈手段"即"现实主义策略"，隐瞒自己的目的，麻痹统治阶级。统治阶级是麻痹不了的，相反，"狡诈手段"却使自己背后没有了群众。这样，就必然陷入灭亡。在拉萨尔看来，济金根的革命目的是很彻底的，不仅反对诸侯、僧侣，而且反对皇帝，并企图解放农民，实现德国的独立和统一。只是在斗争开始的时候，他为了麻痹其他诸侯，没有打出反对皇帝和诸侯的旗号，在骑士内争的假面具下发动叛乱。结果，一方面，未能麻痹其他诸侯，当济金根的军队进抵特利尔城郊，其他诸侯迅速增援特利尔，截断济金根的援军，迫使他撤退。另一方面，济金根因为没有打出解放农民的旗号，因而得不到农民的支持。当他自己意识到这一点，为时已晚，结果陷入灭亡。

（二）马克思、恩格斯对拉萨尔悲剧观的批评

1859年3月，拉萨尔把这个《济金根》的剧本、一封信和一篇名为《关于悲剧观念的手稿》寄给马克思、恩格斯，向他们征求对该剧的意见。马克思、恩格斯相继回信，结合评论《济金根》，批评了拉萨尔的悲剧观。

马克思指出，济金根之所以灭亡，不是由于"狡诈"而是"由于他作

为骑士和作为垂死阶级的代表起来反对现存制度，或者说的更确切些，反对现存制度的新形式"。① 他指出，济金根所代表的骑士阶级，力量远不如诸侯，要打倒诸侯和僧侣，实现德国的独立和统一，必须联合城市和农民。可是城市长期受骑士的抢劫，农民长期受骑士的剥削，如果不改变对城市的态度，不解放农民，骑士要与之结成联盟是不可能的。解放农民，就等于取消骑士经济来源的绝大部分，就等于取消骑士阶级本身。因此，济金根的阶级地位使他不可能实现与城市和农民的联盟，只能单独与诸侯作战而陷入灭亡。

拉萨尔辩护说，他的悲剧中的济金根同历史上的济金根并不完全符合，而诗人有权利把自己作品中的人物理想化。对此，恩格斯曾向拉萨尔表示过："您假定济金根和农民确实有某种联系，这究竟有多少历史根据，我无法判断，而这个问题也是完全无关紧要的……我丝毫不想否认您有权把济金根和胡登看作是打算解放农民的。"② 但是，艺术中虚构历史人物尽管可以不符合历史事实，却不能违背历史的逻辑，即历史的真实。骑士靠掠夺和盘剥农民为生，这两个阶级的利益是根本不可调和。因此，如果要把济金根写成"骑士之花"，那他就必须加入农民起义队伍，反对自己的阶级。拉萨尔在悲剧中塑造的济金根，既是一位众望所归的骑士领袖，又是一位得到农民和市民拥戴的英雄。这样，拉萨尔把历史上两种不可调和的因素硬搬到了他的悲剧人物身上，这就违背了生活的逻辑、历史的逻辑。马克思、恩格斯为此而对拉萨尔提出了批评，马克思说济金根被描写得"太抽象"了，他是"多么苦于不以他的一切个人打算为转移的冲突，这可以从下面一点看出来：他一方面不得不向他的骑士宣传与城市友好等等，另一方面他自己又乐于在城市中施行强权司法"。③ 济金根之所以被描写得如此矛盾，是因为作者不愿意忠实于历史的真实，是因为作者把骑士所不能有的思想品质强加到了济金根身上。恩格斯在承认了拉萨尔有权把济金根和胡登看

① 《马克思恩格斯选集》第四卷，人民出版社 1995 年版，第 339 页。
② 《马克思恩格斯论艺术》第一卷，中国社会出版社 1982 年版，第 30 页。
③ 同上书，第 24 页。

作打算解放农民的人这一点以后，紧接着指出："但这样一来马上就产生了这样一个悲剧性的矛盾：一方面是坚决反对解放农民的贵族，另一方是农民，而这两个人都被置于这两方面之间。"① 农民与贵族之间的矛盾是现实的矛盾，拉萨尔却把济金根描写成超越于这个矛盾之上的、身为骑士却又致力于解放农民的人物。这样，济金根就成了一个没有现实根据的、失去历史真实的人物了。

（三）马克思、恩格斯的悲剧观理论

马克思恩格斯通过对《济金根》的批评及和拉萨尔本人的论战，也比较明确地阐述了自己的一套马克思主义的悲剧观理论。

马克思、恩格斯把他们的悲剧观建立在现实必然性和历史必然性的辩证运动的基础之上。他们认为，悲剧的内容不是观念，而是现实生活中的矛盾冲突。这是马克思、恩格斯的悲剧观与拉萨尔的悲剧观的根本区别。马克思在《路易·波拿巴的雾月十八日》一文中写道："黑格尔在某个地方说过，一切伟大的世界历史事变和人物，可以说都出现两次，他忘记补充一点：第一次是作为悲剧出现，第二次是作为笑剧出现。科西迪耶尔代替丹东，路易·勃朗代替罗伯斯庇尔，1848—1851 年的山岳党代替 1793—1975 年的山岳党，侄子代替伯父，在使雾月十八日事变得以再版的种种情况中，也可以看出一幅同样的漫画！"② 我们可以知道，马克思、恩格斯的悲剧观有两个要点：第一，无论是悲剧还是笑剧，它们都是历史的具体的，即它们都存在于现实的历史当中。悲剧的事件和人物不是什么"普遍精神""永恒正义"之类的观念的化身，恰恰相反，上述观念倒是一定历史的现实在人们头脑中的反映。第二，并不是现实生活中的一切事件和人物都能成为美学和艺术中的悲剧对象，能成为悲剧对象的，只是那些在历史上具有合理性或至少还没有完全丧失合理性的人物和事件。马克思、恩格斯的悲剧观点告诉我们，建立在某种抽象观念之上的所谓"永恒的悲剧冲突"是不存在的。任何悲剧冲突，都深深地植根于特定历史条件下现实的社会

---

① 《马克思恩格斯论艺术》第一卷，中国社会出版社 1982 年版，第 30 页。

② 《马克思恩格斯选集》第一卷，人民出版社 1995 年版，第 584 页。

矛盾之中，都以现实的、历史的必然性为根据。诚然，构成悲剧冲突的直接原因，可能是悲剧主人公性格上的某种弱点或行动中的某些过失，但是，隐藏在这种性格和命运背后并起作用的，只能是某种客观的社会因素，而且这种因素只是蕴含在一定现实矛盾所造成的某种情势之中，只是同某种历史的或现实的必然性相联系。

根据马克思恩格斯的一贯思想，悲剧除了它所具有的历史必然性的矛盾冲突外，还应该具备这样一些特征。

首先，悲剧应有巨大的深刻的历史内容。巨大的社会矛盾冲突，不论是新旧阶级之间为变革现实而激烈斗争的现实社会矛盾，或者是历史发展进程中现实与理想的矛盾，都应该成为悲剧的重要题材。

其次，悲剧的主人公必须体现历史的必然要求。悲剧人物代表着进步的正义的和崇高的力量，使他们在变革生产关系和上层建筑，以新的阶级力量代替旧的阶级力量，以新生事物代替腐朽事物的斗争中，总是顺应时代潮流和历史发展规律。

最后，悲剧应以主人公的必然灭亡以及它所代表的原则和要求的不可能实现而告终；但是，他为之斗争的原则和要求本身却是永存的，最终会实现的。至于悲剧人物为什么一定要失败或灭亡，马克思、恩格斯不同意拉萨尔完全从个人内部找原因的做法，而是在承认个人内在原因起一定作用的同时，更强调支配个人动机的更深广的社会物质原因。

六、马克思、恩格斯论文艺批评

文艺作品，不仅是欣赏者阅读、欣赏的对象，也是批评家、研究者研究、评论的对象。文艺批评的任务，是分析、研究文艺作品，帮助欣赏者正确欣赏和理解各种文艺现象，帮助作者、艺术家总结创作经验、推动文艺创作的发展。一个批评家用什么样的观点观察文艺现象（包括思潮、流派），评论作家作品，总是同他的一定的美学思想和文艺思想相联系的。马克思、恩格斯就是以辩证唯物主义和历史唯物主义为理论基础，以马克思主义的人论和美学理论为思想根基，总结出一套现实主义的"美学的历史的”文艺批评理论。

（一）“美学的历史的”文艺批评观的提出

“美学和史学的观点”是由恩格斯多次提出并深得马克思首肯的重要概念。19世纪40年代中期，恩格斯在其长篇论文《诗歌和散文中的德国社会主义》中，借评论歌德对卡尔·格律恩反动美学观点进行了系统的批判。其中，他指出格律恩借用歌德的“权威”来歪曲地宣扬自己的反动政治思想的事实，并批评了当时出现的对歌德的评价的狭隘的简单化倾向。他指出：“我们决不是从道德的、党派的观点来责备歌德，而只是从美学和历史的观点来责备他；我们并不是用道德的、政治的或‘人的’尺度来衡量他。”①这段话标志着马克思主义文艺批评的标准——“美学的和历史的观点”的首次提出。

12年后，恩格斯在同拉萨尔关于剧本《济金根》的通信中再一次重申，他是“从美学观点和史学观点”来衡量拉萨尔的作品的，并强调说这是“非常高的，即最高的标准。”②马克思也多次明确地表述过类似见解，他称赞巴尔扎克用诗情画意的镜子反映了整整一个时代，劝告拉萨尔要“在更高得多的程度上用最朴素的形式把最现代的思想表现出来”③。这里，“诗情画意的镜子”和“最朴素的形式”属于美学的要求，“反映了整整一个时代”和表现“最现代的思想”属于史学的要求。可见，“美学的和历史的”观点是马克思、恩格斯开展文艺批评一贯坚持的思想立场。恩格斯对歌德及其创作的评价更是充分体现了“美学的和历史的观点”。歌德及其创作是德国文学史上最复杂的文艺现象之一。在如何对待歌德创作的问题上，恩格斯没有像当时一些评论家那样全盘肯定或全盘否定之。他认为，评论一个艺术家的功过，衡量他的创作的成败，应当以他的作品作为依据，考察他的作品究竟有多大的认识价值和审美价值。他对歌德的评论就是从分析歌德对德国社会的态度着手的。他分析歌德对待德国社会的态度的两重性，

---

① 《马克思恩格斯选集》第四卷，人民出版社1995年版，第257页。
② 《马克思恩格斯选集》第一卷，人民出版社1995年版，第586页。
③ 同上书，第573页。

指出，歌德有时对德国现实是敌视的，有时却迁就甚至保护它。这种两重性具体表现在他的一系列作品中，使这些作品具有了不同的社会审美价值，同时也决定了歌德在德国文学中的地位。

（二）"美学的历史的"文艺批评观的思想根基

综观马克思、恩格斯关于文学艺术的论述，我们可以看到，他们是从两方面考察人类艺术活动的本质规律的：一方面，他们根据人类生产区分为两大门类的理论，考察了艺术作为一种特殊精神生产活动的本质和规律，即通常所说的文艺的审美本质及其审美创造规律；另一方面，他们又根据历史唯物主义关于社会结构的理论，考察了文学艺术作为一种特殊社会意识形态的社会本质及其发展、演变规律。显然，文艺批评中美学观点和历史观点的提出，是同马克思、恩格斯对艺术本质规律的这种考虑和探讨相联系的。

"美学的历史的"文艺批评观是建立在马克思主义实践论基础上的，并且，这一理论包含着两个重要的思想根基：一个是马克思主义美学思想；一个是马克思主义人论。

在历史上，什么是"美"，"美"从何而来，一直是让人们不断思考、争论的难题之一。马克思以前有很多哲学家和美学家就这一难题争论不已，他们的观点从思维方向上大致可以分为两派：一派注重从客观实体出发，从客观事物的属性着眼；另一方则主张从主观或主体上找美的根源。但他们都存在着两个明显的缺陷：一是缺乏一种整体的辩证法，不能真正地打通主客两方；二是他们大都沉涵于纯粹的思辨领域或局部的经验领域，不能把美学问题同更为深广也更为现实的人类问题结合起来研究。马克思、恩格斯则用唯物主义的实践观点，对美学问题进行了全新的阐释，为美学发展打开了一条新路。

关于"美"的本质和"美"从何而来，马克思、恩格斯的研究路径跟以往单纯就美谈美的美学家、哲学家不同。他们是从深广得多的哲学—经济学高度和历史—现实的背景上来考察美和艺术的。首先，他们提出了"劳动创造了美"的关键性命题。马克思、恩格斯认为，人的对本质力量的确证无外乎理性和感性两种。当这种确证是以感情、感觉、观照、体验、想象等感性活动方式在感性对象上实现的时候，人们在精神上产生满足和激动。劳动创造了人类世界和人类自身。而美作为人的基本价值之一，是人的自由自觉本质的感性现象。因此，从本质上讲，美，就是人的本质力量的对象化即实践或劳动的产物。

同时，马克思、恩格斯还在对人的本质的讨论的过程中，分析了美和劳动的异化的关系。马克思对人的本质有这样的论述："人的类特性恰恰是自由的自觉地活动"①；"人的本质……在其现实性上，它是一切社会关系的总和"②。实践就是人的本质力量的对象过程。从这些论述中，我们可以得出这样一个普遍定义：人是在社会历史中自由自觉地、现实地实践创造着的存在物。人创造着他周围的外部世界，同时又创造着他自身的内部世界。从对人的本质的讨论中，马克思又提出了"异化劳动"的概念。他认为异化是一种人的物质生产和精神生产及其产品变成异己力量又反过来统治人的，和阶级一起产生的社会现象。"工人生产得越多，他能够消费得越少；他创造的价值越多，他自己越没有价值、越低贱；工人的产品越完美，工人自己越畸形；工人创造的对象越文明，工人自己越野蛮；劳动越有力量，工人越无力；劳动越机巧，工人越愚钝，越成为自然界的奴隶。"③异化劳动则是指原本体现人的本质的自由自觉地活动——劳动，在私有制条件下发生异化。而这种劳动的异化，根本上是跟"美"敌对的，"异化劳动从人那里夺去了他生产的对象，也就从人那里夺去了他的类生活，即他的现实的、类的对象性，把人对动物所具有的优点变成了缺点"④。但马克思也承认，在特定意义上，异化劳动也可能创造美：异化劳动尽管是不自由的，而劳动者包括艺术家处于谋生的需要，在奴役下所从事的劳动，就要创造出符合社会的要求，包括审美要求的产品和作品，以满足社会的需要。异化劳动

---

① 《马克思恩格斯选集》第一卷，人民出版社 1995 年版，第 46 页。
② 同上书，第 18 页。
③ 《马克思恩格斯选集》第四卷，人民出版社 1995 年版，第 92—93 页。
④ 同上书，第 97 页。

同样能造就精湛的艺术品，只是劳动者自己不能享受而已。因此，只有在人类真正实现自由、体现自身本质力量的共产主义社会，"美"才真正实现了主体和客体的统一。

（三）"美学的历史的"文艺批评原则的基本内涵

人类的艺术活动是人类审美活动的一种高级形态和典型表现，是一种以创造审美价值为根本目的的精神生产活动。那么，不言而喻，人们就必然会把这种活动是否符合"美的规律"、其产品是否具有审美价值作为文艺批评的标准或尺度。文艺批评就是一种审美判断，一种审美评价。从这个方面去评论作家的创作，就是恩格斯所说的"美学的观点"。"美学的观点"就是指文艺批评必须着眼于人同世界的审美关系。批评家要充分注意艺术的审美特性，理解文艺创作、作品构成及文艺鉴赏的各种规律；对作家、作品及其他文艺现象作出符合艺术审美规律的具体分析，把艺术审美价值作为衡量批评对象价值的一个尺度或标准。

当然，文学艺术又是一种特殊的社会意识形态，是人类社会这个多层次结构中的一个层次，它同社会经济基础，同树立在经济基础之上的上层建筑，同上层建筑中意识形态的各种形式，都有着密切的、错综复杂的联系。因此，对人类文艺现象的观察、分析、研究、评论，又不能离开特定的时代和一定的历史条件，必须考虑到文艺与整个社会发展、整个时代环境、历史文化传统的联系，从这种联系中去考察文艺的发展、演变。这一切，就是恩格斯所说的"历史的观点。""历史的观点"就是指文艺批评必须以历史唯物主义为指导，着眼于文艺所反映或体现的人的社会关系和历史关系。批评家要把作家及其作品放在特定的时代和历史条件下加以考察，作历史的、阶级的具体分析，把它们反映历史真实的程度、对历史发展规律认识和把握的程度，以及具有进步的倾向，作为衡量批评对象价值的一个尺度或标准。

在艺术作品中，美学因素和历史因素本来是而且应当是水乳交融地结合在一起的。研究事物的方法应该同对象的本性相符合。恩格斯正是根据文艺的本性提出了"美学的历史的观点"这一文艺批评原则。"美学的"和

"历史的"观点既有区别，又不可分割。"历史的"包含着"美学的"，但"历史的"侧重于从社会历史的广阔的面上去分析和评定，"美学的"则侧重于艺术自身的特殊性的点上去深入。从这个意义上说，前者是基础，而后者是深度。失去前者，后者就变成空中楼阁，成为肤浅乏味的老生常谈或者是令人百思不得其解的玄奥的梦呓；而失去后者，则前者就往往会沦为一种不着边际的八股老调，用貌似吓人实质上却不伦不类的空谈来掩盖艺术上的无知或拙劣。

第三节　马克思、恩格斯文艺理论的主要特征及重要意义

马克思、恩格斯的文艺理论是马克思主义不可分割的组成部分。马克思、恩格斯的文艺理论体系处处闪耀着辩证唯物主义和历史唯物主义的光辉，充满了无产阶级的党性，具有极其鲜明的特征。其在文艺学史上实现了划时代的变革，形成了完整的科学的无产阶级文艺理论，奠定了后来整个无产阶级文艺理论的思想基础。

一、马克思、恩格斯文艺理论的主要特征

（一）既研究文学艺术自身规律，又始终与实现共产主义的总目标相结合

马克思和恩格斯是伟大的思想家、理论家和革命家，他们倾其毕生的精力，全面研究了资本主义社会，研究了由资本主义向社会主义过渡，并进而向共产主义发展等关乎人类命运的重大问题。他们对文学艺术的思考与研究，不是游离于这一总体研究之外的孤立现象，而是从属于总体，并成为它不可缺少的组成部分。换句话说，马克思和恩格斯对文艺的研究与其研究哲学、政治经济学和科学社会主义的总目标是一致的，即不只是要在这些学科领域掀起一场革命，而且还要将其转化为一种精神武器，为实现人类的理想社会去奋斗。这就决定了马克思和恩格斯对文艺的研究，不可能局限于单纯的审美，而不去从历史和社会的角度观察文艺；不可能仅

限于对文艺文本的一般化思想阐释，而不去追寻其作者的存在价值与其创作的政治文化意义；不可能把重点研究停留在对文艺的"内部规律"的探讨上，而不去把文艺功能的实现，与社会每一个成员个性全面发展基础上的全人类的解放相结合。

因此，马克思、恩格斯所构建的文艺理论，从一开始就不是纯文艺的、超功利的，而是二者的统一，既要客观地认识文艺本身的规律，又要运用这一规律，推动文艺朝着有利于无产阶级和全人类的解放事业发展。

（二）既着眼对既有文艺现象的研究，又关注人类社会未来的新文艺发展

从某种角度讲，马克思和恩格斯是立足于未来，立足于无产阶级和全人类的解放的高度，来审视人类文学艺术的发展历程的。他们通过专论、兼论和散论等不同方式，梳理文艺的发展史，研究对人类精神产生过积极影响的作家、作品，批判那些妄图阻碍人类精神朝着健康方向发展的作家、作品，同时，还热诚地支持具有一定的社会主义倾向的作家，帮助他们不断地提高创作水平。马克思和恩格斯的用心是清楚的，他们要把已有的进步文艺与人类未来应有的文艺之间，内在地联系起来，以构成人自身的一种重要的精神历程，使未来的新文艺既有其赖以存在的历史根据，又有其明确的、不可移易的发展方向。

马克思和恩格斯非常重视对人类既有的文艺的研究，希望从中梳理出人类精神走向的脉络，但他们更关注人类未来的新文艺，并希望它的构建和发展能与人类为理想社会的实现而奋斗的历史过程统一起来。恩格斯在《致斐·拉萨尔》中明确表示，"具有较大的思想深度和意识到的历史内容，同莎士比亚剧作的情节的生动性和丰富性的完美的融合"，"正是戏剧的未来"。这"意识到的历史内容"，直接涉及作品的"思想深度"，[1] 而它本身所包含的基本东西，无论如何是不能与人类为理想社会的实现而奋斗这一历史内容相悖离的。

---

① 《马克思恩格斯选集》第四卷，人民出版社 1995 年版，第 557—558 页。

（三）既重视文艺表现人性的特殊本质，又强调其作为意识形态的普遍属性

马克思和恩格斯在对人类社会，特别是资本主义社会发展历史的全面研究的基础上，提出了他们关于社会的理想。这一社会理想的主要特征，是生产力的极大发展、物质的极大丰富；在此基础上的社会普遍公平和公正；在社会每一个成员个性全面发展基础上的全人类的解放。这一社会理想的根本出发点，是为了满足人间普遍的需求和幸福，是为了发挥一切人的潜能，是为了一切人的真正解放。他们的社会理想和人的理想是统一的。恩格斯在《自然辩证法》中非常深刻地指出，人要彻底获得解放，成为真正的人，必须经过两次提升。一次是"人的最重要的历史活动"。"即人的生活必需品的生产"，"在物种方面把人从其余的动物中提升出来"；一次则是在"一个新的历史时期"，"一个有计划地从事生产和分配的自觉的社会生产组织，才能在社会方面把人从其余的动物中提升出来"。恩格斯认为，人的第二次提升，使"人自身以及人的活动的一切方面，……都将突飞猛进，使以往的一切都黯然失色"[①]。这就是说，从整体上看，人性的完美度是与社会的文明度同步的。文学艺术深刻地描写既定人性的复杂性是完全必要的，但是，不可否认的历史事实是，推动历史发展的社会力量，往往体现着人性完美的方向。所以，马克思和恩格斯对文艺更殷切的期盼，是在文艺作品中最充分地描写推动历史发展的社会力量所体现的美好人性。

马克思和恩格斯在创建自己的文艺理论时，是非常重视文艺自身的特点和规律的。他们对不同时期作家、作品的研究和评价，又有着自己独具的角度和方法，这就使其对文艺特点和规律的理论概括与论证阐释，凸显出了为一般文艺理论家所无法具有的特色。他们对文艺的特殊性的把握，不是对文艺孤立观察、研究的结果，而是从人的整体掌握世界的方式着眼，在区别不同的掌握世界的方式中，思考文艺这一掌握世界的独特方式。这种在一般中见个别、普遍中显特殊的认知原则，既不忽视文艺作为意识形

---

① 《马克思恩格斯选集》第四卷，人民出版社 1995 年版，第 274—275 页。

态的普遍属性，又能深刻理解文艺之所以是文艺的特殊本质。在《〈政治经济学批判〉导言·政治经济学的方法》中，马克思指出："整体，当它在头脑中作为思想整体而出现时，是思维着的头脑的产物，这个头脑用它所专有的方式掌握世界，而这种方式是不同于对于世界的艺术精神的，宗教精神的，实践精神的掌握的"。① 这段话提供了马克思主义文艺理论的一个基本出发点。"掌握世界的方式"这一命题具有重要的意义，它不仅告诉人们，人掌握世界的思维方式有多种，它们虽是有联系的，甚至可以相互渗透，但彼此却有着质的差异，不可相互混同；而且引导人们应该把主要精力放在所研究的对象的创造者之头脑，是如何"用它所专有的方式掌握世界"上。只有这样，人们才可能对对象的质的规定性有个准确的把握。

二、马克思、恩格斯文艺理论的重要意义

马克思主义文艺理论是在辩证唯物主义和历史唯物主义的基础上，以人的艺术实践活动以及在这个实践中生成的各种复杂关系为研究对象，旨在从中寻找实现人的全面发展途径的文艺理论，是马克思主义理论整体的有机组成部分。虽然马克思自己也说，完全属于艺术领域的作品，不属于他们谈论的范围，但是如果把那些散落在哲学、经济学、人类学著作及通信当中的术语或隐喻性的概念置于整个马克思主义理论体系的框架内来考察，一个有机联系的严整的马克思主义文艺理论和美学思想体系，就赫然呈现在人们面前。它同马克思主义的其他理论一样，深深地影响了一代又一代的无产阶级和劳动群众，并在全世界范围内取得了重大的胜利，是人类文艺思想精华凝聚起来的一座不朽丰碑。

马克思、恩格斯的文艺理论正如他们的全部学说一样，对人类作出了两大贡献：一是艺术和审美作为社会意识形态的诸种理论，即是建立了由生产力—生产关系—上层建筑—意识形态（包括艺术在内）的学说；二是马克思阐明了人类历史从原始社会—资本主义社会—共产主义社会（包括

---

① 《马克思恩格斯选集》第二卷，人民出版社 1995 年版，第 19 页。

社会主义社会在内）艺术发展的特征和规律。这两个发现正是对人类关于美和艺术发展史上的伟大贡献。前者指明了美和艺术在人类史上任何一个时期的地位和特征，后者指明了美和艺术在人类史上某一特点时期的地位和特征。这就从纵向和横向两个方面揭示了美和艺术运动的规律。

马克思、恩格斯的文艺理论，从浪漫主义—黑格尔主义—费尔巴哈人本主义，之后，经过研究政治经济学，研究人类劳动过程和人类历史，并参加革命运动和接触更多的社会经济、政治及意识形态领域，然后从旧唯物主义美学观飞跃到历史唯物主义辩证唯物主义文艺理论，其间经历了近半个世纪的发展过程。我们从马克思、恩格斯共同创建的马克思主义文艺理论中发现，贯串整个理论的红线是唯物史观，并创造性地应用、解决和回答了19世纪资产阶级文艺家在文艺思想领域里不能解决和回答的许多复杂的问题。这些问题包括：以辩证唯物主义和历史唯物主义的观点回答了文艺的本质和特征；阐明了艺术的起源和发展、艺术在社会生活中的地位和作用、艺术生产与物质生产的不平衡规律、倾向性和真实性、艺术性相统一，以及现实主义理论等问题；论述了人性的具体内容及其历史发展，关于人们掌握世界的不同方式，文艺史和批判地继承文化遗产，以及共产主义艺术等问题；论述了资本主义生产同某些精神生产部门的矛盾，以及悲喜剧等问题，提出对人道主义新的评价标准及工人阶级政党向文学中的资产阶级思潮进行斗争等问题；研究和探讨了人的认识能力的无限性、真理和谬误、善和恶的问题。

马克思和恩格斯的文艺理论是非常严谨、全面与深刻的，虽然他们没有一本关于文艺学和美学的专著，其文艺思想也大多散见于哲学、政治经济学、科学社会主义等著作以及一些讲话和通信之中。但是他们站在时代的高峰，运用辩证唯物主义和历史唯物主义的基本原理，缜密思考各种文艺现象，从根本上揭示了文艺发展规律。他们的文艺思想是人类历史上一切优秀思想智慧的结晶，为马克思主义文艺理论的产生奠定了坚实的基础，开创了人类文艺发展史上光辉的新局面。其后的马克思主义者，都是在马克思和恩格斯思想的哺育下，成长为马克思主义文艺理论家，在社会主义革命、改革和建设的实践中，继续丰富和发展马克思主义文艺理论。

思考题：

1. 马克思、恩格斯关于艺术生产同物质生产发展不平衡关系的基本内涵是什么？试依据这一思想谈谈你对文艺相对独立性的认识。

2. 马克思、恩格斯关于艺术创作的思想主要有哪些原则？请联系实际谈谈自己的看法。

3. 什么是"美学观点"？什么是"史学观点"？作为文艺批评的标准，他们之间的关系如何？

4. 怎样理解异化劳动同美的关系？异化劳动能创造美吗？为什么？

第二章　列宁文艺思想及马克思主义文艺思想在俄苏时期的其他发展

第一节　马克思主义文艺思想在俄苏时期的传播和发展

科学的马克思主义理论自其创立起，就一直和无产阶级的革命运动结合起来。经过半个世纪的革命实践的考验和磨炼，马克思主义文艺理论得到了不断的发展和完善。而在 19 世纪末、20 世纪初世界无产阶级运动最重要的舞台——俄国、苏联，马克思主义文艺理论得到了有力的传播和全新的发展。并且随着无产阶级革命的胜利，马克思主义的文艺理论更是进入了新的发展时期——列宁主义阶段。

一、马克思主义文艺思想在俄苏时期传播和发展的历史条件

（一）国际形势和时代背景

19 世纪末、20 世纪初，世界进入了帝国主义和无产阶级革命时代。帝国主义是资本主义的特殊历史阶段。自从 1871 年巴黎公社革命失败后，欧洲资本主义进入和平发展时期，自由资本主义逐渐地向垄断资本主义过渡。到了 19 世纪末 20 世纪初，各主要资本主义国家已过渡到帝国主义阶段。无产阶级与资产阶级的矛盾，帝国主义国家之间的矛盾，被压迫民族、被压迫人民与帝国主义的矛盾更加尖锐化。

帝国主义的这些矛盾，使资产阶级日趋没落和反动，无产阶级反对资本主义剥削的社会革命日益成为直接的实践问题。同时，被压迫国家的人民的觉醒和民族解放运动的兴起，进一步动摇了垄断资产阶级的统治，削弱了帝国主义的力量，造成了帝国主义链条上的薄弱环节，为无产阶级冲

击资产阶级创造了良好的条件。因此，列宁将帝国主义称为"无产阶级社会革命的前夜"。

（二）俄国国内的革命形势

在19世纪的最后30年间，拥有最大影响的社会民主党的德国，是国际工人运动的中心。但是到了19世纪末20世纪初，革命斗争的中心开始转向了横跨欧亚大陆的俄国。

在俄国，经济和政治的发展完全是跳跃式的，向帝国主义的过渡与资本主义的最终确立几乎是同时的。俄国本来是一个经济落后的国家，1861年农奴制度废除后，资本主义获得迅速发展。但它在经济上保留了许多农奴制的残余，在政治上仍然以沙皇专制制度为支柱，资本主义同严重的封建残余相结合，使俄国成为一个"军事封建的帝国主义国家"。在这样的形势下，俄国社会经济政治矛盾异常尖锐。因此，19世纪末20世纪初的俄国，是帝国主义各种矛盾的集合点，也是帝国主义链条上的薄弱环节。

从19世纪80年代起，俄国工人阶级就开始同资产阶级进行有组织的斗争。1900—1903年的世界性资本主义经济危机使俄国的工业生产遭受沉重的打击，成千上万的工人失业，而资本家日益加重经济和政治的压迫，激起无产阶级和劳动群众越来越强烈的反抗。在1905年1月沙皇制造的镇压工人运动的流血惨案后，事态急剧发展，终于爆发了具有历史意义的1905年革命。到了1912年，俄国革命进入新的高潮，直至1917年十月革命，俄国无产阶级革命终于获得了彻底的胜利。

二、马克思主义文艺思想在俄苏时期传播和发展的理论前提

（一）马克思、恩格斯继承者对马克思主义文艺理论的传播和发展

在马克思、恩格斯晚年及他们去世以后的一段时间里，马克思、恩格斯的文艺思想由他们的继承者进一步发展和传播。其中包括保罗·拉法格（1842—1911）、弗兰茨·梅林（1846—1919），克拉拉·蔡特金（1857—1933），普列汉诺夫（1856—1918），罗莎·卢森堡（1871—1919），卡尔·李卜克内西（1871—1919）等人。他们撰写了大量的文学理论和有关

文艺学、美学的论著，致力于运用马克思主义的世界观和方法论解释文学艺术的发展规律，对历史和现实的各种文艺现象做出科学的评述。他们的文艺思想极大地丰富和发展了马克思恩格斯的文艺理论，其中最有代表性的是梅林和普列汉诺夫。

弗兰茨·梅林是德国工人运动的著名活动家、德国社会民主党左翼杰出的理论家、政论家、历史学家和文艺批评家。他评论莱辛、歌德、海涅等人的一系列著名的论文，素来是与恩格斯晚年的那几封谈论文艺问题的书信一起，被看成是马克思主义的现实主义批评的代表之作和奠基之作。在恩格斯逝世之后，梅林作为马克思主义文艺批评家继承了马克思、恩格斯的遗志，在自己的文学评论中旗帜鲜明地论证了文学艺术与无产阶级的关系这一重要的命题。1896 年，他发表了著名的《艺术和无产阶级》一文，从理论上划清了无产阶级艺术和资产阶级艺术在性质和任务上的原则界限。他的大量文艺论著，是马克思主义文艺理论的宝贵财富。

（二）马克思主义思想在俄国的传播

随着无产阶级革命的中心向俄国转移，马克思主义的思想理论在俄国也得到了迅速而广泛的传播。早在 19 世纪 40—60 年代，马克思主义思想就开始传入俄国，革命民主主义者别林斯基、赫尔岑和车尔尼雪夫斯基都读过马克思、恩格斯的著作。60 年代末到 70 年代，民粹派中的一些先进人士在反对沙皇专制制度的斗争中，曾与马克思、恩格斯通过信，并阅读了一些马克思主义著作。1869 年，《共产党宣言》俄译本第一次在俄国秘密出版。马克思主义的文艺理论也在俄国逐渐传播开来。其中，普列汉诺夫对马克思主义文艺理论的传播和发展作出了重要的贡献。

普列汉诺夫的革命活动开始于 1876 年。在革命活动初期，他受民粹派的影响较大。1880 年，普列汉诺夫流亡国外期间，大量阅读马克思主义著作，逐渐放弃民粹主义而转变为一名马克思主义者，并从此投入了传播和发展马克思主义思想的工作。普列汉诺夫在运用马克思主义研究文艺问题方面，在发展马克思主义文艺理论方面，也作出了重要的贡献。他是第一个运用马克思主义观点系统研究文艺问题的人。鲁迅在《二心集·〈艺术论〉译本序》中对他给予了这样的评价："普列汉诺夫给马克思主义艺术理论放下了基础。他的艺术理论虽然还未俨然成一个体系，但所遗留的含有方法和成果的著作，都不止作为后人研究的对象，也不愧称为建立马克思主义艺术理论，社会学底美学底古典底文献的了。"他的有关文艺学理论将在后面详细介绍。

第二节　列宁文艺思想及俄苏时期其他马克思主义文艺思想

马克思主义文艺思想在俄苏时期得到了迅速的传播和发展，其理论内容也得到了进一步的丰富。其中，以列宁为代表的马克思主义者用马克思主义观点考察和研究文艺现象，并把文艺思想的研究和无产阶级革命实践相结合，使马克思主义文艺思想进入了一个崭新的发展阶段。

一、列宁的文艺思想

列宁把马克思主义发展到了一个新阶段——列宁主义阶段。他在全面发展马克思主义的同时，结合变化了的时代条件，创造性地回答了无产阶级文艺运动中提出的各种新问题，总结了新的经验。他在一系列文艺学美学问题上补充、丰富了马克思文艺思想，并把它提高到了一个新的水平上。列宁的文艺思想是马克思主义文艺思想发展史的一个重要的新阶段。马克思主义文艺思想通过列宁进一步向世界各国传播。

（一）列宁文艺思想产生的时代背景

列宁（原名弗拉基米尔·伊里奇·乌里扬诺夫）于 1870 年 4 月 22 日出生在一个俄国知识分子家庭。父亲任省国民教育视察员，是 19 世纪 60 年代民主主义知识分子。列宁的哥哥亚历山大·伊里奇是民意党人，因参与谋刺沙皇而于 1887 年被处死刑。列宁从学生时代就了解并感受到俄国工人和农民的悲惨生活和痛苦命运。1887 年中学毕业后，列宁进入喀山大学法律系，不久即因积极参加学生革命运动被捕，并被开除学籍，流放到喀山省的柯库什基诺村，直到 1888 年秋，才被逐准许返回喀山。他在喀山加入了一个马克思主义小组，并开始研究马克思的《资本论》。之后，他在萨拉马组织了该地第一个马克思主义小组，并于1893年8月来到首都彼得堡，热诚投入革命行列，很快成了彼得堡马克思主义者工人的领导人。

列宁走上政治舞台的19世纪末，正是国际帝国主义——包括俄国"军事封建帝国主义"形成的时期。这一时期，是垄断代替自由竞争的时期，资本主义一切固有的矛盾日益尖锐，是"无产阶级社会革命的前夜"。在这个时期，反对垄断资本主义的统治，推翻资本奴役制度，已经成为无产阶级——新生产力代表着的直接实践问题。

这一时期，人类在自然科学方面的情况也发生了显著变化。尤其是物理学中出现了一系列新发现，推翻了先前以牛顿力学为基础的古典物理学关于物质结构及其特征的传统理念，形而上学的自然观受到了巨大冲击。自然科学的新进展，给马克思主义哲学、文艺学的演变提出了新课题，带来了新动力。

在这个人类历史和社会形态急剧变动的时期，马克思主义内部也出现了极其复杂和混乱的局面。不论是第二国际还是俄国社会民主党内，都出现了一股打着马克思主义旗号，借口时代的变化而修正马克思主义基本原则的思潮。面对这种危机局面，列宁及其战友举起捍卫马克思主义的旗帜，克服了第二国际大多数政党内普遍存在着的、恩格斯晚年曾忧虑过的轻视理论、哲学的倾向，把马克思主义学说从包括文艺学领域在内的各个方面大大地推向了前进。

（二）列宁文艺思想的主要内容

如同马克思和恩格斯一样，列宁关于文化、文艺问题的论述，是同他进行的革命活动和思想理论斗争密切联系在一起的。早期，列宁在从思想政治上击败民粹派的过程中，相继写出《什么是"人民之友"以及他们如何攻击社会民主主义者？》(1894)、《民粹主义的经济内容及其在司徒卢威先生的书中受到的批评》(1894)和《我们究竟拒绝什么遗产？》(1897)等论著，剥露90年代的民粹派堕落为富农利益拥护者的真面目，揭穿民粹派主观社会学的唯心主义实质，划清了主观主义和唯物主义的界限，提出唯物主义包含党性，同时论述了 60 年代启蒙主义遗产的思想特征以及马克思主义者、民粹派对其不同的态度，说明抛弃遗产的是民粹派，马克思主义才是遗产的真正继承者。

20 世纪初期，列宁通过《火星报》(1901—1903)，战胜"经济派"否定政治斗争的机会主义路线，宣传文化、文学问题的革命方针，支持进步作家，抨击资产阶级自由主义。1905 年发表的《党的组织和党的出版物》，是列宁依据党性学说解决报刊宣传（包括文艺）问题的重要论文，有力地推动了高尔基创作理论的发展。

1905—1907 年俄国革命失败之后的斯托雷平时期，绞架遍布国中，无数革命者和工人农民遭到残酷的镇压和迫害。资产阶级自由派公开为沙皇祝福。1909 年立宪民主党抛出的《路标》文集，是反动资产阶级在思想文化领域打出的一面黑旗。列宁在《论〈路标〉》(1909) 一文中斥之为"自由主义者叛变行为的百科全书"，并持续不懈地与之展开斗争。同年，列宁撰写的《唯物主义和经验批判主义》问世，清算了西欧和俄国的马赫主义，丰富和发展了马克思主义的辩证唯物主义，批判了唯心主义美学的理论基础。此外，列宁对卢那察尔斯基、波格丹诺夫的"造神论"也作了有力的批判。在列·托尔斯泰 80 寿辰 (1908) 到他逝世 (1910) 期间，资产阶级自由派和机会主义者极力利用托尔斯泰思想中违反革命的一面来蛊惑人心，妄图引诱人民离开革命，列宁连续写出 7 篇关于托尔斯泰的专文，揭穿了他们的谬论，阐明了托尔斯泰和俄国革命的联系及无产阶级对他的态度，为批判继承文学遗产树立了榜样。

1912 年，俄国革命开始进入新的高潮，资产阶级掀起民族主义逆流，宣扬资产阶级的"民族文化"的口号。1913 年，列宁发表《民族问题的批评意见》一文，论证在资本主义条件下，一个民族存在"两种民族文化"的思想。在这之前一年，列宁撰写的《纪念赫尔岑》，对批判地继承文化遗产具有深刻的指导意义。此外，列宁在这期间对俄罗斯古典作家作了许多重要的评论。

在苏维埃时期，列宁所写《论无产阶级文化》和《青年团的任务》等论文，对"无产阶级文化派"在文化遗产问题上的虚无主义态度作了有力的批评，进一步阐明了批判地继承文化遗产与创造社会主义新文化的关系。列宁还在许多文章、书信、谈话中，论述了一系列重要的文艺思想，主要有：艺术属于人民，要为人民服务；艺术教育要贯彻为推翻资产阶级、消灭阶级、消灭一切人剥削人的现象而斗争的精神；要研究新的现实，多注意日常生活中的新事物，支持新事物的成长；等等。此外，列宁还对古典和当代作家作了深刻的评论。

列宁关于反映论的学说，是科学地说明文艺的源泉、本质和创作规律等艺术问题的重要哲学依据，是包括现实主义在内的真正艺术作品的创作和科学的文艺观的重要理论基础，是对马克思和恩格斯创立的辩证唯物主义认识论及其文艺理论的重要发展。

1. 反映论

1909 年，列宁出版了《唯物主义和经验主义》一书，在书中，他通过批判经验主义，论证了世界的物质性、物质的第一性和意识的第二性，以及世界的可认识性，巩固了马克思主义能动的反映论。在后来的《哲学笔记》中，他进一步发展了这一反映论，系统论述了认识发展的"两个飞跃"，解释了主体在反映过程中的能动作用。同时，列宁在其他一些著作，包括对列夫·托尔斯泰的评论文章中，不断充实、完善在美学、文艺理论方面的"反映论"观点。这一理论，是马克思主义美学、文艺观的哲学依据，是列宁文艺思想的重要理论基础。

第一，列宁认为，艺术和现实的关系问题是马克思主义美学的基本问题。能动的反映论是列宁美学思想的重要内容。列宁指出，艺术是对现实的能动反映。马赫主义者或者认为艺术是表现人的主观"感觉的复合"，或者认为艺术是"对异相存在的直觉的豁然贯通"，或者认为艺术的产生是由于人有一种"趋向稳定的本能"，虽然观点不一，但都认为艺术是纯主观的产物，与现实生活无关。列宁批判了这些错误的观点，认为现实存在是人的感觉和意识所以产生的源泉，而人的感觉和意识不过是对现实存在的摹写或近似的反映。列宁指出："千百万次从科学技术史中以及从所有人和每个人的日常生活中得来的观察，都在向人表明'自在之物'，转化为'为我之物'；都在表明，当我们的感官受到来自外部的某些对象的刺激时，'现象'就产生，当某种障碍物使得我们所明明知道是存在着的对象不可能对我们的感官发生作用时，'现象'就消失。"[①] 由此可以得出唯一的和不可避免的结论：对象、物、物体是在我们之外、不依赖于我们而存在着的，我们的感觉是外部世界的映象。这个结论是由一切人在生动的人类实践中作出来的，唯物主义自觉地把这个结论作为自己认识论的基础。

列宁的反映论也为研究艺术掌握现实和解决艺术的真实性等问题提供了理论依据。根据反映论，思想对存在的反映，是能动反映的过程，世界是可以认识的。因此，文学不是对社会生活的简单的摹写，而是对客观真理的揭示。但是，作为一种对现实的审美掌握的社会意识形态，它对于现实的掌握有自己的一些特点，那就是感知、理解和想象。所谓感知，是对于对象的特点的选择性的、整体性的把握。而审美感知又不同于一般的感知，它的特点在于，感知的内容还与审美主体的特定的情感倾向联系在一起，它是事物的外在特征与主体的内在情感的契合。所谓"理解"，是对于感知的东西的内在本质的认识及审美主体对它的价值判断。这种"理解"是以主体通过思维获得的全部知识作为基础，它是理性的，但它往往又不经过逻辑抽象的过程，它的形式是直观的。在大型作品的创作中，则需要用抽象思维，但抽象思维仍不能代替"直观"。从感知到理解，再到创造生动感人的艺术形象，必须依靠创造性的想象。

第二，列宁在论述艺术和现实的关系时，坚持了能动的反映论。如前所述，艺术是现实的反映，但艺术家在反映现实的过程中有极大的能动作用，艺术作品中的生活绝不会简单地等同于现实生活。列宁同意费尔巴哈的"艺术并不要求把它的作品当作现实"这一看法，同时还认为，艺术家可对现实生活的规律性、因果性和必然性作相对正确的反映。列宁说："十分明显，恩格斯承认自然界的客观规律性、因果性、必然性，同时着重指

---

① 《列宁选集》第二卷，人民出版社 1989 年版，第 108 页。

出我们人类用某些概念对这个规律性所作的近似的反映具有相对性。"①这就是说，作家艺术家在创作时，不是简单地摹写现实生活，而是要能动地把握其规律性、因果性、必然性。

在艺术和现实的关系这一美学基本问题上，列宁既坚持了艺术源于生活，又坚持了艺术高于生活；也就是既坚持了唯物论，又坚持了辩证法。不仅如此，列宁在谈到艺术源于生活和高于生活时，还考虑到了艺术反映的特征。列宁区分了社会典型和艺术典型。他认为，社会典型所不需要的"个人特征"在艺术典型中却至关重要。因为在小说里全部的重心在于个人的情势，在于分析这些典型的性格和心理。②在艺术与现实的关系问题上，马赫主义宣扬唯心主义美学思想，他们主张意识第一性，鼓吹"人把规律给予自然界"。通过对主观唯心主义文艺学思想的批判，列宁阐述了以辩证唯物主义和历史唯物主义为基础的能动的反映论。它既认为艺术反映现实，又认为作家、艺术家的主观能动性可以使艺术高于现实。

2. 文艺的党性原则

党性是对于文艺作品思想性的一个要求和衡量尺度。在文艺学发展史上，党性最早是由培根提出的。17世纪英国唯物主义美学家培根在哲学和美学著作中开始使用"党性"这个术语，代表一个作家、艺术家趋向于这个或那个集团的种种倾向。这一原则在马克思主义创始人那里，也已有了思想萌芽。他们都反对"诗人的尖塔，高出党派的楼阁"这种"纯艺术"的思想。但是，作为文艺科学的一种系统的理论学说，文艺的党性原则是由列宁系统阐述和全面论证的。

在《党的组织和党的出版物》中，列宁全面继承和发展了马克思和恩格斯的思想，把文艺党性原则的观念发展成为一个相对完整的理论体系，共有五个方面。

第一、对于社会主义无产阶级来说，写作事业不是与无产阶级总的事业无关的事业，而是党的事业。

---

① 参见《列宁论文学与艺术》，人民文学出版社1983年版，第348页。
② 《列宁选集》第二卷，人民出版社1989年版，第118页。

列宁要求为党的报刊撰稿的作者,特别是党员作者,应当同党的观点保持一致,绝不容许背离党的观点。列宁强调党的出版物、党员作者和党的同情者的党性问题,是同当时俄国革命所处的历史阶段、当时的社会环境及俄国社会民主工党内部的斗争密切相关的。1905年的俄国革命是资产阶级民主革命,革命的社会基础较为广泛,除一小撮保皇势力外,各种社会力量都抱着不同的阶级目的参加、支持或同情这个革命,因而,革命初看起来具有"全民的"性质。资产阶级为了掩饰本阶级的利益和目的,竭力把自己装扮成"全民的"政治代表,宣扬超越阶级、超越党性的"无党派"思想。针对这种状况,列宁指出:"非党性是我国革命的资产阶级性质的产物(或者也可以说是:表现)。资产阶级不能不倾向于非党性,因为在为资产阶级社会的自由而进行斗争的人们当中,没有政党就意味着没有反对这个资产阶级社会本身的新的斗争。"① 俄国当时出现了许多"非党的组织,非党的民主主义,非党的罢工主义,非党的革命性",它们实际上都是代表资产阶级利益的,于是"非党性不能不成为一个时髦的口号"。② 针对这种现象,列宁尖锐地指出:"非党性是资产阶级思想。党性是社会主义思想。"③ 他号召"觉悟的无产阶级的政党——社会民主党,完全应该随时同非党性作斗争,坚持不懈地为建立一个原则坚定的、紧密团结的社会主义工人政党而努力"④。对于从事文艺工作的无产阶级政党党员来说,文艺创作不是与无产阶级总的事业无关的个人事业,而是党的事业。

第二,党的写作事业应当成为无产阶级总的事业的一部分。

列宁指出党的"写作事业应当成为无产阶级总的事业的一部分,成为由全体工人阶级的整个觉悟的先锋队所开动的一部巨大的社会民主主义机器的'齿轮和螺丝钉'。写作事业应当成为社会民主党有组织的、有计划的、统一的党的工作的一个组成部分"⑤。这是出版物党性原则的重要内容。这里要解

① 《列宁选集》第一卷,人民出版社1989年版,第675页。

② 同上。

③ 同上书,第676页。

④ 同上书,第672页。

⑤ 《列宁论文学与艺术》,人民文学出版社1983年版,第68页。

决的是党的宣传机构（报刊、出版社和发行部门等）同党的关系问题，是党的文字宣传工作在党的整个事业中的地位和作用问题。怎样正确理解列宁的这个论述呢？其一，党的宣传机构应当接受党的领导，党的文艺宣传工作应当成为党的事业的组成部分。党办的报纸、杂志及其他出版物应当旗帜鲜明地宣传党的观点。其二，党的写作事业既然是党所开动的社会民主主义机器的齿轮和螺丝钉，那么它就是党的整个事业的一个不可缺少的有机组成部分。其三，党的写作事业既然是整部机器中的齿轮和螺丝钉，那么就应把它摆在适当的位置上，不能把它摆在整个党的事业之上。

第三，自由地写作是为千千万万劳动人民服务的。

列宁指出："真正自由的、公开同无产阶级相联系的写作"，"不是为饱食终日的贵妇人服务，不是为百无聊赖、胖得发愁的'一万个上层分子'服务，而是为千千万万劳动人民，为这些国家的精华、国家的力量、国家的未来服务"[①]。提出自由的写作为千千万万劳动人民服务的思想，是列宁对马克思主义文化理论的又一重大发展。写作是为千千万万劳动人民服务，还是为少数"上等人"服务？这是"真正自由的、公开同无产阶级相联系的写作"与同资产阶级相联系的写作的试金石。同样，为千千万万劳动人民服务的"自由的写作"，就"要用社会主义无产阶级的经验和生气勃勃的工作去丰富人类革命思想的最新成就"，要用科学社会主义的思想和实践来教育和鼓舞劳动群众。

第四，党的宣传机构必须接受党的领导，党的出版物必须接受党的监督。

列宁明确指出党员写作者要在政治上、思想上、组织上接受党的领导和监督。党的写作事业，既然是党所领导的总的事业的一部分，它就必须接受党的领导和监督。党对写作事业的领导，首先是思想政治路线方面的领导，要求党员写作者自觉遵守和执行党的纲领、路线和策略、决议及党章；其次是组织方面的领导，组织领导是思想政治领导的保证。列宁要求

---

① 《列宁选集》第一卷，人民出版社1989年版，第666页。

党的写作事业的各部门、各单位接受党的领导和监督，要求党员写作者一定要参加党的一个组织，并经常主动向党汇报自己的工作情况，把自己的工作置于党的领导和监督之下。

第五，党对写作事业的领导，必须充分注意写作事业的特殊性。

列宁指出："写作事业最不能作机械划一，强求一律，少数服从多数。无可争论，在这个事业中，绝对必须保证有个人创造性和个人爱好的广阔天地，有思想和幻想、形式和内容的广阔天地。"[1] 列宁论述了党的文字宣传工作不同于党的其他工作的特点、党的写作事业不同于党的其他事业的特点。列宁这里所说的涉及在写作中必须保证创作个性的充分发挥。党性通过创作个性体现出来。在党性和创作个性的关系上，党性是共性，党性寓于个性之中，通过个性表现出来。在党的写作事业和其他事业的关系上，必须尊重写作的特点，党对写作事业的领导，必须在认识和掌握写作规律的基础上进行。

3."两种民族文化"理论

1913 年前后，俄国革命进入第二个高涨时期，沙皇政府为了对付俄国各族人民的革命斗争，大肆煽动反动的民族主义。与此同时，俄国社会民主工党内的"崩得分子"，[2] 也竭力鼓吹"民族文化"，以破坏党的民族政策和团结。在他们看来，一个民族的文化不仅是一种超阶级的统一整体，而且是相互孤立的。

针对这股思潮，列宁在《关于民族问题的批评意见》一文中，以马克思主义的观点为根据，对民族文化进行阶级分析，提出"两种民族文化"理论。这一理论，丰富了马克思主义的意识形态理论和文化理论。它对认识和了解文艺的意识形态性质的复杂性，具有重要的理论意义。

列宁指出："每个民族文化，都有一些民主主义和社会主义的即使是不

---

① 《列宁选集》第二卷，人民出版社 1989 年版，第 664 页。

② 崩得（bund，意思为"联盟"，也可理解为犹太人工会、犹太人同盟），是"立陶宛、波兰和俄罗斯犹太工人总联盟"的总称。该联盟于 1898 年加入俄国社会民主共党，是一个机会主义的、资产阶级民族主义的组织。

发达的文化成分，因为每个民族都有被剥削的劳动群众，他们的生活条件必然会产生民主主义和社会主义的意识形态。但是每个民族也都有资产阶级的文化（大多数民族还是黑帮的和教权派的），而且这不仅表现为'成分'，而表现为占统治地位的文化。"①并提出"每一种民族文化中，都有两种民族文化"的论点。

就内容和性质而言，两种民族文化是指每个民族的文化中，不仅有地主资产阶级的文化，而且有劳动群众的民主主义的和社会主义的文化成分，前者是剥削阶级的民族文化，后者是被剥削阶级的民族文化。在阶级社会中之所以存在"两个民族文化"，是因为一个民族的内部划分为不同的阶级，因其利益和愿望不同，就会有不同的民族文化。列宁用唯物历史观的观点解释了产生"两种民族文化"的社会根源，指出"两种民族文化"的出现取决于不同阶级的"生活条件"。而由一定"生活条件"决定的社会意识必然渗透到文化领域，因此，出于不同地位的剥削阶级和被剥削阶级在文化领域也会产生不同的"民族文化"。资产阶级笼而统之提出"民族文化"的口号，是把各个民族的文化看成没有阶级区别的文化，用资产阶级文化（剥削阶级文化）掩盖民族文化中的阶级对立状况，并使各个民族的无产阶级文化互相对立起来。

当然，列宁的"两种民族文化"理论，并不是意味着任何一个民族的文化都只有两种成分。他的这一理论，对合理继承文化遗产问题上有很大指导意义：在阶级社会中不存在"整体的""统一的民族文化"。由于民族内部人们所处的经济、政治地位不同，由于民族内部存在着阶级矛盾和阶级斗争，必然使民族文化内部形成复杂的形态，既有体现剥削阶级利益和要求的成分，也有体现被剥削阶级利益和愿望的成分。因此，在建设社会主义文化时，必须正确对待不同性质的民族文化遗产。一方面要继承历史上一切进步的民族文化遗产，另一方面要扬弃历史上一切反动腐朽的民族文化。总之，对民族文化遗产要分析和鉴别，去其糟粕，取其精华。

---

① 《列宁选集》第二卷，人民出版社 1989 年版，第 125—126 页。

4. 对托尔斯泰的评论

从 1908 年到 1911 年，列宁一连写了 7 篇评论俄国 19 世纪伟大的批判现实主义作家托尔斯泰的论文。他依据时代的特点和矛盾，精辟地论证了托尔斯泰作品同俄国革命的联系，揭示其创作的思想实质和巨大意义。这些文章是列宁运用马克思主义的原则、立场和方法评论作家的创作及学说的典范，是马克思主义文艺理论不可多得的经典文献。

列宁从俄国社会生活的客观过程出发，全面地揭示托尔斯泰作品的思想内容及其社会基础，得出了"托尔斯泰是俄国革命的镜子"的论断。列宁区分托尔斯泰作品和学说中的精华和糟粕，对它们作出科学的评价，以适应革命斗争的需要。

托尔斯泰鼓吹"不抵抗主义""道德上的自我修身"和"新宗教"，把抽象的道德原则和宗教真理作为救世新术加以宣扬，无疑属于糟粕，列宁认为这是可笑的。同时，列宁肯定托尔斯泰对沙皇专制制度、农奴制度和资本主义的罪恶的批判，赞扬他是天才的艺术家，具有最清醒的现实主义。列宁认为，托尔斯泰作品中的批判成分是和它的消极面交织在一起的，因而应当加以阐发，在吸取它的批判成分的同时，防止消极因素的影响。他指出，俄国无产阶级要向劳动群众和被剥削群众阐明托尔斯泰对国家、教会、土地私有制的批判的意义，但是目的不在于使群众局限于自我修身和对圣洁生活的憧憬，而在于使他们起来对沙皇君主政体和地主土地占有制进行新的打击，把它消灭干净；俄国无产阶级要向群众阐明托尔斯泰对资本主义的批判，但目的不在于使群众局限于诅咒资本和金钱实力，而在于使他们学会在自己的生活和斗争中处处依靠资本主义的技术成就和社会成就，把自己团结成一支社会主义的百万大军，去推翻资本主义，去创造一个人民不再贫困、没有人剥削人的现象的新社会。

其次，列宁指出，托尔斯泰观点中的矛盾，包括世界观的矛盾，是由他所处的矛盾条件、社会影响和历史传统决定的，也就是说，是由他的生活、实践决定的。托尔斯泰所处的时代，是 1861 年农奴制度改革至 1905 年俄国革命的时代。在这个大变动的时期充满了矛盾，这些矛盾决定了托尔斯泰思想的矛盾。他还指出，是生活、实践使托尔斯泰的世界观发生了转变。列宁指出："乡村俄国一切'旧基础'的这种急剧地被摧毁，使他对周围所发生的事情加强了注意，加深了兴趣，从而使他的整个世界观发生了变化。"[①] 宗法制俄国旧基础"无可挽回地在大家眼前崩溃了"，资本主义的秩序刚刚确立。俄国社会主义的这种巨大变革给托尔斯泰的世界观以重大影响。沙皇俄国的腐朽和颓败，贵族地主的没落和凶残，农民的贫苦和灾难，都促使托尔斯泰的贵族地主世界观发生变化。到了19世纪80年代，他最终与地主贵族决裂，从地主贵族世界观转变为宗法制农民世界观。

列宁认为，对托尔斯泰的文化遗产，应该批判地继承，反对全盘肯定和全盘否定的错误做法。既然托尔斯泰的遗产是极其复杂、充满矛盾的，我们就不应对其不加分析地全盘肯定或全盘否定。他还教导人们，不要因为托尔斯泰的学说中有着能为资产阶级所利用的因素就拒绝这份遗产，而应该从托尔斯泰的农民民主主义的思想成分中吸取革命教训和革命力量。

二、俄苏时期马克思主义文艺理论的其他代表

马克思主义文艺理论在俄苏时期得到了进一步的传播和发展。除了列宁文艺思想这一马克思主义文艺理论新阶段的重要成果之外，这一时期还涌现出了许多优秀的文艺思想，其中俄国时期的普列汉诺夫和苏联时期的高尔基等文艺理论家都为马克思主义文艺理论的丰富和发展作出了突出贡献。

（一）普列汉诺夫的文艺思想

科学的马克思主义理论自其创立起，经历了半个世纪的发展，已经和无产阶级的革命运动结合起来。1848年的革命浪潮，回荡着无产阶级历史使命的旋律，震撼着欧洲各国的统治者。在沙皇专制制度下呻吟的俄罗斯，虽然经过了1861年的改革，但是矛盾并未根本解决。反对沙皇农奴制的革命，经历了以赫尔岑为代表的贵族革命阶段和以别林斯基、车尔尼雪夫斯

---

① 《列宁选集》第二卷，人民出版社1989年版，第270页。

基为代表的平民知识分子革命阶段之后，在 19 世纪末，需要开始一个以新的理论和策略武装的革命阶段。正是在这样的历史背景下，普列汉诺夫开始了自己的理论著述和革命实践活动。

格奥尔基·瓦连廷诺维奇·普列汉诺夫（1856—1918）是俄国最早的马克思主义哲学家、政论家、历史学家和文艺批评家。1875 年，普列汉诺夫在大学期间加入了民粹派的一个小组，并从此加入反对沙皇统治的革命运动。1880 年初，普列汉诺夫逃亡国外，开始了长达 37 年的流亡生活。带着俄国革命中的问题，他研究了马克思恩格斯的著作，逐渐放弃民粹主义而接受了马克思主义。1883 年，以他为首成立了"劳动解放社"，在俄国从事马克思主义宣传。1903 年以后，他在政治上逐渐右倾，成为孟什维克的首领。俄国 1905 年的革命中，他站在自由资产阶级的立场，责难十二月起义。但是，在反对经验批判主义的斗争中，他又站在列宁一边。第一次世界大战时期，他成了社会沙文主义者。1917 年二月革命后，他从荷兰回国，借口俄国经济落后，反对十月社会主义革命。1918 年在芬兰的皮特凯逝世。

普列汉诺夫一生在俄国传播马克思主义方面，有重要的功绩。从 1883 年到 1903 年这 20 年间，他在与民粹派的斗争中写了一系列重要著作，如《社会主义与政治斗争》《我们的意见分歧》《论一元论历史观的发展》《论个人在历史上的作用问题》。这些著作的主要内容是正确的，在粉碎民粹主义和传播马克思主义方面，起了重要作用。1903 年以后，他站到孟什维克的立场，政治上的错误在他的著作中也反映出来。但对这段时期的著作，我们仍应采取分析的态度。如他对经验批判主义的批判，就是有功绩的。列宁对普列汉诺夫的著作，特别是对他的哲学著作，给予了较高的评价："如果不研究——正是研究——普列汉诺夫所写的一切哲学著作，就不能成为真正的，觉悟的共产主义者，因为这些著作是整个国际马克思主义文献中的优秀作品。"[①]

普列汉诺夫文艺思想的主要内容包括：

---

① 《列宁选集》第四卷，人民出版社 1989 年版，第 419—420 页。

1. 文艺起源"劳动说"

普列汉诺夫全部文艺思想的一个基本问题，是文艺与社会生活的关系。他对这个问题的研究，是从探讨和研究文艺的起源入手的。人类最早的文学艺术是怎样产生的？它与社会生活是怎样的关系？普列汉诺夫认为，这是马克思主义文艺理论必须首先解决的问题。

艺术的起源问题，是文艺学史上争论比较激烈的问题，普列汉诺夫在他的《没有地址的信》《从唯物史观的观点论艺术》等著作中，对艺术起源于游戏的观点进行了深刻的分析。普列汉诺夫考察了原始社会的艺术和经济，及与人们对生产活动的关系。他通过评述"游戏说"，得出劳动先于艺术、艺术起源于劳动的结论，有力地论证了马克思恩格斯的观点。

"游戏说"是欧洲18世纪以来有影响的一种文艺思想观点，它是纯艺术、为艺术而艺术的理论根据。首先提出这种观点的是康德。他认为，艺术作为一种"自由的游戏"，是一种不受对象的感性存在和理性概念束缚的自由活动。席勒、斯宾塞继续发挥了康德的观点，指出人的这种无功利的活动就是游戏，艺术产生于这种游戏的冲动，是精力过剩的表现。普列汉诺夫在基本赞同了这种学说的同时，用唯物历史观的方法批评了"游戏说"中的仅从生理学角度解释艺术起源，认为游戏先于劳动、艺术先于有用物品的生产的观点。他认为，对于社会的个体生命来说，游戏可以说是先于劳动的。因为，孩子的游戏总是在他成年后的劳动之前。但是对于群体，或者对于一个社会来说，有用物品的生产总是先于游戏，也先于艺术的。为了论证这个结论的正确，普列汉诺夫在他的《没有地址的信》中研究了各种艺术的产生。例如原始舞蹈，普列汉诺夫举了一个著名的例子，是爱斯基摩人模仿海豹动作的舞蹈。当爱斯基摩人要猎取海豹时，他就伏在地上向海豹爬去，竭力模仿它的动作，等到悄悄地接近它之后，才向它射击。因此，"模仿动物的动作，是狩猎的极其重要的一个部分"①。所以，当狩猎者想把由于狩猎所引起的快乐再度体验一番时，他就会再次模仿海豹的动

---

① 《普列汉诺夫美学论文集》，人民出版社1983年版，第377页。

作，从而创造出自己的独特的狩猎舞。这样，普列汉诺夫不仅说明了艺术起源于劳动的观点，还论证了历史唯物主义的基本原理：社会意识形态总是社会存在的反映；人类物质资料的生产决定了人类的精神生产。

普列汉诺夫由此得出艺术归根到底是为经济所决定的。他认为，在人类社会中，特别是阶级社会中，经济决定文学艺术大多都不是直接的，而是要通过许多中间"因素"，特别是要通过阶级斗争及其所决定的社会心理。他还很重视作为中间环节的其他许多社会因素的作用。他认为，在不同的时代，这种种因素对社会所具有的影响会形成一个极其复杂的合力，这一合力对特定时代的艺术会起到非常重要的决定作用。

2. "艺术社会心理中介"论

普列汉诺夫根据自己对社会复杂结构的了解，在对马克思社会结构论的深入研究时，进行了创造性的阐发，提出了社会结构五层次论：（1）生产力的状况；（2）被生产力所制约的经济关系；（3）在一定的经济基础上生产起来的社会政治制度；（4）一部分由经济直接所决定的，一部分由生长在经济上的全部社会政治制度所决定的社会中的人的心理；（5）反映这种心理特征的各种思想体系。从这个社会结构五层次论中，我们可以看到，文学艺术作为思想体系之一，它处在社会结构的最高层，它和构成"基础"的生产力、生产关系相隔甚远。在它之下，首先是社会心理，然后才是作为上层建筑的政治制度以及经济基础。因此，在艺术和社会生活中间，还有一个中间环节，这就是社会心理。

普列汉诺夫强调社会心理作为中间因素对艺术的直接作用，并对社会心理的特征大致作了这样的表述：一是相对于思想体系来说，社会心理具有原始性与朴素性，它是在人们日常生活中自发形成的、没有经过加工改造的一种雏形意识，因此，和思想体系相比，它具有丰富性、生动性和不稳定性；二是相对于个体心理来说，社会心理具有普遍性、流行性和稳定性的特点，它必定是一定地域和一定时代所普遍流行的、为大家感受与理解的意识形式。根据社会心理的特点和它在社会结构中的地位，普列汉诺夫得出了一个重要的结论："要了解某一个国家的科学思想史或者艺术史，只知道它的经济是不够的。必须知道如何从经济进而研究社会心理；对于社会心理若没有精细的研究与了解，思想体系的历史的唯物主义解释根本就不可能……因此社会心理学异常重要。甚至在法律和政治制度的历史中都必须顾及到它，而在文学、艺术、哲学等学科的历史，如果没有它，就一步也动不得[①]。"

总的来说，普列汉诺夫提出的社会心理中介理论将社会存在决定社会意识、社会意识反映社会存在的具体途径阐释得更为清晰。他把社会意识区分为社会心理和思想体系两个不同层次，并把低层次的社会心理看作沟通社会经济与艺术及其他思想体系之间的中介。这极大地丰富和发展了马克思主义哲学、美学和心理学。

3. 艺术的社会功能论

根据马克思主义历史唯物主义的基本观点，文艺作为一种社会意识形态，它反映社会生活，又反作用于社会生活。普列汉诺夫正是从这个基本观点出发，一贯十分重视艺术的社会功能问题。普列汉诺夫根据他丰富的艺术历史知识，认为无论是功利主义的艺术观或为艺术而艺术的艺术观，都曾在不同的社会历史条件下出现，因此即使表面上是属于同一种艺术观，在不同的情况下也会有不同的内容，所起的作用也是不一样的。普列汉诺夫特别指出，任何一个政权，只要注意到艺术，它就总会偏重于采取功利主义的艺术观，因为它需要一切意识形态包括艺术在内都为自己所从事的事业服务。而由于过去的政权只在少数情况下是革命的，大多数情况下都是保守的，甚至是反动的，所以功利主义的艺术观既可以与"革命的情绪"相适应，同样也可以与"保守的情绪"相适应。

对于为艺术而艺术的艺术观，普列汉诺夫同样也作了历史的分析。他认为，当法国的浪漫主义者、高蹈派、"早期现实主义者"最初提出这个艺术主张的时候，是由于他们对资产阶级生活的"腐化、无聊和庸俗"感到愤怒和不满。但是，尽管他们反对周围社会环境的"庸俗习气"，他们却一点也

---

① 《普列汉诺夫哲学著作选集》第二卷，三联书店出版社 1974 年版，第 272—273 页。

不反对作为这种"庸俗习气"的基础的"社会关系";相反,他们倒是非常"尊敬资产阶级制度,起初是出于本能,后来则变成完全有意识的了"。特别是随着无产阶级反对资产阶级的解放运动日益高涨,这些为艺术而艺术的艺术观的维护者,也就愈益成为资本主义剥削制度的"保卫者"了。

普列汉诺夫认为:"艺术作品的价值归根结底取决于它的内容的比重。"①他在深入地考察了当时的资产阶级艺术的状况以后,得到的结论是:现代艺术正在衰落;而衰落的根本原因,就在于大多数艺术家的资产阶级世界观。普列汉诺夫认为,正是艺术家的资产阶级个人主义世界观使得他们完全不能理解"当代最重要的社会思潮"或"现代伟大的解放思想",这就不能不使他们的艺术作品受到致命的损害。相反,一个艺术家如果能与自己时代的伟大解放运动相联系,具有"我们时代的伟大的解放思想",他的力量就会增强,艺术才能也会得到极大的发挥。这里所说的"当代最重要的社会思潮""现代伟大的解放思想",普列汉诺夫当时自然都是指的无产阶级革命、无产阶级解放的思想。因此,普列汉诺夫进一步明确地提出,现代艺术的出路,就是要从资产阶级个人主义思想的桎梏中彻底摆脱出来,使自己和"当代最重要的社会思潮""我们时代的伟大的解放思想"紧密相连,也就是使艺术真正服务于无产阶级的伟大解放事业,这是艺术神圣的社会使命,也是现代艺术的唯一出路。

【案例】《国际歌》的诞生

一、《国际歌》的作者

欧仁·鲍狄埃(Eugène Edine Pottier,1816 年 10 月 4 日—1887 年 11 月 6 日)是法国的革命家。《国际歌》的词作者,作于 1871 年。皮埃尔·狄盖特(Pierre Degeyter,1848 年 10 月 8 日—1932 年 9 月 27 日),法国业余作曲家,72 岁加入法国共产党。《国际歌》的曲作者,作于 1888 年。1816 年 10 月 4 日,鲍狄埃生于巴黎一个制作木箱和包装的手工业工人家庭。鲍

---

① 《普列汉诺夫美学论文集》,人民出版社 1983 年版,第 829 页。

狄埃从少年时代起，立志为劳苦大众的解放斗争贡献力量，同时热爱诗歌。1871年3月至5月，法国巴黎公社革命爆发了，3月28日，巴黎公社成立了，英勇的巴黎工人建立了第一个无产阶级政权，在巴黎公社进行革命斗争的72天中，鲍狄埃奋不顾身地投入战斗，被选为公社委员，在巴黎公社期间，鲍狄埃先后担任国民自卫军中央委员会委员、二十区中央委员会委员、公社委员。5月30日公社失败后的第二天，1871年6月鲍狄埃躲过敌人的搜捕，在郊区小巷一所老房子的阁楼上怀着满腔热血和悲痛，用战斗的笔写下了震撼寰宇的宏伟诗篇，一首诗名为《英特纳雄耐尔》（Internationale）的不朽的无产阶级战歌，对马克思主义革命原理和巴黎公社历史经验加以艺术概括。他出版的《革命歌集》之中，诗歌热情洋溢，质朴有力，充分表现了革命无产阶级的豪迈气魄。列宁称誉鲍狄埃是"一位最伟大的用诗歌作为工具的宣传家"。

1848年10月8日，皮埃尔·狄盖特生于比利时，后移居法国里尔。他是法国共产主义者，工人作曲家，铸模工人。1888年6月，工人党里尔支部负责人要求他在欧仁·鲍狄埃的《革命歌集》中选一首谱曲，他立即被《国际歌》所吸引，在一夜之间为《国际歌》谱好曲，第二天为副歌配好合唱，经听取工人意见，反复修改，于6月23日在卖报工人纪念会上第一次演唱。他72岁加入法国共产党。1932年9月26日，皮埃尔·狄盖特在巴黎逝世，享年84岁。

二、《国际歌》诞生的时代背景

1870年，法国同普鲁士发生战争。法国战败，普军兵临城下。法国政府对外屈膝投降，对内准备镇压人民。1871年3月，政府军队同巴黎市民武装——国民自卫军发生冲突，导致巴黎工人起义爆发。起义工人很快占领全城，赶走了资产阶级政府。不久，人民选举产生了自己的政权——巴黎公社。然而，资产阶级政府不甘心失败，对巴黎公社发起了进攻。5月21日至28日，公社战士同攻入城内的敌人展开了激烈的巷战，三万多名公社战士英勇牺牲，28日，巴黎失陷，巴黎公社以失败告终。巴黎公社是无产阶级建立政权的第一次伟大尝试，公社战士在强大敌人面前表现出的大无畏精神永远激励着后人。巴黎公社是世界上无产阶级武装暴力直接夺取城市政权的第一次尝试。它丰富和发展了马克思主义关于阶级斗争和社会主义的学说，在国际共产主义运动上写下了光辉、伟大而悲壮的一页。

三、《国际歌》的思想内涵

《国际歌》是对马克思主义革命原理和巴黎公社历史经验加以艺术概括之后的惊世之作。歌词不仅体现了马克思主义的基本立场和观点，而且把革命现实主义和革命浪漫主义紧密地结合起来，达到了思想内容和艺术形式的完美统一。因此，我们不仅要高唱这支革命歌曲，更要充分理解其中的真理和原理，而且还要实践其中的光辉思想和抗争精神。

列宁曾深情地写道："一个有觉悟的工人，不管他来到哪个国家，不管命运把他抛到哪里，不管他怎样感到自己是个异邦人，言语不通，举目无亲，远离祖国，——他都可以凭着《国际歌》的熟悉的曲调，给自己找到同志和朋友。"所以，《国际歌》对于全世界无产阶级的鼓舞作用和教育意义是巨大而深远的。

（二）高尔基的文艺思想

马克西姆·高尔基（1868—1936），原名阿历克赛·马克西莫维奇·彼什科夫，是苏联伟大的无产阶级革命作家。他出生在一个木工家庭，幼年丧父，长期生活在俄国社会的底层，当过学徒、装卸工、烤面包工人。他靠自学，提高了文学修养，具备了从事创作的条件。19世纪80年代初，开始文学创作。他原来接受过民粹派的思想，由于对俄国社会的熟悉，特别是对农民的熟悉，使他很快摆脱了民粹派的影响，并开始接受马克思主义。90年代末，成为马克思主义者。十月革命后，他主持和参加了大量的文化教育方面的工作，为发展苏联的社会主义文学事业作出了巨大贡献。他是1934年苏联第一次作家代表大会的组织者和主席。1935年当选为苏维埃中央执行委员会委员。

高尔基是无产阶级社会主义文学的奠基者和伟大代表。他一生创作了大量享誉世界的经典作品。列宁称他为"无产阶级艺术的权威"，并称赞他的《母亲》（1906）是"一本非常及时的书"，"很多工人不自觉地参加了革命运动，现在他们读一读《母亲》，对自己会有很大的益处"。他的主要作品有自传体三部曲《童年》（1913—1916）、《人间》（1913—1916）、《我的大学》（1922—1923），长篇小说《阿尔莫诺夫家的事业》（1924—1925）、《克里姆·萨姆金的一生》（1925—1936），以及戏剧作品《小市民》（1901）、《在底层》（1902），等等。

同时，高尔基还是卓越的无产阶级文艺理论家。他在长期的文学活动中，写下了大量的文艺论文和通信。它们总结了他自己丰富的创作经验和苏联文学的发展经验，对无产阶级社会主义文艺建设提出了许多精辟的见解，是对马克思主义文艺理论的重大贡献。

高尔基文艺思想的主要内容包括：

1. 社会主义文学的阶级性质

高尔基在接受马克思主义以后，首先对文艺的阶级性问题有了明确的认识。在他居住意大利卡普里岛期间，他开始用马克思主义观点考察和研究俄国文学发展的历史，留下一部未完成的《俄国文学史》草稿。他在这部书的《序言》中，开宗明义地提出"文学是社会诸阶级和集团的意识形态——感情、意见、企图和希望——之形象化的表现。它是阶级关系的最敏感的最忠实的反映"。"文学比哲学史更多被人阅读，而且因其生动性而更能说服人，因而文学是阶级倾向的最普及、方便、简单而常胜的宣传手段。"[1]

高尔基认为，文学的阶级性首先表现在它表现什么人上面。每个阶级的作家往往主要是从本阶级选择描写对象。这不仅因为作者最熟悉本阶级的人物，关心他们的生活和命运，还因为通过描写本阶级的人物，能更好地表达自己的思想感情。当然，一个阶级的作家，不只是描写本阶级的人物，也描写其他阶级的人物，但这种描写，是按照他的理解、评价去描写的。普希金以前的俄国贵族文学，绝少描写人民。那些作家都是宫廷显贵，

---

[1] 《俄国文学史》，上海文艺出版社 1962 年版，第 1 页。

即使在他们的诗里描写农民和乡村的时候，他们所绘出的总是信赖主人、听从主人、爱护主人、忠厚的甘为奴隶的驯良人物；他们把乡村生活描写成仿佛是连绵不断的节日，仿佛是和平的劳动之诗。因此，文学无论写什么人，由于每个阶级的作家都是按照自己的理解、评价去描写，因而在作品中宣扬的都是自己的阶级倾向。

高尔基认为，既然文学都具有其阶级性的特征，那么社会主义文学必然具有这样的阶级性质：它从属于工人阶级，是为工人阶级和全体劳动人民的利益服务的。在他1904年和一个作家的通信中就对作家写作目的的问题作了完整的表述："您是为谁和为什么写作呢？您必须好好地思考一下这个问题。您必须了解，我们今天最优秀、最珍贵，同时也是最细心、最严肃的读者，就是识字的工人，识字的抱有民主主义思想的农民。这些读者首先在书中寻找对自己在社会和道德方面的疑惑的解答……"① 从此，文学和工人阶级的关系、和人民的关系，就成为一条红线，贯穿高尔基一生文艺思想的始终。

由此，高尔基对于无产阶级作家或社会主义文学的使命有了一个比喻的说法，即它同时扮演"产婆"和"掘墓人"的角色。这个比喻，形象地说明了无产阶级社会主义文学的双重使命，即它既担负着迎接和扶持新世界诞生的光荣使命，同时又担负着最后摧毁、埋葬旧世界的艰巨任务。这是一件事情的两面，缺一不可。

2. 文学与人民

高尔基根据历史唯物主义的关于人民是历史的创造者的思想，高度评价人民群众在文学发展中的作用。"人民不仅是创造一切物质价值的力量，人民也是精神价值所产出的唯一的永不枯竭的源泉，无论就时间、就美和创作天才来说，人民是第一名哲学家和诗人：他们创作了一切伟大的诗歌、大地上一切悲剧和悲剧中最雄伟的悲剧——世界文化史。"② 他用文艺发展的历史阐述了自己的观点，认为原始社会的神话和史诗，都是当时人民群众

---

① 《文学书简》上卷，人民文学出版社1962年版，第60页。
② 《俄国文学史》，上海文艺出版社1962年版，第506—507页。

集体的创作。当人类进入阶级社会之后，劳动人民在精神上受到桎梏，创作才能受到压抑。"但他们还是继续过着自己的深刻的内心生活，创作了而且还在创作成千成万的故事、歌谣、谚语，有时竟能够创造出浮士德等等形象。"[1]

高尔基认为，"语言是人民创造的"。艺术家要更好地发挥"时代喉舌"的作用，就必须知道人民的历史和他们的政治思想，而这些恰恰就表现在民间故事、传说、俚语和谚语中。劳动人民的全部生活经验和社会历史经验都凝固在简练的谚语和俚语之中，因此，这些谚语和俚语可以教作家如何去压缩语言，从某种意义上说，这些就是一种"活生生的思想"。

他曾告诫青年作家勃洛夫斯基："我严正地劝告你：不要写了！学习吧！而且使人得益的，主要不是书本，而是生活本身。要学习观察人，学习了解人。"[2]这正是强调了文学创作的源泉是活生生的社会生活，是人民群众的生产实践活动，要想创作出优秀的文学作品就必须努力观察生活，深入人民中去。

高尔基还论述了劳动人民对专业作家创作的重大作用：第一，从历史上看，艺术家能创作出伟大作品的时代，往往正是社会矛盾尖锐、人民群众精神昂扬奋发的时代，艺术家和人民群众关系密切。如文艺复兴时期，"当时，紧张的创作真是如醉如狂，艺术家是民众爱戴的人物而不是附庸风雅的贵族们的奴才"[3]。第二，劳动人民创造的艺术成果，它的内容、形式，也哺育了各个时代的作家。"各国伟大诗人的优秀作品都是从民间集体创作的宝藏中吸取滋养，自古以来这宝藏曾提供了一切诗的概括、一切成名的形象和典型。"[4]高尔基强调民间文学作家的创作的影响，但并不抹煞作家自身的作用，不抹煞作家在技巧上的加工，使形象更臻完善。不过，他认为，技巧的根源仍在人民。作家如果脱离人民，他就难于在创作上取得杰出的

---

① 《俄国文学史》，上海文艺出版社 1962 年版，第 514 页。
② 《给青年作者》，中国青年出版社 1955 年版，第 91 页。
③ 《俄国文学史》，上海义艺出版社 1962 年版，第 516 页。
④ 同上书，第 514—515 页。

成就。

3. 艺术创作与形象思维

高尔基认为，不论艺术家还是科学家，都需要观察、比较和研究，同时，"必须具有想象和推测——'洞察力'"①。

但是，科学家和文学家之间在思维方式上也有不同。科学家认识事物，是通过观察、研究、比较，透过现象认识它的本质，但当一把握它的本质，就抛弃现象，抽出本质，形成"假设"或理论。艺术家、作家则不同，他们通过观察与比较，选取有意义的感性特征和具体形象，并借助于想象力与推测，形成或综合"成为活生生的、具有肯定或否定意义的社会典型"。虽然两者都需要想象和推测，但艺术的想象是始终伴随着感性形象的，是感性形象的千变万化、层出不穷的分离与组合；它允许虚构，允许张冠李戴、移花接木，只要艺术形象是真实可信的，人物性格是合乎逻辑的；而这样一种以形象性为特征的创造性想象，高尔基称之为"形象思维"或"艺术思维"。

艺术创作中的想象区别于科学研究中的想象还在于：艺术创作的想象要设身处地，要进入角色。高尔基对此深有体会："文学家的工作或许比专门学者，例如一个动物学家的工作更困难些。科学工作者在研究公羊时，用不着想象自己也是一只公羊，但是文学家则不然，他虽然慷慨，却必须想象自己是个吝啬鬼，他虽毫无私心，却必须觉得自己是个贪婪的守财奴，他虽意志薄弱，但却必须令人信服地描写一个意志坚强的人。"②他强调这种想象对于创作的重要性，把它看作是作家的才能的重要表现，创造成功的艺术形象的必要条件。

高尔基认为，艺术创作中的想象不同于科学研究中的想象还在于：科学家的想象，是推测事物可能有的特征或它的发展过程，它的内容是客观的；艺术创作的想象，不仅要推测实践的过程、人物的特征，而且融入自己对实践、人物的审美评价，"或是肯定现实，或是改变现实，毁灭现实"，

---

① 《论文学》，人民文学出版社 1987 年版，第 158 页。

② 同上书，第 317 页。

"艺术中的本质就是赞成或反对的斗争"。①

高尔基认为，形象思维是艺术家的艺术思维方式，艺术家要用"形象"来思考、用"画面"来说话、用"情感"来感染，否则就无法使读者获得审美享受。同时，在创造性想象中，要创造出真实生动感人的艺术形象，既要注重直觉，也需要理性、逻辑，并且要正确处理它们的关系，要做到使"想象力和逻辑、直觉、理性的力量平衡起来"②。

【案例】 高尔基的自传体"三部曲"

高尔基人生坎坷，文学创作艰辛曲折，在俄国无产阶级文学界留下了深邃的印迹，人生经历和文学创作的艺术融合，塑造了高尔基的文学创作风格。自传三部曲《童年》《在人间》《我的大学》是高尔基根据自己的人生经历，是以传记形式写成的自传体记，它既是作者童年至青年时期的生活自述，也是举世惊叹的文学艺术珍品，它们独自成篇，又前后相连，艺术性地再现了主人公阿廖沙坎坷成长的三个历程，真实深刻地反映了19世纪末20世纪初的俄罗斯民众生活，刻画了小市民阶层的庸俗自私的心理表现和空虚无聊的精神状态，揭露了沙俄专制的黑暗与罪恶，被视为俄苏自传体小说的里程碑和批判主义现实文学的典范。

《童年》反映了小主人公阿廖沙在父亲去世后，随母亲寄住在外祖父家中度过的岁月。其间，他得到外祖母的疼爱、呵护，受到外祖母所讲述的优美童话的熏陶，同时也亲眼目睹两个舅舅为争夺家产争吵打架，以及在生活琐事中表现出来的自私、贪婪。这种现实生活中存在的善与恶、爱与恨在他幼小的心灵上留下了深刻的印象。阿廖沙就是在这种"令人窒息的、充满可怕景象的狭小天地里"度过了自己的童年。

《在人间》是高尔基自传体小说三部曲中的第二部。阿廖沙11岁时，母亲又不幸去世，外祖父也破了产，他无法继续过寄人篱下的生活，便走上社会，独立谋生。他先后在鞋店、圣像作坊当过学徒，也在绘图师家、

---

① 《论文学》，人民文学出版社1987年版，第141页。
② 同上书，第350页。

轮船上做过杂工，饱尝了人世间的痛苦。在轮船上当洗碗工时，阿廖沙结识了正直的厨师斯穆雷，并在他的帮助下开始读书，激发了对正义和真理追求的决心。五年后，阿廖沙怀着进大学的希望准备到喀山去。

《我的大学》是高尔基自传体小说三部曲中的最后一部。作品讲述了阿廖沙在喀山时期的生活。16岁那年，他背井离乡，到喀山去上大学。梦想破灭后，他不得不为生存而奔波。住"大杂院"，卖苦力，同流浪汉接触，和形形色色的小市民、知识分子交往，进了一所天地广阔的社会大学。在这所大学里，他经历了精神发展的复杂道路，经受住多方面的生活考验，对人生的意义、对世界的复杂性进行了最初的探索。

作品中主人公阿廖沙的艺术原型就是高尔基本人，自传中所描述的艺术环境既是作者早年生活的写照，也是俄国人民，特别是处于社会下层的劳动人民渴望新生活的真实体现。这三部作品情节生动，真挚感人，具有极强的艺术表现力与感染力。

第三节　俄苏时期马克思主义文艺思想的主要特征及历史地位

俄苏时期马克思主义文艺思想的发展和实践主要可以分为初步传播和发展实践阶段：前一阶段是指19世纪下半叶至苏联成立之间，随着马克思主义在俄国的传播发展，其中的马克思主义文艺思想也随之得到丰富和充实，其主要代表为普列汉诺夫的文艺思想。后一个阶段是苏联时期。其中，列宁时代对马克思主义文艺的贡献尤为突出，是发展实践中的开拓阶段。列宁发表了大量与文艺问题有关的评论与专著，对新生的苏维埃政权的文艺事业起到了决定性的指导作用。高尔基等文艺理论家也在这一时期对文学艺术发表了十分精辟和深刻的见解，极大地丰富了马克思主义文艺学说。后随着国家社会政治情况的发展变化，苏联的马克思主义文艺思想也经历了不同的历史阶段，从繁荣逐渐走向谢幕。

马克思主义文艺思想在俄苏时期的发展是一个非常重要的过程，对整个马克思主义文艺思想理论体系的成熟和发展具有极其重要的意义。虽然俄苏时期马克思主义文艺理论最终随着苏联的崩溃而走向终结，但仍然非常值得今天的我们用辩证理性的态度来总结其整个发展过程的经验教训，从而汲取优秀文化遗产的营养，防范重蹈前人遗憾的覆辙，使中国马克思主义文艺理论得到更好的发展。

一、苏联成立前俄国马克思主义文艺思想的主要特征及历史地位

19 世纪下半叶至苏联成立之间，俄国社会政治形势发生了剧烈的变化，随着马克思主义思想的传播，马克思主义文艺思想也得到进一步的发展，其主要代表为普列汉诺夫的文艺思想。普列汉诺夫艺术理论的突出特点，是他力图将唯物史观的基本原理运用于美学和文艺学的研究，使美学和文艺学奠定在科学的理论基础与方法论之上。普列汉诺夫认为，艺术观从来都是从属于一定历史观的，他根据马克思《〈政治经济学批判〉序言》中的思想，提出了著名的社会结构"五项因素公式"：（1）生产力的状况；（2）被生产力所制约的经济关系；（3）在一定的经济基础上生长起来的社会政治制度；（4）一部分由经济直接所决定的，一部分由生长在经济上的全部社会政治制度所决定的社会中的人的心理；（5）反映这种心理特性的各种思想体系。[①] 这个"五项因素公式"是普列汉诺夫对唯物史观概括的一个公式，也是他研究美学和艺术理论的总纲。他的艺术理论之所以在马克思主义美学和艺术理论发展史上享有很高的声誉，并且至今仍有巨大的吸引力和深远的影响，其主要原因就在于此。

在马克思主义发展史上，普列汉诺夫是连接马克思、恩格斯和列宁的中间环节。因此，普列汉诺夫文艺思想对于马克思、恩格斯文艺思想起到了继承、丰富和发展的作用；对于列宁文化理论的形成起到了积极的推动作用；同时，对于当时的国际工人、俄国无产阶级开展革命实践起到了重要的指导作用。普列汉诺夫的文艺思想，是他整个马克思主义哲学思想中的一个组成部分；是他在运用历史唯物主义观点来观察俄国的文艺问题、

[①] 《普列汉诺夫哲学著作选集》第三卷，三联书店出版社 1974 年版，第 195 页。

反对"为艺术而艺术"论及颓废派艺术等资产阶级文艺思潮的过程中形成的。

二、苏联时期马克思主义文艺学的主要特征及历史地位

马克思主义文艺学经过将近90年的建设和发展，在苏联时期已经成为一个独立的，相对完整的庞大思想体系。作为一个思想体系，概略地说，它发挥影响作用的基点主要集中体现在以下几个方面：在马克思主义哲学理论的基础上建立了一个已自成系统的文艺学体系；发展完善了文艺学的意识形态理论；创建了社会主义现实主义理论体系；发展了马克思主义人学理论；开拓了对马克思主义文艺学的形式问题研究的新领域；深化了传统的典型理论。另外，苏联有关共产党组织对文学创作的领导、组织作用的讨论，以及无产阶级文学与传统文化、民族文化之间关系问题的讨论等，在今天也具有一定的启迪意义。当然，不可否认，在苏联这些马克思主义文艺学的成就中，掺糅了一些沉痛的教训。苏联的文论家们在提出一些具有创新意味的观点时，有时会伴随着很强的片面性，而且，在后来的文艺实践中这些片面性也确实起到了消极的作用。

苏联时期的马克思主义思想家、文论家、学者在马克思主义哲学理论的基础上，率先为世人构建了一个真正意义上的、自成系统的马克思主义文艺学体系。这是苏联马克思主义文艺学界最大的贡献。在马克思、恩格斯、普列汉诺夫和列宁有关论述的指导下，这些文艺学家以辩证唯物主义与历史唯物主义的思想原则分析研究了文艺现象的基本属性。他们揭示出，文艺现象从根本上说是人类的一种意识现象，因此它也就从根本上服从于物质决定意识，意识对物质世界又具有一定的反作用力这一条辩证唯物主义的基本原理。这就是说，文艺活动的基本活动规律则可以从它的物质性的存在基础上得到解释。他们还揭示出，从大的发展线索看，文艺现象的发展变化也和人类社会物质条件的发展变化具有同步性。当然，作为一种独特的人类意识或现象，文艺活动有着自己一定的特殊规律性。他们不但以唯物主义思想为指导明确了马克思主义文艺审美理论的基本内容，确立

了马克思主义文艺批评理论的基本范式，而且对文艺思维、文艺起源、创作的基本规律、文艺欣赏、典型理论、创作技巧、文艺语言、悲喜剧理论、文体流变规律、文艺风格、文艺流派、文艺思潮等具体的文艺理论问题，也有细致入微的辨析与讨论。可以说，他们的研究触及了文艺理论每一个层面的问题。

苏联时期文艺学界一个极其重要的特点就是其坚定的意识形态属性。文艺学的意识形态理论的基础是由马克思主义创始人最先奠定的。马克思、恩格斯在《神圣家族》《德意志意识形态》中早已强调指出，文艺创造和经济基础、物质资料的生产的关系密切相关，文艺在其创造过程中常常受到其创作环境的意识形态属性的制约。列宁在《唯物主义和经验批判主义》《党的组织与党的出版物》等文中，更加强调突出了意识形态具有党性的学说。沿着革命导师所开创的道路，苏联文论界将意识形态理论应用到了文艺学建设的各个层面。应当承认，马克思意识形态理论对现代文艺学在根本上具有一种改造的意义。马克思主义文艺学之前的各种美学理论诚然对文艺的性质问题和各种审美规律性的问题做出过巨大的成就，但他们几乎全都看不到文艺和经济基础内在的深刻联系，认识不到文艺的意识形态性。他们甚至有意将文艺创作与人类的物质生产从根本上对立起来，讳言意识形态对创作的制约作用，片面强调文艺纯精神层面的超越性地位。这种观念作为一种审美理想虽不乏一定的价值意义，但对文艺学科的科学性建设的消极影响作用也是显然的。从这个意义上，苏联文艺学界对文艺的意识形态性的讨论，尤其他们深入到政治的无意识层面，讨论意识形态对人类活动、文艺创作的必然制约作用，具有很深刻的启发意义。

苏联时期文艺学界另一个重要的理论贡献即在于发展了马克思主义人学理论。作为一个成熟而完整的思想体系，马克思主义拥有博大精深的人学思想。不过，在一个较长的时间里，马克思主义文艺理论工作者为反对传统上就一直比较有影响力的各种唯心主义美学思想，将主要的精力放在了对文艺活动的物质基础的研究上，对文艺与人的关系问题讨论相对较少一些。这引起了西方理论界的批评与攻击。尤其是 1932 年当马克思早期重要著作《1844 年经济学哲学手稿》被重新发现后，西方学术界兴起了一股研究青年马克思主义的热潮，有人以此为口实借机对建设中的马克思主义文艺学大加批评。苏联文艺学界对这股世界性的文艺思潮做出了比较及时的回应。他们高扬高尔基早就明确提出的"文学就是人学"的旗帜，尝试着将现代人学理论的一系列中心问题诸如个人、自由、幸福、个体存在、完整的人、异化、人道主义等统一到经典的马克思主义文艺理论体系中去。① 基于俄罗斯文学的伟大传统，苏联文艺界对于人道主义、个人命运等问题的讨论是非常有深度的。

思考题：

1. 如何理解无产阶级作家的党性原则与创作自由之间的关系？
2. 列宁为什么说托尔斯泰是俄国革命的镜子？
3. "两种民族文化"指的是哪两种文化？该怎样处理这两种文化？
4. 高尔基为什么认为劳动人民对专业作家的创作具有重大作用？

---

① 参见《人道主义、人性论研究资料》(第一辑)，商务印书馆 1963 年版。

第三章　毛泽东文艺思想

毛泽东文艺思想是毛泽东思想重要组成部分，是马列主义有关文艺问题的普遍原理和中国革命文艺运动的具体实践相结合的产物，是中国化的马克思主义文艺理论。毛泽东文艺思想是马克思主义文艺理论的创造性的发展，是以毛泽东为代表的中国共产党人研究解决中国革命文艺中的实际问题并作出的创造性的理论概括，是集体智慧的结晶。毛泽东文艺思想是我们党的文艺方针政策的理论基础，是我们发展社会主义文艺必须遵循的根本原则。

第一节　毛泽东文艺思想产生

马克思在《路易波拿巴的雾月十八日》一书中说："人们自己创造自己的历史，但是他们并不是随心所欲地创造，并不是在他们自己选定的条件下创造，而是在直接碰到的、既定的、从过去承继下来的条件下创造。"① 恩格斯也指出："每一时代的理论思维，从而我们时代的理论思维，都是一种历史的产物，在不同的时代具有非常不同的形式，并因而具有非常不同的内容。"② 毛泽东也说过：人的正确的思想"不是从天上掉下来的，也不是人的头脑中所固有的"。意即，任何思想理论的产生、发展和形成，与特定历史和时代相关，有其产生的思想基础和理论基础，也与理论创立者个人因素密切相关。毛泽东文艺思想产生于近代半殖民地半封建社会的时代和社会现实，近代中国思想文化界变迁为其打下深厚的思想基础，受到马克思

---

① 《马克思恩格斯选集》第一卷，人民出版社 1995 年版，第 585 页。
② 《马克思恩格斯选集》第四卷，人民出版社 1995 年版，第 284 页。

列宁主义文艺理论的指导，以及中国传统文化滋养下毛泽东个人因素共同促成了毛泽东文艺思想的产生。因此，理解毛泽东文艺思想的产生首先要从其产生的时代和社会背景、思想基础、理论基础和毛泽东个人因素去综合考察其产生的必然性并了解其产生的具体过程。

一、毛泽东文艺思想形成背景、基础和条件

（一）毛泽东文艺思想产生的社会时代背景

近代中国社会内忧外患，一代代中国人寻求民族独立和人民解放，寻求国家富强和人民富裕的努力是毛泽东文艺思想产生的社会时代背景。

1. 近代中国的历史是一部在西方列强入侵之下由独立的国家沦为半殖民地半封建社会、不断向下沉沦的历史

中国的近代历史是在西方列强侵略中国的隆隆炮声中拉开序幕的。1840年，中国第一次鸦片战争战败并被迫签订了近代第一个不平等条约——《南京条约》。由此开始，帝国主义列强发动一系列侵华战争：第二次鸦片战争、中法战争、中日甲午战争、八国联军的野蛮入侵等，均以清王朝失败告终，中国被迫和西方国家签订了一系列割地赔款、丧权辱国的不平等条约。据不完全统计，从鸦片战争到八国联军侵华战争，外国侵略者同中国订立的不平等条约达 300 多个。通过这些不平等条约，列强从中国先后勒索赔款达 10 亿两白银，强迫中国开放的沿海和内陆的通商口岸约 50 个，在中国 17 个城市开辟租界达二十几处。在中国划分势力范围，甚至在战略要地派驻军队，直接控制中国。帝国主义列强在军事侵略的同时，加紧对中国经济、政治和文化的侵略。它们完全掌握了中国的海关，外国的舰船不仅可以任意进出中国沿海口岸，并取得内河航行权，中国开始变成资本主义国家的商品倾销市场和原料掠夺的场地。它们垄断中国的内外交通，控制中国对外贸易。并在中国各地办工厂、开商店、开采矿山、修筑铁路、开设银行、发行钞票。各帝国主义国家输入中国的资本，到 1914 年竟达到 22 亿美元，并夺取了 55 条铁路的修筑权和借款权。从 1895 年到 1912 年，各帝国主义国家掠夺中国矿权的主要条款、协定达 42 项之多。这样，帝国

主义势力深深地打进中国各个领域，从政治、军事、经济、文化等各个方面牢牢地控制了中国，成为阻碍近代中国独立发展的首要力量，也成为近现代中国一切灾难和祸害的重要根源。

2. 列强侵略中国的历史，同时也是不屈的中国人民反抗并探索民族独立、寻求国家富强的抗争的历史

近代以来，中国社会各个阶级和阶层都从自身的立场出发，为摆脱外来侵略做出了探索。这些探索包括：农民阶级领导的太平天国运动、地主阶级改革派发起的洋务运动、资产阶级改良派推动的戊戌维新运动、资产阶级革命派领导的辛亥革命。辛亥革命推翻清王朝，结束了两千多年的封建帝制，但是"大清一倒，并没有实现万事自好"。中国依然在半殖民地半封建的深渊中挣扎，人民依然生活在水深火热之中。中国要完成两大历史任务即实现民族独立、人民解放和国家富强、人民富裕，必须要反帝反封建，但中国人80年的正义的抗争并没有取得完全成功，这一方面说明中国人面临的敌人过于强大，另一方面说明传统领导阶级的斗争方式、斗争策略存在各种各样的局限性；因此，古老封闭的农业的中国要生存要发展，要"拯斯民于水火"，需要新的阶级的，领导需要新的指导思想，需要动员全社会的力量进行合作。

3. 无产阶级登上历史舞台——中国共产党成立承担起民主革命的历史任务

随着西方国家侵略的深入，中国的社会阶级出现了新变化。帝国主义的侵略，破坏了中国自给自足的自然经济，一些农民在战争、赋税、高利贷和土地掠夺中破产，变成无产者。1914年至1918年的第一次世界大战期间，由于欧洲几个主要帝国主义国家忙于战争，暂时放松了对中国的侵略，中国民族资本获得了前所未有的发展。中国民族资本主义经济的进一步发展，为新的政治力量的增长和革命运动的发展提供了社会基础，城市小资产阶级即知识分了、小商人、于工业者、自由职业者的人数也大为增加了。在半殖民地半封建社会里，农民阶级占了人口的绝大多数。他们只占有极少数的土地，受着地主阶级的残酷的超经济的压迫和剥削，生活日益贫穷

化。中国的工人阶级，在1919年大约有200万人，主要为铁路、矿山、海运、纺织、造船五种产业的工人，他们是最先进的革命阶级，与农民有天然的联系，最易和农民结成巩固的联盟。

从鸦片战争开始，是中国历史上灾难深重的年代，是不屈的中国人努力探索救国救民道路的年代，也是中国社会经济性质、阶级结构发生深刻变化的年代。历史时代呼唤新的阶级登上历史舞台并领导中国革命。作为新兴无产阶级政党的中国共产党在1921年成立是时代和历史发展的必然。中国共产党成立后，肩负起完成民族独立和人民解放、国家富强和人民富裕的两大历史任务。在中国革命的实践中形成的中国共产党的指导思想毛泽东思想，形成的中国文艺的指导思想毛泽东文艺思想，是近代中国社会历史为完成两大历史任务的必然产物。

（二）近代中国思想文化界的变化为毛泽东文艺思想形成奠定了深厚的思想基础

为了解决近代中国的内忧外患，中国人民一直在努力抗争。但是，这些抗争均以失败而告终。现实斗争的一次次失败，在思想文化界开始引起争论和反思。

1. 启蒙运动

随着外来侵略者到来，西方的文化思想也开始进入中国。西学东渐既是西方入侵者实施文化侵略的手段，也是近代中国有识之士寻求民族独立的方法。最早的西学随着传教士在中国传播宗教而被中国人认识，传教士在所到之处通过办报纸、杂志、教会学校、教会医院等方式传播宗教，同时也传播了西学。早期中国的士大夫阶层对西学是排斥的，像林则徐、魏源等有识之士"开眼看世界"介绍西学也并不被官方认可。早期接触洋人对西学有所认知的官员如郭嵩焘、恭亲王奕䜣、李鸿章等都因为和洋人打交道而在官场饱受争议。鸦片战争过去半个多世纪，中国人的思想在缓慢发生变化。对于国人思想启蒙影响比较大的事件有二。即：甲午战败和新文化运动。甲午战败虽然签订了丧权辱国的《马关条约》，但维新派知识分子意识到中国可以效仿日本变法自强。为了宣传变法维新思想，唤起民众觉醒，维新派知识分子很快行动起来，先后在全国各地的一些大中城市创办了数十家报刊。据估计，辛亥革命前后中国创办的报刊达七八百种。这些报刊政治倾向有很大区别，有些观点甚至相互对立，但从思想启蒙的角度看，都以启迪民智，开通风气，宣传介绍各种新思想、新学说、新知识为主要职责，西方著名的学者如培根、笛卡尔、达尔文、孟德斯鸠、卢梭、亚里士多德、康德、黑格尔等人的著作和思想先后在各报刊上介绍和宣传。维新派还努力翻译外国的书籍和自撰新著，大量出版、发行中外新书。19世纪下半叶至20世纪初60年间，据不完全统计，中国翻译出版外文书籍500多种，内容涉及自然科学、社会科学及文学艺术的方方面面，蔚为大观。近代知识分子还大力发展新式教育，他们在登上历史舞台之际，就认识到发展新式教育是传播新学最重要的途径，为此激烈地批判封建的科举八股制度、上下奔走呼吁改革传统教育，并身体力行，或积极创办新式学校，或留学归国后投入新式教育事业中。清末民初，各类新式学校在全国各地成批涌现，1908年，全国有各类学校47532所。第二年便增加到58896所，到1912年，即发展到87272所[①]。新式教育系统广泛地传播西方近现代自然科学、人文科学和社会学说知识，宣传人权思想、民权思想，对促进广大青年思想进步、启迪民智起到了巨大的作用，成为思想启蒙运动深入发展的基础。

从制度层面上学习和试图改变中国的戊戌维新和辛亥革命都没能立竿见影地解决中国社会的困境。在这样的背景之下，从思想文化层面上进行反思的新文化运动兴起。伴随新文化运动的展开，各种各样的"主义"蜂拥而至。在短短的几年之内，尼采主义、国家主义、英美经验主义、实验主义、民主主义、自由主义、个人主义、人文主义、社会主义学说……都曾在中国人的言谈和文章中出现。它们汇聚了当时世界的各种主要思潮，为中华民族提供了一个比较与选择的舞台。其中，赫胥黎的《天演论》和卢梭的《民约论》对我国近现代思想界影响最大。1895年，严复着手翻译

---

① 陈学恂主编：《中国近代教育史教学参考资料》下册，人民教育出版社1987年版。

了英国生物学家赫胥黎于1894年发表的《进化论与伦理学》一书，并于1898年以《天演论》为题正式出版。宣传了被恩格斯赞誉为19世纪自然科学三大发现之一的达尔文进化论，为近代中国人送来了西方资产阶级上升时期关于人类社会历史进化的学说。它的迅速传播在思想文化界产生强烈反应，人们认识到中国如不奋发图强，亡国灭种之祸即迫在眉睫。"物竞天择，适者生存"成为风靡当时中国进步知识界的口头禅。陈独秀、胡适、鲁迅、周作人、茅盾等人都曾是进化论的信奉者。陈独秀在《新青年》创刊号发表的具有发刊词性质的《敬告青年》一文，从进化论中汲取了新陈代谢、吐故纳新的基本精神，阐述了当今世界各民族生存竞争的形式，希冀中国能够积极进取以求生存和发展。卢梭的《民约论》是对中国近现代思想文化界影响最大的另一部名著。严复1895年在天津《直报》发表的《辟韩》一文，以卢梭的天赋人权理论驳斥了韩愈在《原道》中所宣扬的封建君权论，提出"主权在民"和人权天赋不可剥夺的资产阶级民主思想。西方的科学与民主精神的传播，影响到了中国文化的深层结构，部分地改变了近代中国人的心理素质、价值观念、思维模式和性格特征。

2. 文艺观念的变革

近现代中国社会动荡剧烈，各种社会思潮起伏不断。各个不同的阶级、阶层、集团具有不同的政治主张，提出过不同的救国方案，但救亡图存则是各种思潮的共同主流，由此带来文艺观念上一种至为深刻的变化，就是逐步认识到文艺应当担负起以新的思想教育国民、改造国民精神的神圣责任。这种认识首先来源于社会政治改革的需要。戊戌变法与辛亥革命的失败表明，任何重大的社会政治方面的变革，没有国民的响应和参与都将一事无成；而要动员广大民众，则必须向国民灌输新的思想精神，打破传统文化思想观念的禁锢。这除了政治理论上的宣传之外，各种艺术形式无疑是重要而可行的手段。文艺观念上的深刻变化，引发了连锁反应，它不仅使得进步的文艺家们不再把艺术仅仅看成是个人的事业，而是时时想到自己所担负的时代使命，并且文艺的对象问题、普及问题、通俗化问题等都显现出来，从而引起整个文艺观念的变革与文艺格局的改观。

由于民族矛盾极其尖锐、中华民族面临亡国灭种之灾，抗拒外来侵略、维护民族独立成为民族的共识，中国人民的民族精神和爱国精神在近现代艺术领域中成为一个超越艺术流派界限的普遍主题，得到广泛而突出的表现。愤当朝之腐败，恨外强之欺凌，反映了爱国主义在我国近代的两种表现形态：揭露封建末世的黑暗和腐败，呼吁社会变革；抨击殖民主义、帝国主义列强的野蛮侵略，砥砺民族精神，呼吁抵御外侮。而且这两大方面在艺术作品中常常交织在一起，成为浩荡民族正气和悲壮的情感基调。艺术家们因各自的阶级背景和所处的社会地位及生活遭际上的差异而对社会变革有不尽相同的认识，持有不同的政见，对待人民革命运动也可能抱有不同的态度，表现出不同的阶级感情，但是在抵御外辱这一点上，则基本上持相同或相似的立场。

首先，在古代文化中占重要地位的诗词领域逐渐抛弃那种"文以载道""代圣贤立言"的封建内容和陈旧古板的表达形式，迫切要求一种能适应民主革命的全新内容和形式的新诗的出现。于是，传统诗词不得不做出顺时应世的变革，诗词冲破格律的束缚，纳入了新事物、新思想、新语汇。其次，文章适应报刊宣传的需要，摆脱桐城文法的要求，以晓畅的语言、充沛的感情焕然一新。再者，更重要的是，诗文也不得不把它在传统文学中的主体地位，让给与社会中下层民众保持着较多联系的小说和戏曲。一时间，小说戏曲作品、译介及理论文章迭出，文坛几成小说戏曲的世界，终于带来文学基本格局的改观。

鸦片战争以后，不少进步的思想家、文学家深感启迪民智的重要，因而特别看重具有广泛民众性的通俗文学的社会价值。近代资产阶级既要在新的形势下对中国的传统文化进行反思，认清中国文化中的落后面以及对民族文化心理所造成的毒害，同时又要引进西方近代文化的科学与民主精神，以改造中国传统文化、提高国民的文化心理素质。在这种情势下．作为文化重要组成部分的文学也就格外受人青睐。维新派把开民智、新民德、学西方当作维新变法的首要条件，进而把文学艺术当作推动、宣传维新变法的思想武器，因而就有了晚清文学改良运动。康有为、梁启超、谭嗣同、严复、黄遵宪等人大张"诗界革命""小说界革命""戏剧改良"的旗帜，以文体革新和白话文为号召，积极创办文艺杂志，努力繁荣文学创作。他们希冀改革旧文学，使新文学能切实负起开启民智、唤起民众觉醒的重任，以推动政治改良运动的开展。黄遵宪主张改变旧文体，使文字能"适用于今，通用于俗"，提出"我手写我口"的诗歌创作原则，冲破旧式诗歌的束缚，并以自己的诗歌创作实践，成为中国近代"诗界革命"的先驱。1896年到1897年间，梁启超、夏曾佑与谭嗣同等人正式提出了"诗界革命"的口号。这些新派诗人对诗歌的改革、创新，虽然还只是一种大胆尝试，把一些从西方学得的新名词移用于诗歌创作，显得颇为生硬难解，却在一定程度上抒发了忧国忧民的激情，反映了时代的心声。

同时，小说的革新也引起了维新派人士的注意。梁启超是晚清文坛至为重要的作家和理论家，对"新派诗"的产生和发展，对小说地位的提高，均起了重要的促进作用。梁启超一反封建正统文人鄙视小说的观点，大力张扬小说的社会价值和作用。他在《译印政治小说序》中，虽然还把《红楼梦》讥为诲淫诲盗之作，但是他从维新变法的政治需要出发，把小说看成是最有力的宣传工具。他借用康有为的话说："六经不能教，当以小说教之，正史不能人，当以小说人之，语录不能谕，当以小说谕之，律例不能治，当以小说治之。"①"彼美、英、德、法、奥、意、日本各国政界之日进，则政治小说为功最高焉。"在他看来，小说的社会功能大到既能亡国，又能兴邦，不仅是根治"吾国群治腐败"的灵丹妙药，也是改革社会最有力的武器。"今后社会之命脉"，泰半是"操于小说家之手"。(《告小说家》)他甚而高呼："欲新一国之民，不可不先新一国之小说。"②虽不免有矫枉过正之嫌，但在当时的确有振聋发聩的意义。作为改良派的政治家，梁启超提倡半文半白的文辞解放。目的是更鲜明更通达地表达自己敏感尖锐的社会改良观点，使文章发挥更好的社会功能。这种效果事实上也是达到了的。其情感泼辣、笔锋犀利的文风气势，对于读者"别具一种魔力"，因而

---

① 康有为：《日本书目志》，台北宏业书局有限公司 1987 年版，第 685 页。

② 梁启超：《论小说与群治之关系》，《新小说》1902 年 11 月第 1 号。

风靡一时，"学者竞效之，号新文体"。具有一定古文基础的青年毛泽东就是被这种融新的政治思想和新的写作文风为一体的"魔力"所吸引的一个。从梁启超那些"笔锋常带感情"的文章中，毛泽东接受了西方文化的启蒙教育，同时也得到写作方法的训练。他在作文里着意师法梁启超笔法，其《宋襄公论》《言志》《救国图存篇》便因深得梁氏笔意、写得铿锵有力而为师生传观。

由近代启蒙思想家和作家开其端，我国的文艺观念随着社会历史的发展和西方文化的冲击产生的巨大的变化为毛泽东文艺思想的构建打下了厚实的思想基础。

（三）马列主义文艺理论的传入为毛泽东文艺思想奠定坚实的理论基础

1. 马克思主义文艺理论的传入和广泛传播

辛亥革命虽然推翻了在中国存在了两千多年的封建帝制，但中国半殖民地半封建社会的社会性质仍没有改变。有志的中国人仍在继续探索救国救民的道路。十月革命一声炮响，给中国送来了马克思列宁主义。在中国人民艰苦求索解放之路的关键时期，1917 年，俄国爆发了十月革命，并成功地建立了世界上第一个社会主义国家。俄国十月革命的成功为中国提供了学习的榜样，十月革命是马克思主义传入中国的桥梁。在十月革命的影响下，马克思主义的著作陆续被翻译过来，俄国革命的经验和胜利后的情况也被介绍到中国。原新文化运动的领导者们，除了继续利用民主和科学为思想武器来扫清一切封建意识形态外，他们开始初步接触马克思主义。随着马克思主义在中国的传播和扩大，马克思主义对中国的影响越来越大。1919 年五四爱国运动的发生，中国无产阶级开始作为一支独立的力量开始登上历史的舞台，在五四运动过程中，中国先进的知识分子很快完成了从革命民主主义向马克思主义的转变，从而马克思主义在中国的传播进入了一个自觉的阶段。他们在介绍马克思主义和传播十月革命经验的同时，也大量介绍和传播马克思主义的文艺思想。李大钊在结合中国国情宣传马克思主义唯物史观的过程中，在五四运动和中国共产党成立的前后，发表了一系列论文，都涉及文艺问题，诸如《我的马克思主义观》《什么是新文学》

《俄罗斯文学与革命》《物质变动与道德变动》《马克思的历史哲学》《唯物史观在现代文学上的价值》等，都是体现李大钊文艺观的著名著作。陈独秀作为新文化运动的重要领导人，早在五四运动前就发表著名的《文学革命论》。五四运动后，他积极宣传马克思主义，比较全面阐释唯物史观的基本原理，他从唯物史观出发，去解释文艺的本质特点，强调艺术要充分体现"真的意思及情"，但他特别注重文艺要在人类心理上有普遍的美感，这与单纯的生活反映是不同的。继李大钊和陈独秀之后，早期共产党人瞿秋白、邓中夏、恽代英、萧楚女等，对马克思主义文艺理论的介绍和宣传，也作出了重要贡献。马克思主义和马克思主义文艺思想的传播，形成一股汹涌澎湃的思想潮流。早期共产党人和先进知识分子，不仅在马克思主义文艺论著的译介、阐释和宣传方面取得了可喜的成果，而且在运用马克思主义文艺思想的基本原则去研究、探讨和解决中国文艺活动的实际问题方面，也有了深入发展。

2. 毛泽东对马克思主义文艺理论的继承

毛泽东继承了马克思文艺理论的基本观点，并在中国革命具体实践中作出进一步发展。具体表现在以下几个方面。其一，文化与政治经济的关系问题。毛泽东指出："一定的文化（当作观念形态的文化）是一定社会的政治和经济的反映，又给予伟大影响和作用于一定社会的政治和经济；而经济是基础，政治则是经济的集中表现。"毛泽东在这里的观点清楚地表明了对马克思主义基本观点的继承，即认为作为社会意识形态的文化是来源于社会生活，即社会生活决定着文艺，而文艺又对社会生活产生着影响。其二，文艺的社会实践来源问题。毛泽东在《在延安文艺座谈会上的讲话》中明确提出："作为观念形态的文艺作品，都是一定的社会生活在人类头脑中的反映的产物。"[①] 毛泽东认为，文艺来源于社会生活，是对社会生活的一种复制，但却不是简单、机械的复制，是一种创造性的复制。所以，文艺和其他社会意识形态不同，是一种审美的社会意识形态。毛泽东的这些

---

① 毛泽东：《毛泽东选集》第三卷，人民出版社 1991 年版，第 860 页。

看法和唯物史观认为"观念的东西是对社会实践的反映"在思想内核上完全一致,是对唯物史观的发展。其三,文艺服务人民的思想。马克思认为:"批判的武器当然不能代替武器的批判,物质力量只能用物质力量来摧毁,但是理论一经掌握群众,也会变成物质力量。理论只要说服人,就能掌握群众;而理论只要彻底,就能说服人。"[①]列宁也提出了艺术"为千千万万劳动人民服务"的思想观点。毛泽东继承了马克思和列宁的这一思想。毛泽东强调了文艺与最广大人民群众的紧密关系,提出了文学艺术要与社会生活与人民相结合、要服务于人民等思想观点,这是对马克思和列宁文艺思想的创新性发展。

马克思文艺理论的传入和广泛传播,毛泽东本人对马克思主义文艺理论的继承为毛泽东文艺思想的产生奠定了坚实的理论基础。

（四）传统文化滋养下的毛泽东个人因素

1. 传统文化的滋养

出生在湖南偏僻小山村的毛泽东深受积淀了几千年的传统文化的影响。毛泽东高度认同中国文化,十分尊重中国民族文化遗产。毛泽东对中国社会历史的了解十分透彻,无论是观世立言,还是治国救民、待人行事,都受中国传统文化的深广影响。传统文化对毛泽东的影响主要表现在以下几个方面:首先,儒家的"大同"思想的影响。"大同"是儒家宣传的理想社会。康有为曾写过《大同书》,洪秀全、孙中山也曾向往过"无处不均匀,无人不保暖"的理想大同社会。青年毛泽东在其成长过程中,也受到"大同"思想的积极影响。毛泽东崇尚的"大公",就是希望达到儒家关于"万物并育而不相害,道并行而不相悖""道德之理想"的境界。青年毛泽东看到现实社会中人与人之间的不平等,看到了被剥削、被压迫劳动人民的痛苦,他立志要改变这种状况,因此他接受儒家的"大同"思想就很自然了。其次,古代"重视实际,强调实行"的"实学"思想影响。毛泽东曾在《讲堂录》中写道"实意做事,真心求学"。他对顾炎武、王夫之、颜元等

---

① 《马克思恩格斯文集》第三卷,人民出版社 2009 年版,第 11 页。

古代唯物主义者的著作有过较深刻的研究，他们的唯物主义思想对毛泽东有一定的影响。毛泽东在《讲堂录》中说"古者为学，重在做事"，"闭门求学，其实无用，要从天下国家万事万物而学之，则汗漫九垓，遍游四宇尚已"。说明毛泽东对行即实践的重要性已有了较深刻的认识，认为离开了实践则不可能获得真知，脱离实际的知识是无用的知识。再次，"无我论"思想影响。毛泽东在学习期间，对"修身"课很感兴趣。在修身课笔记中曾有这样的记载："我之界当扩而充之，是故宇宙一大我也。"[①] "孟子曰体有贵贱，有大小，养其小者为小人，养其大者为大人一个之我，小我也，宇宙之我，大我也。一个之我，肉体之我也，宇宙之我，精神之我也"。[②] 辛亥革命失败，国家处于危难之中，非常需要有志之士牺牲自己去为国效命。而毛泽东作为一个具有高度革命热情的爱国青年，一直在探索救国救民的道路，对儒家的"无我论"，从他的理解去加以实践，这在全国革命沉寂，许多革命党人因看不清革命前途而灰心丧气的时候，是有其积极意义的。综上所述，可以看出中国传统文化对毛泽东的影响是深广的，小至"修身齐家"，大至"治国平天下"，对青年毛泽东的哲学思想、政治思想、文艺思想影响巨大。所以，中国传统文化是毛泽东青年时代乃至一生最深厚的思想土壤，而他的文艺思想也正是在这片沃土中孕育成长的。

2. 毛泽东个人因素

毛泽东是中华民族的优秀儿女，是伟大的思想家、革命家、文学家、政治家，是伟大的马克思主义者。毛泽东知识渊博，擅长理论研究，具有创新的思想品质。毛泽东有相当高的创作觉悟和创作水平，尤其是在传统诗词方面显露了非凡的创作才能。旧体诗词及辞赋散文是毛泽东借以抒发自己情感意志的最主要的艺术样式，他热爱诗词文赋，认为它们是最能自然而又洒脱地表达思想感情的工具。这类诗作对毛泽东的诗词写作产生了重要的影响，使我们在毛泽东的诗词中感受到了气势磅礴、盖世豪情的感情。戏剧方面，毛泽东虽然最喜欢京剧，尤其是京剧里激昂沉雄的高派老

---

① 中共中央文献研究室编：《毛泽东早期文稿》，湖南出版社1990年版，第230页。
② 同上书，第231页。

生唱腔，但毛泽东始终强调各流派、各剧种都要保持和发展自己的长处，认为艺术发展繁荣必须坚持多样性原则，即后来文艺思想中提到的"百花齐放、百家争鸣"的创作方针。毛泽东始终立足于无限丰富的中国革命斗争实践，积极参加辛亥革命、新文化运动、根据地文化工作等革命实践，积累了丰富的经验，这些丰富的人生资历，使他比党内其他领导人站得高，看得远，想得多。此外，毛泽东对复杂的事物具有敏锐的洞察力。因此，毛泽东个人主观因素也为毛泽东思想包括文艺思想的产生提供了重要条件。

二、毛泽东文艺思想的产生过程

毛泽东文艺思想作为一个完整体系，并不是一开始就以现在的面貌呈现在人们面前的，它有一个发展的过程。大致经历了萌芽时期、形成和成熟时期、继续发展时期三个不同的阶段。

（一）萌芽时期（1919—1937）

毛泽东一直关心文艺运动，提出很多自己对文艺的看法。这些看法虽不成体系，但不少看法在以后得到了丰富和发展。受新文化运动的影响，毛泽东在1917年为《湘江评论》写了"创刊宣言"，他热情赞颂文学革命运动要把文学"由贵族的文学，古典的文学，死形的文学，变为平民的文学，现代的文学，有生命的文学"。主张打破一切封建迷信的束缚，以有益的新知识、新文艺来启发民众，唤醒民众。不难看出，这一观点与当时的陈独秀等人倡导的新文学一脉相承。毛泽东此时倡导的平民文学，成为"文艺为人民大众服务"思想的萌芽。1921年中国共产党成立后，毛泽东领导了第一次工人运动。在这一时期，毛泽东按党的指示在基层亲自发动和组织工运、农运，领导了国共合作时期的宣传工作，提出了许多新文化建设方面的设想，并在实际政治斗争中极大地关注着文化和文艺问题。1927年大革命失败以后，以毛泽东为代表的共产党人，在建立、巩固、扩大根据地的过程中，努力开展革命文艺运动，充分发挥了文艺在根据地建设中的战斗作用。毛泽东在《井冈山的斗争》一文中指出，"红军宣传工作的任务，就是扩大政治影响，争取广大群众"，为实现红军的总任务服务。1934年1月，毛泽东在《中华苏维埃代表大会的报告》中详细地阐述了文化艺术的总方向，报告中提出了创造无产阶级文化，为革命斗争服务；无产阶级夺得政权并进而对政权进行巩固性的建设是创造和发展无产阶级新文化的根本条件；注意知识分子在革命文化建设中的作用等方面的文艺理论，这些都标志着毛泽东文艺思想的萌芽。

（二）形成和成熟时期（1937—1949）

毛泽东在1937年间先后发表了《实践论》《矛盾论》两部哲学著作，这不仅标志着毛泽东哲学思想科学体系的形成和成熟，也为毛泽东文艺思想科学体系的形成和成熟奠定了认识论、方法论基础，即哲学基础。此后，他在1941年写出了《新民主主义论》等一系列著作，较系统地创立了新民主主义文化的理论，指明了文化、经济、政治相互间的正确关系，成为毛泽东文艺思想形成的里程碑。1942年，随着全党整风运动，5月，党中央召开了延安文艺座谈会。毛泽东在会上发表了《在延安文艺座谈会上的讲话》（以下简称《讲话》），《讲话》标志着毛泽东文艺思想的形成和成熟。《讲话》从延安文艺界实际情况出发，并根据革命运动对文艺的迫切需要，为革命文艺的正确发展，系统地阐明了一系列重大文艺理论问题，制定了一条马克思主义的文艺路线，以及各项方针和政策，明确解决了革命文艺发展的方向和道路问题。1945年召开的中国共产党第七次全国代表大会，正式确立毛泽东思想为党的指导思想，其中包含着毛泽东文艺思想为革命文艺工作的指导思想。毛泽东在大会上所作的《论联合政府》的政治报告中，进一步论述了关于正确对待古代和外国文化遗产问题。1949年，召开了全国文学艺术工作者代表大会，周恩来在会上做了重要报告，就如何理解和实践文艺为工农兵服务的方向等问题，作了具有创见性的阐述，为这一时期毛泽东文艺思想的形成和成熟作出了贡献。

（三）丰富和继续发展时期（1949年新中国成立之后）

1949年新中国成立以后，毛泽东文艺思想步入丰富和继续发展时期，同时也出现了社会主义文艺第一个高产繁荣期。大批优秀作品纷纷涌现，全面而深刻地反映了社会主义革命和建设的成就，以及全国人民斗志昂扬、积极向上的精神面貌，成为鼓舞人民斗志、陶冶人民情操、丰富人民美感的精神财富，在中国当代文艺史上大放异彩。毛泽东于1950年提出"百花齐放，推陈出新"，揭示了文艺自身发展规律；1956年又提出"百花齐放、百家争鸣"的方针，并在次年所写的论著《关于正确处理人民内部矛盾的问题》《在中国共产党全国宣传工作会议上的讲话》中，进一步作了精辟的论述。实践证明，"百花齐放、百家争鸣"是符合科学文化发展规律的正确方针，自然也是发展繁荣社会主义文艺的方针。毛泽东在1964年正式提出"古为今用，洋为中用"，指明了正确对待古代优秀文化遗产和外国有益的文化成果的原理和方针。由上可见，新中国成立后，毛泽东文艺思想科学体系获得了进一步丰富和继续发展。

第二节　毛泽东文艺思想主要内容

毛泽东文艺思想内容丰富，体系严谨。毛泽东文艺思想从最基本的哲学问题入手，解读作为社会意识的文艺与社会存在的关系、与经济基础的关系，提出了文艺创作的方向、文艺创作的原则，分析了文艺的基本特质、文艺的继承和发展、文艺的民族形式和民族风格问题，提出文艺批评的标准，为文艺工作者指明了方向。

一、作为意识形态的文艺

（一）文艺与社会存在

文艺是一种社会意识形态。那么，社会意识形态是怎样形成的？对这一哲学根本问题，毛泽东在《矛盾论》《新民主主义论》等著作中，多次引用马克思主义的观点予以回答：在人类总的发展中，不是精神决定物质、意识决定存在，恰恰相反，是物质的东西决定精神的东西，是客观的社会存在决定人们的社会意识。这就是说，在物质与精神、存在与意识的关系问题上，物质和社会存在是第一性的，精神和社会意识是第二性的。没有物质的东西，没有人类的社会存在，就不会有人们的社会意识和一切精神产品。社会意识既不是来自上帝的"宝鼎"、神灵的启示、抑或所谓"绝对理念"，也不是来自人的主观世界自身，只能是主观对客观世界反映的产物。这种反映当然不是全然被动的，精神对物质、社会意识对社会存在有巨大的反作用，而且在一定条件下精神可以变物质。但归根到底，包括文艺在内的社会意识形态，其产生、发展及其整个创造过程都是与人们的物质生活相联系的。从社会存在与社会意识的关系上看问题，作为社会意识之一的文学艺术的客观基础只能是社会存在。

（二）文艺与经济基础

文艺隶属于社会的上层建筑。它与经济基础存在某种对立统一的关系。马克思主义认为，包括文艺在内的全部上层建筑，归根到底是由经济基础决定的。但它们又都互相影响并对经济基础发生影响。毛泽东在把马列主义与中国革命具体实践相结合的过程中，继承和发展了马克思主义关于文艺与经济基础相互关系的思想。早在《新民主主义论》中，他就明确指出，一定的经济基础决定一定形态的文化，然后一定形态的文化又影响和作用于一定的经济基础。在《关于正确处理人民内部矛盾的问题》中，他特别论证了社会主义条件下上层建筑与经济基础的关系问题，指出："人民民主专政的国家制度和法律，以马克思列宁主义为指导的社会主义意识形态，这些上层建筑对于我国社会主义改造的胜利和社会主义劳动组织的建立起了积极的推动作用，它是和社会主义的经济基础即社会主义的生产关系相适应的；但是，资产阶级意识形态的存在，国家机构中某些官僚主义作风的存在，国家制度中某些环节上的缺陷的存在，又是和社会主义的经济基础相矛盾的。"① 社会主义社会的文学艺术与经济基础也存在既相适应又相矛盾的状况。作为"以马克思列宁主义为指导的社会主义意识形态"一部分的文学艺术，与社会主义经济基础基本上是相适应并为后者服务的。但是，文学艺术与社会主义经济基础也有不相适应的一面。例如，封建主

---

① 中共中央文献研究室编：《毛泽东文集》第七卷，人民出版社 1999 年版，第 215 页。

义和各种剥削阶级腐朽思想及资产阶级自由化倾向在文艺上的反映，是不利于社会主义经济基础的巩固与发展的。对于这种不适应，必须通过坚持四项基本原则，坚持文艺为人民服务、为社会主义服务的方向，才能加以克服。旧的不相适应部分被克服了，又会出现新的不相适应，由此循环往复，不断解决二者矛盾，使社会主义上层建筑与经济基础不断得以完善和发展。

（三）各个阶级有各个阶级的美，各个阶级也有共同的美

1961 年 1 月 23 日，毛泽东在同文艺理论家何其芳的谈话中指出："各个阶级有各个阶级的美，各个阶级也有共同的美。"既强调美的阶级性，也承认美的共同性，体现了辩证统一的美学思想。在阶级社会中，阶级关系是最根本的社会关系，在一定阶级地位中生活的人的各种思想无不打上社会的、历史的、阶级的烙印，美的观念也不例外。特别是当阶级矛盾和阶级对立异常尖锐的时代更是这样。但是还应看到，人的感官生理心理机能基本上是相同的，人类社会的发展和自然环境也是客观的共同的，而美的形式更是相对独立的，因此，不同阶级的人们在一定条件下，对于同一对象也有可能产生相同或相近的审美感受、审美评价。在这种情况下，特定的审美对象自然也就成为共同的美。只承认美的共同性、全人类性，否认美的阶级性，当然是错误的。但只承认"异"而不承认"同"的一面，也是片面的有害的。

二、文艺的根本方向

（一）文艺为人民大众首先为工农兵服务

毛泽东《在延安文艺座谈会上的讲话》中提出的文艺方向问题，是毛泽东文艺思想的核心命题。他说："为什么人的问题，是一个根本的问题，原则的问题。"① 只有这个问题解决了，其他问题才能得到正确而妥善的解决，革命文艺才能沿着正确方向发展。毛泽东明确指出："我们的文学艺

---

① 中共中央文献研究室编：《毛泽东文艺论集》，中央文献出版社 2002 年版，第 60 页。

术都是为人民大众的，首先是为工农兵的，为工农兵而创作，为工农兵而利用的。"他还具体论述了当时历史条件下人民大众所包括的对象和范围："那末，什么是人民大众呢？最广大的人民，占全人口百分之九十以上的人民，是工人、农民、兵士和城市小资产阶级。所以我们的文艺，第一是为工人的、这是领导革命的阶级。第二是为农民的，他们是革命中最广大最坚决的同盟军。第三是为武装起来了的工人农民即八路军、新四军和其他人民武装队伍的，这是革命战争的主力。第四是为城市小资产阶级、劳动群众和知识分子的，他们也是革命的同盟者，他们是能够长期地和我们合作的。这四种人，就是中华民族的最大部分，就是最广大的人民大众。"① 文艺为上述四种人服务，为什么又提首先为工农兵呢？因为：工农兵分别是革命的领导阶级、最广大最坚决的同盟军和革命战争的主力，是中国革命的根本动力。代表了全国人民包括城市小资产阶级劳动群众和知识分子的根本利益和愿望。工农兵占据全国人口的最大多数，是革命文艺最广大的接受对象，由于工农劳苦大众过去受压迫受剥削最为深重，大多被剥夺了受教育的权利，因而"文化水准较低"，是革命文艺最主要最迫切的普及对象。首先为工农兵，体现服务对象主次轻重的区别，也反映党的文艺方针的明确性和科学性。但首先为工农兵，不等于只为工农兵，更不等于不为工农兵以外但包括在"人民大众"之内的第四种人服务。

人民属于历史的范畴，随历史发展而有不同内涵。毛泽东在《关于正确处理人民内部矛盾的问题》中指出："人民这个概念在不同的国家和各个国家的不同的历史时期，有着不同的内容。拿我国的情况来说，在抗日战争时期，一切抗日的阶级、阶层和社会集团都属于人民的范围，日本帝国主义、汉奸、亲日派都是人民的敌人。在解放战争时期，美帝国主义和它的走狗即官僚资产阶级、地主阶级以及代表这些阶级的国民党反动派，都是人民的敌人；一切反对这些敌人的阶级、阶层和社会集团，都属于人民的范围。"② 随着人民概念及其内涵的变化，文学艺术亦应适时地调整其服务

---

① 中共中央文献研究室编：《毛泽东文艺论集》，中央文献出版社 2002 年版，第 58 页。
② 中共中央文献研究室编：《毛泽东文集》第七卷，人民出版社 1999 年版，第 205 页。

范围和有关政策。党的十一届三中全会以后，党中央在新的历史条件下提出的文艺为人民服务、为社会主义服务的方向，是对毛泽东关于文艺为人民大众首先为工农兵服务思想的继承和发展。

（二）人民应成为文艺舞台的主角

把亿万人民群众当作文艺创作的主要表现对象是文艺的一项基本任务。这是由辩证唯物论和历史唯物论的科学世界观所决定的。马克思主义认为，历史活动是人民群众的事业，人民是历史的主宰。只有人民群众，才是创造世界历史的动力。但历来的剥削阶级竭力宣扬英雄创造历史的唯心史观，让剥削阶级的各种代表人物成为文艺创作的主要表现对象和歌颂对象，而创造了人类历史的人民群众却受到冷落和排斥，造成了历史的颠倒。这种不合理不公正的历史文化现象，在人民群众日益觉醒并自己主宰自己命运的无产阶级革命时代，当然不能允许再继续下去。毛泽东早在青少年时代，就对古典文艺作品中"从来没有一个农民做主人公"感到不满。在《讲话》中，他指出："对人民，这个人类世界历史的创造者，为什么不应该歌颂呢？"[1]后来，他又指出："历史是人民创造的，但在旧戏舞台上（在一切离开人民的旧文学旧艺术上）人民却成了渣滓，由老爷太太少爷小姐们统治着舞台，这种历史的颠倒，现在由你们再颠倒过来，恢复了历史的面目，从此旧剧开了新生面，所以值得庆贺。"[2]（1944年1月9日《致杨绍萱、齐燕铭》）《讲话》发表以来特别是新中国成立以后，我国的革命文艺和社会主义文艺运用各种形式，广泛反映了人民群众的斗争和生活，创造了以工农兵为主体的丰富多彩的人物形象，使人民真正成为文艺舞台的主人。把人民的斗争和生活作为主要表现对象，也是贯彻文艺为人民服务、为社会主义服务的具体体现。

（三）提高指导下的普及，普及基础上的提高

毛泽东在《讲话》中解决了文艺为什么人服务的根本问题之后，接着提出如何服务问题，其中包括文艺普及与提高问题。这是"五四"和"左

---

[1] 中共中央文献研究室编：《毛泽东文艺论集》，中央文献出版社2002年版，第78页。
[2] 同上书，第278页。

联"以来革命文艺运动一直未能解决的问题。后来在延安和各抗日根据地的文艺工作者中，依然不能正确地认识和解决这个问题。有些人不适当地强调提高，忽视或轻视普及，认为普及的东西"不过瘾"，要创作"真正的作品"一度出现关门提高的"演大戏"之风和"化大众"的论调。这就影响了革命文艺运动的深入开展，以致发生了脱离群众的偏向。文艺的提高是必要和应该强调的，但是片面孤立地强调提高，轻视和忽视普及，显然是不正确的。因为我们的文艺既然是为人民大众的，是为工农兵而创作，为工农兵所利用的，那么所谓普及，也就是向工农兵和人民大众普及。而"现在工农兵面前的问题，是他们正在和敌人作残酷的流血斗争，而他们由于长时期的封建阶级和资产阶级的统治，不识字、没文化，所以他们迫切要求一个普通的启蒙运动，迫切要求得到他们所急需的和容易接受的文化知识和文艺作品"。[1] "对于他们，第一步需要还不是'锦上添花'，而是'雪中送炭'。所以目前条件下，普及工作的任务更为迫切。轻视和忽视普及工作的态度是错误的。"[2] 明确了普及工作的必要性相迫切性，就有一个用什么东西去普及的问题。用什么东西向工农兵群众普及呢？当然，"只能用工农兵自己所需要、所便于接受的东西。"这包括内容和形式两个方面，内容必须是进步的、革命的，特别是表现人民群众火热斗争生活和美好情操的作品；在形式方面，则应该是生动活泼、多种多样和为中国老百姓所喜闻乐见的。毛泽东关于"向工农兵普及"的思想，在今天仍有其现实意义，我们的文艺依然需要多做"雪中送炭"方面的工作。

文艺的普及是问题的一个方面，工农兵群众不仅要求普及，同样也需要提高。"普及工作若是永远停止在一个水平上，一月两月三月，一年两年三年，总是一样的货色，一样的'小放牛'，一样的'人、手、口、刀、牛、羊'，那么，教育者和被教育者岂不都是半斤八两？这种普及工作还有什么意义呢？"[3] 所以，人民不仅迫切要求普及，而且要求逐年逐月地提高。

---

[1] 中共中央文献研究室编：《毛泽东文艺论集》，中央文献出版社 2002 年版，第 65 页。

[2] 同上。

[3] 同上。

同文艺的普及一样，提高的对象也是以工农兵为主体的广大人民群众。文艺的提高要有一个基础，"只能是从工农兵群众的基础上去提高。"① 我们所谓提高，必须按照无产阶级和人民大众的政治需要、审美需要，力求创作革命的政治内容和尽可能完美的艺术形式相统一的优秀作品，满足人民群众日益提高的审美要求，更好地为广大人民群众和现实斗争服务。

　　文艺的普及与提高既有区别，又有联系。普及的作品比较简单浅显，也比较容易为目前广大人民群众所迅速接受；高级的作品比较细致，因此也比较难于生产，并且往往比较难于在目前广大人民群众中迅速流传。但是，普及与提高不是互相分割的，而是相互依存的关系。普及的工作是一项长期而艰巨的任务，需要常抓不懈；但广大人民群众的文化水平是在普及中不断地提高着，"人民要求普及，跟着也就要求提高"。这种提高不是从空中提高，也不是脱离现实脱离群众的关门提高，而是在普及基础上的提高。这种提高为普及所决定，同时又给普及以指导。"所以，我们的提高，是在普及基础上的提高；我们的普及，是在提高指导下的普及。"② 这样的普及工作不但不妨碍提高，而是给目前的范围有限的提高工作以基础，也给将来的范围更广阔的提高工作准备必要的条件。这样的提高工作也才能更适应群众新的斗争需要和新的文艺普及工作的需要。普及与提高相互制约，相互促进，往复循环，而且每一循环又使普及和提高上升到一个新的台阶，推动文艺不断向前发展。

三、文艺源泉与文艺家的素养

（一）真知源于实践

　　毛泽东在《实践论》中曾指出，人类的生产活动是最基本的实践活动。物质生产活动之外，还有阶级斗争、政治生活、科学和艺术等其他形式的实践活动。人类这些丰富的实践活动是人的认识发展的基本来源。在《人的正确思想是从哪里来的？》一文里，他进一步指出："人的正确思想，只

---

① 中共中央文献研究室编：《毛泽东文艺论集》，中央文献出版社 2002 年版，第 66 页。
② 同上。

能从社会实践中来，只能从社会的生产斗争、阶级斗争和科学实验这三项实践中来。"这三项实践活动涵盖了极其广泛的社会生活内容和方式。人们在社会实践中从事各项斗争，有了丰富的经验，无数客观外界的现象通过人的眼、耳、鼻、舌、身这五个官能反映到自己的头脑中来，开始是感性认识。这种感性认识的材料积累多了，就会产生一个飞跃，变成了理性认识，这就是思想。这是人类认识世界的一个基本过程。一个正确的认识，往往需要经过由实践到认识，由认识到实践这样多次的反复，才能够完成。文艺创作是人类认识世界认识社会的基本手段和方式之一，只不过它不是单纯运用理性思维而主要是用形象思维的方式达到认识和改造世界的目的，但在认识来源和认识过程上，与一般的认识活动是一致的。

（二）社会生活是文艺的唯一源泉

毛泽东依据社会存在决定社会意识和能动的反映论原理，阐述文艺与社会生活的关系。毛泽东在《讲话》中指出："人民生活中本来存在着文学艺术原料的矿藏，这是自然形态的东西，是粗糙的东西，但也是最生动、最丰富、最基本的东西；在这点上说，它们使一切文学艺术相形见绌。它们是一切文学艺术的取之不尽、用之不竭的唯一源泉。这是唯一的源泉，此外不能有第二个源泉。"① 这里明确强调：社会生活不断发展，无比丰富，是永不枯竭的文艺源泉；文艺的源泉只有社会生活这一个，不会有第二个；文学艺术必须从"自然形态"的实际生活吸取营养与原料，才能进行加工，进行创作，才会不断繁荣和发展。社会生活是文学艺术唯一源泉的原理揭示了文艺创作和发展的普遍规律。从文艺的起源来看，人类童年时期的诗歌、绘画、音乐、舞蹈等原始形态的艺术，都是对原始人的劳动生活和生产斗争的反映。再从文艺的发展来看，历史上的一切优秀文艺作品，特别是那些具有巨大审美认识价值的史诗性作品，毫无例外都是在当时社会生活和历史条件下创出来的，都是对彼时彼地社会实际生活真实生动的反映。没有生活这个源泉，就不可能有文学艺术的产生和发展。完全脱离现

---

① 中共中央文献研究室编：《毛泽东文艺论集》，中央文献出版社2002年版，第63页。

实生活、超出于人世间的文艺家是没有的。生活虽然是文艺的唯一源泉，但它毕竟是"自然形态的东西，是粗糙的东西"，异常广阔和庞杂，并不是任何生活都可以成为文艺创作的材料，必须经过文艺家"头脑"的选择和加工创造，才能形成被称为"第二自然"的文艺作品。这就要求文艺家必须树立先进的世界观、审美观，正确地认识和反映生活，创造出符合历史前进和人民群众审美需要的优秀作品。

【案例】 李有源与音乐名作《东方红》

《东方红》是一首陕北民歌，是依照《骑白马》的曲调改编而成的歌曲，由李有源作词，李涣之编曲。李有源（1903—1955），出身于黄河畔陕北葭县（今佳县）的一个贫农家庭。在陕北这个民歌丰富的地方，李有源从小就听惯了民歌欢快的节奏和富有感染力的曲调，以及人们那向往美好生活的歌声，并在生产劳动中，又积累了丰富的阅历和经验。因此，李有源知道如何运用民歌形式去反映人们的生活、情感及对生活的美好愿望。他为了表达对毛主席和共产党的热爱，用陕北著名的民歌《骑白马》的优美曲调，改写成了《东方红》，使《东方红》这首不朽的传世之作一经从中国革命的老区——陕北传出，便在中国家喻户晓，并响彻了全世界。

20世纪30年代初，陕北的庄稼人在窑洞热烈地谈论着一个崭新的话题："红军快到咱们这儿了！""毛主席来到了陕北，咱们穷人这下有指望了。"亲眼看到了红军的李有源在自己的破窑洞中，心情更是不能平静。他想用民歌来歌颂这些奔赴抗日前线的人民军队，这些毛主席、共产党领导的救国救民的八路军！他天天想、夜夜想，连走路都哼着民歌调子。自己编了几首歌颂党、歌颂毛主席的歌，但是总感觉这些歌都没有能够深刻地反映出自己和人民对党对毛主席的无比热爱之情。一天走在路上，李有源忽然望见东方冉冉升起的太阳，他突然想到党和毛主席的英明伟大，不正像这东方升起的太阳吗？阳光普照大地，温暖着每个劳动人民的心房，引导人民永远向前进！想到这儿，他不由得笑起来。晚上，回到自己的窑洞，李有源在油灯下，终于用陕北著名的民歌《骑白马》的优美曲调，完成了

《东方红》。

1949 年 10 月 1 日，当毛泽东主席站在天安门城楼上，向全世界宣告"中华人民共和国中央人民政府成立了"的庄严时刻，奏响的背景音乐是《东方红》。1957 年，中央人民广播电台开始播放由编钟演奏的《东方红》。1966 年，中国第一颗人造卫星定名为"东方红一号"，1970 年 4 月 24 日晚 9 时 35 分，酒泉卫星发射中心，中国第一颗人造卫星"东方红一号"发射成功。13 分钟后，卫星从太空发回信号，而这信号就是人人皆知的《东方红》乐曲！

（三）要使半瓶醋变成一瓶醋

文艺创作是高层次的文化形态，文艺工作者不能不具备全面而深厚的文化知识素养。在《同音乐工作者的谈话》中，毛泽东指出："中国的和外国的，两边都要学好。半瓶醋是不行的，要使两个半瓶醋变成两个一瓶醋。"[①]早在延安整风时期，毛泽东就对知识分子中两个半瓶醋的现象，提出过尖锐批评，指出：不少人对于自己的历史一点不懂，或懂得甚少，特别重要的是对中国共产党的历史和鸦片战争以来的中国近百年史，真正懂得的很少。近百年的经济史，近百年的政治史，近百年的军事史，近百年的文化史，还没有认真动手去研究，另一方面，对于外国的先进文化，对于马克思列宁主义，也是知之甚少，于是剩下了少得可怜的从外国故纸堆中拣来的希腊和外国故事。中外文化历史知识贫乏，两个半瓶醋，就谈不上批判继承人类优秀文化遗产，谈不上把马列主义和一切科学原理同中国革命的实际相结合，也就谈不上创造前无古人的新文化、新艺术。有的人对民族文化了解多一些，对外国的东西了解肤浅，就容易产生妄自尊大、盲目排外或妄自菲薄的民族自卑心理。而如果了解外国甚多，对中国的昨天和今天的面目漆黑一团，则容易犯数典忘祖、言必称希腊的毛病，甚至还容易上教条主义和所谓全盘西化论者的当。只有把外国和中国的东西部学

---

① 中共中央文献研究室编：《毛泽东文艺论集》，中央文献出版社 2002 年版，第 154 页。

好学懂，把两个半瓶醋变成两个一瓶醋，才能做到心中有数、目光远大，善于鉴别、吸收和创造。中国现当代历史上的大学问家、大科学家、大文学家、大艺术家，没有一个是半瓶醋，大都学贯中西、兼通中外，就是明证。毛泽东认为，鲁迅对于外国的东西和中国的东西都懂，所以他的创作达到了时代的高峰。

四、文艺的基本特质

（一）文艺的真

"真"是文艺的固有属性之一，指文艺作品运用艺术形象反映生活本质所达到的正确程度。毛泽东认为，艺术的真实来自生活真实，又不同于生活的真实。生活的真实是艺术真实的源泉，它具有直观性、丰富性和生动性的特征，但同时又常常是粗糙的、零碎的、表面的生活现象，因而不能完整集中地反映生活本质的真实。艺术真实是文艺家按照典型化的原则进行"创造性的劳动"，把真实的生活现象加以集中、概括和提炼，从而达到更高级更强烈更富有典型意义的真实。毛泽东充分肯定艺术真实的审美认识功能和教育意义，认为它"能使人民群众惊醒起来，振奋起来，推动人民群众走向团结和斗争，实行改造自己的环境"[①]。并且强调："如果没有这样的文艺，那么这个任务就不能完成，或者不能有力地迅速地完成。"[②] 如同马克思、恩格斯、列宁经常从优秀文艺作品中汲取丰富的思想材料一样，毛泽东也常常运用鲁迅作品和古典文学作品中蕴含深刻的生活真理的典型形象、优美诗句、故事等，生动形象地阐明深奥的革命道理。毛泽东认为优秀文艺作品甚至比"御断"的"正史"更能准确地揭示社会的本质真实。他因此把《红楼梦》当作历史来读，并号召党的各级领导干部读点小说史。他还曾和别人一起讨论南宋初年的投降政策，认为主和的责任不全在秦桧，幕后是宋高宗，秦桧不过执行皇帝的旨意。他以几首诗词为证说："文徵明的《满江红》，'慨当初，倚飞何重，后来何酷！岂是功成身合死，可

---

① 中共中央文献研究室编：《毛泽东文艺论集》，中央文献出版社2002年版，第64页。
② 同上。

怜事去言难赎'，如同丘浚的《沁园春》所说：'何须把长城自坏，柱石潜摧。'"又评论道：这一点连赵构自己也承认了的，他说讲和之策，断自朕志，秦桧但能赞朕而已。"后来的史家是为'圣君讳耳'，并非文徵明（在诗中）独排众议。"[①]这同马克思对莎剧和狄更斯等人小说、恩格斯对巴尔扎克《人间喜剧》中所揭示生活真理的高度评价一样，表明毛泽东对文艺真实性特质特别看重。

（二）文艺的美

它是文艺家在生活的基础上，按照美的规律进行创造性劳动的产物。毛泽东认为，文艺作品的美源于生活，但高于生活的美。在《讲话》中，他在提出社会生活是文艺的唯一源泉之后，紧接着指出，虽然社会生活有不可比拟的生动丰富的内容，它们使一切的文学艺术相形见绌，"但是人民还是不满足于前者而要求后者"。因为艺术美还有高于生活美的一面，这集中体现于他提出的六个"更"字。第一，更强烈。文艺作品不是现实美的刻板的复制，而是运用整个心灵和全部心血重铸生活，将创作主体强烈的爱憎情感注入艺术形象，使之转化为艺术美，从而具有比生活本身更加强烈的审美感染力和动情力。第二，更有集中性。指文艺作品可以把分散、零碎的生活现象集中起来，使其中的矛盾和斗争典型化。初版《讲话》说，活的列宁一天到晚要做的事情太多，还要做许多完全和旁人一样的事情。在这方面，小说戏剧电影里的列宁比活的列宁强。就说明这一点。第三，更典型。指艺术形象比现实美更加鲜明生动和富有普遍意义。第四，更理想。文艺家在创作中，总是根据自己的社会理想和美学理想去反映现实，突破时间和空间的限制，弥补现实美的不足，使艺术形纳作品更趋完美动人。第五，更带普遍性。指艺术美比普通的实际生活更能揭示社会的本质特征和发展趋势。最后，更高，是对以上五个"更"字的概括和总结。正因为艺术美高于生活美，所以它能够反过来影响生活，促进变革现实的斗争。

[①]　陈晋：《诗家的识见》，《文艺评论》1991 年第 5 期。

（三）真善美的结合

真、善、美是三种既相互联系又相互区别的客观存在。由于人们对真、善、美三者相互关系的理解不同，遂演化出各种不同的美学派别和主张。真、善、美是分别用理智、伦理和审美三种不同方式对客观存在的把握，但同时它们又是同一客观对象的密不可分地联系在一起的三个方面。毛泽东历来倡导和追求真、善、美三者合一的美学境界。在《讲话》中，他提倡文艺的倾向性和真实性的统一，又要求革命的政治内容与尽可能完美的艺术形式的统一，反对任何将真善美三者割裂开来和简单地等同起来的倾向。毛泽东还充分注意到真、善、美与假、恶、丑的关系问题，运用辩证法的对立统一原理，科学地揭示真与假、善与恶、美与丑相斗争而发展的规律。他在《关于正确处理人民内部矛盾的问题》中指出："真的、善的、美的东西总是在同假的、恶的、丑的东西相比较而存在，相斗争而发展的。"[1] 在《在中国共产党全国宣传工作会议上的讲话》中又指出："人们历来不是讲真善美吗？真善美的反面是假恶丑。没有假恶丑就没有真善美。"[2] "它们之间的关系都是对立的统一，对立的斗争。有比较才能鉴别。有鉴别，有斗争，才能发展"[3]。这说明：第一，真善美与假恶丑的对立统一从来就有，不是孤立存在的。第二，美与丑相比较、鉴别、斗争、发展，是文学艺术和文学历史发展的客观规律。第三，美与丑作为客观现实彼此对立的方面，双方互为存在的条件，分别代表现实对象对实践的肯定和否定的方面。它与真假、善恶的矛盾斗争相同，随着社会实践的发展，通过矛盾斗争而在一定条件下向着各自的对立面转化。美丑对立和斗争，在人类不同的历史发展阶段有着不同的内涵和特点，并且具有异常复杂多样的形态。这一论断，不仅同以丑为美的观点划清了界限，而且为文学艺术的创造和发展开拓了广阔的视域。

---

① 中共中央文献研究室编：《毛泽东文集》第七卷，人民出版社 1999 年版，第 230 页。

② 同上书，第 280 页。

③ 同上。

五、文艺的继承与发展

（一）新陈代谢是宇宙的规律

"新陈代谢"是毛泽东根据事物发展变化决定于其内部矛盾性的原理，提出的观点。他在《矛盾论》中指出，新陈代谢是宇宙间普遍的永远不可抵抗的规律。依事物本身的性质和条件，经过不同的飞跃形式，一事物转化为他事物，就是新陈代谢的过程。任何事物的内部都有其新旧两个方面的矛盾，形成一系列的曲折的斗争。斗争的结果是：新的方面由小变大，上升为支配的东西；旧的方面则由大变小，变成逐步归于灭亡的东西。而当新的方面对于旧的方面取得支配地位的时候，旧事物的性质就变化为新事物的性质。由此可见，事物的性质主要地是由取得支配地位的矛盾的主要方面所规定的。取得支配地位的矛盾的主要方面起了变化，事物的性质也就随着起变化。在社会主义革命和建设时期，他又指出，在有阶级存在的社会内，阶级斗争不会完结。在无阶级存在的社会内，新与旧、正确与错误之间的斗争永远不会完结。在生产斗争和科学实验范围内，人类总是不断发展的，自然界也总是不断发展的，永远不会停止在一个水平上。这些论述深刻揭示了新陈代谢和事物发展的客观规律性。文化艺术是一定社会的政治和经济在观念形态上的反映。无产阶级在反对旧制度、旧经济及其残余的同时，必然要求在同旧思想旧文化的斗争中建立和发展新思想新文化。新陈代谢是文学艺术发展的根本规律。

（二）古为今用，洋为中用

"古为今用，洋为中国"是毛泽东提出的对待中外文艺遗产的基本方针，出自 1964 年 9 月 27 日一封《对中央音乐学院的意见》的批示。早在1956 年，毛泽东在《同音乐工作者的谈话》中就曾指出："向古人学习是为了现在的活人，向外国人学习是为了今天的中国人。"强调批判继承和借鉴遗产必须立足于"今"和"中"，必须根据当今中国人民的利益和要求、根据建设和发展社会主义文艺的实际需要，有的放矢地有选择有批判地学习与吸收。这一方针的提出，体现了无产阶级在对待文艺遗产上的革命现实主义态度。这个革命的现实主义是以最广大的人民群众的目前利益和长远利益的统一为基本特征的。面对庞杂的中外文艺遗产，必须从我国革命和建设的实际需要出发，确定批判继承和借鉴的方向、内容。从纵的方面看，今天的文艺是由过去的文艺发展而来的，但社会主义文艺又是一种不同于过去任何时代的崭新的文艺。因而必须认真研究古代文艺的优劣得失，有所批判，有所挑选，有所继承，从而有利于表现新的时代生活，创造社会主义的新文艺。从横的方面看，各民族文艺不是孤立发展，而是互相影响和渗透的，这在改革开放、各国之间相互往来和交流日益增多的今天更是这样。但外国文艺是他民族特有的社会背景和文化传统的产物，接受外来文艺的影响，不仅要注意从本民族的历史发展和文艺发展的需要出发，"拿它好的"、批判地吸收其"有用的成分"，摒弃其不好的、有害的，还要将外来的东西与本民族的文艺传统结合起来，使之民族化。正如周恩来所指出的，"我们应该古今中外一切精华皆为我用"，广泛地吸收一切先进的文艺经验，为丰富和促进我国的社会主义文艺服务，为满足人民群众的审美需要服务，并在此基础上争取对世界文艺的发展作出应有的贡献。

（三）百花齐放，百家争鸣

"百花齐放，百家争鸣"是繁荣发展中国社会主义科学、文化和文学艺术事业的一项长期的基本的方针，或称"双百方针"。毛泽东在1956年5月2日最高国务会议上首次提出，后在《在省市自治区党委书记会议上的讲话》《关于正确处理人民内部矛盾的问题》和《在中国共产党全国宣传工作会议上的讲话》等著作中，多次提及和进一步阐述。它是毛泽东在科学地总结了中国和国际共产主义运动的历史经验，根据对立统一规律和意识形态领域斗争的特点，根据中国生产资料所有制的社会主义改造基本完成后仍然存在着各种矛盾，以及迅速发展经济与文化的迫切要求而提出的。"百花齐放是一种发展艺术的方法，百家争鸣是一种发展科学的方法。"（《在中国共产党全国宣传工作会议上的讲话》）艺术上不同的形式和风格可以自由发展，科学上不同的学派可以自由争论。艺术和科学中的是非问题，应当通过艺术界科学界的自由讨论去解决，通过艺术和科学的实践去解决，而不应当轻率地作结论，不应当采取简单的行政命令的方法去解决。实践证明，正确理解和认真贯彻执行这一方针，我国的文学艺术乃至整个科学文化事业就会迅速出现繁荣昌盛的局面。反之，科学和艺术就很难得到发展。"文化大革命"中，"四人帮"顽固推行法西斯文化专制主义，粗暴地篡改和扼杀了"双百"方针，从而严重摧残了科学和文学艺术。对此，毛泽东曾严厉批评"百花齐放没有了"，指示"必须调整党的文艺政策"。党的十一届三中全会以后，"双百"方针得以重新肯定和贯彻落实。

六、文艺的民族形式和民族风格

（一）文艺的民族保守性较强

这是毛泽东 1956 年在《同音乐工作者的谈话》中，提出的重要观点。他指出："艺术离不了人民的习惯、感情以至语言，离不了民族的历史发展。艺术的民族保守性比较强一些，甚至可以保持几千年。古代的艺术，后人还是喜欢它。"[1] 文艺的民族保守性或民族性，也就是它的稳定性、延续性。而稳定的文艺民族性又是由民族的稳定性所决定。同处于一个民族大家庭中的人们，由于世代传承，养成大体相同的民族心理、民族气质、民族风尚，甚至审美意识和情感等精神文化素质。作为自己民族精神和文化代表的作家艺术家，总是自觉不自觉地按照自己民族的感觉方式、思维方式和审美眼光从事文艺创作，并对后世的文学艺术产生深远影响。因此，一个在历史上形成的"有共同语言、共同地域、共同经济生活以及表现于共同文化上的共同心理素质的稳定的共同体"[2] 的文化艺术，就不能不打上深刻民族印记，显示出与其他民族迥然不同的特殊的内容、风格和表现形式。数千年来，特别是近半个世纪以来，我国的社会已发生翻天覆地的大变化，但文艺上的"中国风"与"西洋风"的区别仍然非常显著，中国文艺的基本特征没有变。只要构成民族特征的基因没有消失，只要民族共同体的存在依然是普遍现实，文艺民族性的存在就仍然不以人的主观意志为

---

① 中共中央文献研究室编：《毛泽东文艺论集》，中央文献出版社 2002 年版，第 147 页。
② 《斯大林全集》第 2 卷，人民出版社 1953 年版，第 294 页。

转移。文艺民族保守性不是至死不变的东西，而是随着历史文化潮流的发展变化不断丰富、发展和提高的："作为中国人，不提倡中国的民族音乐是不行的。但是军乐队总不能用唢呐、胡琴，这等于我们军装，还是穿现在这种样式的，总不能把那种胸前背后写着'勇'字的褂子穿起。"①承认民族保守性，也不是主张在艺术上搞闭关锁国，拒绝吸收和借鉴外国的优秀文化。毛泽东指出："我们接受外国的长处，会使我们自己的东西有一个跃进"。"应该学习外国的长处，来整理中国的，创造出中国自己的，有独特的民族风格的东西。"②我们的文艺家应当在继承中国优秀文艺传统和借鉴世界进步文艺思潮的基础上，适应时代前进和社会主义现代化建设的需要，创造出富有中国特色的社会主义新文学、新艺术。

（二）"学外国织帽子的方法，要织中国的帽子"

毛泽东提出的文艺民族化的一种方式。他在《同音乐工作者的谈话》中指出，在艺术形式上学习外国的经验，一定要"以中国艺术为基础"，"以自己的东西为主"，而且"应该越搞越中国化，而不是越搞越洋化"。这就是说，学习和借鉴外国不是反客为主，彼来俘我，而是将被俘来，以我为主，为我所用，丰富我们反映生活的手段和能力，创造民族化的社会主义新文艺，满足中国人民的审美需要。毛泽东还打了一个生动的比喻："学外国织帽子的方法，要织中国的帽子。"如果织出来的帽子不适合中国人戴，不受中国人的欢迎，也就从根本上违背了学习外国的初衷。所以，他强调指出："要向外国学习，学来创作中国的东西。""外国有用的东西，都要学到，用来改进和发扬中国的东西，创造中国独特的新东西。"这里关键是一个"创"字。创造，就不是机械模仿，生搬硬套；创造，就不是学与用分裂，而是学用一致，学以致用；创造，就是要采用外国的先进方面，来弥补我国文化上的不足，并根据中国的国情和审美需要，建设和发展有中国特色的社会主义文艺，为世界文艺的发展作出应有的贡献。否则，学习外国织帽子的方法，织出来的帽子只适合洋人戴，跟在洋人屁股后边亦

---

① 中共中央文献研究室编：《毛泽东文艺论集》，中央文献出版社2002年版，第147—148页。
② 同上书，第154—155页。

步亦趋,"乃是最没有出息的最害人的文学教条主义和艺术教条主义"。

（三）戏剧形式和流派要多样化

文艺的多样化是由创作对象、创作个性和审美需要的多样化所决定的。毛泽东对艺术多样化的规律,进行了科学的概括和总结,不仅制定了"百花齐放,推陈出新""百花齐放,百家争鸣"的方针,而且提出了不少具体要求。他反对利用行政手段强制推行一种风格、一种学派,禁止另一种风格、另一种学派,认为强行干预艺术生产是违背艺术规律和不利于艺术发展的。他认为应当创造良好的社会条件,保证不同的艺术形式、风格流派的自由竞赛和自由发展。在艰苦的战争年代,毛泽东指出不但要有话剧,而且要有秦腔和秧歌。不但要有新秦腔、新秧歌,而且要利用旧戏班,利用在秧歌队总数中占百分之九十的旧秧歌队,逐步地加以改造。艺术多样化的提法,为丰富和繁荣社会主义文艺、满足人民群众多方面的日益提高的审美需要,指明了一条正确的途径。

七、文艺批评

（一）政治标准和艺术标准的统一

文艺批评作为文艺的一部分,通过对文艺现象（作品、作家、流派、思潮、文艺运动等）的分析、研究,而评价其表现出来的社会生活、社会思想、艺术观点及艺术水平等。文艺批评的核心和根本是文艺批评的标准。对于文艺批评有没有标准呢?"五四"以来,文艺界存在比较大的争论,有人主张文艺批评无标准,20世纪30年代出现"第三种人""自由人",嘲笑左翼批评是"用一个一定的圈子向作品上套,合就好,不合就坏"。鲁迅驳斥他们说:"我们曾经在文艺批评史上见过没有一定圈子的批评家吗?都有的,或者是美的圈,或者是真实的圈,或者是前进的圈。没有一定的圈子的批评家,那才是怪汉子呢……他须有一定的圈子。我们不能责备他有圈子,我们只能批评他这圈子对不对。"[①] 鲁迅的见解是深刻的,文艺批评

---

① 鲁迅:《鲁迅全集》第五卷,花城出版社 2021 年版,第 367 页。

没有所谓"无标准"。标准可以有很多，但是标准有正确和错误之分。马克思主义明确肯定文艺批评有一定标准这一不容否认的事实。毛泽东将文艺批评标准划分为两个，即艺术标准与政治标准。毛泽东指出，文艺批评是文艺界的主要斗争方法之一。"文艺批评有两个标准，一个是政治标准，一个是艺术标准。"毛泽东认为，这二者关系应该是政治标准第一，艺术标准第二。毛泽东认为政治标准和艺术标准，虽然存在着第一位和第二位之别，但二者却是一种内容和形式的统一，也就是完美的艺术形式与革命的政治内容的统一。如果将二者相割裂，就会出现两种倾向。一种是政治上反动但是有"某种艺术性"的东西，例如《野玫瑰》利用了戏剧的艺术形式，《秦雪梅吊孝》利用了群众便于接受的说唱艺术形式，《二十四孝图》当中有不少违反人性的东西（如郭巨埋儿）但利用了绘画的艺术形式，这些内容反动的作品借助一定的艺术形式毒害了民众；另一种则是"只有正确的政治观点而没有艺术力量的所谓'标语口号式'的倾向"。因此，毛泽东提出"我们应该进行文艺问题上两条战线斗争"，文艺作品尽可能完美的艺术形式，达到政治和艺术、内容和形式上的统一。

（二）评《三国演义》

《三国演义》是一部描写汉末魏、蜀、吴三国鼎立到晋朝统一的过程的长篇历史小说。早在少年时代，毛泽东就对贯穿其中的英雄史观提出了质疑，后来又指出它的作者继承朱熹的传统，宣扬扬刘抑曹、蜀汉正统的正统观念，但这并不妨碍毛泽东对它的偏爱和欣赏。毛泽东读《三国演义》，依然贯彻他把古典小说当历史读的原则，立足于从作品所描绘的波澜壮阔、惊心动魄、错综复杂的种种矛盾斗争中，汲取经验、方法和智慧，运用于领导中国革命的实际斗争。中央苏区时期，曾有人嘲讽毛泽东的军事路线是"把古代的《三国演义》无条件地当作现代战术"。这显然是一种歪曲，但也从一个侧面说明毛泽东在统帅和指挥人民军队打败国内外强敌的伟大斗争中，确曾灵活和成功地运用了古代的战争经验。但他认为，读《三国演义》，不单要看它对战争、外交的描写，还要看它对组织方面的描写。他说，北方人——刘备、关羽、张飞、赵云、诸葛亮，组织了一个班子南下到了四川，同"地方干部"一起建立了一个很好的根据地。又说，《三国演义》里有三个国家，每个国家都有知识分子，有高级的，也有普通的。那些穿八卦衣的，或像诸葛亮那样拿鹅毛扇的就是知识分子。没有这些知识分子就不行。在谈到要重视选拔和培养青年干部时，毛泽东说，《三国演义》中曹操率大军下江南，攻打东吴。那时周瑜是个"共青团员"，当东吴的统帅，程普等老将不服，后来说服了，还是由他当，结果打了胜仗。现在要周瑜当团中央委员，大家就不赞成。这行吗？他用这个历史故事，教育今天提拔干部不能论资排辈，讲得深入浅出，令人口服心服。《三国演义》的作者从皇权正统思想出发，把曹操写成"汉贼""奸雄"，这不完全符合历史的本来面目。毛泽东在谈到翦伯赞关于曹操的一篇文章时说：曹操结束汉末豪族混战的局面，恢复了黄河两岸的广大平原，为后来的西晋统一铺平了道路。以历史唯物主义的世界观，明辨是非，肯定了曹操的雄才大略和历史功绩。

（三）伟大的鲁迅精神

这是毛泽东于 1937 年 10 月 19 日在陕北公学纪念鲁迅逝世周年大会上的讲话（《论鲁迅》）中首先提出的。毛泽东指出：第一，鲁迅的政治远见。鲁迅用显微镜和望远镜观察社会，所以看得远，看得真。第二，鲁迅的斗争精神。鲁迅一贯不屈不挠地与封建势力和帝国主义做坚决斗争。在敌人压迫他、摧残他的恶劣环境里，他挣扎着，反抗着，充满了艰苦斗争的精神。在他的晚年，更站在无产阶级与民族解放的立场，为真理与自由而斗争。他在黑暗与暴力的进袭中，是一枝独立支持的大树，不是向两旁偏倒的小草。他看清了政治的方向，就向着一个目标奋勇地斗争下去，决不中途投降妥协。第三，他的牺牲精神。他一点也不畏惧敌人对他的威胁、利诱与残害，他一点也不避锋芒，把钢刀一样的笔刺向他所憎恨的一切。他往往是站在战士的血迹中坚韧地反抗着、呼啸着前进。鲁迅是一个彻底的现实主义者，他丝毫不妥协，他具备了坚决的心。毛泽东认为，综合了上述这几个条件，形成了一种伟大"鲁迅精神"。这一概括是完全符合鲁迅的实际的。鲁迅一生的著作和斗争都体现了这种精神。毛泽东对鲁迅精神的高度概括不仅是正确和科学的，而且符合当时的斗争和时代发展的要求。毛泽东号召，我们纪念鲁迅就要学习鲁迅的精神，把这种精神带到全国各地的抗战队伍中去，造就一大批具有"鲁迅精神"的先进分子。这些人应该具有政治远见、斗争精神和牺牲精神。这些人是胸怀坦白、忠诚、积极与正直的。这些人不谋私利，唯一地为着民族与社会的解放。这些人不怕困难，在困难面前总是坚定的、勇敢向前的。这些人不是狂妄分子，也不是风头主义者，而是脚踏实地富有实际精神的人们。有了这样一大批先进分子，必然大大有助于中华民族的独立和中国人民彻底翻身解放的伟大事业。

第三节　毛泽东文艺思想的主要特征和当代价值

毛泽东文艺思想是以马克思文艺理论为指导、与中国革命和建设具体实践相结合的产物。因此，毛泽东文艺思想具有自己的特征。毛泽东文艺思想是我们党的宝贵的精神财富，是文艺界的宝贵的精神财富，它培育了我国一代又一代的文艺工作者，我们应该充分肯定他在我国革命和建设中的巨大作用。在新的形势下，世情、国情、党情不断发生变化，但是毛泽东文艺思想仍然是指引当代文艺工作的理论基础和行动指南。

一、毛泽东文艺思想的主要特征

（一）理论性与实践性相统一

毛泽东文艺思想是在马克思主义文艺理论指导之下产生于中国革命和建设的具体实践当中的，因此理论与实践相统一是毛泽东文艺思想的鲜明特征。毛泽东一贯提倡理论与实践相统一，即知与行的结合。毛泽东文艺思想从整体上就体现了文艺理论与文艺实践相结合的特征。毛泽东文艺思想来源于实践，即毛泽东文艺思想是毛泽东领导中国人民在反抗帝国主义、封建主义的斗争中，在争取民族解放的过程中形成，并伴随着社会主义文艺的发展而发展。革命和建设的实践是毛泽东文艺理论形成的肥沃土壤。

毛泽东文艺理论的许多观点都是在具体的革命和建设实践中形成并发展起来的。比如，文艺批评的政治标准和艺术标准理论，文艺为工农兵服务的理论观点，百花齐放、百家争鸣的文艺方针，等等。毛泽东文艺思想的实践性还指理论指导具体的文艺实践。毛泽东文艺思想一经形成，就成为文艺领域的指导思想并具体指导文艺的创作实践，在毛泽东文艺思想指导下，中国的革命和建设时期都曾涌现大批的文艺精品。毛泽东文艺理论同时在实践中接受着检验，得到丰富和进一步发展。在毛泽东文艺思想的具体观点上，同样体现出文艺理论和文艺实践在具体上的统一。比如，毛泽东提出文艺服务于人民、服务于工农兵的思想，就是从当时延安时期文艺工作的现状分析入手，指出部分文艺工作者存在的问题，强调文艺要服务于工农兵、服务于人民。总体来看，毛泽东正是从文艺具体实际出发，在总结文艺实践经验中做出科学的理论概括，并将之指导具体文艺实践，从而实现了文艺理论与文艺实践的统一。

（二）文艺的人民性

文艺为什么人的问题是文艺的核心问题。毛泽东根据人民群众创造了历史的唯物史观，继承性地提出文艺是服务于人民群众的。文艺的人民性，既是马克思主义文艺理论的基本观点，也是毛泽东文艺理论的突出特点。列宁在《党的组织和党的出版物》中指出："这将是自由的写作，因为它不是为饱食终日的贵妇人服务，不是为百无聊赖、胖得发愁的'一万个上层分子'服务，而是为千千万万劳动人民，为这些国家的精华、国家的力量、国家的未来服务。"[1]列宁还说："艺术是属于人民的。它必须在广大劳动群众的底层有其最深厚的根基。"[2]毛泽东指出："为什么人的问题，是一个根本的问题，原则的问题。"毛泽东明确提出文艺要为广大的人民大众服务。为了达到文艺为人民服务的目的，毛泽东号召新文艺家来到延安必须"到工农兵中去，到火热的斗争中去，到唯一的最广大最丰富的源泉中去，观察、体验、研究、分析一切人，一切阶级，一切群众，一切生动的生活形

---

① 《列宁全集》第一卷，人民出版社 1995 年版，第 666 页。

② 《列宁论文学与艺术》，人民文学出版社 1960 年版，第 912 页。

式和斗争形式，一切文学和艺术的原始材料"①。毛泽东批评了有些文艺工作者认为自己"英雄无用武之地"，主要是因为他们没有坚持"从群众中来，到群众中去"的工作方法，"脱离群众、生活空虚"，"不熟悉工人，不熟悉农民，不熟悉士兵，也不熟悉他们的干部"，沦为鲁迅在其遗嘱里谆谆嘱咐他的儿子不可做的那种"空头文学家，或空头艺术家"。文艺为人民服务决定了新民主主义和社会主义文艺的基本性质。毛泽东提出新民主主义文化的基本纲领是科学的、大众的、民族的，后来我们国家将社会主义文化定位在服务于人民群众、服务于社会主义等，都是文艺人民性的直接体现。

（三）文艺的民族性

"艺术的基本原理有其共同性，但表现形式要多样化，要有民族形式和民族风格"②，毛泽东在承认世界艺术具有共同性的基础上，强调了艺术的特殊性即艺术的民族性。毛泽东说："艺术有形式问题，有民族形式问题。艺术离不了人民的习惯、感情以至语言，离不了民族的历史发展。艺术的民族保守性比较强一些，甚至可以保持几千年。古代的艺术……后人还是喜欢它。"③那么，具体该如何对待本民族的文艺呢？首先，纵观近代以来的中国历史，民族文艺是与国家的独立和尊严紧密联结在一起的。如果没有民族独立和尊严，民族文艺根本无从谈起。为了实现民族独立，从魏源提出"师夷之长技以制夷"，到洋务运动的"中体西用"，再到戊戌变法、辛亥革命试图进行社会制度变革，先进的中国人对西方文化的学习，就是以赢得民族独立和民族尊严为出发点的。因此，在毛泽东的文艺思想中，反帝应是中国新文艺的重要内容；民族性应是中国新文艺的根本形式。这种民族性体现在它是反对帝国主义压迫、主张中华民族尊严和独立上。主张民族尊严与独立的文艺，就成为激励民族奋进的号角和凝聚民族精神的火炬，是广大人民群众最为急需和最愿意接受的。其次，民族文艺要以中国的传统文化为依托，文艺作品要体现民族的特点。鸦片战争以来，西方文

---

① 中共中央文献研究室编：《毛泽东文艺论集》，中央文献出版社 2002 年版，第 64 页。

② 同上书，第 146 页。

③ 同上书，第 147 页。

化随殖民侵略呼啸而至，冲击着原本占据主导的传统文化。在这样的大背景下，该如何取长补短，创造本民族的文化，每一位中国人都必须进行思考与抉择。毛泽东作为时代巨人，在《新民主主义论》一文中，对中国文化正确发展方向作出了选择，他说，中国新文化应该是"我们这个民族的，带有我们民族的特性"①，"为中国老百姓所喜闻乐见的中国作风和中国气派"②。从中我们可得出，只有适合中国民族的实际和特点的文艺，才能为中国人民大众所理解和接受，才能成为扎根于中华大地而生长繁茂的新文艺。当然，坚守文化的民族性绝不意味着闭关自守和盲目排外，对于西方外来文艺采取"拿来主义"，"应该学习外国的长处"，要从方法论上"向外国学习科学的原理"，"洋为中用"，反对"教条主义"和"生吞活剥"地学习外国，经过批判的吸收与利用，最后创造具有我们民族特点的新文艺。为此，毛泽东在《反对党八股》一文中批评"把国际主义的内容和民族形式分离起来，是一点也不懂国际主义的人们的做法"③，认为中国文化应"同一切别的民族的社会主义文化和新民主主义文化相联合，建立起互相吸收和互相发展关系，共同形成世界新文化"④。他主张"要多多吸收外国的新鲜东西，不但要吸收他们的进步道理，而且还要吸收他们的新鲜用语"。毛泽东主张文艺要有民族形式，文艺的民族化是一个民族化与现代化的双向选择过程，是要使外国的东西变成民族的本土的，使中国传统的变成现代的，其最终目的是为了文艺现代化。

【案例】 中国第一部民族歌剧《白毛女》

1942年5月23日，延安文艺座谈会圆满结束，毛泽东《在延安文艺座谈会上的讲话》为革命文艺工作者指明了方向。在《讲话》精神的指导下，革命文艺工作者坚持为人民大众、为工农兵服务的方向，深入农村、工厂、

---

① 中共中央文献研究室编：《毛泽东文艺论集》，中央文献出版社2002年版，第41页。
② 《毛泽东选集》第二卷，人民出版社1991年版，第534页。
③ 同上。
④ 同上书，第538页。

部队，开展了大规模群众性文艺活动，创作出一大批广大群众喜闻乐见的优秀文艺作品，延安乃至解放区文艺园地出现了百花争妍的新局面。在这些作品中，我国民族歌剧的开山之作、大型新歌剧《白毛女》，成为《讲话》精神孕育出的一颗尤为璀璨的明珠。《白毛女》是1945年由延安鲁艺的艺术家们集体创作的，采用中国北方民间音乐曲调，吸收了戏曲音乐及其表现手法，并借鉴西洋歌剧的创作经验，是在新秧歌运动基础上发展起来的中国第一部大型新歌剧。这部具有深刻现实感，又充满理想主义色彩的歌剧，被公认为那个时代崭新艺术的典范和代表。郭沫若曾高度赞扬这部歌剧，认为中国的封建悲剧串演了两千多年，随着《白毛女》的演出，也的确快到封建社会闭幕、把"鬼变成人"的时候了。茅盾曾撰文称："我们毫不迟疑称扬《白毛女》是中国第一部歌剧，我以为这比中国的旧戏更有资格承受这一名称——中国式歌剧。"

歌剧《白毛女》故事情节起源于晋察冀边区白毛仙姑的民间传说，又根据当时革命斗争的现实进行了提炼和加工。主要情节是：恶霸地主黄世仁逼死了善良老实的佃户杨白劳，抢走了他的女儿喜儿并奸污了她，最后又逼得她逃进深山。喜儿怀着强烈的复仇意志顽强地活下来了，因缺少阳光与盐，全身毛发变白，被附近村民称为"白毛仙姑"。八路军解放了这里，领导农民斗倒了黄世仁，又从深山中搭救出喜儿。喜儿获得了彻底的翻身，开始了新生活。全剧通过喜儿的遭遇，深刻地表达了"旧社会把人逼成'鬼'，新社会把'鬼'变成人"的主题思想，真实地反映出半殖民地半封建社会农村中贫苦农民与地主阶级的矛盾，证明了只有共产党领导的人民革命，才能砸碎封建枷锁，使喜儿及与喜儿有着共同命运的千千万万农民得到解放。

《白毛女》是诗、歌、舞三者融合的民族新歌剧。第一，歌剧情节结构，吸取民族传统戏曲的分场方法，场景变换多样灵活。第二，歌剧的语言继承了中国戏曲的唱白兼用的优良传统，既有节奏韵律，富有音乐性，又要深刻地表达人物的思想感情。《白毛女》的对白是提炼过的大众化口语，自然、淳朴，常使用民间谚语、俗语或歇后语。歌词凝练、深刻，一般采用传统戏曲唱段中句句押韵的方式，音韵和谐、铿锵，琅琅上口；同时学习了民歌和传统戏曲中抒情写意的方式，大量使用比兴、对偶、排比、比喻等修辞手段，增强了语言的表现力。第三，歌剧的音乐，以北方民歌和传统戏曲音乐为素材，并加以发挥创造。《白毛女》采取了河北、山西、陕西等地的民歌和地方戏的曲调，加以改编和创作：用河北民歌《青阳传》的欢快曲调所谱写的"北风吹，雪花飘"来表现喜儿的天真和期待；用深沉、低昂的山西民歌《拣麦根》的曲调塑造杨白劳的音乐形象；用河北民歌《小白菜》来表现喜儿在黄家受黄母压迫时的压抑情绪；用高亢激越的山西梆子音乐突现喜儿的不屈和渴望复仇的心情；等等。这些艺术处理都是在民间音乐的土壤上生出的永恒旋律，又借鉴、吸收了西洋歌剧注重表现人物性格的处理方法，塑造了各有特色的音乐形象，使之具有了独特的民族风味。第四，歌剧的表演，学习了中国传统戏曲的表演手段，适当注意舞蹈身段和念白韵律，同时，又学习了话剧台词的念法，既优美又自然，接近生活。

《白毛女》是我国歌剧史上第一部里程碑式的作品，它是中国民族歌剧成熟的标志和发展的奠基石。它的成功演出在我国近现代音乐史上具有承前启后的重要意义，并为我国歌剧创作的发展开辟了一个新的阶段。这部作品不仅对中国歌剧和其他艺术形式的创作产生过广泛影响，而且对它后来的创作也具有重要意义。它在艺术上最突出的特点是富有浓郁的民族色彩。它以中国革命为题材，表现了中国农村复杂的斗争生活，反映了民族的风俗、习惯、性格、品德、心理、精神风貌等。同时，它继承了民间歌舞的传统，借鉴了我国古典戏曲和西洋歌剧，在秧歌剧基础上，创造了新的民族形式，为民族新歌剧的建设开辟了一条富有生命力的道路。

二、毛泽东文艺思想的当代价值

毛泽东文艺思想作为新民主主义革命和社会主义建设初期的党的文艺的指导思想，培育我国一代又一代的文艺工作者，毛泽东文艺思想指导下涌现的优秀文艺作品在我国革命和建设中发挥了巨大作用。改革开放后，在文艺界内部出现了对毛泽东文艺思想质疑甚至全盘否定的言论，说什么"党管了文艺，文艺就没有希望"，"文艺就是文艺，为什么一定要为什么服务"，毛泽东文艺思想"过时了"……针对以上质疑，甚至否定毛泽东文艺思想的错误言论，需要我们梳理毛泽东文艺思想在当代的重要价值进行回应。毛泽东文艺思想没有过时，始终是指导我们文艺工作的重要思想，具体表现如下。

（一）文艺工作要始终坚持"为人民服务"的正确方向

为什么人服务的问题，是文艺工作的根本问题。1940年1月，毛泽东在著名的《新民主主义论》中，将新民主主义的文化定性为"无产阶级领导的人民大众的反帝反封建的文化"，并第一次鲜明地指出："这种新民主主义的文化是大众的，因而即是民主的。它应为全民族中百分之九十以上的工农劳苦民众服务。"1942年5月，毛泽东在延安文艺座谈会上鲜明地提出，文艺"为人民大众首先为工农兵服务"，从根本上指明了党领导的文艺工作的政治方向，这是毛泽东文艺思想的核心和灵魂。由此，解放区的广大文艺工作者及当时国统区的一些作家艺术家把自己的立场转变到人民的立场上来，创作出一大批反映人民群众现实生活、为人民群众喜闻乐见的优秀文艺作品，为中国人民革命事业的胜利作出了不可磨灭的贡献。新中国成立后，我国广大文艺工作者继续坚持文艺为人民服务的正确方向。党的十一届三中全会后，党在文艺战线进行了拨乱反正。邓小平1979年在第四次文代会上的祝词，一方面重申"我们要继续坚持毛泽东同志提出的文艺为最广大的人民群众、首先为工农兵服务的方向"；另一方面提出文艺要"围绕着实现四个现代化的共同目标"，为实现四个现代化这个"压倒一切的中心任务"服务。1980年7月26日，《人民日报》根据邓小平这一思想，发表了《文艺为人民服务、为社会主义服务》的社论，从此，我国新时期文艺事业发展的方向正式表述为"二为"方向，即"为人民服务、为社会主义服务"。文艺为人民服务、为社会主义服务，其本质属性是文艺的人民性。中国特色社会主义进入新时代，习近平在2014年召开的文艺工作座谈会上再次强调:"人民既是历史的创造者,也是历史的见证者,既是历史的'剧中人',也是历史的'剧作者'。文艺要反映好人民心声,就要坚持为人民服务、为社会主义服务这个根本方向。这是党对文艺战线提出的一项基本要求,也是决定我国文艺事业前途命运的关键。"从新民主主义革命到社会主义建设再到社会主义进入新时代,时代变迁,但是文艺为人民服务是文艺工作必须始终要坚持的正确方向。

(二)文艺工作要始终坚持"百花齐放,百家争鸣"的方针政策

新中国成立标志中国历史进入了崭新的历史时期。"双百"方针的提出,适应了国家和人民需要迅速发展文化的迫切要求,尊重文艺自身发展的内在规律,1956年4月28日,毛泽东在中共中央政治局扩大会议上的总结讲话中提出:"艺术问题上的百花齐放,学术问题上的百家争鸣,我看应该成为我们的方针。"1957年2月,毛泽东在《关于正确处理人民内部矛盾的问题》的讲话中再次明确指出:"百花齐放、百家争鸣的方针,是促进艺术发展和科学进步的方针,是促进我国的社会主义文化繁荣的方针。""双百"方针的提出,是毛泽东文艺思想的进一步发展。"双百"方针提出之后,在一段时间内,我国文学艺术界鼓励艺术上不同形式和风格的自由发展,尊重和支持作家艺术家的创作,文学艺术因此呈现出一派欣欣向荣的景象。但随着20世纪60年代党内"左"的错误日趋严重,"百花齐放、百家争鸣"这一正确方针没有得到有效贯彻,尤其是"文革"给我们的文艺造成了重大损失。进入改革开放和社会主义现代化建设的历史新时期,"百花齐放、百家争鸣"作为发展文学艺术事业的正确方针被重新提到了重要位置。邓小平在第四次文代会的祝词中强调,要继续坚持贯彻"双百"方针,在艺术创作上提倡不同形式和风格的自由发展,在艺术理论上提倡不同观点和学派的自由讨论。由于认真贯彻执行"双百"方针,我国文艺事业呈现出生机勃勃、硕果累累的崭新面貌。文学、戏剧、电影、电视、音乐、舞蹈、美术、书法、曲艺、杂技,以及民间艺术、群众艺术等,繁花似锦、姹紫嫣红。实践证明,"百花齐放、百家争鸣"的方针是繁荣发展文学艺术事业的正确方针。坚持贯彻执行这一方针,文艺事业就兴旺发达,文艺工作者

就积极性高涨；而背离这一方针，文艺园地就会百花凋零，文艺工作者的聪明才智和创作热情也会被扼杀掉。今天，中国特色社会主义进入新时代，为实现中华民族伟大复兴、建设文化强国，我们要更加自觉地贯彻好"双百"方针，尊重差异，包容多样，努力创作出更多无愧于历史、无愧于时代、无愧于人民的优秀文艺作品，使社会主义文化的百花园更加绚丽多彩。

（三）文艺工作要始终坚持"古为今用、洋为中用"的创作原则

"古为今用，洋为中用"讲的是在文艺发展过程中如何处理"古今中外"的关系问题。在全球化的今天，"古为今用，洋为中用"的原则和方法，仍然是我们对待传统文化和外来文化的重要法宝。中华民族有着五千年文明历史，创造了闻名于世的优秀文化。同时，中华文化也在同世界文化的交流交往中，不断书写着新的辉煌。如何对待传统文化和外来文化？毛泽东旗帜鲜明地回答了这个重大问题，这就是：古为今用、洋为中用。毛泽东在《新民主主义论》中提出了"民族的科学的大众的文化"这一著名论断，指出："中国应该大量吸收外国的进步文化，作为自己文化食粮的原料"，"但是一切外国的东西，如同我们对于食物一样，必须经过自己的口腔咀嚼和胃肠运动，送进唾液胃液肠液，把它分解为精华和糟粕两部分，然后排泄其糟粕，吸收其精华，才能对我们的身体有益，决不能生吞活剥地毫无批判地吸收。"在延安文艺座谈会上的讲话中，毛泽东也提出："我们绝不可拒绝继承和借鉴古人和外国人，哪怕是封建阶级和资产阶级的东西。但是继承和借鉴决不可以变成替代自己的创造。"以毛泽东为代表的中国共产党人以海纳百川的博大胸怀，正确地对待传统文化和外来文化，强调吸取借鉴一切优秀的文学艺术遗产和人类文明成果，鲜明地体现了毛泽东文艺思想的继承性和开放性。按照古为今用、洋为中用的原则，新中国成立后，文学艺术事业在继承和弘扬我国优秀传统文化、吸收国外有益文化成果方面，做了大量卓有成效的工作。改革开放以来，随着我国对外开放格局的形成，我国经济、文化等领域"走出去""请进来"的步伐不断加快，文学艺术事业以前所未有的广度和深度，同世界各国文化交流、交融、交往，对繁荣我国文学艺术事业，丰富人民群众精神文化生活，发挥了重

要的作用。在时代发生深刻变化、世界各国经济相互交融、思想文化相互激荡的新形势下，毛泽东文艺思想所提倡的"古为今用、洋为中用"的方针原则，我们必须继续坚持。中华优秀传统文化凝聚着中华民族自强不息的精神追求和历久弥新的精神财富，是发展社会主义先进文化的深厚基础，是建设中华民族共有精神家园的重要支撑。我们应当珍惜、保护和挖掘中华民族优秀文化遗产，使之成为新时期激励和鼓舞人民前进的强大力量。在国际间文化交流日益频繁的今天，我们既不能盲目自大从而排斥外来文化，更不能盲目崇拜西方文化而搞全盘西化。我们借鉴外来文化，须立足于本民族的实际。要坚持以我为主、为我所用，学习借鉴一切有利于加强我国社会主义文化建设的有益经验、一切有利于丰富我国人民文化生活的积极成果、一切有利于发展我国文化事业和文化产业的经营管理理念和运行机制。

（四）文艺工作要始终坚持"深入生活、深入群众"正确道路

辩证唯物主义和历史唯物主义告诉我们，人民是真正的英雄，是历史的创造者。一切优秀的文艺作品，都源于人民群众的社会生活。毛泽东《在延安文艺座谈会上的讲话》提出了人类的社会生活"是一切文学艺术的取之不尽、用之不竭的唯一的源泉"的著名论断。他还特别强调："这是唯一的源泉，因为只能有这样的源泉，此外不能有第二个源泉。"因此，他号召"中国的革命的文学家艺术家，有出息的文学家艺术家，必须到群众中去，必须长期地无条件地全心全意地到工农兵群众中去，到火热的斗争中去，到唯一的最广大最丰富的源泉中去"。毛泽东的这些论断，科学揭示了文艺和生活、文艺和群众的关系，为广大文艺工作者指明了前进的道路，这是毛泽东文艺思想的重要基石。以延安文艺座谈会召开为新的起点，我国革命文艺工作者提出了"到农村、到工厂、到部队中去，成为群众的一分子"的响亮口号，积极投身于抗战的烽火斗争和人民群众的火热生活。正是从广大工农兵群众的现实生活中汲取丰富营养，一大批鼓舞人民抗战斗志、深受群众欢迎的优秀文艺作品应运而生，如大型新歌剧《白毛女》、秧歌剧《兄妹开荒》、小说《小二黑结婚》等。这些作品不仅在当时产生了

重大影响，而且在中国文艺史上也具有重要地位。延安时期革命文艺工作者深入生活、深入群众的伟大实践，开辟了我国文艺创作的崭新道路，为广大文艺工作者树立了光辉的榜样，并成为我国文艺工作的优良传统。自此之后，无论是在社会主义革命和建设的热潮中，还是在改革开放的历史新时期，抑或是中国特色社会主义进入新时代，党和政府都大力倡导文艺工作者到基层去，到群众中去，到工农业生产第一线去，同人民群众打成一片，和人民群众交朋友。为推动新闻宣传和文艺战线深入现实生活，增进同广大人民群众的血肉联系，党中央明确提出了"贴近实际、贴近生活、贴近群众"的"三贴近"原则。广大文艺工作者正是从人民群众波澜壮阔的改革进程和如火如荼的发展实践中汲取丰沛的力量源泉，进而开创出我国文学艺术事业发展繁荣的崭新局面。

（五）文艺工作要始终尊重"在普及基础上的提高，在提高指导下的普及"的规律

毛泽东在《在延安文艺座谈会上的讲话》中深入分析延安文艺工作的现状后指出，"普及工作和提高工作是不能截然分开的"，随着群众文化水平的不断提高，"人民要求普及，跟着也就要求提高"。"我们的提高，是在普及基础上的提高；我们的普及，是在提高指导下的普及。"普及与提高的关系深刻揭示了文艺事业发展的内在规律，反映了人民群众对文艺的认识和审美情趣的渐进过程，指明了文艺事业发展繁荣的客观必然性。从延安文艺座谈会到现在已经过去 80 年，我国人民的物质生活水平和文化生活水平同那个年代相比已发生了巨大变化，但从目前我国文学艺术事业面临的形势和任务来看，坚持在普及的基础上提高和在提高指导下的普及，依然是发展文艺事业、推进文化建设需要着力解决的重要课题。中国作为人口大国和农业大国，文艺的普及工作任务依然艰巨，需要常抓不懈。普及的重点应该放到基层和农村，尤其是经济文化比较落后的刚刚脱贫的农村地区、边远地区和城市基层社区。要关注弱势群体和广大农民工的精神文化生活。较之文艺的普及工作，提高工作的任务也极为迫切。一方面，从中国国际地位来看，中国是文化大国但还不是文化强国，中华文化在世界上

的影响力同中国的国际地位还很不相称。建设社会主义文化强国，我们必须拿出高水准的文艺作品在世界上占据市场、扩大影响、提高地位。另一方面，从国内人民群众对文艺作品的需求看，人民群众的精神文化生活日益丰富，人们欣赏文学艺术作品的水准不断提高了，必然要求有更高水平的文艺作品。所以，党和政府及宣传文化艺术部门也要着力抓好提高工作，努力扶持和创作更多思想内容好、艺术水准高、为广大群众喜闻乐见的文学艺术作品，努力提高人民群众的精神文化生活水平。

　　毛泽东文艺思想内涵丰富、博大精深。在长期的革命和建设中，毛泽东文艺思想照亮了我国文学艺术事业发展的道路。从改革开放到中国特色社会主义进入新时代，在不同历史阶段中，党中央根据形势的变化，对文艺工作提出了一系列重要思想、做出重要论断并制定了关于文艺工作的一系列正确的方针政策，这一切都离不开对毛泽东文艺思想的继承和发展。毛泽东文艺思想为中国特色社会主义文化的繁荣始终提供着理论指导，为中华民族伟大复兴提供源源不断的精神动力。

思考题：

　　1. 毛泽东文艺思想形成的背景、基础和条件是什么？

　　2. 你是如何理解"文艺为最广大的人民群众服务"的？

　　3. 结合自己的专业谈谈如何贯彻"古为今用，洋为中用"的原则？

　　4. 新时代文艺工作者如何处理"提高指导下的普及，普及基础上的提高"的关系？

第四章　邓小平关于文艺理论的重要论述

第一节　邓小平文艺理论形成的背景

一、关于邓小平文艺理论形成的起点的探讨

邓小平，中国社会主义改革开放和现代化建设的总设计师，邓小平理论的创立者。他把毕生的精力和心血都献给了党和人民，在他光辉的一生中，他不仅对我国的政治、经济、军事事业有着突出的贡献，在文化艺术领域也有着自己独特的贡献，那就是系统化、中国化的马克思主义文艺理论——邓小平的文艺理论。

邓小平的文艺理论有其孕育、形成和发展的历史过程。对于邓小平的文艺理论是如何形成和发展的，以及它形成于哪个时期这样两个问题，在国内的学术界有着不同的观点。大致有五种不同的观点：有人认为邓小平的文艺理论"发生时期"应从 1977 年批判"两个凡是"算起，是在大力提倡"解放思想"这个大思路下开始它的形成历程的。有人认为应从 1978 年党的十一届三中全会算起，因为这时全党工作重点开始实现历史性的转移，只有这以后才有可能提出建设有中国特色的社会主义理论，也才有可能提出社会主义文艺纲领，形成有系统的邓小平文艺思想。有人认为应从 1979 年邓小平发表《在中国文学艺术工作者第四次代表大会上的祝词》算起，因为在这个《祝词》中他才提出了比较系统的社会主义文艺思想。有人不提何年何月，而是笼统地定于新的历史时期。还有人认为邓小平的文艺理论酝酿、形成到发展、成熟有个过程，他们将这个过程分为三个阶段：新民主主义革命时期、新中国成立初期和新时期。①

---

① 邱明正、齘大申：《邓小平文艺思想论稿》，上海文艺出版社 2004 年版，第 17—18 页。

我们认为第一种观点比较正确，其原因有二：第一，邓小平的文艺理论的形成和发展有一定的过程，所以不能从邓小平的文艺理论已经系统化的时候算起，也就是不能从邓小平发表《祝词》讲话时算起。综观邓小平的文艺理论整个体系，他关于文艺同政治的关系，文艺同人民的关系，文艺的性质、方向和职能等的论述，无不渗透着邓小平与"左"的错误思想斗争的影子，忽略了这一点就不可能全面、正确地理解和领会邓小平的文艺理论。因此应该说，邓小平的文艺理论孕育于新中国成立后与"左"的思想斗争的时期，它的形成应该有一个标志性事件。这个标志性事件应该是1977年批判"两个凡是"，因为邓小平在批判"两个凡是"的过程中提出了"解放思想、实事求是"的口号，这个口号是邓小平理论的灵魂，当然也是邓小平的文艺理论的灵魂。所以应该将这个事件看作是邓小平的文艺理论形成的标志。那么邓小平的文艺理论的系统化、成熟化，自然是在改革开放的新时期。第二，之所以没有将新民主主义革命时期和新中国成立初期邓小平有关文艺的思想列入邓小平的文艺理论的范围，是基于我党、我国对于毛泽东思想的界定。我们可以从众多的党的文件、权威著作，甚至是中学教材中看到对毛泽东思想的这样的界定："毛泽东思想是以毛泽东为主要代表的中国共产党人把马克思主义的普遍原理同中国革命的具体实践相结合的产物，是马克思列宁主义在中国的发展和运用，它在中国革命和建设的长期实践中被证明是科学和正确的理论原则，是中国共产党集体智慧的结晶。"既然毛泽东思想是以毛泽东为代表的一代共产党人集体智慧的结晶，那么邓小平也是应该算在其内的。虽然在很长一段时期内邓小平并非我党的主要领导人，但是他也是新中国的创立和建设初期的重要领导者，那个时期的邓小平的文艺理论，应该是被纳入毛泽东的文艺思想的范围内的。还有一个不得不提的实际情况是，新民主主义革命时期和新中国成立初期的一段时间里，邓小平的文艺理论都是基于毛泽东的文艺思想体系的，有继承，但是没有很大的发展与升华；而"文革"期间，邓小平在与党的极"左"思想的斗争中，在与"四人帮"的斗争中，才逐渐将他从毛泽东文艺思想中继承的理论加以发展和升华，最终形成了自己的理论体系。由于以上两点原因，我们认为：邓小平文艺理论的形成，应该以1977年批判"两个凡是"为起点。

二、"文革"时期文艺创作

当我们把目光投向"文革"时期的文艺创作的时候，我们无法回避《部队文艺工作座谈会纪要》（以下简称《纪要》）这篇举足轻重的、具有"划时代意义"的文献[①]。《纪要》的出笼，不仅是林彪、江青集团政治图谋的产物与信号，更是新中国成立以来愈演愈烈的"左"倾文艺思潮的集大成。它是"文革"时期文艺创作的"根本大法"，是"文革"文论的理论支点。《纪要》的核心内容主要体现在"破"与"立"两个方面。"破"的目的是为了"立"，"立"是出于政治图谋的需要。《纪要》武断而别有用心地认为，新中国成立以来文艺界"被一条与毛泽东思想相对立的反党反社会主义的黑线专了我们的政，这条黑线就是资产阶级的文艺思想、现代修正主义的文艺思想和三十年代文艺的结合"。因此，必须"坚决进行一场文化战线上的社会主义大革命，彻底搞掉这条黑线"。《纪要》以"上纲上线"的方式，把新中国成立以来的文艺思想论争、文艺理论点的冲突这些本来属于学术领域的问题和人民内部性质的矛盾，上升到反党反社会主义的高度，认为这是一场尖锐、复杂、长期的阶级斗争和路线斗争，事关中国革命和世界革命的前途，搞不好就会出修正主义，所以，必须坚定不移地抓起来。站在这样"政治"和"理论"的高度，《纪要》不仅否定了新中国成立以来的文艺实践，而且对古今中外一切优秀文艺进行了彻底的颠覆。"要破除对所谓三十年代文艺的迷信"，"要破除对中外古典文学的迷信"。对苏联革命文艺也不要"盲目崇拜"。《纪要》把"写真实"论、"现实主义广阔的道路"论、"现实主义深化"论、反"题材决定"论、"中间人物"论、反"火药味"论、"时代精神汇合"论、"离经叛道"论等诬为"文艺黑线"

---

① 《纪要》由刘志坚、陈亚丁等起草，张春桥、陈伯达等作了多次重大修改，后经毛泽东审阅修改后，于1966年4月16日，作为中共中央文件在党内发表。引自谢冕、洪子诚主编：《中国当代文学史料选》，北京大学出版社1995年版，第630页。

的代表性论点，对其全盘否定。而这些论点恰恰是新中国文艺发展过程中极具理论价值和现实意义的命题。虽然这些理论命题在不同时期已经遭到了不同程度的压制与批判，早已成了"死老虎"，但《纪要》重新把它们归纳起来，并且用更加强暴的话语进行讨伐，致使新中国成立以来在主流话语的抑制下本来就微弱的异质声音至此销声匿迹，现实主义精神从此丧失殆尽。

《纪要》在扫荡了古今中外的一切优秀文艺、排斥了各种异质的声音之后，树起了他们自己的旗帜。《纪要》认为："近三年来，社会主义的文化大革命已经出现了新的形势，革命现代京剧的兴起就是最突出的代表。"《纪要》的炮制者之所以要破除各种"迷信"，其目的就是为了树立自己的样板。这种样板就是"革命现代京剧"（后来称为"样板戏"）。贯穿于"样板戏"创作的一系列创作原则和创作方法，就是《纪要》精神的具体实践。《纪要》声称："我们的标新立异是标社会主义之新，立无产阶级之异。要努力塑造工农兵的英雄人物，这是社会主义文艺的根本任务。"在创作方法上，《纪要》主张"采取革命现实主义和革命浪漫主义相结合的创作方法，不要搞资产阶级的批判现实主义和资产阶级的浪漫主义"。此外，《纪要》强调无产阶级的党性原则，要"重新组织文艺队伍"，把这场"兴无灭资"的"文化革命"进行到底。

《纪要》是"文革"文艺的纲领性文件，为"文革"时期的文艺创作定下了基调，同时也是检验"文革"时期的文艺创作的唯一标尺，具有绝对的权威性。从此，以《纪要》为指南，以"样板戏"为"样板"，"文革"时期的文艺创作逐渐形成了一套系统的、固定的创作原则和创作方法。这是一套自成体系的、唯我独尊的话语范式，它由"党性原则"论、"阶级斗争和路线斗争"论、"根本任务"论、"三突出"创作原则、"两结合"创作方法、"题材决定"论、"主题先行"论，以及"集体创作"等具体的原则和方法构成。这些原则和方法并不是孤立地"各自为战"，而是互相联系、互为因果的。文艺的"党性原则"被定位于"为无产阶级政党服务"。文艺创作必须表现阶级斗争和路线斗争，其根本任务是"塑造无产阶级英雄的形象"。要塑造好无产阶级英雄的形象，必须坚持"三突出"的创作原则，而要做到"三突出"，必须采用"两结合"的创作方法。此外，"主题先行""题材决定""集体创作"等都是为了实现文艺的"根本任务"。而"根本任务"的实现又是为无产阶级政党服务的。这种有机联系的话语范式深深地打上了主流意识形态的烙印。归根结底，是为了适应政治斗争的需要，充当着"阶级斗争"和"路线斗争"的工具。

邓小平文艺理论就是在同《纪要》中所提倡的文艺创作的范式作斗争的基础上成长起来的。《纪要》中所倡导的文艺创作范式不仅极大地挫伤了文艺工作者的创作积极性，而且也对中国文艺事业发展的现代化进程造成重大影响；而邓小平文艺理论不仅仅是"就事论事"地拨正了文艺创作的航向，而是实现了一次彻底的思想大解放。

【案例】 批判电影《清宫秘史》

《清宫秘史》是香港永华影片公司于1948年摄制的黑白故事片。故事讲述了清德宗光绪十五年二月，北京皇宫体和殿里鼓乐齐鸣，香烟缭绕，册封皇后的仪式正在隆重举行。由于慈禧太后的摆布，光绪所钟爱的珍妃未被选中，而与皇帝素不相识的隆裕被立为皇后。翁同龢教习光绪学经解义，并灌输启蒙思想，使光绪萌发维新变法之念。光绪驳回了工务处秉承太后旨意动用海军经费建造颐和园的奏折。太后震怒，否定御批。此后，珍妃每天向"海军储金罐"内投入十块龙洋，以明心志。甲午战争败绩，光绪忧心如焚。翁同龢被太后开缺回乡，他向光绪推荐康有为，辅佐推行新政。戊戌年（1898年），光绪裁撤一些无用衙门和昏庸老臣。太后径调荣禄任直隶总督，双方矛盾趋于激化。太后在宫廷内外布满心腹，以钳制光绪的行动，并密谋于九月初五挟持皇上去天津阅兵，企图废帝，将维新派一网打尽。光绪接连下了两道密谕，令康有为等从速应变，维新派首领赓夜决策，密奏皇上。光绪随即密召袁世凯，委以重托，派他去天津刺杀荣禄，然后围执太后。袁世凯抵天津后即向荣禄告密，与荣禄回师入京。太后重又垂帘听政，下令捉拿维新派首领。光绪被禁于四面环水的瀛台，珍妃也被打入北三所寿药屋。接着，八国联军入侵中国，大沽陷落，逼近天津，光绪焦灼不安。某晚，他凭着一叶扁舟前往北三所探视珍妃。两人相对无言，执手呜咽。珍妃劝勉皇上保重身体，来日再展宏图。侵略军兵临京城，太后挟持光绪一起出逃，并且逼迫珍妃跳井自杀。马车徐徐西去，光绪泫然泪下。该片公映后好评如潮，刘少奇看过之后曾对胡乔木称赞说："这是一部爱国主义影片！"但是江青却认为《清宫秘史》是一部美化帝国主义、美化封建主义和资产阶级改良主义，污蔑革命的群众运动和人民反帝、反封建的英勇斗争，宣扬民族投降主义和阶级投降主义的影片。"文革"时期，《清宫秘史》就成为江青一伙批判刘少奇的工具。1967年4月1日，中央文革小组成员戚本禹以"评论反动影片《清宫秘史》"为名，第一次在中央报刊上不点名地批判刘少奇。文章诬陷刘少奇"是假革命，反革命"，"是睡在我们身旁的赫鲁晓夫"，把"帝国主义、封建主义、反动资产阶级的代言人""帝国主义买办""修正主义路线的总根子"等不实之词强加于刘少奇，同时，以所谓"勾结另一个党内最大的走资本主义道路的当权派"的影射手法攻击邓小平，并宣称"一定要把走资本主义道路的当权派拉下马"。

【案例】 批判《武训传》

《武训传》由昆仑影业公司1950年摄制，编导孙瑜，摄影韩仲良，主演赵丹，是一部以清朝末年武训的生平事迹为内容的传记片。影片中的武训出身于山东的贫苦农民家庭，从小被剥夺了读书的权利，16岁起就给地主当长工。由于目睹穷人不识字的痛苦，又亲身经历了没有文化受到地主欺压的遭遇，所以立志"行乞兴学"。他行乞近40年，以自辱的方式获取施舍，以放债得利积累钱财，最后终于办起三所义学。武训自己则终身不娶，直到老死仍过着乞讨生活。他的苦操奇行产生很大的社会影响，也曾得到封建统治者的赞赏和褒奖。《武训传》就是以这一历史上的"奇人奇事"作为基础，描写了武训忍辱负重，矢志"行乞兴学"的一生经历，赞颂了武训"悲剧性的反抗和'服务牺牲'的精神。"1949年7月，在中国影协成立大会上，孙瑜向周恩来汇报了即将拍摄的影片的情况。周恩来当即提醒拍摄时应注意：一、站稳阶级立场；二、武训成名后，统治阶级立即加以笼络利用；三、武训最后对义学的怀疑。孙瑜接受了这些意见。经过修改后的《武训传》剧本，为了使这一历史人物更符合新的时代需要，加上了一头一尾，以解放后小学女教师在武训纪念会上讲故事的形式，说明今天纪念武训，是为了使人们从他的故事中得到教益，努力学习，迎接文化建设高潮的到来。同时，为了表现那个时代的"革命行动"，又加强了周大这个人物，把他的反抗行动放在太平天国的历史背景中，并添加了周大越狱，成为农民起义军首领的情节。影片于 1950 年公映，在社会上引起极大反响，不长时间内，京、津、沪报刊连续发表肯定和赞扬影片的文章达 40 余篇。

1951 年 5 月 20 日，《人民日报》发表社论《应当重视电影〈武训传〉的讨论》，严厉指出："《武训传》所提出的问题带有根本的性质。像武训那样的人，处在清朝末年中国人民反对外国侵略者和反对国内反动封建统治者的伟大斗争的时代，根本不去触动封建经济基础及其上层建筑的一根毫毛，反而狂热地宣传封建文化，并为了取得自己所没有的宣传封建文化的地位，就对反动的封建统治者竭尽奴颜婢膝的能事，这种丑恶的行为，难道是我们所应当歌颂的吗？向着人民歌颂这种丑恶的行为，甚至打出'为人民服务'的革命旗号来歌颂，甚至用革命的农民斗争的失败作为反衬来歌颂，这难道是我们所能够容忍的吗？承认或者容忍这种歌颂，就是承认或者容忍污蔑农民革命斗争，污蔑中国历史，污蔑中国民族的反动宣传为正当的宣传。"并且认为：对于武训和电影《武训传》的歌颂如此之多，不但"说明了我国文化界的思想混乱达到了何等程度"，而且表明了"资产阶级的反动思想侵入了战斗的共产党"。同时，在社论中被公开点名的有关《武训传》的文章有 43 章，作者有 48 人。

《人民日报》的社论发表后，京、津、沪各主要报纸第二天即全文转载，接着各报纸都发表了响应批判的社论和文章。5 月 23 日，文化部电影局发布《关于电影从业员应积极参加〈武训传〉讨论的通知》，要求全体电影从业员"应把这一讨论视为严重的思想教育工作,应该通过讨论,对武训这一历史人物有正确认识;弄清楚电影《武训传》的真正错误所在;并结合个人自己的思想,清除一些错误的、混乱的思想,树立起对于人民革命的正确认识;应该使这一讨论成为爱国主义教育的一部分"。5月26日,《人民日报》发表孙瑜的检讨短文。于是,一个自上而下发动的全国规模的批判运动就声势浩大地展开了。批判运动持续了将近半年,发表的各种批判文章数以百计,批判的内容除了指责《武训传》犯了"歪曲人民革命历史"的"严重政治错误",是"反现实主义"的作品外,还给武训本人戴上了"大地主、大债主、大流氓"三顶帽子。此外,批判运动还涉及私营厂出品的其他许多影片,以及电影界、文学界、史学界等一些作品、文章和观点,在整个思想文化领域造成了异常严重的影响。

江青以"李进"化名随后参加了由《人民日报》和文化部组织的"武训历史调查团"。调查团写出《武训历史调查记》,给武训进行定性,说"武训是一个以流氓起家,遵从反动封建统治者的意志,以'兴学'为进身之阶,叛离其本阶级,爬上统治阶级地位的封建剥削者"。这个结论是得到毛泽东首肯的。批判电影《武训传》是"左倾"思潮在文化思想领域的第一次集中表现,给后来批判知识分子运动开了恶劣的先例。①

随着时间的推移和历史的检验,电影《武训传》的是非得失应该在实事求是的精神下得到公正的评价。孙瑜编导《武训传》的主旨,在于通过武训"行乞兴学"的一生,反映出贫苦农民盼望学习文化以改变政治、经济地位的迫切愿望和要求。尽管这种愿望和要求在武训那个时代是不可能实现的,然而,影片通过武训的悲剧使观众了解到劳动人民没有文化的痛苦,揭露了地主阶级对农民的经济剥削、政治压迫和文化上的愚民政策,这无疑具有积极的思想意义。《武训传》确实存在一些问题和缺点。编导设想的"把武训的行乞兴学作为一个悲剧来写……用批判的态度来处理武训这个题材,批判他的改良主义,批判他兴学走错了路",在影片中并没有得

---

① 郑刚主编:《红色纪要》(下卷),西苑出版社 2000 年版,第 809 页。

到充分的体现。影片以解放后小学女教师回叙故事为开场和结尾，突出周大这个人物，以周大领导的农民起义失败，作为武训"行乞兴学"的反衬，在艺术处理上显然是不成功的，并且也没有达到批判地揭示武训悲剧的目的。相反，这样用现实与历史联系，兴学与起义反衬，反倒更为突出地颂扬了武训，其效果恰好与编导者的本意相左。对这部影片的问题，本来应该通过文艺批评的方法，通过讨论和争鸣加以解决。当时采取这种大规模的政治运动方式来批判电影《武训传》，以一种"非常片面、极端和粗暴"的态度，把艺术问题与政治问题简单地混淆起来，严重影响了新中国电影乃至整个社会主义文化事业的健康发展。"因此，这个批判不但不能认为完全正确，甚至也不能说它基本正确"。[1]

第二节 邓小平文艺理论主要内容

一、文艺的性质、方向和职能

文学艺术是一种形象地、想象地、审美地反映社会生活，表现人的思想情感的精神现象，是精神文化的一部分。马克思和恩格斯在人类历史上第一次运用历史唯物主义、辩证唯物主义的方法揭示了文艺的本质特征，并为界定社会主义文艺性质、方向和职能提供了理论依据。邓小平关于文艺的性质、方向和职能的论述正是以马恩的理论为依据和逻辑起点的。

（一）文艺的性质

在对于文艺性质的界定上，邓小平的历史功绩在于：其一，肯定和论证了文艺的社会主义意识形态性质；其二，提出和论证了文艺是社会主义精神文明的组成部分及其作用。

1. 肯定和论证了文艺的社会主义意识形态性质

邓小平关于文艺的社会主义意识形态性质的论证是针对长期以来我国存在的关于文艺性质的两种错误倾向而提出来的。第一种错误的倾向是简

---

[1] 《胡乔木说对电影〈武训传〉批判非常片面、极端和粗暴》，《人民日报》1985年9月6日，第1版。

单地将文艺等同于政治意识形态，从而引出了文艺隶属于政治、文艺为意识形态服务的结论。这种倾向主要出现在"文革"时期及"文革"结束后的头几年。第二种错误的倾向是竭力否认文艺的社会意识形态性质，从而认为文艺作品只是表现了人的感觉、知觉、幻觉、情绪等心理活动，没有上升到自觉意识的层次，文艺创作不具有社会性，不受到来自社会意识的制约，艺术工作者是超越社会的自我。这种倾向主要出现在 20 世纪 80 年代中后期。这两种观点都混淆了文艺与社会意识形态的关系，邓小平分别在不同时期提出了抵制这两种倾向的对策。1979 年，他在《祝词》中指出，文艺工作者对于来自"左"的和右的破坏安定团结局面的错误倾向要保持清醒的头脑，"要运用文艺创作，同意识形态领域的其他工作紧密配合，造成全社会范围的强大舆论，引导人民提高觉悟，认识这些倾向的危害性，团结起来抵制、谴责和反对这些错误倾向"①。80 年代中后期，文艺界、教育界、理论界和新闻出版界受到了西方政治思潮的冲击，曾几度出现混乱的局面，邓小平敏锐地察觉到问题的严重性和危害性，一再告诫这将损害社会主义经济基础，要求文艺界的同志们要同教育界、理论界和新闻出版界的同志们通力合作、紧密配合，共同维护和发展社会主义的经济基础。

邓小平作为杰出的政治家，他肯定了文艺与社会意识形态的联系，即文艺的社会主义性质，同时他也强调不能将文艺等同于政治意识形态。具体地讲，意识形态是与一定社会的经济和政治直接相联系的观念、观点、概念的总和，包括政治法律思想、道德、文学艺术、宗教、哲学和其他社会科学等意识形式。意识形态的内容，是社会的经济基础和政治制度同人与人的经济关系和政治关系的反映。意识形态的各种形式起源于以生产劳动为基础的社会物质生活。随着经济基础的变化而变化，政治思想、法律思想、道德、文学艺术、宗教、哲学和其他社会科学等，各以特殊的方式，从不同侧面反映现实的社会生活。它们相互联系，相互制约，构成意识形

---

① 《邓小平文选》(第二卷)，人民出版社 1995 年版，第 211 页。

态的有机整体。从意识形态的定义来看，文艺当然是意识形态的重要组成部分，当然从属于意识形态的性质，但是意识形态的各个组成部分之间却绝非等同的，也就是说文艺意识形态与政治意识形态之间是决不能画等号的。文艺是形象地、想象地、情感地、审美地反映社会生活，通过具体、生动的艺术形象、艺术意境表现人们的思想情感、审美观念、审美理想，[①]它与政治、法律、道德、哲学等社会意识形态有着很大的区别。邓小平对文艺的社会主义意识形态阐释，既体现了他对马克思主义基本原理的尊重，也体现了他对文艺规律的尊重。

2. 提出和论证了文艺是社会主义精神文明的组成部分及其作用

邓小平在阐明社会主义精神文明的内涵的同时，也将文学艺术作为精神文明的基本要素。1979年，他在第四次文代会上的《祝词》中讲："我们要在建设高度物质文明的同时，提高全民族的科学文化水平，发展高尚的丰富多彩的文化生活，建设高度的社会主义精神文明。"[②]邓小平将文艺纳入精神文明的范畴，是为了充分发挥文学艺术在社会主义精神文明建设中的积极作用。邓小平并不是从主观愿望出发，也不是从阶级斗争的需要出发，而是同马克思、恩格斯一样，将文艺创作视为一种特殊的精神生产，从精神生产的角度来揭示文学艺术在精神文明建设中的重要作用。

邓小平要求"思想文化界要多出好的精神产品，要坚决制止坏产品的生产、进口和流传"，[③]同时，他还指出，精神产品作为一种商品，具有商品性和商品价值，能产生经济效益，但是精神产品又是一种特殊的产品，具有意识形态的性质，能对人们的精神产生巨大的影响，所以他坚决反对包括文艺部门在内的精神生产部门一度出现的"'一切向钱看'的歪风"和"把精神产品商品化的倾向"，[④]要求思想文化部门把精神产品的经济效益与社会效益统一起来，绝对不能以牺牲社会效益来满足经济效益。

---

① 邱明正、卲大申：《邓小平文艺思想论稿》，上海文艺出版社2004年版，第193页。
② 《邓小平文选》（第二卷），人民出版社1995年版，第208页。
③ 《邓小平文选》（第三卷），人民出版社1993年版，第145页。
④ 同上书，第43页。

对于文艺在社会主义精神文明建设中的作用，邓小平将文艺作品视为人民不可或缺的精神食粮，要求文艺工作者"始终不渝地面向广大群众，在艺术上精益求精，力戒粗制滥造，认真严肃地考虑自己作品的社会效果，力求把最好的精神食粮贡献给人民"，"通过自己的创作提高人们的精神境界"。① 他还强调："不论是对于满足人民精神生活多方面的需要，还是对于培养社会主义新人，文艺工作者都负有其他部门所不能代替的重要责任。"②

（二）文艺的方向

邓小平根据马克思主义基本原理、立场、观点和方法，结合中国的特殊国情，针对改革开放新时期的新情况、新问题和新要求，分析我国文艺队伍和文艺战线的具体情况，针对改革开放新时期的文艺实践工作，作出了全面的概括和论断。具体到文艺的方向问题，也就是文艺为什么人的问题，邓小平始终坚持和强调，文艺必须坚持为人民服务、为社会主义服务的方向。邓小平的这一论断，成为我国改革开放新时期文艺工作的基本方针之一。

早在清朝末年的维新变法时期，资产阶级启蒙思想家曾经提倡利用文艺"使民开化"，其目的是促进资产阶级的维新变法，以达到富国强兵，抗御外侮。到了"五四"时期，新文化运动的先驱和早期的马克思主义者倡导"平民文学"，引进"科学""民主"，其目的也都是为了政治上的救亡图存。包括后来在延安，毛泽东号召文艺工作者与工农兵相结合，也不外乎此目的。在半殖民地半封建的旧中国，政治成为中国的全部，救亡图存成为中国的全部，所谓皮之不存，毛将焉附？国之不存，文艺焉附？这种思想的形成有其深刻的历史根源，也有其必然性和合理性。然而时移事异，这种思潮也有其局限性和弊端，改革开放的新时期，政治太平，经济发展，人民群众有着迫切的精神文化需求，这种思潮就与人民群众的需求形成了矛盾。这时就需要将文艺从为政治服务的禁锢中解放出来，邓小平恰恰在

---

① 《邓小平文选》（第二卷），人民出版社 1993 年版，第 211 页。

② 同上书，第 209 页。

这样一个合适的时间做了这样一件合适的事情，他树立了文艺为人民服务的根本宗旨，为社会主义文艺的健康发展拨正了航向，因而具有里程碑的重大意义。

列宁曾经说过："艺术属于人民。它必须深深扎根于广大劳动群众中间，它必须为群众所了解和爱好。它必须从群众的情感、思想和愿望方面把他们团结起来并使他们得到提高。它必须唤醒群众中的艺术家并使之发展。"[①]毛泽东在《在延安文艺座谈会上的讲话》中指出："为什么人的问题，是一个根本的问题，原则的问题。"[②]毛泽东指出无产阶级的文艺就应当为人民大众首先是为工农兵服务。邓小平关于文艺的方向的论断，既是建立在总结"文革"期间文艺发展的经验和教训的基础之上，也是建立在继承马克思、恩格斯、列宁、毛泽东等无产阶级革命家的理论的基础之上。党的十一届三中全会以后，邓小平总结了科学文化事业的历史经验，结合新时期社会主义现代化建设的任务，重新强调了这个问题。1979年，邓小平在第四次文代会的《祝词》中指出，"我们要继续坚持毛泽东同志提出的文艺为最广大的人民群众、首先为工农兵服务的方向"，同时又特别强调，"我们的文艺属于人民"，"对人民负责的文艺工作者，要始终不渝地面向广大群众"，"充分表现我们人民的优秀品质，赞美人民在革命和建设中、在同各种敌人和各种困难斗争中所取得的伟大胜利"，"力求把最好的精神食粮贡献给人民"，"满足人民精神生活多方面的需要"。[③]1980年7月26日，《人民日报》根据邓小平的有关论述，发表了题为《文艺为人民服务，为社会主义服务》的社论，正式提出"文艺为人民服务，为社会主义服务"的口号。这是邓小平文艺思想的重要内涵，也是从属于邓小平理论的总体框架的文艺地位之根本性表述。"为人民服务"，是指为包括工人、农民、士兵、知识分子、干部和一切拥护社会主义、热爱祖国的人民群众服务；"为社会主义服务"，就是为社会主义的政治、经济、军事、文化、教育等各项

---

① 《列宁论文学艺术》，人民文学出版社1983年版，第435页。

② 《毛泽东选集》(第三卷)，人民出版社1991年版，第857页。

③ 中宣部文艺局编：《邓小平论文艺》，人民文学出版社1989年版，第5—7页。

事业的根本需要服务，为建设有中国特色的社会主义现代化建设的伟大事业服务。从根本上讲，"为社会主义服务同为人民服务，是完全一致的。离开了社会主义道路，也就从根本上脱离了人民，为背了人民的最高利益"①。"二为"的方向，体现出邓小平对文学艺术在整个中国社会主义现代化建设事业中位置的战略安排，也是马克思主义文艺思想的深化。

总之，文艺为人民服务，就是要求满足人民群众日益增长的精神文化生活的需求，文艺为社会主义服务，就是要求文艺鼓舞人民"同心同德地实现四个现代化"，为"今后一个相当长时期内全国人民压倒一切的中心任务"服务，为建设有中国特色的社会主义服务。社会主义是个前无古人的伟大事业，我们的文学艺术为这个伟大事业服务，这是社会历史发展所必然产生的任务。为社会主义服务是一个广泛的概念。只要有益于培养社会主义新人的世界观、人生观及精神境界的，都是为社会主义服务。②"二为"方向的提出，明确了文艺在改革开放的新时期的任务，明确了社会主义文艺发展的远大目标，从而为社会主义文艺的健康发展拨正了航向，开拓了广阔的前景。

（三）文艺的职能

有很长一段时间，我们把文艺的职能常常归结为只有两条，即歌颂和暴露，而且还规定必须以歌颂为主，暴露只能暴露敌人，而不能暴露革命队伍、革命工作中的缺点和错误。邓小平总结了新中国成立30年来文艺工作的历史经验教训，认为文艺的职能要广泛得多、多样得多。社会主义文艺既要歌颂，也要批判，不仅如此，"不论是对于满足人民精神生活多方面的需要，对于培养社会主义新人，对于提高整个社会的思想、文化、道德水平，文艺工作都负有其他部门不能代替的重任"③。邓小平广泛、全面地论述了新时期社会主义文艺的职能，要求文艺充分发挥批判、歌颂、教育、

---

① 江泽民：《关于党的新闻工作的几个问题》，http：//www.ce.cn/xwzx/gnsz/szyw/200706/15/t20070615_11769945.shtml，2007年6月15日。

② 邱明正、删大申：《邓小平文艺思想论稿》，上海文艺出版社2004年版，第239页。

③ 中宣部文艺局编：《邓小平论文艺》，人民文学出版社1989年版，第5页。

启发、审美、娱乐等多方面，多层次的作用，充分满足广大人民各个方面的精神需要。

第一，文艺要批判和暴露，要同各种妨害四个现代化的思想、习惯进行斗争。"要批判剥削阶级思想和小生产守旧狭隘心理的影响，批判无政府主义、极端个人主义，克服官僚主义。要恢复和发扬我们党和人民的革命传统，培养和树立优良的道德风尚，为建设高度发展的社会主义精神文明作出积极的贡献。"[1] 邓小平将文艺的批判和暴露的职能，由革命队伍外部，扩展到革命队伍的内部，批判和暴露的对象，不仅仅是敌对势力的思想、观点和行为，也包括革命队伍中的错误思想和观点。邓小平强调："要加强坚持四项基本原则的宣传、教育，要多写这方面的文章。要批判'左'的错误思想，也要批判右的错误思想。"[2] 对来自"左"的和右的，破坏安定团结局面，违背绝大多数人利益和意愿的错误倾向，"要保持清醒的头脑；要运用文艺创作，同意识形态领域的其他工作紧密配合，造成全社会范围的强大舆论，引导人民提高觉悟，认识这些倾向的危害性，团结起来，抵制、谴责和反对这些错误倾向"[3]。

第二，文艺要歌颂。邓小平除了强调文艺要歌颂党、歌颂祖国、歌颂我们伟大的社会主义事业外，更加强调文艺对人民的歌颂。"文艺创作必须充分表现我们人民的优秀品质，赞美人民在革命和建设中、在同各种敌人和各种困难的斗争中所取得的伟大胜利。"[4] 这是邓小平历史唯物主义的重要体现。

第三，文艺要真实地反映生活，以社会主义思想教育人民。1942年，毛泽东同志《在延安文艺座谈会上的讲话》中提出，文艺作品应当"使人民群众惊醒起来，感奋起来，推动人民走向团结和斗争，实行改造自己的环境"，所以文艺的作用是"作为团结人民、教育人民、打击敌人、消灭敌

---

① 中宣部文艺局编：《邓小平论文艺》，人民文学出版社 1989 年版，第 5 页。

② 同上书，第 11 页。

③ 同上书，第 7 页。

④ 同上书，第 6 页。

人的有力武器，帮助人民同心同德地和敌人做斗争"。① 这显然主要是从阶级斗争的武器这一角度出发，提出文艺的职能的，其重点就是强调文艺对人民的教育作用。邓小平也是如此，他认为"我们的社会主义文艺，要通过有血有肉、生动感人的艺术形象，真实地反映丰富的社会生活，反映人们在各种社会关系中的本质，表现时代前进的要求和历史发展的趋势，并且努力用社会主义思想教育人民，给他们以积极进取、奋发图强的精神"。② 邓小平在强调文艺的教育职能的同时，也强调了文艺必须源于生活、反映生动的社会生活。在改革开放的新时期，文艺的教育功能应该体现在教育人民服务于社会主义建设上，而不是阶级斗争上。

第四，文艺要使人民得到娱乐和美的享受。人民的精神需求本来就是多样的、发展的，他们不但需要从文艺中得到启发和教育，而且需要从文艺中获得美的享受和健康的娱乐。在"以阶级斗争为纲"的年代里，文艺的审美和娱乐职能被忽视，甚至被批判。1961年，正当"左"的思想甚嚣尘上的时刻，有人问周恩来文艺的教育作用和娱乐作用是不是统一的，周恩来斩钉截铁地回答道："是辩证统一！""群众看戏、看电影是要从中得到娱乐和休息，你通过典型化的形象表演，教育寓于其中，寓于娱乐之中。"并且指出，文艺"要对生活有所调剂，一方面要歌颂劳动光荣，一方面也必须有些抒情的、轻松的东西"，让人"娱乐"和"休息"。如果片面强调文艺的政治性，只强调文艺的教育职能，文艺就不成为文艺，那文艺"还有什么看头呢"③！邓小平在肯定文艺的教育职能的同时，也充分肯定和强调了文艺的审美职能和娱乐职能。"雄伟和细腻，严肃和诙谐，抒情和哲理，只要能够使人们得到教育和启发，得到娱乐和美的享受，都应当在我们的文艺园地里占有自己的位置。英雄人物的业绩和普通人的劳动、斗争和悲欢离合，现代人的生活和古代人的生活，都应当在文艺中得

---

① 《毛泽东选集》(第三卷)，人民出版社1991年版；第805页。

② 中宣部文艺局编：《邓小平论文艺》，人民文学出版社1989年版，第6页。

③ 《周恩来选集》(下卷)，人民出版社1997年版，第337—339页。

到反映。"① 在邓小平看来，文艺的教育职能、审美职能和娱乐职能应该是相互联系，相辅相成的，它们都是为满足人民群众的精神文化生活而服务的。

第五，文艺要发挥培养"四有"新人，提高全民族思想、文化、道德水平和增强我国综合国力的社会功能。文艺满足人们的精神需要，其目的是为了提高人们的精神境界，培养社会主义新人，提高整个社会的思想、文化、道德水平，激励人们投身四个现代化建设，增强我国的综合国力，这是社会主义文艺的宗旨，也是社会主义文艺的基本功能和目标。② 江泽民在党的十五大报告中指出："建设有中国特色的社会主义文化，就是以马克思主义为指导，以培养有理想、有道德、有文化、有纪律的公民为目标，发展面向现代化、面向世界、面向未来的，民族的、科学的、大众的社会主义文化。"

二、文艺与政治的关系

文艺同政治的关系是一个直接关系到文学艺术在社会生活、政治生活和精神文明中的定位问题，所以历来为文艺家、政治家所关注，成为争论的热点。20世纪60年代以后，"左"的思想在中国的政治领域占据主导地位，在"左"的错误思想的影响下，一部分人断章取义，歪曲、割裂马克思主义、毛泽东思想，使得文艺从属于政治的思想曾一度占据中国文艺界的思想领域。

1859年，马克思在《〈政治经济学批判〉序言》中指出，文学艺术是"树立"在一定经济基础之上的上层建筑，是"意识到"生产力与生产关系的"冲突并力求把它克服"的社会意识形态。③ "政治、法律、哲学、宗教、文学、艺术等的发展是以经济发展为基础的。但是，它们又都相互影响并对经济基础发生影响"，而它们又是"在归根到底不断为自己开辟道

① 《邓小平文选》(第二卷)，人民出版社1993年版，第210页。

② 邱明正、鄯大申：《邓小平文艺思想论稿》，上海文艺出版社2004年版，第228页。

③ 《马克思恩格斯选集》(第二卷)，人民出版社1995年版，第82—83页。

路的经济必然性的基础上的相互作用"。^①也就是说，文艺和政治是共同影响经济基础，又受到经济基础制约的要素，它们之间是一种平行的共存关系，并不存在相互的隶属关系。而实际上，文艺和政治都是隶属于社会意识范畴的。但是，这并不等同于文艺和政治之间是毫无联系的单个要素，文艺同样要在一定程度上反映政治斗争、政治生活的现实，有不少文艺作品还直接或间接地反映着这个社会中存在的政治观念、政治态度或是政治理想。

列宁1905年在《党的组织和党的文学》中提出了"文学的党性原则"，指出无产阶级的文学事业"不能是与无产阶级总的事业无关的个人事业"，"文学事业应当成为无产阶级总的事业的一部分，成为一部统一的、伟大的、由整个工人阶级的整个觉悟的先锋队所开动的社会民主主义机器的'齿轮和螺丝钉'。文学事业应当成为有组织的、有计划的、统一的社会民主党的工作的一个组成部分"。^②毛泽东在《在延安文艺座谈会上的讲话》中提道："在现在的世界上，一切文化或文学艺术都是属于一定的阶级，属于一定的政治路线的。为艺术的艺术，超阶级的艺术，和政治并行或相互独立的艺术，实际上是不存在的。无产阶级的文学艺术是无产阶级整个革命事业的一部分"。^③有人把列宁和毛泽东的话视为"文艺从属于政治"的理论依据，这实际上是割裂了列宁的话与列宁所处的社会现实；割裂了毛泽东的话与毛泽东所处的社会现实。

列宁时期，无产阶级革命已经进入夺取政权的阶段，阶级对抗空前剧烈，意识形态领域里的斗争趋于白热化，在文艺领域里也两军对垒，旗帜鲜明地提出了各自的政治主张和文艺观。无产阶级政党要求文艺宣传其政治纲领和世界观、价值观，配合其革命斗争，资产阶级则打出"无党性"的旗号，反对"党派的艺术"，鼓吹文学创作的绝对自由，其实质是反对无产阶级文艺、反对文艺为无产阶级革命斗争服务。列宁强调的"文学的党

---

① 《马克思恩格斯选集》（第四卷），人民出版社1995年版，第506页。

② 《列宁选集》（第一卷），人民出版社2012年版，第647页。

③ 《毛泽东选集》（第三卷），人民出版社1991年版，第822页。

性"是指无产阶级的文学应当成为"党的文学",并不是要求一切文学都成为无产阶级政党的文学,更不是主张一切文学艺术都从属于无产阶级政治。不理解这一点,也就不能理解列宁对贝多芬、赫尔岑、车尔尼雪夫斯基、托尔斯泰等非无产阶级文学家、艺术家的高度评价。列宁也曾强调:"文学事业最不能作机械的平均、划一,少数服从多数。无可争论,在这个事业中,绝对必须保证有个人创造性和个人爱好的广阔天地,有思想和幻想、形式和内容的广阔天地。"①同样,我们如果断章取义地理解毛泽东的话,也就无法理解毛泽东同志对中国古代传统文化的欣赏和赞美,我们就会走到受"左"的思想支配的歪曲的道路上去。

邓小平提出文艺不从属于政治,是对马克思主义文艺思想的继承,是在总结无产阶级文艺运动的历史的基础上得出的结论。改革开放初期,邓小平的这一论断,极大地激发了文艺工作者的创作热情,并为新时期社会主义文艺的发展开辟了广阔的空间。

如果说邓小平关于"文艺不从属于政治"的论断有着解放束缚文艺发展的枷锁的重大意义,那么,他的关于"文艺是不可能脱离政治"的论断则有着为文艺发展导航的重要作用。他的这两个论断,共同构成了他关于文艺与政治的关系的辩证思想,是对马克思主义文艺思想的整合和发展。他的这一思想,既揭示了文艺的相对独立性,又揭示了文艺同政治之间的内在联系。文艺同政治之间的联系是相互的:一方面,文艺是社会生活的反映,而艺术工作者身处于现实社会之中,其作品或多或少地会反映出作者的阶级倾向和政治倾向,并反映一定的政治现实;另一方面,政治是充满功利色彩的,不论是保守落后的政治,还是进步先进的政治,它都会通过各种手段来扩大它的影响,其中艺术便是一个重要的手段。普列汉诺夫说:"任何一个政权只要注意到艺术,自然就总是偏重于采取功利主义的艺术观。它为了本身的利益而使一切意识形态都为它自己所从事的事业服务,……不该认为,功利主义的艺术观好像主要是革命者或一般具有先进

---

① 《列宁选集》(第一卷),人民出版社 2012 年版,第 648 页。

思想的人们所特有的"，①"功利主义的艺术观不论与保守的情绪或革命的情绪都能很好地适应"。②因此，从这个层面上讲，邓小平提出"文艺不从属于政治"，也是真正的贯彻"百花齐放，百家争鸣"的方针的体现。

总之，邓小平关于文艺与政治的关系的论述，是他在总结国际、国内，近代、当代的文艺运动的历史经验的基础上提出来的，是对马克思主义文艺理论的继承和发展，既体现了他全面贯彻"双百"方针，又巩固了他所提出的文艺的"二为"方向。

【案例】 批判《海瑞罢官》

把文艺当作政治的工具，最典型的例子莫过于对新编历史剧《海瑞罢官》的批判，此事也是"文革"的导火索。1965年2月，江青来到上海，她的上海之行目的有二：其一是与张春桥一起插手修改京剧《林海雪原》；其二是物色撰写批判《海瑞罢官》的人选。张春桥便举荐了姚文元。在张春桥看来，姚文元是搞文艺评论的，而且在文艺界一直以"左"的面目出现，早有"棍子"的绰号。于是便有了《评新编历史剧〈海瑞罢官〉》的出笼。姚文元的文章并不是在作认真的学术讨论，而是借题发挥、无限上纲、栽赃陷害，其目的是要在意识形态领域里、在知识分子中，展开一场空前的"横扫""围歼"。然而姚文元的文章发表之后的最初20多天里，虽然除北京、湖南外，全国各报刊立即纷纷转载，声势不可谓不大，但是大煞风景的却是应者寥寥。文艺学术界一则不知其底蕴，二则畏其来势汹汹，大都以沉默的态度对待。其他部门和领域里的人们，对几年来文艺学术界中声色俱厉、上纲上线的过火批判早已习以为常，对此也未予重视。结果，在这20多天里，《文汇报》仅收到三篇有关《海》剧的稿件。这样冷冷清清的局面使江青和张春桥大为不满。于是张春桥就准备"引蛇出洞"。12月10日，他要上海市委宣传部长出面召开一个关于《海》剧的座谈会。张春

---

① 格奥尔基·瓦连廷诺维奇·普列汉诺夫：《没有地址的信——艺术与社会生活》，曹葆华译，上海三联书店1973年版，第216—217页。
② 同上书，第222页。

桥害怕与会者不说话，会前，张春桥就对宣传部长说，我们现在要"放"。如果别人不敢提相反意见，你可以先表个态，就说姚文元的文章可能是正确的，也可能是不正确的；可能是小部分正确，大部分不正确的……你带头一讲，大家就敢讲了。张春桥本人也在这个会上发言了，然而张放出的空气、撒出的诱饵，仍然收效甚微。"蛇"未出洞，"鱼"未上钩。几年来文艺界、学术界的风风雨雨给人们留下的印象太深了，文艺学术界的学者专家知其来意不善，采取了虚与应付的态度，很少有人认真对待。12月中旬，在一个理论工作会上，张春桥竟号召与会教授、专家"挺身而出"，"勇于当反面教员"，"主动给青年当批判的靶子"。与会专家相顾愕然，瞠目而不知所云。张春桥看"钓鱼"不行，又进行狡诈的欺骗。12月31日，他指令《文汇报》出面召开上海史学界、文艺界部分人士座谈《海》剧，会前宣布是内部讨论，不登报，不发表，畅所欲言。会上，周予同、周谷城、李平心等历史学家纷纷发言，不同意姚文元强词夺理地上纲上线。会议结束时，主持人突然宣布要把讨论整理成文，公开发表，学者们哗然，大呼"上当"。这仅仅是批判《海》剧的一个序幕，也是文艺成为政治工具的序曲。

三、对于文艺队伍的估计

我们党在一段时期以来，在知识分子问题上存在"左"的偏颇，这种状况在"文革"期间达到了登峰造极的地步，这无疑对新中国知识分子造成了沉重的精神压力，从而使知识分子作为社会良心的精神卓越感在这种异化状态下，完全被抹煞。知识分子失去了主体感觉，失去了自己的独立人格，这无疑是我国历史演化进程中莫大的悲剧。这种历史的巨大创痛，我们可以从作家张贤亮的《绿化树》《男人的一半是女人》等小说中得到刻骨铭心的感受。十年内乱期间，林彪、"四人帮"更把知识分子说成是"臭老九"，与地、富、反、坏、右、叛徒、特务、"走资派"相并列。1971年《全国教育工作会议纪要》中提到的针对知识分子的"两个估计"就是执行错误的知识分子路线的重要依据。所谓"两个估计"就是：(1)"文化大革命"前十七年教育战线是资产阶级专了无产阶级的政,即所谓"黑线专政"(此语从"文艺黑线专政"扩展而来);(2)知识分子的大多数世界观基本上是资产阶级的,是资产阶级的知识分子。[1]党的十一届三中全会以后,邓小平从中国知识分子的政治思想实际出发,在拨乱反正中断然否定了对知识分子估计的旧提法。他以马克思列宁主义的创始人马克思、列宁对脑力劳动者的科学论述为依据,结合中国知识分子自新中国成立以来的表现,明确提出,"总的说来,他们的绝大多数已经是工人阶级和劳动人民自己的知识分子,因此也可以说,已经是工人阶级自己的一部分"。[2]文艺工作者是知识分子队伍的一部分。在对知识分子队伍作了这样的马克思主义的估计以后,邓小平又如此估计了我国的文艺工作者队伍:"文艺工作者理应受到党和人民的信赖、爱护和尊敬。斗争风雨的严峻考验证明,从总体来看,我们的文艺队伍是好的。有这样一支文艺队伍,我们党和人民是感到十分高兴的。"[3]

而邓小平确立"知识分子是工人阶级一部分"这一地位,使得广大文艺工作者在社会主义精神文明建设中的重要作用得到了充分的肯定,从而使得我国知识分子从此逐渐消退了"原罪"感。重新以民族的良心、国家的良心的批判性主体的面目和独立人格出现在世人面前,这种精神状态的深刻嬗变,是导致改革开放以来,我国文艺事业出现崭新格局的深层动力。

四、邓小平的文艺创作理论

(一)正确处理文艺创作中内容与形式的关系

马克思主义经典作家主张,在文艺创作时,既使作品有思想内容,又使作品具备完美的艺术形式,二者不可偏废。恩格斯主张从美学理想与社会理想的结合上进行艺术创作。所谓社会理想,是指特定社会历史时期社会成员的某种社会追求,它体现于文艺作品的内容方面。所谓美学理想,

---

① 邱明正、蒯大申:《邓小平文艺思想论稿》,上海文艺出版社 2004 年版,第 228 页。

② 《邓小平文选》(第二卷),人民出版社 1993 年版,第 86 页。

③ 同上书,第 180 页。

是指特定历史时期社会成员的某种美学追求，它主要体现于文艺作品的形式方面。毛泽东曾要求"政治和艺术的统一，内容和形式的统一，革命的政治内容和尽可能完美的艺术形式的统一"。①

邓小平继承了上述马克思主义经典作家关于文艺创作的思想，他在论及文艺问题时，总是既谈文艺的思想内容，又谈文艺的艺术形式。他在号召文艺要"努力用社会主义思想教育人民，给他们以积极进取、奋发图强的精神"的同时，希望"文艺工作者还要不断丰富和提高自己的艺术表现能力"，塑造出"有血有肉、生动感人的艺术形象"。② 这表明，邓小平既重视文艺作品中表现出的社会理想，又重视文艺作品显示出的美学理想，而且特别强调二者的统一。

邓小平还根据我国新时期的具体情况，明确指出社会主义文艺的社会理想的具体内容。他说："为社会主义、共产主义而奋斗，这是我们马克思主义者过去闹革命的最大目标和崇高理想。现在我们搞经济建设，仍然要坚持社会主义道路，坚持共产主义的远大理想，年轻一代尤其要懂得这一点。"邓小平深知共产主义理想的实现需要经过相当长期的奋斗，为此，他提出我国人民应当树立的近期社会理想。他指出实现四个现代化，"是今后一个相当长的时期内全国人民压倒一切的中心任务"，③ 文艺工作者要"在意识形态领域中，同各种妨害四个现代化的思想习惯进行长期的、有效的斗争"。④ 文艺作品中的社会理想属于社会意识形态范畴，是由社会存在决定的，随着社会生活的发展变化而发展变化。邓小平关于今天的文艺工作要为"四化"建设服务的思想，是他运用马克思主义分析我国新时期实际情况所得出的科学结论。

文艺的社会理想体现于作品的思想内容，其美学理想主要体现于作品的艺术形式。在一部具体的作品中，这两者往往不平衡。邓小平希望我们

---

① 《毛泽东选集》(第三卷)，人民出版社1991年版，第869页。
② 《邓小平文选》(第二卷)，人民出版社1993年版，第210—212页。
③ 同上书，第208—209页。
④ 同上书，第209页。

的文艺要力求做到思想内容与艺术形式的统一，文艺工作者既要"在艺术上精益求精，力戒粗制滥造"，①又要"认真严肃地考虑自己作品的社会效果"。对那些虽有一定艺术性，但思想内容有严重错误的文艺作品，则应当予以排斥。基于文艺审美理想即社会理想与美学理想相统一的认识，邓小平还提出正确处理文艺作品的社会效益和经济效益的关系的原则。一般说来，文艺作品所蕴含的社会理想，必然产生一定的社会效益。在社会主义市场经济条件下，文艺作品同物质产品一样，要进入市场，产生一定经济效益。这两者也往往存在不平衡现象。邓小平指出："思想文化教育卫生部门，都要以社会效益为一切活动的唯一准则，它们所属的企业也要以社会效益为最高准则。"②在市场经济条件下，文艺作品及其他精神产品，都不可避免地具有商品的属性，会具有交换价值，但其市场交换价值，并不会完全体现其精神价值。中外文学史上那些凝聚着时代精神的民族之魂，或者具有很高思想艺术造诣的作品，其价值是无法用金钱来衡量的。邓小平首次明确提出文艺创作"要以社会效益为一切活动的唯一准则"的科学论断，是对马克思主义文艺理论的一个独特贡献。

改革开放以来，在邓小平文艺理论指导下，广大文艺工作者创作出一大批社会理想与美学理想达到完美统一的佳作，为社会主义精神文明建设作出了贡献。但也必须看到，"有些人竟用一些庸俗低级内容和形式去捞钱"，他们"只顾迎合一部分观众的低级趣味，而不惜败坏社会主义文艺工作者光荣称号"。邓小平批评过的上述现象，至今仍未绝迹，某些方面甚至还有发展。还有些文艺界人士鼓吹"纯审美""纯艺术""非理性""非意识形态化"等谬论，竭力贬低以鲁迅、郭沫若、茅盾为代表的革命文学，吹捧那些对人民革命持消极态度的作家。这些严重地影响着社会主义精神文明建设，应当引起我们的高度重视。

（二）正确处理文艺作品中理想与现实的关系

马克思主义唯物主义认识论的基础，决定了它在美学思想方面必然坚

---

① 《邓小平文选》(第二卷)，人民出版社 1993 年版，第 211 页。
② 《邓小平文选》(第三卷)，人民出版社 1993 年版，第 145 页。

持现实主义原则。马克思主义经典作家反对文艺作品中脱离现实的理想化，当然不是反对文艺作品表现理想。在他们看来，革命阶级只有在对理想的不懈追求中，才能推动历史前进。在马克思主义经典作家看来，优秀的文艺作品中，现实因素和理想因素是结合在一起的，理想是现实基础之上的理想，现实是蕴藏着理想的现实。他们既反对超越历史和超越现实的虚假空想，又反对缺乏理想之光、拘泥于现实的自然主义倾向。

以毛泽东为代表的中国共产党人，将马克思主义文艺理论同我国革命文艺的实际相结合，创造性地发展了马克思、恩格斯、列宁等文艺的审美理想同社会现实的关系的思想，提出了革命现实主义与革命浪漫主义相结合的创作原则。这就是说，文艺的审美理想应寓于对现实的真实描绘中，而在对现实的真实描绘中，又要蕴含着崇高的审美理想，二者要有机地融合在一起。

邓小平一方面注重文艺要真实地反映客观现实，要求社会主义文艺"真实地反映丰富的社会生活，反映人们在各种社会关系中的本质"；[①] 另一方面，他又主张文艺表现革命人民的进步理想，努力塑造"有共产主义理想"的光辉形象，以激励读者树立坚定的共产主义理想，使之"真正做到有理想、有道德、有文化、守纪律，为伟大壮丽的社会主义现代化建设事业而英勇奋斗"。早在 1975 年，邓小平在极端困难的条件下，就设法将被"四人帮"扼杀的故事影片《创业》解放出来，同广大观众见面。邓小平还多次对"四人帮"炮制的某些歪曲历史与现实的"假、大、空"的"样板戏"，进行了严肃批评。凡此种种，充分表明在邓小平的文艺审美理想观中，含有将反映现实与表现理想相统一的思想。

邓小平关于表现理想与反映现实相统一的文艺审美理想观，还突出地表现在他关于塑造社会主义新人形象及写好生活中"普通人们的劳动、斗争和悲欢离合"的论述中。人类发展史上的每个历史时代，都会涌现出一批新的人物，他们集中地代表着时代的要求和历史发展的趋势，闪烁着先进阶级理想的光辉。文艺表现先进阶级的理想，就要塑造鲜明生动的时代新人形象。

---

① 《邓小平文选》(第二卷)，人民出版社 1993 年版，第 210 页。

邓小平坚持并发展了马克思主义经典作家们的思想，将塑造和培养"社会主义新人"形象的任务，提到文艺工作者面前："我们的文艺，应当在描写和培养社会主义新人方面付出更大的努力，取得更丰硕的成果。要塑造四个现代化建设的创业者，表现他们那种有革命理想和科学态度、有高尚情操和创造能力、有宽阔眼界和求实精神的崭新面貌。"①关于社会主义新人，邓小平进一步解释说，这就是"有理想、有道德、有文化、有纪律"的新人。②他还说"培养社会主义新人就是政治"。这里，邓小平不但将培养社会主义新人的意义提到了前所未有的高度，而且对社会主义新人的特征作了具体的概括和详细的论述，这在马克思主义文艺思想史上是很突出的。与此同时，邓小平又希望文艺工作者还要写好"普通人们的劳动、斗争和悲欢离合"。生活中的社会主义新人只占少数，他们必须带领和团结广大普通的人们，同腐朽势力进行斗争，才能将"四化"大业不断地推向前进。所以，文艺要塑造好社会主义新人形象，就必须同时写好"普通人们的劳动、斗争和悲欢离合"，否则，不但不能真实地反映丰富多彩的社会现实，而且社会主义新人的光彩也难以显现。当然，相比之下，塑造好社会主义新人形象，对作家艺术家从正面集中、鲜明地表现进步的审美理想，具有更为重要的作用，这就要求文艺家要以满腔热情，浓墨重彩地描绘他们。这也正是邓小平对塑造社会主义新人形象讲得特别多、特别详细的原因所在。

新时期以来，广大文艺工作者遵照邓小平的指示，认真学习马克思主义文艺思想，深入社会生活，成功地创造出一批社会主义新人形象，在培养社会主义新人方面发挥了积极作用。但也应当指出，正如邓小平当年批评的那样，文艺界的某些人对党和人民的革命历史和他们为社会主义现代化而奋斗的英雄业绩，缺少加以表现和歌颂的热忱，对社会主义事业中需要解决的问题，很少站在党的积极的革命的立场上提高群众的认识，激发他们的热情，坚定他们的信心。有的人鼓吹什么"躲避崇高""非英雄化""零度感情"创作，致使一些不健康的文艺作品出现，危及人民群众、

---

① 《邓小平文选》(第二卷)，人民出版社 1993 年版，第 209—210 页。
② 《邓小平文选》(第三卷)，人民出版社 1993 年版，第 209 页。

特别是广大青少年的身心健康，这是需要认真加以解决的。

（三）文艺创作要体现时代性

作为社会理想与美学理想相统一的文艺审美理想，其进步的社会理想，突出表现为作品中所反映的时代精神，即一个时代中能体现其本质、反映其发展趋势的思想体系。因而，文艺表现进步的社会理想，就必须弘扬时代精神。又由于文艺家及其所反映的社会生活，以及欣赏者的主观条件等诸种因素，决定了文艺在突出反映时代精神的同时，还必须提倡百花齐放，无论作品的内容或形式，都应当如此。

邓小平作为无产阶级革命家，积极倡导社会主义文艺表现时代精神。时代精神作为社会意识形态，是由社会存在决定的，不同历史时代有着不同的时代精神。我们今天的时代精神，即指那些体现了我国当今社会的本质，表现了我们这个时代前进的要求和历史发展的趋势的思想意识、价值观念、精神境界等，其具体内容，包括实事求是的精神，无私奉献的精神，艰苦创业、开拓进取的精神……这些，也正是邓小平反复号召文艺工作者所要弘扬的精神。他说："我们的人民勤劳勇敢，坚韧不拔，有智慧，有理想，热爱祖国，热爱社会主义，顾大局，守纪律。几千年来，特别是五四运动以后的半个多世纪来，他们满怀信心，艰苦奋斗，排除一切阻力，一次又一次地写下了我国历史上光辉灿烂的篇章。任何强大的敌人都没有把他们压倒。任何严重的困难都没有把他们挡住。文艺创作必须充分表现我们人民的优秀品质，赞美人民在革命和建设中、在同各种敌人和各种困难的斗争中所取得的伟大胜利。"[1] 邓小平要求社会主义文艺要"真实地反映丰富的社会生活，反映人们在各种社会关系中的本质，表现时代前进的要求和历史发展的趋势，并且努力用社会主义思想教育人民，给他们以积极进取、奋发图强的精神"。[2] 邓小平上述论断给我们这样的启示：我们的文艺之所以要反映时代精神，是由我国当前的现实及社会主义文艺的性质所决定的。从我国当前的现实来看，我国已进入社会主义现代化建设新时期，

---

① 《邓小平文选》（第二卷），人民出版社 1993 年版，第 209 页。

② 同上书，第 210 页。

勤劳勇敢的中国人民正满怀信心，艰苦奋斗，谱写着社会主义建设的新篇章。前进的路上尽管还会有艰难险阻，但任何力量都无法阻挡我们向社会主义现代化迈进。这是我国历史发展的总趋势，它构成了当今我们生活的主流。我们的文艺要真实地反映现实，就不能不反映这种时代精神。从我们文艺的社会主义性质来看，它应坚持"为人民服务，为社会主义服务"的正确方向。为此，就必须表现我国人民的优秀品质，赞美人民群众在革命和建设中不断取得的伟大胜利，弘扬爱国主义、集体主义、社会主义的崇高精神，以此去鼓舞群众斗志，凝聚民族力量，激发社会活力，从而加快我国向社会主义现代化迈进的步伐。

邓小平在倡导文艺反映时代精神的同时，还号召文艺创作要百花齐放。在 20 世纪 50—80 年代，他曾多次强调要"坚持百花齐放、百家争鸣的方针"。不仅如此，他还具体地阐明了坚持这一方针的重要意义，指出："我国历史悠久，地域辽阔，人口众多，不同民族、不同职业、不同年龄、不同经历和不同教育程度的人们，有多样的生活习俗、文化传统和艺术爱好。雄伟和细腻，严肃和诙谐，抒情和哲理，只要能够使人们得到教育和启发，得到娱乐和美的享受，都应当在我们的文艺园地里占有自己的位置。英雄人物的业绩和普通人们的劳动、斗争和悲欢离合，现代人的生活和古代人的生活，都应当在文艺中得到反映。"[1] 他还指出："围绕着实现四个现代化的共同目标，文艺的路子要越走越宽，在正确的创作思想的指导下，文艺题材和表现手法要日益丰富多彩，敢于创新。要防止和克服单调刻板、机械划一的公式化概念化倾向。"[2] 邓小平的上述论断启示我们，文艺创作坚持百花齐放的方针，是由艺术规律所决定的。从文艺反映的对象看，我国社会主义文艺主要反映我国人民的社会生活，而我们的国家"历史悠久，地域辽阔，人口众多"，这种丰富多彩的生活反映到文艺作品中，也应当是百花齐放，异彩纷呈。从文艺创作者看，作家艺术家的创作个性千差万别，各不相同，而"文艺这种复杂的精神劳动，非常需要文艺家发挥个人的创

---

① 《邓小平文选》（第二卷），人民出版社 1993 年版，第 210 页。
② 同上书，第 211 页。

造精神"。① 只有坚持百花齐放的方针，方可使文艺家的个性、天赋、才能得到充分发挥。从文艺的欣赏者看，不同民族、不同职业、不同经历、不同文化教养的人们，有着不同的艺术爱好。只有坚持百花齐放的方针，方可充分满足广大读者不同的欣赏需求，使其都能从欣赏文艺作品中"得到教育和启发，得到娱乐和美的享受"。

综上所述，邓小平认为，文艺创作中弘扬时代精神与坚持百花齐放，是对立统一的关系。一方面，弘扬时代精神应当成为社会主义文艺的主调，如同交响乐中的"主旋律"；另一方面，社会主义文艺在题材、形式、风格方面，要百花齐放，亦即所谓"多样化"，二者应和谐地统一在一起。邓小平将文艺创作中弘扬时代精神与坚持百花齐放相统一的思想，阐述得如此具体，如此明确，如此深刻，这在马克思主义文艺理论发展史上，同样是非常突出的。

新时期以来，广大文艺工作者积极响应邓小平的号召，创作出大批题材、风格、形式虽然各不相同，但都弘扬了爱国主义、集体主义、社会主义的思想和精神的作品，奏响了时代的主旋律。然而，不可讳言的是，有些人士对弘扬主旋律的主张反应冷漠，他们将"表现自我"说成是文艺创作的"最高目的"，宣扬文艺要"远离时代"，"淡化时代"。受其影响，一些作者完全脱离开人民群众火热的斗争生活，随心所欲地去表现"我"的奇思怪想，或者把"我"的无聊生活堆砌到作品中，供人观赏。这些现象从反面提醒我们，文艺工作者只有认真学习邓小平文艺理论，自觉地在人民生活中汲取题材、主题、情节、语言、诗情和画意，用人民创造历史的奋发精神来哺育自己，才能使我们的社会主义文艺走向更大的繁荣，从而使之更好地为人民服务，为社会主义服务。

五、邓小平的文艺批评理论

文艺批评是促进文艺繁荣发展必不可少的一个环节。文艺批评既是文

---

① 《邓小平文选》(第二卷)，人民出版社 1993 年版，第 213 页。

艺发展的重要动力，又是党领导文艺工作的主要方法之一。[①] 正确的、科学的文艺批评对文艺的繁荣、进步有着巨大的促进作用，是推动文艺发展的主要动力之一。而那些违背文艺创作客观规律的文艺批评往往会给创作者带来创伤，甚至给一个时代的文艺风气带来消极的、有害的影响。

新中国成立以后的很长一段时间里，由于"左"的思想一直在党的领导工作中占据着统治地位，文艺批评也因此受到了很大的负面影响，本来应该是研究性质、学术性质的文艺批评，却在很多时候被贴上了政治标签，一个文艺作品，动辄就被扣上了"资产阶级反动思想""封建思想残余""反革命"等帽子。这不仅严重挫伤了广大文艺工作者的积极性，也使得文艺批评成为某些别有用心的人为清除异己而网罗罪名的重要工具。例如，1965年江青、康生、张春桥、姚文元等人在毛泽东的支持下批判新编历史剧《海瑞罢官》，这是一次歪曲原作、在政治上无限上纲、借文艺批评之名行政治迫害之实的典型事件。《海瑞罢官》本是北京市副市长、明史专家吴晗在毛泽东1959年4月提倡学习海瑞精神之后，受人之托而创作的。1961年1月，北京京剧团首演此剧。当时毛泽东还很高兴，在家中接见了主演海瑞的京剧表演艺术家马连良先生。但是，到了1965年初，毛泽东听信了江青、康生所说的《海瑞罢官》同庐山会议有关、同彭德怀有关的谗言，决定公开点名批判《海瑞罢官》。在江青、张春桥的授意下，姚文元炮制了批判文章《评新编历史剧〈海瑞罢官〉》，文章捕风捉影地把《海瑞罢官》中所写的"退田""评冤狱"，同所谓"单干风""翻案风"联系起来，硬说"退田""平冤狱"就是"当时资产阶级反对无产阶级专政和社会主义革命地斗争焦点"，硬把《海瑞罢官》打成"一株毒草"。[②] 这篇文艺批评题材的文章，也就成了"文化大革命"的导火索。

面对"文化大革命"时期遗留下来的极"左"的文艺批评思想，以及改革开放新时期文艺界存在的一定程度上"一切向钱看"的歪风，邓小平都提出了尖锐的批评，为我国社会主义文艺的健康发展指明了方向。邓小

---

① 邱明正、蒯大申：《邓小平文艺思想论稿》，上海文艺出版社2004年版，第334页。
② 同上书，第336—337页。

平在《关于思想战线上的问题的谈话》中特别强调两个"一定",说"不做思想工作,不搞批评和自我批评一定不行。批评的武器一定不能丢"。①

（一）文艺批评的标准

文艺批评的标准是人们对文艺的本质、特征和社会功用的认识在文艺批评中的具体表现。这种标准总是同人们的政治立场、思想观点和价值观、审美观、文艺观紧密相连的。它是人们从自己所接触到的文艺作品、文艺现象中概括、提炼出来的,它表现为人们对文艺创作的总体要求和对文艺作品的具体要求。邓小平在坚持马克思主义关于文艺批评的基本立场和观点的基础上,结合改革开放社会主义建设的实际,赋予了文艺批评标准以新的内涵。邓小平将文艺批评的标准概括为根本标准、思想政治标准和艺术标准。

根本标准是邓小平将文艺问题置于建设有中国特色的社会主义事业整体架构进行宏观思考的产物,是一切事业包括文艺事业都必须遵循的标准。关于这个根本标准,邓小平曾做过多次概括和表述:判断改革和各方面工作的是非得失,归根到底,"应该主要看是否有利于发展社会主义社会的生产力,是否有利于增强社会主义国家的综合国力,是否有利于提高人民的生活水平"②。"三个有利于"的标准具有普遍的意义,江泽民在十四大报告中将它视作"判断各方面工作的是非得失"的标准,当然也是文艺批评的根本标准。因为,文艺产品在满足人民群众的审美需要方面,是每日不可或缺的精神食粮。审美需求和享受得到满足程度的高低,是衡量人民群众精神文化生活水平的重要标准之一。文艺属于意识形态的范畴,不能不具备一定的思想性、倾向性和政治性。判断一部作品政治态度和思想倾向好与坏、是与非的客观标准,是由一定历史时期的社会性质、任务决定的,从而不同时期又有不同的具体内涵。在改革开放新的历史条件下,邓小平提出了新的政治标准和原则要求,这就是四项基本原则。它是我们事业健康发展的根本前提和保证,四项基本原则对于新闻出版、广播影视和文学

---

① 《邓小平文选》(第二卷),人民出版社1993年版,第390页。

② 《邓小平文选》(第三卷),人民出版社1993年版,第372页。

艺术等方面的工作，尤其具有直接的不容违背和动摇的约束力，"如果动摇了这四项基本原则中的任何一项，那就动摇了整个社会主义事业"①。四项基本原则应当是文艺批评中必须共同遵守的思想政治标准。

1942 年，毛泽东在《延安文艺座谈会上的讲话》中，除了讲述文艺批评的政治标准之外，还提出了文艺批评的艺术标准，要求政治标准和艺术标准的统一。邓小平在阐述文艺批评具体价值尺度和准则时，对毛泽东文艺思想有所继承也有所发展。他主张文艺作品力求达到内容与形式统一，并结合实际赋予了全新的内涵和要求。他科学地总结了各种创作实践经验，总是将"写什么和怎么写""思想成就和艺术成就"结合起来看问题，既要求"认真严肃地考虑自己作品的社会效果"，又要求在艺术上"精益求精，力戒粗制滥造"，力求达到内容与形式的高度统一。他不能容忍那种艺术上软弱无力和毫无新鲜气息的平庸之作，倡导"防止和克服单调刻板、机械划一的公式化概念化倾向"，鼓励"文艺题材和表现手法要日益丰富多彩、敢于创新"。②同时，他也坚决反对那种脱离内容孤立地侈谈艺术性的错误倾向。在谈及根据剧本《苦恋》拍摄的电影《太阳和人》时，邓小平尖锐地指出："有人说这种电影艺术水平比较高，但是正因为这样，它的毒害也就会大。"③不言而喻，在他看来，只有深刻的思想内容与完美的艺术形式高度统一的作品，才是广大人民群众最迫切需要的"最好的精神食粮"和无愧于我们时代与民族的文艺精品。同时，他顺应历史潮流的发展，对文艺创作提出了符合我们时代特点和建设有中国特色的社会主义客观实际的具体要求，为文艺创作和文艺批评指明了应当努力遵循的基本原则。

（二）文艺批评工作的原则

在提出和制定了判断文艺作品是非得失根本标准和具体的价值尺度之外，邓小平还深刻阐明了社会主义文艺批评应当遵循的一般原则。

---

① 《邓小平文选》（第二卷），人民出版社 1993 年版，第 173 页。

② 参见邓小平《在中国文学艺术工作者第四次代表大会上的祝词》。

③ 《邓小平文选》（第二卷），人民出版社 1993 年版，第 391 页。

文艺批评是文艺发展的重要动力，也是一项十分复杂细致的工作。邓小平在第四次全国文代会《祝词》中说："虚心倾听各方面的批评，接受有益的意见，常常是艺术家不断进步、不断提高的动力。在文艺队伍内部，在各种类、各流派的文艺工作者之间，在从事创作与从事文艺批评的同志之间，在文艺家与广大读者之间，都要提倡同志式的、友好的讨论，提倡摆事实、讲道理。允许批评，允许反批评；要坚持真理，修正错误。"①这些话，是我们正确地开展文艺批评必须坚持的一般原则。这些原则归纳起来，有以下几个方面：

1. 平等原则

批评与被批评，批评家与作家、艺术家之间，应该是平等的同志关系和朋友关系。坚持平等的关系，就应当好处说好，坏处说坏，实事求是。揭示作品的优长和独创之处，是对文艺家的热情鼓励和褒扬，而不是庸俗的吹捧；指出作品的缺欠和不足，乃至对某种不良倾向提出严肃的批评，也出于真诚的关怀和爱护，帮助其认识不足，改正错误，创作出更好的作品来，而不是别有用心的攻击。

2. "不要横加干涉"的原则

在总结批判"四人帮"对文艺工作的野蛮破坏、扼杀文艺生机的罪行时，邓小平指出："在文艺创作、文艺批评领域的行政命令必须废止。"又说："文艺这种复杂的精神劳动，非常需要文艺家发挥个人的创造精神。写什么和怎么写，只能由文艺家在艺术实践中去探索和逐步求得解决。在这方面，不要横加干涉。"②"不要横加干涉"是党和政府领导部门必须遵循的批评原则。文艺创作是一种复杂的创作活动，有其自身的特点和规律，如果运用组织物质生产或行政管理的办法指挥艺术生产，必然会犯瞎指挥的错误。"不要横加干涉"，当然不是说对明显违背四项基本原则的错误倾向，也置若罔闻，不发表批评意见。否则，就难免会造成错误的思潮和资产阶级自由化的泛滥。

---

① 参见邓小平《在中国文学艺术工作者第四次代表大会上的祝词》。
② 《邓小平文选》(第二卷)，人民出版社1993年版，第213页。

3. 维护人民利益的原则

这是由文艺的社会主义性质和方向决定的。"人民是文艺工作者的母亲","人民需要艺术,艺术更需要人民"①。文艺的源泉、生命、表现对象和最广大、最主要的受众,都是人民。而且,社会主义文艺的根本宗旨和最高目标,就是维护亿万人民群众的利益。人民群众不仅是文艺的接受者,也是作品欣赏和评判的主体。由于文艺与人民自身利益血肉相连,从而后者往往直接或间接地表达自己的意见,这种意见理应受到批评家和文艺家的高度重视。这是任何时候必须坚持的原则。这样说当然不是贬低和排斥专门的文艺批评,而是说文艺批评的专家不能自以为是,高高在上,拒不听取人民的心声。否则,这种批评就会连同它的批评对象一起,遭到人民的冷漠。

文艺批评的标准和原则是根据一定的社会思想观点和美学观点提出来的,同时又是适应一定历史时期广大人民群众的欣赏需要、审美趣味及文艺发展的需要形成,并随历史的发展而发生变化的。邓小平的文艺批评理论就是在新的历史条件下对社会实践和艺术实践高度概括的产物。

【案例】 批判俞平伯的"红学"

"新红学"在批判"旧红学"的过程中形成,以其进步的研究方法战胜了"旧红学"而自成一派,在校勘、考订及至追根溯源、对作品的艺术鉴赏思想倾向的评价等方面均颇有建树。胡适提出的"自叙传"说,总起来比"索隐派"更接近作品的实际,注意到了作者的经历、思想与作品的关系,也是学术上的一个进步。然而,由于历史和认识的局限,"新红学"派仍然没有从各种谬误中解脱出来,没有也不可能提出或采用马克思主义的科学论证方法,因而也就不可能正确评价《红楼梦》的现实主义的思想意义和艺术价值。如何更好地继承这笔丰富、宝贵的文学遗产,是新时代条件下"红学"继续发展的一大课题。民族的、科学的、大众的文化建设,

---

① 《邓小平文选》(第二卷),人民出版社1993年版,第211页。

也要求通过像新旧"红学"交替时期那种必要的批判、扬弃，使"红学"逐步走向现实主义典型论的科学之门。正是这样的思想文化和社会历史的大背景，把两个"小人物"推到了"红学"争论的前台。

1954年，两位初涉文艺研究领域的青年——李希凡、蓝翎合写了一篇文章，对俞平伯的"红学"观点提出了尖锐的批评。山东大学学报《文史哲》1954年9月号发表了李、蓝的文章《关于〈红楼梦简论〉及其他》。该文着重批评俞平伯贬低《红楼梦》的"反封建现实意义"，宣扬《红楼梦》的"主题观念是色空"，是一部"怨而不怒"的书等"反现实主义的唯心论的观点"，指出《红楼梦》"以完整的艺术现象"体现了曹雪芹对"本阶级必然灭亡"的预感，写的是"活生生的现实人生悲剧"。"人们通过作者笔下的主人公的悲剧命运所获得的教育，不是坠入命定论的深渊，而是激发起对封建统治者及其他全部制度的深刻憎恨。"文章严厉批评俞平伯研究《红楼梦》的观点与方法，"基本上没有脱离旧红学家盟的窠臼"，因而得出了一系列"反现实主义的形式主义的结论"。这篇文章一开始就在有关方面引起不同的反响。9月中旬，当时在文化部文艺处任职的江青，拿着这篇文章到《人民日报》编辑部，要求中共中央机关报予以转载，以期展开对资产阶级唯心论的批判。《人民日报》及其有关主管部门领导周扬等认为，"党报不是自由辩论的场所"，不同意转载。后经折衷，指定在中国文联机关刊物《文艺报》第18期上全文转载。《文艺报》主编冯雪峰出面会见了两位青年作者，商谈了文章的观点及编辑事宜。10月10日，《光明日报》副刊"文学遗产"专栏发表李希凡、蓝翎的另一篇文章《评〈红楼梦研究〉》。该文批评俞平伯的新版《红楼梦研究》中所持的"自然主义的主观主义见解"，认为这种"把红楼梦作为一部自然主义（作品）来评价，而抽掉了它的丰富的社会内容的见解，无非是重复了胡适的滥调"，即符合胡适所说"红楼梦的真正价值在这平淡无奇的自然主义上面"。文章说俞平伯与胡适的目的也许不同，"但其效果却是一致的"。这里第一次把俞平伯同胡适直接联系起来批判。《光明日报》专栏编者按肯定了作者试图从"如何运用马克思主义科学观点去研究古典文学"方面，"提出一些问题和意见，是可供我们参考的"，希望以此引起大家的注意和讨论。10月24

日，《人民日报》又发表了李希凡、蓝翎的第三篇文章《走什么样的路？——评俞平伯先生关于〈红楼梦〉的错误观点》。这篇文章比起前两篇文章更多地带有了政治批判色彩，激烈地抨击"新红学"的实质是"士大夫阶级意识和买办思想的混血儿，是反动的实验主义在古典文学研究领域中的具体表现"；指责俞平伯"以隐蔽的方式，向学术界和广大青年读者公开地贩卖胡适之实验主义，使它在中国学术界中间借尸还魂"。

这种随意上纲的批判，在形成对俞平伯的政治性围攻当中具有相当的分量，起着某种"定调子"的引导作用，使得一拥而上的大量批判文章，处处都要上到反对"胡适派资产阶级唯心论"这个纲上，又把胡适派"新红学"的唯心主义学术观点，统统看作是为资产阶级政治服务的。这就不能不混淆学术观点与思想观念的界限，进而又混淆思想认识与政治立场的界限，也就很难谈得上批判的郑重性和科学性，结果只能是对俞平伯的"红学家"地位的一笔抹煞，对他在《红楼梦》的"辨伪""存真"等方面的功绩一概否定，在精神上造成对俞平伯及老一辈专家、学者的伤害，不利于学术研究工作的健康发展。

第三节　邓小平文艺理论的特点和时代价值

一、邓小平文艺理论的特点

邓小平理论与毛泽东思想是一脉相承的科学理论体系，邓小平的文艺观是邓小平理论的重要组成部分，因此，邓小平的文艺理论与毛泽东的文艺思想也有着千丝万缕的联系。毫不夸张地说，邓小平文艺理论中的大多数观点都能够在毛泽东的文艺思想中找到相互联系之处，这种联系并不是简单的"引用"性质的联系，而是继承和发展的联系，这里从邓小平的文艺理论中选取了三个最为突出的方面来阐释邓小平的文艺理论与毛泽东的文艺思想之间的联系。

（一）"解放思想，实事求是"在文艺工作中的统领地位

"解放思想，实事求是"既是毛泽东思想的精髓，也是邓小平理论的精

髓，当然也是邓小平文艺理论的精髓所在，因此，要坚持毛泽东思想、邓小平理论的指导地位，就要确立"解放思想，实事求是"在文艺工作的统领地位。20世纪70年代末80年代初，正是在"解放思想，实事求是"的思想照耀下，文艺工作者们积极地投入了全国范围的拨乱反正的伟大历史进程，将林彪"四人帮"强加给我国文艺工作者的种种污蔑不实之词彻底推翻，还新中国成立以来乃至五四新文化运动以来我国文艺战线的本来面目，使得在我国文艺领域彻底摆脱了"左"的思想的统治地位，文艺事业重新成为党的事业重要组成部分，重新成为人民群众精神生活的食粮，用以满足人民精神文化生活。

邓小平在1978年党的中央工作会议上的讲话，是在"文革"结束后首次提出"解放思想，实事求是"，并且鲜明地指出："一个党、一个国家、一个民族，如果一切从本本出发，思想僵化、迷信盛行，那它就不能前进，它的生机就停止了，就要亡党亡国。"[1] 他还说："只有解放思想，坚持实事求是，一切从实际出发，理论联系实际，我们的社会主义现代化建设才能胜利前进，我们党的马列主义、毛泽东思想的理论才能顺利发展。"[2] 正是由于坚持了"解放思想，实事求是"的路线，我们才取得了改革开放和社会主义现代化建设的伟大胜利；同样，也正是坚持"解放思想，实事求是"这一基本原则，我国的文艺事业的发展在"文革"结束以后又出现了新的高潮。正如邓小平在第四次文代会的祝词中指出的，由于坚持这一原则，在粉碎"四人帮"以后的短短几年间，文艺工作者心情舒畅，创作热情高涨，"已经出现了许多优秀的小说、诗歌、戏剧、电影、曲艺、报告文学以及音乐、舞蹈、摄影、美术等作品。这些作品，对于打破林彪、'四人帮'设置的精神枷锁，肃清他们的影响，对于解放思想，振奋精神，鼓舞人民同心同德，向四个现代化进军，起了积极的作用……文艺工作者理应受到党和人民的信赖，爱护和尊敬。斗争风雨的严峻考验证明，从总体来看，我们的文艺队伍是好的。

---

[1] 《邓小平文选》(第二卷)，人民出版社1993年版，第133页。

[2] 同上书，第143页。

有这样一支文艺队伍，我们党和人民是感到十分高兴的。"①

（二）加强党对文艺工作者的领导

坚持党对文艺事业的领导，是历史发展的必然要求，也是文艺事业健康发展的基本要求。坚持党对文艺事业的领导权问题并不是人们的主观愿望，也不是哪一位先哲突然想出来的，而是一种历史的必然，是各个阶级、政党的必然要求。②坚持共产党对文艺事业的领导，是历史发展到社会主义阶段的必然要求；而运用文艺宣传、贯彻本阶级的政治路线、思想路线和组织路线，也是无产阶级维护本阶级的统治、保证社会主义的前进方向的基本要求。

早在 1905 年，当俄国还处于沙皇的统治之下时，列宁就已经明确提出了"党的文学"的原则，指出"文学事业应当成为无产阶级总事业的一部分"。③而当马克思主义传入中国，中国掀起了轰轰烈烈的新民主主义革命的时候，领导无产阶级文化运动的重任就责无旁贷地落到了中国共产党的身上。毛泽东说："在五四运动以后"，"中国的新文化是新民主主义性质的文化"，"是无产阶级领导的人民大众的反的反封建的文化"。④中国共产党自从确立了党对军队的绝对领导这一原则以后，也逐步确立了党对革命事业的核心领导地位和党在建设社会主义事业中的核心领导地位；文艺事业既是革命事业的重要组成部分，也是社会主义建设事业的重要组成部分，那么坚持党对文艺事业的领导，就成为历届党的领导人所坚持的一贯原则。邓小平指出："所有共产党员都要增强党性，遵守党的章程和纪律。不管是什么专家、学者、作家、艺术家，只要是党员，都不允许自视特殊，认为自己在政治上比党高明，可以自行其是。"⑤

邓小平在坚持党对文艺事业的领导的原则的基础上，又进一步提出了要加强和改善党对文艺事业的领导，这实际上是邓小平对毛泽东关于领导

---

① 《邓小平文选》(第二卷)，人民出版社 1993 年版，第 180 页。

② 邱明正、蒯大申：《邓小平文艺思想论稿》，上海文艺出版社 2004 年版，第 296 页。

③ 《列宁选集》(第一卷)，人民出版社 2012 年版，第 648 页。

④ 《毛泽东选集》(第二卷)，人民出版社 1991 年版，第 658—659 页。

⑤ 《邓小平文选》(第三卷)，人民出版社 1993 年版，第 46 页。

权问题上的思想的继承和进一步发展。根据新时期党的工作重心转移到社会主义现代化建设上来和实行改革开放的新形势发展的要求，为了"恢复"和"提高"党的战斗力、凝聚力，提高党的领导水平，更"有效""得力"地领导文艺事业和其他各项工作，他又适时地提出了必须"改善"党的领导思想，而且把改善领导作为坚持党的领导的先决条件，"为了坚持党的领导，必须努力改善党的领导"。① 邓小平本着"解放思想，实事求是"的原则，不仅提出了加强和改善党对文艺事业的领导这一原则，而且通过其在1979年10月30日《在中国文学艺术工作者第四次代表大会上的祝词》全面论述了这一思想。邓小平彻底否定了那种对文艺事业发号施令的领导方式，认为"在文艺创作、文艺批评领域的行政命令必须废止"，"写什么和怎么写，只能由文艺家在艺术实践中去探索和逐步求得解决"②，提出了从思想上引导文艺工作者的领导方式，认为要为文艺工作者的创作提供良好的条件。这些都是邓小平"实事求是"精神的生动体现，是对马克思主义文艺理论和党领导文艺的指导思想的创造性的发展。

（三）深厚的人民性

邓小平文艺理论具有深厚的人民性的特征，这一特征具有鲜明的马克思主义特性和无产阶级文艺理论的特点，是邓小平确关于文艺与人民的辩证思想的集中体现，其主要表现在以下五个方面：

第一，"我们的文艺属于人民"，是邓小平对社会主义文艺本质的深刻揭示，也是社会主义文艺发展的坚实基础和必要前提。"我们的文艺"就是社会主义文艺，它不属于资产阶级，不属于剥削阶级，不属于一小部分人或某一集团，也不属于个人所有，它属于人民，即社会主义文艺是人民的，人民拥有社会主义文艺的所有权、支配权、享受权、评判权。以"人民拥护不拥护""人民赞成不赞成""人民高兴不高兴""人民答应不答应"为评判文艺作品的基本准则，这是社会主义本质的内在规定性所决定了的。

第二，"人民是艺术工作者的母亲"，是邓小平对艺术生命与人民血肉

---

① 《邓小平文选》（第二卷），人民出版社1993年版，第268页。

② 同上书，第213页。

联系的深刻揭示，也是社会主义文艺保持青春活力的根本原因。1979 年，他在第四次文代会上的《祝词》中指出："人民是文艺工作者的母亲。一切进步文艺工作者的艺术生命，就在于他们同人民之间的血肉联系。忘记、忽略或是割断这种联系，艺术生命就会枯竭。"①古往今来，一切有出息、有成就的文学艺术家，必然是同本时代的最广大人民群众有深厚而密切的联系，从人民生活中汲取思想和营养，站在时代的最前头，为人民呐喊。那些看不起人民、脱离时代、脱离生活的精神贵族，空头艺术家，最终只能被时代和人民所抛弃；那些游离于改革开放和社会转轨时期社会生活复杂变化的历史大潮之外，漠视这场有史以来最深刻的社会巨变，只会无病呻吟、自我欣赏、自慰自恋的所谓艺术家，也只能被历史证明自己的无聊和空泛。每一位文艺工作者应当牢记：自己是人民哺育、培养和造就出来的，是人民赐予了自己掌声、鲜花、奖章、荣誉、声望、地位和利益；切不可以因自己取得了一点成绩，甚至很大的成绩，便动辄以名流、明星、权威、精英自居，盛气凌人，傲视一切。文艺工作者要始终忠于祖国、忠于人民，永远保持与人民群众鱼水般的紧密联系，深入到人民群众的生活中去，用人民创造历史的奋发精神来哺育自己，健全自己的社会人格，丰富自己的文化知识，提高自己的艺术素养，立志把艺术奉献给人民。

第三，"用人民创造历史的奋发精神哺育自己"，是邓小平揭示的社会主义文艺事业兴旺发达的根本道路，也是文艺创作生生不息的唯一源泉。从创作主体方面来讲，邓小平在《祝词》中指出，要使作家艺术家"成为名副其实的人类灵魂工程师"，就必须"努力学习马列主义、毛泽东思想，提高自己认识生活、分析生活、透过现象抓住事物本质的能力"，以提高思想的敏锐性、认识的洞察力。他进一步指出："要教育人民，必须自己先受教育。要给人民以营养，必须自己先吸收营养。由谁来教育文艺工作者，给他们营养呢？马克思主义的回答只能是：人民。""人民需要艺术，艺术更需要人民。自觉地在人民的生活中汲取题材、主题、情节、语言、诗情和

---

① 中宣部文艺局编：《邓小平论文艺》，人民文学出版社 1989 年版，第 8 页。

画意，用人民创造历史的奋发精神来哺育自己，这就是我们社会主义文艺事业兴旺发达的根本道路。"① "人民需要艺术，艺术更需要人民"的精辟论断，深刻反映了邓小平关于艺术与人民的辩证思想，把马克思、毛泽东关于文艺与人民群众相互联系的理论提到新的高度。

第四，"描写和培养社会主义新人"，是邓小平对社会主义文艺创作任务和历史使命的深刻揭示，也是文艺作品是否取得成功的主要标志。他从建设中国特色社会主义全局出发，在《祝词》中指出："我们的文艺，应当在描写和培养社会主义新人方面付出更大的努力，取得丰硕的成果。要塑造四个现代化建设的创业者，表现他们那种有革命理想和科学态度，有高尚情操和创造能力，有宽阔眼界和求实精神的崭新面貌。要通过这些新人形象，来激发广大群众的社会主义积极性，推动他们从事四个现代化建设的历史性创造活动。"② 邓小平坚持了马克思主义关于塑造无产阶级新人形象的主张，并把文学艺术描写和培养社会主义新人提到政治的高度，明确指出："培养社会主义新人就是政治。"③ 对社会主义文艺寄予很大的期望，赋予了重大的历史使命和时代任务。对于文艺作品来说，艺术形象是决定文艺审美特征的关键，是衡量一部文艺作品是否取得成功的主要标志，塑造成功的艺术典型形象是文艺创作的追求目标。所以，邓小平十分重视社会主义新人形象的塑造，不仅用极其精练的语言高度概括了"新人"在本质内容上的"四有"特征，而且还提出了具体的创作原则："要通过有血有肉、生动感人的艺术形象，真实地反映丰富的社会生活，反映人们在各种社会关系中的本质，表现时代前进的要求和历史发展的趋势，并且努力用社会主义思想教育人民，给他们以积极进取、奋发图强的精神。"④

第五，人民是文艺作品的最终评判者。邓小平认为，只有人民的态度和选择才是判断文艺作品是非优劣的最终社会标准。"我们的文艺属于人

---

① 中宣部文艺局编，《邓小平论文艺》，人民文学出版社 1989 年版，第 8 页。
② 《邓小平文选》(第二卷)，人民出版社 1993 年版，第 209—210 页。
③ 同上书，第 220 页。
④ 同上书，第 210 页。

民",“作品的思想成就和艺术成就,应当由人民来评定"。① 邓小平的这一思想与马克思主义文艺思想体系一脉相承,列宁认为,艺术"必然在广大劳苦群众中间有其最深厚的基础。它必须为群众所了解和爱好。它必须从群众的感情、思想和愿望方面把他们结合起来并使他们得到提高。它必须唤醒群众中的艺术家并使之发展"② 毛泽东也说过,“检验一个作家的主观愿望即其动机是否正确、是否善良,不是看他的宣言,而是看他的行为(主要是作品)在社会大众中产生的效果"③ 邓小平关于人民是文艺作品的最终评判者的论点是将历史观点与美学观点相统一的结论,是以人民的审美需要为出发点,把文艺的评判标准交还给人民,使文艺批评从俯视人民的殿堂回归于人民大众之间,不仅如此,文艺创作也因与人民相关联而加强了与人民群众丰富多彩、波澜壮阔的伟大社会实践之间的联系,强化了马克思主义文艺思想历史唯物主义的品格。

(四)百花齐放、百家争鸣

毛泽东第一次明确地把"百花齐放,百家争鸣"作为繁荣社会主义科学文化的方针提出来,是在1956年4月28日中央政治局扩大会议上。他说:“艺术问题上的百花齐放,学术问题上的百家争鸣,我看应该成为我们的方针。"从此,“双百"方针就成为中国共产党繁荣社会主义文艺和发展科学的重要方针。然而由于"以阶级斗争为纲"的提出和在各个领域的贯彻执行,“百花"被限定为宣传社会主义、共产主义思想的"香花",“百家"被归结为无产阶级与资产阶级或马克思主义与反马克思主义两家,阶级斗争这根弦越绷越紧,反修防修的调子越唱越高,“双百"方针要么被歪曲成只是铲除"资产阶级思想毒草"的方针,为阶级斗争服务;要么就被束之高阁,不予理睬。④ 并且由于毛泽东本人对于社会主义初级阶段基本矛盾的错误认识和受到二元对立思维模式的制约,他将复杂的社会思想矛

---

① 中宣部文艺局编:《邓小平论文艺》,人民文学出版社1989年版,第5—7页。

② 克拉拉·蔡特金:《列宁印象记》,马清槐译,上海三联书店1979年版,第11页。

③ 《毛泽东论文艺》,人民文学出版社1983年版,第65页。

④ 邱明正、删大申:《邓小平文艺思想论稿》,上海文艺出版社2004年版,第269页。

盾统统看作是"香花"与"毒草"、唯物主义与唯心主义、辩证法与形而上学、无产阶级与资产阶级、革命与反革命这样简单的二元对峙。从而使得"双百"方针成为空头支票，完全背离提出"双百"方针的初衷。

而邓小平则是"双百"方针的坚定支持者。他是在"以阶级斗争为纲"的形势下仍然能够正确领会"双百"方针的内涵的领导者。1975年，他在《各方面都要整顿》中强调："毛泽东同志说，要古为今用，洋为中用，百花齐放，推陈出新。这是很完整的。可是，现在百花齐放不提了，没有了，这就是割裂。"①"文革"之后，邓小平首先做的就是把"双百"方针从阶级斗争、政治斗争的漩涡中解放出来，作为促进社会主义文艺发展的重要方针；在改革开放的新时期，邓小平不仅重新提出要将"双百"方针作为促进和繁荣社会主义文化的基本方针，而且他在深刻吸取了我党领导文艺工作正反两方面历史经验的基础上，赋予了"双百"方针新的内涵，极大地扩展了文艺创作的自由度。邓小平在第四次文代会上的《祝词》中引用了列宁的话：在文学事业中，"绝对必须保证有个人创造性和个人爱好的广阔天地，有思想和幻想、形式和内容的广阔天地"；号召"在艺术创作上提倡不同形式和风格的自由发展，在艺术理论上提倡不同观点和学派的自由讨论。"对于这种"自由发展""自由讨论"，已经不再是毛泽东所说的"可以""允许"，而是"提倡"，② 其根本精神就是要求大家在尊重文艺特征和文艺事业的特殊发展规律的基础上坚持"双百"方针，也是要求大家与当前改革开放的现实相结合。

二、邓小平文艺理论的时代价值

（一）邓小平文艺理论是改革开放时期我国文艺事业发展繁荣的发令枪

从1978年5月11日，《光明日报》发表特约评论员文章《实践是检验真理的唯一标准》而引发全国关于真理标准问题的大讨论，到1978年12月13日，邓小平在中央工作会议闭幕会议上发表的重要讲话《解放思想，

---

① 中宣部文艺局编：《邓小平论文艺》，人民文学出版社1989年版，第100页。

② 邱明正、蒯大申：《邓小平文艺思想论稿》，上海文艺出版社2004年版，第275页。

实事求是，团结一致向前看》，"解放思想，实事求是"重新确立为我党的思想路线。在文艺领域，导致了20世纪80年代我国文艺流派如雨后春笋般接连涌现，文艺的题材、主题、形式、风格呈现百花齐放的局面。以1979年邓小平在第四次文代会上的祝词为我国文艺事业发展的分水岭，我国文艺事业的发展进入了改革开放的新时期。"中国文学出现了令人十分鼓舞的复苏繁荣局面，开始出现了真正的良好氛围。这是广大作家在'双百'方针指引下，解放思想、努力创作的结果，同时也显示了邓小平文艺思想的巨大威力和'双百'方针的实绩。"①

"文革"时期，在题材决定论的创作模式下，文艺题材被极大地限制了创作空间，文艺工作者们基本都以"工农兵"为题材，集中描写"阶级斗争"。邓小平文艺理论强调要注重文艺题材的丰富性，要勇于创新，反映人民的真实生活，在这一指导思想的鼓舞下，文艺的题材不断丰富，文艺的主题不断深化，文艺工作者们的创新精神被激发出来，历史题材、农村题材、都市题材、爱情题材、女性题材、知青题材等众多文艺题材的作品走入人民大众的生活，为人民提供宝贵的精神食粮，也为80年代我国的文艺事业带来了无限的生机与活力。

改革开放的政策带来了我国社会各层面的变革和发展，生活中出现了新的职业、新的身份、新的阶层，文艺作品中各式各样的新人物形象也就应运而生，例如商品经济中的个体经营者、改革大潮中的企业家、开放春风吹拂下的新青年。邓小平文艺理论为80年代我国文艺作品中的人物形象创作提供了适宜的政策背景和时代条件。在思想解放浪潮冲击下的文艺工作者们对人物形象的塑造更加细致、深刻，在人物形象的创作方面也更加大胆，体现了人物特殊的时代魅力，为文艺事业的发展焕发了新的活力。

总之，20世纪80至90年代，随着我国经济发展水平的迅速提高，我国的社会主义文艺事业发展迅猛，文艺领域从业者不断增加，我国的文艺事业发展迎来了又一"黄金时期"，这些成就都是在邓小平文艺理论发展成

---

① 邱明正主编：《邓小平文艺思想与新时期文学》，上海社会科学院出版社2008年版，第123页。

熟之后出现的，因此，可以说，邓小平文艺理论就是改革开放时期我国文艺事业发展繁荣的新旗帜。

（二）邓小平文艺理论是改革开放时期我国文艺思想的新旗帜

党的十五大通过的党章中写道："中国共产党以马克思列宁主义、毛泽东思想、邓小平理论作为自己的行动指南"，它深刻地凸显了中国共产党人一脉相承的价值观，确立了邓小平理论在全党的指导思想地位，极大地加快了建设中国特色社会主义事业的历史进程。邓小平文艺理论作为邓小平理论的重要组成部分，在我国文艺事业领域发挥着指导思想的作用，成为我国改革开放时期文艺思想的新旗帜，为我国后来的文艺思想的繁荣奠定了基础。改革开放以后我国文艺迅速"摆脱短缺状况，进入全面繁荣时期。通俗文艺盛行，视觉文化、大众文化从无到有，从有到多，占据文艺生产、消费的半壁甚至多半壁江山"①。

邓小平"不仅领导我们的党和国家从'文化大革命'造成的深重灾难中走了出来，而且还以对当代中国和世界的深刻了解，为党和国家重新走在时代潮流前面，为中华民族以更强大的力量自立于世界民族之林，规划了崭新的、切合实际的宏伟蓝图"。②邓小平文艺理论将我国的文艺事业从"文革"的创作模式中解放出来，树立起建设中国特色社会主义文艺事业的崭新旗帜，把时代精神与民族精神统一起来，把马克思主义的基本原理与当代中国实际和时代特征统一起来。

（三）邓小平文艺理论是马克思主义文艺思想在中国发展的新阶段

"马克思主义的基本原理决定了马克思主义文艺思想的基本立场、主要观点、方法和倾向。马克思、恩格斯所接受、研究、批评的文艺实践，则决定了马克思主义文艺思想的具体内容和主要特点。"③邓小平文艺理论是在新的历史时期对马克思主义文艺思想的坚持、运用和发展，是马克思主义

---

① 赵炎秋：《中国马克思主义文艺思想与中国文论话语体系的构建——以党的领导人关于文艺问题的三篇重要讲话为研究对象》，《中国社会科学院研究生院学报》2016 年第 4 期。

② 江泽民：《在学习邓小平文选第三卷报告会的讲话》，人民出版社 1993 年版，第 9 页。

③ 赵炎秋："马克思主义文艺思想的文艺基础"，http://www.chinawriter.com.cn/n1/2018/0806/c419351-30211733.html，2018 年 8 月 6 日。

文艺思想当代实践的理论总结。它成功地解决了我党在新中国成立初期对于马克思主义文艺思想的理论和实践中没有解决好的一系列难题，继续推动和繁荣了社会主义文艺事业，丰富和发展了马克思主义文艺思想。马克思主义文艺思想之所以在当今社会仍然焕发着蓬勃的生命力，与后来的马克思主义者将马克思主义的基本原理与社会主义的实践和各国的国情相结合具有密切的关系。邓小平文艺理论正是在研判国际国内发展大势的基础上以新思路、新视角、新途径分析我国文艺事业发展的新问题，揭示了中国特色社会主义文艺事业发展的新规律，不仅在我国文艺事业发展史上具有重大影响，对世界文学艺术的丰富和发展也产生了长久、深远的影响。

思考题：

1. 请结合邓小平文艺批评理论谈一谈你对"批判《武训传》运动"的看法。

2. 请谈一谈样板戏创作模式的特点及其影响。

3. 为什么说邓小平文艺理论是对毛泽东文艺思想的发展？其最突出的表现是什么？

4. 请结合 20 世纪 80 年代的文学作品谈一谈邓小平文艺理论对文艺创作的影响。

第五章　江泽民、胡锦涛关于文艺理论的重要论述

在改革开放和现代化建设新的历史时期，以江泽民、胡锦涛为主要代表的中国共产党人将文艺工作与社会主义现代化建设的新阶段相结合，提出了一系列建设有中国特色社会主义文艺的思想、理论及文艺工作的方针、政策。江泽民、胡锦涛关于文艺工作的重要论述，是中国特色社会主义文化理论体系的重要组成部分，是中国化马克思主义文艺理论的有机组成部分，是马克思主义文艺观、毛泽东文艺思想和邓小平文艺理论在新形势下的继承、丰富和发展。

第一节　江泽民、胡锦涛文艺理论的形成

一、江泽民文艺理论的形成条件

江泽民文艺理论是在继承和发展马克思主义文艺理论基础上，依据中国社会主义先进文化建设的实践，在世情、国情和党情发生一系列重大变化的背景下形成和发展的。

（一）江泽民文艺理论形成的基础

马恩经典作家关于文化建设有着非常丰富的思想。马克思、恩格斯关于人的本质的论述、关于实践的观点、关于社会存在和社会意识的关系的论述，以及关于文化与经济的关系的阐述等都是建设社会主义先进文化的理论基础。列宁关于文化的含义及重要地位，关于社会主义文化建设的原则、方针和措施的论述，为社会主义国家开展文化建设、进行文艺实践提供了经验。这些观点和论述成为江泽民文艺理论形成的一个重要基础。

毛泽东同样非常重视文化建设与发展。毛泽东在《新民主主义论》等著作中对新民主主义文化的含义、内容、作用和重要地位，以及发展新民主主义文化的方针政策进行了详细阐述。毛泽东认为，新民主主义文化必须与其他别的民族的社会主义文化和新民主主义文化相联合，吸收外国先进、进步文化作为自己文化食粮的原料。毛泽东提出的"我们的文学艺术者是为人民大众的，首先是为工农兵的"[①]等思想，为社会主义文化建设奠定了理论基础。社会主义制度在新中国确立后，毛泽东在文化工作方面提出了"百花齐放、百家争鸣"的方针，这一方针促进了我国社会主义文艺的繁荣发展。毛泽东关于文化建设的思想成为江泽民文艺理论形成的又一个重要基础。

邓小平非常重视社会主义精神文明建设，强调物质文明和精神文明必须两手抓、两手都要硬。邓小平论述的社会主义精神文明建设思想中包含着丰富的文化建设理论，这些理论深刻阐述了文化的地位和作用、发展文化的目的和原则，以及文化建设的方针政策等。邓小平关于社会主义精神文明建设思想是江泽民文艺理论的直接来源。

（二）江泽民文艺理论形成的实践基础

经历了新民主主义文化建设、社会主义制度确立后毛泽东时期的文化建设、改革开放邓小平时期的文化建设阶段，在改革开放新的历史时期，以江泽民为主要代表的中国共产党人进一步深化对文化建设的认识，领导组织制定了大量关于文化建设的方针政策，开展了丰富的文化建设实践。

改革开放新的历史时期，文化建设在现代化建设中的重要地位和作用得以全面提升，中国特色社会主义文化成为凝聚和激励全国各族人民的重要力量，成为综合国力的重要标志。与此同时，随着邓小平南方谈话的发表和党的十四大召开，针对当时出现的物质文明建设比较强劲、精神文明建设相较薄弱，即"一手硬一手软"的现象，文化建设开展丰富的实践，

---

① 毛泽东：《在延安文艺座谈会上的讲话》（1942年5月），《毛泽东选集》第三卷，人民出版社1991年版，第863页。

全国范围经营性文化活动兴起，文化消费需求获得增长，文化市场得以培育和发展。随着"三个代表"重要思想将建设先进文化上升至立党之本、执政之基的高度来认识，中国特色社会主义文化建设取得进一步的繁荣发展。江泽民文艺理论是在中国社会主义先进文化建设的伟大实践的基础上形成的。

（三）江泽民文艺理论形成的时代背景

在中国社会进入转型期、改革开放不断深入、市场经济不断发展的新的历史条件下，世情、党情和国情发生了一系列重大的变化，江泽民文艺理论是在科学判断冷战结合后国际局势的基础上，在科学判断党的历史方位和总结历史经验的基础上，在建设中国特色社会主义伟大实践的基础上形成和发展的。

从世情看，冷战结束后经济呈现全球化趋势，世界形成多极化格局，科学技术发展也异常迅猛。中国要在日趋激烈的国际竞争中赢得主动，成为世界多极中的一极，根本的还是要靠发展自己，不断提高综合国力。"综合国力，主要是经济实力、技术实力，这种物质力量是基础，但也离不开民族精神、民族凝聚力，精神力量也是综合国力的重要组成部分。"①新形势下文化"在综合国力竞争中的地位和作用越来越突出。文化的力量，深深熔铸在民族的生命力、创造力和凝聚力之中"②。江泽民文艺理论是在科学判断冷战结合后国际局势的基础上形成的。

从党情看，历经革命、建设和改革，党已经从领导人民为夺取全国政权而奋斗的党，成为领导人民掌握全国政权并长期执政的党；已经从受到外部封锁和实行计划经济条件下领导国家建设的党，成为对外开放和发展社会主义市场经济条件下领导国家建设的党。党所处的地位和环境、党所肩负的历史任务、党的自身状况，都发生了新的重大变化。新形势下"坚

---

① 江泽民：《在全国抗洪抢险总结表彰大会上的讲话》（1998年9月28日），《十五大以来重要文献选编》（上），人民出版社2000年版，第549页。

② 江泽民：《全面建设小康社会，开创中国特色社会主义事业新局面》（2002年11月8日），《江泽民文选》第三卷，人民出版社2006年版，第558页。

持什么样的文化方向，推动建设什么样的文化，是一个政党在思想上精神上的一面旗帜"①。江泽民文艺理论是在科学判断党的历史方位和总结历史经验的基础上形成的。

从国情看，我们已经实现了现代化建设"三步走"战略前两步目标，进入了全面建设小康社会、加快推进社会主义现代化新的发展阶段。伴随着改革开放和发展社会主义市场经济的进程，我国社会生活发生了广泛而深刻的变化：思想建设上，解放思想、实事求是的思想路线得到重新确立，新的思想观念在全社会不断普及，与此同时，在一系列"多样化"的格局下，精神文明建设遇到许多新问题；经济建设上，我国社会主义现代化建设已取得举世瞩目的成就，但与此同时，我们又遭遇改革以来的发展瓶颈，人民内部矛盾呈现许多新的特点。面对出现的新变化新问题，在"思想文化阵地，马克思主义、无产阶级的思想不去占领，各种非马克思主义、非无产阶级的思想甚至反马克思主义的思想就会去占领"②，发展先进文化，必须"立足于建设有中国特色社会主义的实践，着眼于世界科学文化发展的前沿"③，先进文化建设，"包括理论、新闻、出版、报刊、小说、诗歌、音乐、绘画、舞蹈、戏剧、电影、电视、广播、网络等，都应该成为我们宣传科学理论、传播先进文化、塑造美好心灵的阵地"④。江泽民文艺理论是在建设中国特色社会主义伟大实践的基础上形成和发展的。

二、胡锦涛文艺理论的形成条件

胡锦涛文艺理论是在马克思主义文化建设理论基础上，依据新世纪中国特色社会主义文化建设的伟大实践，是在新世纪新阶段国际形势、国内

---

① 江泽民：《在庆祝中国共产党成立八十周年大会上的讲话》(2001年7月1日)，《江泽民文选》第三卷，人民出版社2006年版，第277页。

② 江泽民：《在中央思想政治工作会议上的讲话》(2000年6月28日)，《江泽民文选》第三卷，人民出版社2006年版，第97页。

③ 江泽民：《在庆祝中国共产党成立八十周年大会上的讲话》(2001年7月1日)，《江泽民文选》第三卷，人民出版社2006年版，第277页。

④ 江泽民：《在中央思想政治工作会议上的讲话》(2000年6月28日)，《江泽民文选》第三卷，人民出版社2006年版，第97页。

经济社会发生变化的背景下形成的。

（一）胡锦涛文艺理论形成的基础

马克思主义文艺理论为胡锦涛文艺理论的形成奠定了深厚的理论基础。马克思主义认为，文化具有鲜明的意识形态属性。胡锦涛十分重视马克思主义在意识形态的指导地位，强调要"坚持马克思主义在意识形态领域的指导地位，牢牢把握先进文化的前进方向，丰富人们的精神世界，鼓舞人民投身现代化建设的信心和斗志"①，"要把意识形态工作作为关系国家安全和社会稳定、关系党和人民事业兴衰成败的重大工作紧紧抓好"②，认为要"坚持用发展着的马克思主义指导改革开放和现代化建设，不断巩固全党全国人民团结奋斗的共同思想基础，为实现全面建设小康社会的宏伟目标提供强大精神动力"③。

另外，毛泽东关于新民主主义文化建设理论、社会主义文化建设理论，邓小平关于精神文明建设思想，江泽民社会主义先进文化建设思想都是胡锦涛文艺理论形成和发展的重要基础。

（二）胡锦涛文艺理论形成的实践基础

进入新世纪新阶段，胡锦涛在探索中国特色社会主义文化发展规律中，逐步形成了一系列新的文化发展理念，初步回答了在社会主义市场经济条件下文化为什么要发展、实现什么样的发展、怎样发展和发展为了谁、发展依靠谁等一系列重大问题。2009年我国首部《文化产业振兴规划》出台，文化产业发展第一次被提到了国家战略高度。党的十七大进一步强调文化越来越成为民族凝聚力和创造力的重要源泉，越来越成为综合国力竞争的重要因素，丰富精神文化生活越来越成为我国人民的热切愿望。党的十七届六中全会通过了《关于深化文化体制改革推动社会主义文化大发展

---

① 胡锦涛：《在中共十六届六中全会第一次全体会议上的讲话》（2006年10月8日），《论文化建设——重要论述摘编》，学习出版社、中央文献出版社2012年版，第26页。

② 胡锦涛：《做好当前党和国家的各项工作》（2004年9月19日），《十六大以来重要文献选编》（中），中央文献出版社2006年版，第318页。

③ 胡锦涛：《在全国宣传思想工作会议上的讲话》（2003年12月5日），《论文化建设——重要论述摘编》，学习出版社、中央文献出版社2012年版，第25页。

大繁荣若干重大问题的决定》,第一次明确提出了建设社会主义文化强国的目标。

在这一阶段,社会主义文化建设依据我国国情,从当今时代发展特点和我国现代化建设的实际需要出发,开展了丰富实践。文化产业实现快速发展,文化软实力得到增强,影响力持续提升。文化创作生产更加繁荣,精品力作不断涌现。文化市场日益活跃,各文化门类不断创新。文化体制改革深入推进,文化生产力得到了解放,广大文化工作者的积极性创造性得以提高。与此同时,我国成功举办北京奥运会、残奥会和上海世博会等,极大鼓舞了全国人民的士气,提升了中国文化在国际舞台的形象。所有这些为胡锦涛文艺理论形成打下了坚实的实践基础。

(三)胡锦涛文艺理论形成的时代背景

胡锦涛文艺理论是在世界国际形势、国内经济社会发生变化的背景下形成的。

国际方面,进入新世纪新阶段,国际局势发生深刻变化,世界处在大发展大变革大调整中。世界多极化不可逆转,经济全球化深入发展,科技革命加速推进,综合国力竞争日益激烈,各种思想文化相互激荡,各类社会矛盾错综复杂。在这样的国际大背景下,文化的地位和作用日益凸显,"经济较量中的文化因素日益突出,越来越多的国家把提高文化软实力作为重要发展战略"[①]。胡锦涛文艺理论正是在正确把握国际局势的变化,顺应世界经济、政治格局的发展背景下提出的。

国内方面,改革开放二三十年后,我国经济社会已发生重大变化,社会结构进入转型关键期,各种新的社会矛盾和问题逐步显现出来。表现在精神文化层面,社会主义文化更加繁荣,同时,人民精神文化需求日趋旺盛,人们思想活动的独立性、选择性、多变性、差异性明显增强,文化发展与人民群众日益增长的精神文化需求不相适应,对社会主义先进文化提出了更高要求。"我们生活的新时代,人民群众对生活的新追求,对文艺创

---

① 胡锦涛:《在全国宣传思想工作会议上的讲话》(2008年1月22日),《论文化建设——重要论述编》,学习出版社、中央文献出版社2012年版,第12页。

新提出了更高的要求。"① 胡锦涛文艺理论是在面对我国经济社会发生变化、满足人民群众日益增长的精神文化需求的背景下提出的。

第二节　江泽民、胡锦涛文艺理论的主要内容

一、江泽民文艺理论的主要内容

（一）社会主义文艺的性质

在邓小平提出和论证了文艺是社会主义精神文明的组成部分的基础上，江泽民进一步指出，"文艺工作在社会主义精神文明建设中，肩负着很重要的任务和崇高的职责"②。"社会主义精神文明建设是有中国特色社会主义的重要组成部分和本质特征。"③ "我们振兴中华、实现现代化的宏伟目标中，既包括建设高度的物质文明，也包括建设高度的精神文明，这两个文明都搞好，都发达起来了，才是有中国特色的社会主义。"④ "在精神文明建设中，社会主义文艺是一条重要的战线"⑤。这些论述，明确地把文艺工作视为社会主义精神文明建设的重要组成部分，并把它纳入有中国特色社会主义现代化建设的整体布局之中，这是对马克思主义文艺理论的新的重大贡献。

邓小平第一次把社会主义文艺纳入建设中国特色社会主义总体框架中，认为物质文明和精神文明是社会主义现代化建设宏伟工程中不可分割的两个方面，而文艺则是精神文明建设的一个组成部分。江泽民以战略的眼光、整体的观点，再次进一步论述。他指出："坚持两个文明全面发展，坚持两手抓和两手都要硬，这是邓小平同志总结改革和建设的经验得出的一个具有长远指导意义的重要结论。两个文明建设缺少任何一个方面，都不成其

---

① 胡锦涛：《在中国文联第八次全国代表大会中国作协第七次全国代表大会上的讲话》（2006年11月10日），《人民日报》，2006年11月11日第1版。
② 江泽民：《江泽民论社会主义精神文明建设》，中央文献出版社1999年版，第255页。
③ 同上书，第5页。
④ 同上书，第4页。
⑤ 同上书，第244页。

为有中国特色的社会主义。"① "建设具有中国特色的社会主义，什么时候都必须做到坚持两个文明一起抓，既促进经济的发展又促进社会的全面进步，这是社会主义的本质要求。"② 对于两者关系，江泽民明确指出："文化相对于经济、政治而言。精神文明相对于物质文明而言。"③ "有中国特色社会主义的文化，是凝聚和激励全国各族人民的重要力量，是综合国力的重要标志。它渊源于中华民族五千年文明史，又植根于有中国特色社会主义的实践，具有鲜明的时代特点；它反映我国社会主义经济和政治的基本特征，又对经济和政治的发展起巨大促进作用。"④ 因此，"只有经济、政治、文化协调发展，只有两个文明都搞好，才是有中国特色社会主义"⑤。"建设有中国特色社会主义的经济、政治、文化的基本目标和基本政策，有机统一，不可分割，构成党在社会主义初级阶段的基本纲领。"⑥ 江泽民把文化、文学艺术的发展纳入党的基本纲领之中，这就不仅赋予了文学艺术以神圣的使命和崇高的地位，而且揭示了文学艺术发展的根本战略，为有中国特色社会主义文学艺术定了位，定了向和铺平了道路。对于社会主义市场经济条件下社会主义文艺的发展，江泽民也进行了论述，"随着社会主义市场经济的发展，精神产品的生产流通同市场运行一般规律的联系愈益紧密"⑦，因此，"在发展社会主义市场经济的条件下，处理好社会效益与经济效益的关系，是精神产品生产的一个很重要的问题"。他还说："要善于运用市场机制增强文化企事业单位的活力，同时要形成有利于把社会效益放在首位的环境和条件。"⑧ 江泽民运用马克思主义基本原理，科学地解决了市场经济条

---

① 江泽民：《江泽民论社会主义精神文明建设》，中央文献出版社 1999 年版，第 3—4 页。
② 同上书，第 1 页。
③ 江泽民：《高举邓小平理论伟大旗帜，把建设有中国特色社会主义事业全面推向二十一世纪》(1997 年 9 月 12 日)，《江泽民文选》第二卷，人民出版社 2006 年版，第 32—33 页。
④ 同上书，第 33 页。
⑤ 江泽民：《江泽民论社会主义精神文明建设》，中央文献出版社 1999 年版，第 6 页。
⑥ 江泽民：《高举邓小平理论伟大旗帜，把建设有中国特色社会主义事业全面推向二十一世纪》(1997 年 9 月 12 日)，《江泽民文选》第二卷，人民出版社 2006 年版，第 18 页。
⑦ 江泽民：《江泽民论社会主义精神文明建设》，中央文献出版社 1999 年版，第 37 页。
⑧ 同上书，第 39 页。

件下经济基础和上层建筑、物质文明和精神文明的辩证关系，为社会主义
文艺的发展、繁荣指明了方向。

（二）社会主义文化的基本内涵及文化文艺的功能

江泽民在许多讲话和报告中多次指出，我们要建设的是有中国特色社
会主义的文化。党的十五大报告指出："建设有中国特色社会主义的文化，
就是以马克思主义为指导，以培育有理想、有道德、有文化、有纪律的公
民为目标，发展面向现代化、面向世界、面向未来的，民族的科学的大众
的社会主义文化。"① 随后，江泽民在《庆祝中国共产党成立八十周年大会上
的讲话》中进一步指出，"在当代中国，发展先进文化，就是发展有中国特
色社会主义的文化，就是建设社会主义精神文明"②。关于社会主义文化，党
的十六大报告再次指出："在当代中国，发展先进文化，就是发展面向现代
化、面向世界、面向未来的，民族的科学的大众的社会主义文化，以不断
丰富人们的精神世界，增强人们的精神力量。"③ 可以说，中国特色社会主义
文化，就是当代中国先进文化。

1. 社会主义文化的基本内涵

江泽民对当代中国先进文化即中国特色社会主义文化做了全面的阐述。

第一，中国特色社会主义文化是面向现代化、面向世界、面向未来的
文化，这是对当代中国先进文化之性质及特征的规定。

面向现代化，就是要解放思想，与时俱进，善于吸收人类现代文明特
别是科学技术发展的一切优秀成果，使中国特色社会主义文化充满时代气
息，适应现代社会发展的要求。现代社会的先进文化是以人为本的文化，
关注人的全面发展，关注社会全面进步。建设中国特色社会主义文化一定
要牢牢抓住这一时代发展潮流，着眼于为实现人和社会的全面发展提供文

---

① 江泽民：《高举邓小平理论伟大旗帜，把建设有中国特色社会主义事业全面推向二十一世
纪》（1997年9月12日），《江泽民文选》第一卷，人民出版社2006年版，第17—18页。

② 江泽民：《在庆祝中国共产党成立八十周年大会上的讲话》（2001年7月1日），《江泽民文
选》第三卷，人民出版社2006年版，第276页。

③ 江泽民：《全面建设小康社会，开创中国特色社会主义事业新局面》（2002年11月18日），
《江泽民文选》第三卷，人民出版社2006年版，第559页。

化资源。面向世界，就是要开阔视野、放眼全球，吸收和借鉴世界一切优秀文化成果，不断为中国特色社会主义增添新内容。当今世界是开放的世界。实行对外开放是我国的一项基本国策，不仅适用于经济建设，也适用于社会主义文化建设。社会主义要赢得与资本主义相比较的优势，就必须大胆吸收和借鉴人类社会创造的一切优秀文明成果，博采世界各国文化之长，繁荣和发展有中国特色的社会主义文化。这才会使我们在文化建设上有一个高的起点，尽快接近和达到世界先进文化水平，抢占科学文化的制高点。同时还要把有中国特色社会主义文化推向全世界，为丰富世界文化和文学艺术作出贡献，使有中国特色社会主义文化屹立于世界各民族文化之林。面向未来，就是勇于超越过去、超越自己，努力克服传统文化和现有文化的积弊和不足，积极探索，创造崭新的文化内容和文化形式，不断推进文化创新，以文化创新推动经济和政治发展，促进社会进步。

第二，中国特色社会主义文化是民族的科学的大众的文化，这是对当代中国之先进文化之表现形态的规定。

文化是一个民族的精神灵魂。中国传统文化源远流长，是我们民族能够自立于世界民族之林的精神支柱。面对世界各种文化的相互激荡，我们要继承、发扬中华五千年优秀文化、文学艺术传统，争取为丰富世界文化作出新的贡献。科学是推动生产力发展和社会进步的重要力量，科学技术是第一生产力，而科学文化是孕育科学技术的精神家园。当代中国先进文化必定站在科学文化一边，拒绝愚昧和迷信，为科学发展和社会进步提供文化资源。人民大众不仅是物质财富的创造者，也是精神财富的创造者，人民大众是文化的主体。建设有中国特色社会主义文化，必须把最广大人民的根本利益作为文化建设的根本价值取向，把服务于群众作为文化建设的价值目标，必须着眼于不断满足人民群众日益增长的精神文明需求，诚心诚意为人民谋利益；必须时刻关注最广大人民的利益和愿望，把人民拥护不拥护、赞成不赞成、高兴不高兴、答应不答应作为出发点和归宿。只有紧紧围绕广大人民群众的精神文化生活需要，不断生产出既符合文化发展规律，又反映时代精神的文化产品，才能真正对广大人民群众产生吸引力和感召力，才能把人们凝聚到社会主义文化建设上来。

"民族的科学的大众的"是不可分割的统一整体，是先进文化、文学艺术的基本内涵。具有民族特色的，才更能为人民大众所喜爱和接受；只有人民大众所共同创造的，集中了人民大众的智慧的，才是民族的、科学的；只有科学的，才是具有现代品格的先进的民族文化，才能提高大众的科学文化素质。

第三，中国特色社会主义文化是要丰富人们的精神世界、增强人们的精神力量，这是对当代中国先进文化之目的的规定。

由社会主义的本质所决定，实现全人类的解放和幸福是它的最高理想。中国的社会主义现代化是亿万人民群众的共同事业。因此，当代中国先进文化应当以人民群众的需要为自己的根本目标，致力于反映人民群众建设社会主义的辉煌历史，表现人民群众改造自然、改造社会的伟大实践，提高人民群众的科学文化素质和思想道德水平，不断丰富人们的文化生活和精神世界。

2. 文化文艺的功能

江泽民科学地继承了毛泽东、邓小平的文艺思想，并结合社会主义市场经济下建设有中国特色社会主义的实践，创新发展了关于文化文艺的功能的思想。

第一，培养"四有"新人。

江泽民指出："发展社会主义文化的根本任务，是培养一代又一代有理想、有道德、有文化、有纪律的公民"。[1]"在精神文明建设中，社会主义文艺是一条重要战线，承担着培养有理想、有道德、有文化、有纪律的'四有'新人，激励人民团结奋进的庄严职责"。[2]把培养"四有"公民作为建设中国特色社会主义文化的根本任务，是中国特色社会主义伟大实践的必

---

[1] 江泽民：《在庆祝中国共产党成立八十周年大会上的讲话》（2001 年 7 月 1 日），《江泽民文选》第三卷，人民出版社 2006 年版，第 277 页。

[2] 江泽民：《在中国文联第六次全国代表大会中国作协第五次全国代表大会上的讲话》（1996 年 12 月 16 日），《中国戏剧》1997 年第 1 期。

然要求。

马克思主义认为，人是社会的主体，人民群众是创造世界历史的动力。中国的社会主义事业同样离不开人的努力。人的素质是社会历史的产物，又给历史发展以巨大的影响。在社会主义社会，努力提高全体公民的素质，必将使社会劳动生产率不断提高，使人与人之间的关系更加和谐，使整个社会的面貌发生深刻的变化。这是我国改革开放和社会主义现代化建设事业获得成功的必不可少的条件。而提高人的素质、培养人的素质，是文化建设的特有功能。如果说，物质文明建设以物为对象，对自然进行改造，从而获得日益丰硕的物质生活资料，那么，精神文明建设则主要是以人为对象，引导人们自觉地改造和丰富自己的主观世界，从而提高改造客观世界的能力。在新的世纪，我们要全面建设小康社会，实现中华民族的伟大复兴，要完成这一伟大而艰巨的历史任务，就必须动员、激励和教育全国各族人民尤其是广大青年不怕牺牲，艰苦创业，团结奋斗，做到有理想、有道德、有文化、有纪律。

第二，"以优秀的作品鼓舞人"。

江泽民指出，社会主义的文化事业"要坚持以科学的理论武装人，以正确的舆论引导人，以高尚的精神塑造人，以优秀的作品鼓舞人"[1]。文艺作品应当通过艺术的力量鼓舞人们健康向上，奋发有为。对于文艺学术来说，就是要创作适应新时代要求的将思想性、艺术性、观赏性统一起来的优秀作品，满足人民不断增长的多方面的文化需要，开展爱国主义、集体主义、社会主义教育，引导人们树立正确的世界观、人生观、价值观，提高全国人民的素质，增强全国人民的凝聚力，激发全国人民的创造力。

第三，"为社会的发展和民族的进步提供强大的精神动力和智力支持"。

文化是先进生产力发展的重要依靠和推动力量，是不可或缺的思想保证和智力支持。江泽民在十五大报告中指出："有中国特色社会主义的文

---

[1] 江泽民：《在庆祝中国共产党成立八十周年大会上的讲话》（2001年7月1日），《江泽民文选》第三卷，人民出版社2006年版，第277页。

化，是凝聚和激励全国各族人民的重要力量，是综合国力的重要标志"①，"建设有中国特色社会主义，必须着力提高全民族的思想道德素质和科学文化素质，为经济发展和社会全面进步提供强大的精神动力和智力支持"②。先进生产力必须靠先进文化的推动。生产力的第一要素是人，生产力的发展往往取决于人的素质，取决于文化对人的影响程度和人掌握文化的程度。因此，在很大程度上，文化制约或促进着生产力的发展，是决定生产力发展水平的重要因素。

文艺是民族进步的火炬，人民奋进的号角。一个民族，没有振奋的民族精神，没有高尚的民族品格，没有坚定的民族志向，不可能自立于世界先进民族之林。因此，使全国各族人民在建设有中国特色社会主义事业中始终保持昂扬向上的精神状态，是文艺工作的重要任务。文艺应该在培育和弘扬民族精神方面，发挥独特的重要作用，不断增强全民族的凝聚力、创造力和想象力，不断丰富全民族的精神世界，鼓舞全体人民万众一心、团结奋进。

（三）社会主义文艺的方向

社会主义文艺的方向是什么？由于社会主义革命阶段不同、时代任务不同、人民的要求不同，因而毛泽东、邓小平和江泽民的文艺思想在理论表述方面有不同，但方向仅有一个，那就是为人民服务、为社会主义服务。我们要建设的是社会主义文艺，而社会主义文艺是人民大众的文艺。把为人民服务和为社会主义服务统一于中国特色社会主义伟大事业上，这是中国特色社会主义文艺建设必须坚持的基本原则。

1. 文艺必须坚持"二为"方向

文艺为人民服务，是历史唯物主义的人民观的体现。历史是人民创造的，人民是社会物质财富和精神财富的创造者，是社会生产力的体现者，是社会历史发展的决定力量。

---

① 江泽民：《高举邓小平理论伟大旗帜，把建设有中国特色社会主义事业全面推向二十一世纪》(1997 年 9 月 12 日)，《江泽民文选》第三卷，人民出版社 2006 年版，第 33 页。

② 同上。

毛泽东结合革命战争时期中国革命文艺的具体实际,指出:"我们的文学艺术都是为人民大众的,首先是为工农兵的,为工农兵而创作,为工农兵所利用"①,并在此基础上提出了"文艺为工农兵服务"的口号。

党的十一届三中全会之后,中国进入了改革开放的新时期。邓小平根据历史的发展和时代的要求,提出了"文艺应为人民服务、为社会主义服务"的理论,也就是通常所说的文艺的"二为"方向。

在新的历史条件下,江泽民强调了"坚持为人民服务、为社会主义服务"的总方针。他说,"为人民服务、为社会主义服务,决定着我国文艺的性质和方向,为我国文艺的发展和繁荣开辟了无比广阔的前景,在社会主义现代化建设的整个过程中,始终是我们必须坚持的根本原则"②。在这个基础上,"三个代表"重要思想提出了"中国先进文化的前进方向"这一崭新的概念,开辟了文艺发展的新境界。文化的"先进性"要求,既包容了文艺为工农兵服务、为人民服务和为社会主义服务的内涵,同时又从新的社会历史条件出发,针对社会主义市场经济条件下我们党的阶级基础、群众基础的新变化,强调要代表最广大人民群众的要不得,包括经济利益、政治利益和文化利益,着眼于满足和实现最广大人民群众的愿望和要求,满足不同层次的、多方面的、丰富的、健康的精神需要。

2. 文艺如何坚持"二为"方向

在"文艺怎样为人民服务"问题上,毛泽东认为,在战争年代文艺的任务就是号召人民投入到战争中去,去争取战争的胜利,所以"文艺是从属于政治的"③,"是以政治标准放在第一位,以艺术标准放在第二位的"④。因此,40年代解放区文艺和新中国初期文艺中政治性、斗争性十分突出。

---

① 毛泽东:《在延安文艺座谈会上的讲话》(1942年5月),《毛泽东选集》第三卷,人民出版社1991年版,第863页。

② 江泽民:《在中国文联第六次全国代表大会中国作协第五次全国代表大会上的讲话》(1996年12月16日),《中国戏剧》1997年第1期。

③ 毛泽东:《在延安文艺座谈会上的讲话》(1942年5月),《毛泽东选集》第三卷,人民出版社1991年版,第866页。

④ 同上书,第868页。

中国进入改革开放新阶段，人们的精神需求不断提高。随着人民的文化修养的提高，人民呼吁文艺作品中出现更多的"艺术性"。正是在这一意义上，邓小平提出"人民是文艺工作者的母亲"①的思想。

江泽民发展了邓小平的文艺思想，他在回答"文艺怎样为人民服务"的问题时，指出："在人民的历史创造中进行艺术的创造，在人民的进步中造就艺术的进步，给人民以信心和向上的力量，才能实现以优秀作品鼓舞人的任务，使人民群众不断提高的精神需求得到满足，使弘扬主旋律与提倡多样化完满地统一起来。"②江泽民认为，人民的历史创造具有多样性的特点。这种多样性必然带来文学创作的多样性。同时，人民群众的精神需求又在不断提高，因此文艺在为人民服务的过程中就有一个使弘扬主旋律与提倡多样化完满地统一起来的问题。将"主旋律"与"多样化"统一起来是江泽民文艺理论中最光辉的篇章，它突破了长期困扰文艺界的羁绊，从此文艺在数量上和质量上都进入了高速发展的阶段。

面对国际局势总体上继续趋向缓和、和平与发展仍然是时代主题的局面，建设有中国特色社会主义、加快经济建设、努力缩小同西方发达国家的差距，成为我们的主要任务。因此，"要继续宣传好抓住机遇，加快发展的思想。能不能抓住机遇，加快发展，是一个国家、一个民族赢得主动、赢得优势的关键所在"③。为此，文艺工作要突出宣传以发展为主体，以结构调整为主线，以改革开放和科技进步为动力，以提高人民生活水平为根本出发点，努力创作出社会主义新时期的文艺精品。

3. 新时期坚持"二为"方向的具体标准

社会主义新时期文艺工作坚持"二为"方向，在关于文艺作品"歌颂什么""反对什么"的问题上有其标准。对于这一问题，江泽民在中国文联

---

① 邓小平：《在中国文学艺术工作者第四次代表大会上的祝词》，《邓小平文选》第二卷，人民出版社 1994 年版，第 211 页。

② 江泽民：《在中国文联第六次全国代表大会中国作协第五次全国代表人会上的讲话》（1996年 12 月 16 日），《中国戏剧》1997 年第 1 期。

③ 《宣传思想工作事关改革、发展、稳定的大局事关建设有中国特色社会主义事业的全局——江泽民同志在全国宣传部长会议上的讲话摘要》，《党建》2001 年第 2 期。

第六次代表大会暨中国作协第五次全国代表大会上作出了深入的分析。他说:"文艺工作者要努力在自己的作品和表演中,灌注爱国主义、集体主义、社会主义的崇高精神,鞭挞拜金主义、享乐主义、个人主义和一切消极腐败现象。"①江泽民认为,广大文艺工作者要"积极宣传爱国主义、集体主义、社会主义思想,坚决抵制拜金主义、享乐主义、极端个人主义思想,积极倡导先进文化,努力发行落后文化,坚决抵制腐朽文化"②。

社会主义新时期文艺工作坚持"二为"方向,要求多出文艺"精品"。关于文艺"精品"的检验标准,江泽民文艺理论中也有具体论述。1996年,江泽民在中国文联第六次代表大会暨中国作协第五次全国代表大会上指出:"在文艺工作中坚持党的基本理论、基本路线和方针政策,坚持正确的创作思想、多出精品,把美好的精神食粮贡献给人民,郑重地考察作品的社会效果,旗帜鲜明地反对资本主义和一切剥削阶级腐朽思想文化的侵蚀、反对一切向钱看,旗帜鲜明地鼓舞人民为壮丽的社会主义现代文化建设事业而奋发进取。"③从这段话中我们可以看出,江泽民认为"社会效果"是用来衡量"精品"的标准。那么,如何才是好的"社会效果"呢?江泽民批驳了一些人在文艺创作中注重经济效益、"一切向钱看"的偏向。他说,"旗帜鲜明地反对资本主义和一切剥削阶级腐朽思想文化的侵蚀、反对一切向钱看,旗帜鲜明地鼓舞人民为壮丽的社会主义现代文化建设事业而奋发进取"④的文艺作品才算好的"社会效果"。

江泽民提出的"注重社会效果"这一文艺作品的标准问题的思想,是毛泽东、邓小平文艺思想的结晶和发展,是对"文艺应为人民服务、为社会服务"的理论,提出的切实可行的操作指标。

---

① 江泽民:《在中国文联第六次全国代表大会中国作协第五次全国代表大会上的讲话》(1996年12月16日),《中国戏剧》1997年第1期。
② 江泽民:《在中国文联第七次全国代表大会中国作协第六次全国代表大会上的讲话》(2001年12月18日),《中国戏剧》2002年第1期。
③ 江泽民:《在中国文联第六次全国代表大会中国作协第五次全国代表大会上的讲话》(1996年12月16日),《中国戏剧》1997年第1期。
④ 同上书,第6页。

（四）社会主义文艺的方针、政策

1.“以我为主，为我所用”

第一，拓展了“百花齐放，百家争鸣”方针。

“双百”方针是我们党提出的繁荣和发展包括社会主义文艺在内的整个文化事业的坚定的方针。江泽民重申且坚持了党的“双百”方针，并在两方面进行了新的理论开拓。一方面，江泽民指出，“百花齐放，百家争鸣，是符合社会主义文艺规律，促进社会主义文艺繁荣的方针”①。这一论述明确指明“双百”方针具有科学性，符合规律性。另一方面，江泽民指出，实行“双百”方针要强调民主、平等、自由竞争，要强调创新，尊重和保证个人的创造性。这实际上是道出了“双百”方针的具体内涵。江泽民指出，“文艺是一个需要极大地发挥个人创造性的领域”②。他还指出，“历史和现实，雄伟与细腻，严肃与诙谐，抒情与哲理，喜剧与悲剧，只要是能够使人们得到教育和启发，得到娱乐和美的享受，都应受到欢迎”③。在文艺百花园中，百花盛开才是春，艺术上的不同形式和风格自由发展，才会有艺术的繁荣和发展。因此江泽民认为，在坚持四项基本原则和坚持“二为”方向的前提下，艺术要大胆探索、不断创新，鼓励文艺工作者进行不倦的探索和创造，通过艰苦的艺术实践提高艺术的表现力，支持各种艺术形式、风格、流派的自由发展，以实现百花的争奇斗艳。在艺术发展的同时，要发扬学术民主，支持学术上的平等争鸣，使不同学术观点、不同艺术观点之间，能够相互了解、相互切磋、取长补短、共同进步。这实际上是揭示了“双百”方针的实质。

第二，阐发了“古为今用、推陈出新”的方针的内涵。

江泽民坚持了“古为今用、推陈出新”的方针，从两方面进一步阐发了这一方针的内涵。

---

① 江泽民：《在中国文联第六次全国代表大会中国作协第五次全国代表大会上的讲话》（1996年12月16日），《中国戏剧》1997年第1期，第6页。

② 江泽民：《江泽民论社会主义精神文明建设》，中央文献出版社1999年版，第248页。

③ 同上。

一方面是科学概括中国的优良历史文化传统。1997 年，江泽民将对中国历史长河中所形成的深刻影响"今天中国人的价值观念，生活方式和中国的发展道路"的优良历史文化传统，科学地概括为"团结统一的传统""独立自主的传统""爱好和平的传统""自强不息的传统"和"变革创新的精神"，而这种传统、精神在当代的集中体现和创造性发展就是"改革开放"，"把中国建成富强民主文明的现代化国家"。①2002 年，他又将这种文化传统概括为民族精神，"在五千多年的发展中，中华民族形成了以爱国主义为核心的团结统一、爱好和平、勤劳勇敢。自强不息的伟大民族精神"②。他还指出在中国文学艺术上也形成了同这种历史文化传统相一致的，同屈原、李白、杜甫、关汉卿、曹雪芹、鲁迅、聂耳、梅兰芳、齐白石等伟大作家艺术家的英名连在一起的民族精神、文艺传统，指出"文艺是民族精神的火炬，是人民奋进的号角。在培育和弘扬民族精神方面，文艺可以发挥独特的重要作用"③。所以他要求文艺家"努力创作出弘扬中华民族的民族精神和我们时代的进步精神的作品，用以教育人、鼓舞人和鞭策人"④。

　　另一方面是科学对待文化传统和文化遗产。江泽民从发展论、创新论的高度指出一定要用马克思主义的科学态度对待文化传统和文化遗产，一要继承，二要发展，继承的目的在于创造新文化。对民族传统文化要"取其精华、去其糟粕，结合时代精神加以继承和发展，做到古为今用"⑤，要"积极进行文化创新，努力繁荣先进文化，把亿万人民紧紧吸引在有中国特色社会主义文化的伟大旗帜下"⑥。

---

①　江泽民：《增进相互了解，加强友好合作——在美国哈佛大学的讲演》，《人民日报》，1997年 11 月 2 日。

②　江泽民：《全面建设小康社会，开创中国特色社会主义事业新局面》，《江泽民文选》第三卷，人民出版社 2006 年版，第 559 页。

③　江泽民：《在中国文联第七次全国代表大会中国作协第六次全国代表大会上的讲话》(2001年 12 月 18 日)，《中国戏剧》2002 年第 1 期，第 6 页。

④　同上。

⑤　江泽民：《在庆祝中国共产党成立八十周年大会上的讲话》，《江泽民文选》第三卷，人民出版社 2006 年版，第 278 页。

⑥　同上，第 278—279 页。

第三，提出了"以我为主，为我所用"的原则。

新时期，我国的对外开放不断扩大，对外交流日益频繁，对外合作也逐渐增多，为了更好地把握中外文化、文艺之间的同一性和交流、合作的可能性，江泽民提出了文艺工作的一条新原则，那就是"以我为主，为我所用"。他说："我国文化的发展，不能离开人类文明的共同成果。要坚持以我为主，为我所用的原则。开展多种形式的对外文化交流，博采各国文化之长，向世界展示中国文化建设的成就，坚决抵制各种腐朽思想文化的侵蚀。"①

"以我为主"，就是要坚持文化、文艺上的独立自主，"国家要独立，不仅政治上、经济上要独立，思想文化上也要独立"②，就是在对世界文化精华的汲取中，保持民族文化的主体意识和独立性，就是要独立自主、平等互利地开展对外文化交流，独立自主地向世界展示中国优秀传统文化和新文化新文艺的成就，而绝不能成为西方资本主义文化的附庸，丧失民族的自尊心。

"为我所用"，就是要辩证取舍、择善而从，不管是哪种社会制度下，包括资本主义国家所创造的文明成果，只要是科学的进步的优秀的有生命力的东西，都应当学习、借鉴和吸收、批判运用，并结合本国国情进行改造、整合和创新。有益有用则取，无用有害则弃，既要抵御其资产阶级和一切剥削阶级腐朽思想文化的渗透和侵蚀，又要博采各国文化、文艺之长，创造和发展有中国特色社会主义的文化和文学艺术，使之堂堂正正地走向世界和屹立于世界各民族先进文化之林，并以自己的优秀成果丰富人类文明。

"以我为主，为我所用"原则是"洋为中用"方针的具体化和发展，而"以我为主"和"为我所用"又是相互联系、二而一的方针。它们都体现了

---

① 江泽民：《高举邓小平理论伟大旗帜，把建设有中国特色社会主义事业全面推向二十世纪——在中国共产党第十五次全国代表大会上的报告》，人民出版社1997年版，第42页。

② 江泽民：《在中国文联第六次全国代表大会中国作协第五次全国代表大会上的讲话》(1996年12月16日)，《中国戏剧》1997年第1期。

对待外来文化、文学艺术的基本态度、基本原则和基本方法，都是出于建设、发展有中国特色社会主义文化、文艺的基本目的。

2."弘扬主旋律，提倡多样化"

弘扬主旋律，提倡多样化，在江泽民文艺理论中占有非常重要的位置。他说："在人民的历史创造中进行艺术的创造，在人民的进步中造就艺术的进步，给人民以信心和向上的力量，才能实现以优秀作品鼓舞人的任务，使人民群众不断提高的精神需求得到满足，使弘扬主旋律与提倡多样化完满地统一起来。"① 可以说，弘扬主旋律，提倡多样化，是文艺的社会主义性质和时代特色的具体体现，是坚持"二为"方向和"双百"方针的具体体现，在文艺园地的"百花"中，更加重点突出了"弘扬主旋律"的"花"，使"双百"方针更有操作性。

早在1991年，江泽民在庆祝中国共产党成立七十周年大会上的讲话中就运用了"主旋律"这一原本用在音乐上的词汇来谈文艺方向、方针，指出"要鼓励深入研究我国建设和改革的现实问题，鼓励创作更多的健康文明、积极向上、为人民大众喜闻乐见的作品。在这些作品中，反映社会主义时代精神应该成为主旋律"②。这就指出了在社会主义文艺百花园中占主导地位的成为"主旋律"的作品，应该是反映"社会主义时代精神"的作品，应该是深刻反映当今时代的本质、特征和发展方向、趋势，充分体现社会主义精神文明的实质，能够激励人们奋发进取，为人民大众所喜闻乐见的优秀作品。

江泽民全面论述"弘扬主旋律，提供多样化"方针的代表作是1994年1月《在全国宣传思想工作会议上的讲话》。此后，他在很多场合对这一文艺方针进行了强调，如在弘扬民族艺术，振奋民族精神——在纪念梅兰芳、周信芳诞辰100周年座谈会上的讲话中，谈及京剧改革和不能对戏曲舞台上不健康的、"与时代不合拍"的演出放任不管时，江泽民指出："我

---

① 江泽民：《江泽民论社会主义精神文明建设》，中央文献出版社1999年版，第247页。

② 江泽民：《当代中国共产党人的庄严使命》（1991年7月1日），《江泽民文选》第一卷，人民出版社2006年版，第159页。

们要弘扬主旋律、提倡多样化，特别要提倡和鼓励创作出一批反映社会主义现代化建设时代风貌、人们奋发向上的作品，把最美的精神食粮奉献给人民。"① 这就指出了包括京剧等民族艺术在内的各种传统戏曲和各种门类的文学艺术中，都应当贯彻"弘扬主旋律，提倡多样化"的方针，对传统艺术既要结合时代精神加以继承和发展，又要创造出反映我们伟大时代的时代精神，能够振奋民族精神的最美的精神食粮。1995 年 1 月 19 日，他在全国宣传部长会议上的讲话中又阐述了创作反映主旋律作品的主观条件，指出文艺家必须深入生活，把握现实生活的主旋律和时代精神，并且要下苦功，不断提高反映主旋律的能力，创作更多反映时代精神、鼓舞人们奋发向上的优秀作品。1996 年 12 月 16 日，他在中国文联第六次全国代表大会中国作协第五次全国代表大会上的讲话中，又进一步阐述了"弘扬主旋律"的精神内涵，"文艺要讴歌英雄的时代，反映波澜壮阔的现实，深刻地生动地表现人民群众改造自然、改造社会的伟大实践和丰富的精神世界"②；进一步论证了弘扬主旋律的现实基础，"社会主义现代化建设事业本身，就是亿万群众演出的艰苦创业、威武雄壮的历史活剧"③，现实生活本身就流动着威武雄壮的主旋律，人民群众中本来就洋溢着高昂的时代精神，同时，他还进一步论证了在历史发展和艺术进步中将"弘扬主旋律"与"提倡多样化"统一起来的条件和必然性："在人民的历史创造中进行艺术的创造，在人民的进步中造就艺术的进步，给人民以信心和向上的力量，才能实现以优秀作品鼓舞人的任务，使人民群众不断提高的精神需求得到满足，使弘扬主旋律与提倡多样化完满地统一起来。"④ 此后，他在党的十五大、十六大报告和在庆祝中国共产党成立八十周年大会上的讲话中，从加强党的建设的理论高度，在全面理论"三个代表"思想，系统理论"我们党要始终代表中国先进文化的前进方向"时，着重指出"在当代中国，发

---

① 江泽民：《弘扬民族艺术，振奋民族精神》，《中国戏剧》1995 年第 7 期。
② 江泽民：《在中国文联第六次全国代表大会中国作协第五次全国代表大会上的讲话》(1996年 12 月 16 日)，《中国戏剧》1997 年第 1 期。
③ 同上。
④ 同上。

展先进文化，就是发展有中国特色社会主义的文化，就是建设社会主义精神文明"①，而要建设这种先进文化，就要坚持"弘扬主旋律，提倡多样化"方针和"二为"方向、"双百"方针，"唱响社会主义文化的主旋律，坚持为人民服务、为社会主义服务，实行百花齐放，百家争鸣，是发展先进文化必须贯彻的重要方针"②；指出一定要在这个方向、方针指引下，充分体现时代精神和创造精神，努力建设和弘扬反映革命、建设和改革要求的新文化，创造出更多充分体现时代精神和创造精神的优秀作品。这就指出了"弘扬主旋律，提倡多样化"不仅是发展社会主义文学艺术和当代中国先进文化的方针，而且是使中国共产党能够始终代表中国先进文化前进方向的方针。

"弘扬主旋律"的内涵，"就是要在建设有中国特色社会主义的理论和党的基本路线指导下，大力倡导一切有利于发扬爱国主义、集体主义、社会主义的思想和精神，大力倡导一切有利于改革开放和现代化建设的思想和精神，大力倡导一切有利于民族团结、社会进步、人民幸福的思想和精神，大力倡导一切用诚实劳动争取美好生活的思想和精神"③，"反映社会主义时代精神应该成为主旋律"④。"弘扬主旋律"的目的是"使我们的精神产品符合人民的利益，促进社会进步，不断满足人民群众日益增长的精神文化需要，这是发展宣传文化事业、繁荣社会主义文化市场的主题"⑤。"弘扬主旋律"这一方针的适用范畴不仅在社会主义文艺园地，而且，在整个宣传文化阵地和社会主义文化市场、在各种精神产品的生产中和文化市场中，都应贯彻这一方针，都应体现为人民服务、为社会主义服务这个方向和"主题"；"弘扬主旋律"的文艺作品应该是艺术精品，而且应该是多种多

① 江泽民：《在庆祝中国共产党成立八十周年大会上的讲话》(2001年7月1日)，《江泽民文选》第三卷，人民出版社2006年版，第276页。
② 同上书，第277页。
③ 江泽民：《江泽民论社会主义精神文明建设》，中央文献出版社1999年版，第227页。
④ 同上书，第222页。
⑤ 江泽民：《在全国宣传思想工作会议上的讲话》(1994年1月24日)，《论文化建设——重要论述摘编》，学习出版社、中央文献出版社2012年版，第80页。

样、丰富多彩的。反映主旋律的精神产品，不仅思想内容健康向上，艺术表现多种多样，而且要具有强烈的吸引力和感染力，这样的产品才会在文化市场竞争中有极大优势。弘扬主旋律的作品并不是单一的、狭隘的，那些描写革命斗争的题材，塑造英雄人物，洋溢着高昂革命精神、改革精神的作品，固然是弘扬主旋律的作品，那些描写社会主义建设中普通人的生活乃至古代人的生活的作品，只要是"健康向上"，能体现我们伟大时代的精神，能给人以教育、启迪，并鼓舞人前进的，就都是弘扬主旋律的作品。也就是说，弘扬主旋律的作品在题材、主题、人物。形式、风格上应该是多种多样、丰富多彩、不断创新的。同时，"弘扬主旋律"也不是只偏重于作品思想内容上的要求，而是更加要求艺术上的精益求精，将高度的思想性和高度的艺术性、观赏性统一起来，创造出越来越多的既有强大的精神感召力，又给人以美的享受和娱乐的艺术精品，并以这种艺术精品吸引广大受众，使之在文艺市场上占据主导地位，起引导作用，在市场竞争中赢得优势。

文化艺术作品是对社会存在的反映，受社会存在的制约。波澜壮阔、丰富多彩、充满创造性的现代化建设的伟大实践，为文化艺术作品的创作提供了充足的养料和广阔的舞台，特定历史条件下人们的社会生活和社会实践以及与之相适应的人们对精神文化生活需要的多层次性，决定了文化产品的丰富性和多样性。"只要是能够使人民得到教育和启发、得到娱乐和美的享受的精神产品，都应受到欢迎和鼓励。"[1] 在这里，"提倡多样化"至少包括两层意思：一是弘扬主旋律的作品本身应该是多样的、多彩多姿的；二是除了反映主旋律的作品之外，还应该允许并"欢迎和鼓励"非主旋律然而健康的文艺作品的存在和发展，共同营造社会主义文艺的百花园。

"提倡多样化"是尊重文化艺术创作生产内在规律的需要，是一个社会文化艺术繁荣发展的重要标志。"提倡多样化"就是要使文艺作品充分反映和体现人民群众丰富多样的社会实践，就是要把满足广大人民群众日益增

---

① 江泽民：《在全国宣传思想工作会议上的讲话》，《人民日报》，1994年1月25日。

长的精神文化需求作为繁荣发展文化艺术的根本任务；就是要充分发挥作家艺术家个人的主动性和创造性，推进文艺形式、风格、流派的充分发展，实现文化艺术作品题材、体裁、主题的极大丰富。

"弘扬主旋律"与"提倡多样化"是辩证统一的。"弘扬主旋律"和"提倡多样化"是文艺创作不可分割的两个部分。"弘扬主旋律"为"提倡多样化"指明方向，"提倡多样化"为"弘扬主旋律"提供了广阔的舞台。"弘扬主旋律"不可以降低艺术标准，而必须尊重精神文化产品创作生产规律。"提倡多样化"不可以降低思想内容，而必须坚持以正确导向为前提。"弘扬主旋律"与"提倡多样化"相互联系、不可分割，是相辅相成、相得益彰辩证统一关系。

"弘扬主旋律"和"提倡多样化"，是坚持社会主义文化艺术的统一性与多样性协调发展的客观要求。只有坚持马克思主义的指导，才能在全社会形成共同的理想信念和精神支柱，文化艺术的发展才不会迷失方向。与此同时，只有创作生产更多丰富多样的精神文化产品，才能不断推进文化的继承、发展和创新，也才能满足人民群众丰富多彩的精神文化需求。只有坚持"弘扬主旋律"和"提倡多样化"的辩证统一，才能使文化艺术发展的路子越走越宽广，才能促进文化艺术在正确的轨道上繁荣发展。

【案例】 "我和我的"系列主旋律电影中的家国情怀①

2021年的主旋律电影《我和我的父辈》与《我和我的祖国》(2019)、《我和我的家乡》(2020)共同构成了"我和我的"国庆系列三部曲，影片采用同主题多单元不同风格讲故事的手法，激起全民观影热潮，取得了不俗的票房成绩和口碑。

相对于展现历史伟人、时代英雄和宏大战争主题的传统主旋律电影，"我和我的"国庆系列三部曲立足于表现大时代中的小人物，展现普通人与时代紧密相连、同呼吸共命运的感人瞬间。"我"是叙事主体，是每一个观

---

① 摘自宋新雅：《"我和我的"系列主旋律电影中的时代意蕴》，《中国社会科学报》2022年1月26日。

影个体，是不同时代背景下的芸芸众生，这就增强了电影的感染力和代入感；"我的祖国""我的家乡"和"我的父辈"都与"我"有关，国家发展、山乡巨变和代际传承都是过往亲历，以"我"来讲"我们"的故事，可以唤起民族的集体记忆，触动心灵深处的动人情怀。三部影片刻画了多个背景、职业、性格不同的个体，将自动升旗装置的设计师、香港回归仪式上的升旗手、基层扶贫干部、弄堂里的小男孩、出租车司机、农民发明家、航天科研工作者、药酒销售员等小人物作为主角，恰到好处地将宏大叙事和日常叙事及个体叙事相结合，关注和刻画小人物在宏大历史事件中的命运和情感，描摹他们为祖国发展和民族振兴而默默奉献，紧扣个体的独特体验和记忆，激发个体从时代的重大历史事件中寻找家国记忆。在历史、国家命题的大前提下，向每一个发光发热的中国人致敬，通过对观众内在情感的唤起，潜移默化地建构起观众的爱国情怀。

"我和我的"系列三部曲在弘扬主旋律的同时注重真情实感的呈现，以真实情感为基调抒发家国情怀。如《我和我的父辈》中，当父辈担当起国家的使命与责任时，亦不舍对小家的眷恋和对子辈的深情。马仁兴藏在胸前为儿子疗伤的大艾叶、火药雕刻师母亲深夜写下的诗，父辈的情感含蓄深沉隐忍，在孩子看来，父辈是不近人情的、闪烁其词的，甚至是不遵守诺言说话不算数的，对父辈的情感变化从爱恨交织到逐渐理解认可，再到"长大后我就成了你"。这种代际之间的矛盾在不同的时代背景下有不同的表现形式：在民族危亡之际和国家百废待兴之时，舍我其谁、舍生取义是以抛妻弃子为巨大代价的；在改革开放和新时代，父辈与子辈更多的矛盾集中于为美好生活而奋斗的途径和方式。从革命时期到建设时期，从改革开放到新时代，电影的基调开始从悲壮沉重到光明新生，凸显国泰才能民安，国富才能民强。从硝烟弥漫的战场到市井生活，从战马奔腾到穿越未来的高科技，电影展现出"国与家"的水乳交融，对宏大命题与微观人性的平衡处理方式，唤起观众的共鸣、共情和共振，观影过程成了一场伟大精神的洗礼。

3. 其他一系列文化、文艺政策

江泽民在深刻论述一系列文艺、文化的重要方针的同时，面对中国社会改革不断深化、市场经济日益发展的新形势，从文化、文艺实践的具体实际和需要出发，还深入分析和论述了文化、文艺体制改革政策和文化经济政策。

第一，关于文化、文艺体制改革政策。

随着建设社会主义市场经济体制的目标在中国的确立，各行各业的改革在不断深化，文化、文艺体制改革也在其中。而文化、文艺领域的改革与经济领域和其他领域的改革既有联系又有区别，这是由精神文化产品的生产不同于一般物质产品生产的特性所决定的。江泽民在这一方面做过多次指示。1996 年，江泽民指出，在文化、文艺领域要"健全管理体制，加强制度建设"，要"一手抓繁荣，一手抓管理"，"宣传文化事业的改革要同发展社会主义市场经济、同整个社会主义现代化建设相适应，符合社会主义精神文明建设的要求，符合宣传文化事业自身发展的规律"①。2002 年，江泽民进一步指出，文化体制改革要"根据社会主义精神文明建设的特点和规律，适应社会主义市场经济发展的要求"，要"把深化改革同调整结构和促进发展结合起来，理顺政府和文化企事业单位的关系，加强文化法制建设，加强宏观管理，深化文化企事业单位内部改革，逐步建立有利于调动文化工作者积极性，推动文化创新，多出精品、多出人才的文化管理体制和运行机制。按照一手抓繁荣、一手抓管理的方针，健全文化市场体系，完善文化市场管理机制，为繁荣社会主义文化创造良好的社会环境。"②从这些讲话中，我们不难发现，文化体制改革必须坚持三条原则：（1）适应社会主义市场经济体制的变化；（2）符合社会主义精神文明建设的要求；（3）遵循文化艺术自身发展的规律。文化体制改革的根本任务，是要改革与社会主义市场经济体制不相适应的过去计划经济时代那一套管理模式和运行

---

① 江泽民：《论党的建设》，中央文献出版社 2001 年版，第 138—139 页。

② 江泽民：《全面建设小康社会，开创中国特色社会主义事业新局面》（2002 年 11 月 8 日），《江泽民文选》第三卷，人民出版社 2006 年版，第 561—562 页。

机制。实践同样证明，改革是文化艺术繁荣发展的根本出路和强大动力。

第二，关于文化、文艺经济政策。

人类进入文明时代以来，社会生产分为两大部类，即物质产品的生产和精神产品的生产。文化艺术属于精神产品生产的范畴。精神产品生产的最大特点就是以社会效益为最高准则，这种社会效益通过人的精神力量转化为物质力量，从而推动社会的发展与进步。但是，精神产品的生产者难以直接得到其精神产品转化为物质力量的经济效益，需要通过社会二次分配予以补偿。因而，从事精神产品生产的生产者，一般都需要社会和政府给予资金投入。江泽民在1996年初召开的全国宣传部长会议上强调，要采取有力措施加大对宣传文化事业的投入，努力"形成有利于把社会效益放在首位的环境和条件"。党的十四届六中全会《决议》指出："建设社会主义精神文明要有物质保障。没有必要的物质保障，精神文明建设的许多任务就难以落实。"《决议》还特别强调要切实解决宣传文化事业投入总量偏少、比例偏低的问题。2002年，江泽民进一步指出，"发展各类文化事业和文化产业都要贯彻发展先进文化的要求，始终把社会效益放在首位。国家支持和保障文化公益事业，并鼓励它们增强自身发展活力"[1]。这些讲话表明，一方面，要善于运用市场机制、经济杠杆，大力发展文化产业，完善文化产业政策，增强文化产业的整体实力和竞争力，另一方面，国家又要增强经济投入，为文化事业部门提供必需的财力支持和物质保障，对高雅文化和民族文化予以精心呵护。实践也证明了这一点。

4. 坚持、加强、改善中国共产党对文艺事业的领导

江泽民既继承、贯彻了邓小平关于坚持加强和改善党对文艺事业领导的思想，同时，又拓展了这一思想，并将其更具体化，为执政党在新时期、转型期和新世纪开展文化、文艺工作开辟了崭新的局面。

江泽民指出："各级党委要把加强和改善对文艺工作的领导，作为精神文明建设的一项重要工作抓紧抓好。要帮助广大文艺工作者认真学习马克

---

[1] 江泽民：《全面建设小康社会，开创中国特色社会主义事业新局面》（2002年11月8日），《江泽民文选》第三卷，人民出版社2006年版，第561页。

思列宁主义、毛泽东思想和邓小平建设有中国特色社会主义理论，为他们深入生活、深入群众，不断提高思想业务素质，充分增长和发挥艺术创造力，提供良好的条件。要努力培养越来越多的紧跟时代步伐，热爱祖国和人民、艺术精湛的作家艺术家。要加强思想政治工作，加强对共产党员文艺工作者的教育、管理和监督。从事文艺工作和在文艺部门工作的共产党员，要在思想上政治上作风上，在深入生活、深入群众上，发挥表率作用。文艺部门的领导干部，首先要向文艺家们学习，努力成为行家里手，用符合文艺规律的办法来领导文艺。同时要维护文艺家的合法权益，积极帮助他们解决生活、工作、学习上遇到的困难。"①

第一，将党管文艺的工作提到了精神文明建设的高度。在总结了我国社会主义建设特别是改革开放以来两个文明建设的经验教训后，党的十四届六中全会《决议》指出："建设物质文明的关键在党，建设精神文明关键也在党。"随后，江泽民在《在庆祝中国共产党成立八十周年大会上的讲话》和十六大报告等一系列著作中，全面、系统、深入阐述了"三个代表"的重要思想，并指出要坚持党的领导，必须改善党的领导，提出各级党委务必加强和改善对文艺工作的领导。

第二，强调了党的领导首先是思想政治的领导。必须加强邓小平理论的学习和加强思想政治工作，坚持党的思想路线，引导文艺工作者深入生活，并为他们深入生活、发挥创造力提供思想的物质的条件。

第三，提出了党要根据文艺特征和规律来领导文艺。具体地说，要加强对共产党员文艺工作者的教育、管理、监督，并通过发挥他们的表率作用来实现领导和引导；要加强文艺方面的法制建设，维护文艺家的合法权益；文艺部门的领导干部必须向文艺家学习，不能停留于外行领导内行的局面，要成为行家里手。

（五）文艺创作和文艺评论

20 世纪以来，江泽民继承了马克思主义文艺创作和文艺评论思想，将

---

① 江泽民：《在中国文联第六次全国代表大会中国作协第五次全国代表大会上的讲话》（1996年 12 月 16 日），《中国戏剧》1997 年第 1 期。

毛泽东、邓小平文艺创作和文艺评论思想发展到了新阶段。

1. 文艺创作思想

江泽民继承和发展了马克思主义文艺创作观，并提出了一系列新的创作思想。

第一，揭示了"文艺创作应该遵循先进文化的前进方向的发展规律"。江泽民指出，"当代中国的文艺工作者，应该遵循先进文化的前进方向，自觉投身改革开放和现代化建设的伟大实践，努力推进我国文艺的创新和繁荣，努力创作出弘扬中华民族的民族精神和我们时代的进步精神的作品，用以教育人、鼓舞人和鞭策人，为繁荣祖国文艺的百花园，为培养一代又一代有理想、有道德、有文化、有纪律的社会主义新人作出自己的贡献。这就是我国当代文艺工作所肩负的庄严使命"[1]。"广大文艺工作者应坚持追求真理、反对谬误，歌颂美善、反对丑恶，崇尚科学、反对愚昧，坚持创新、反对守旧，成为先进文化发展的骨干力量。"[2] 在这里，江泽民独创性地提出了文艺创作应遵循先进文化的前进方向的发展规律的思想，这是马克思主义文艺观发展至今前所未有的，是对文艺创作最终发展规律的理论开拓。

第二，提出"文艺创作必须与时俱进"。江泽民在继承了马克思主义文艺创新思想的基础上，进一步指出，"希望广大文艺工作者努力继承和发展中华民族的优秀文化传统，继承和发扬五四运动以来形成的革命文化传统，积极学习和借鉴世界各国人民创造的一切先进文明成果，坚持古为今用、洋为中用、与时俱进、推陈出新"[3]。只有这样，才能不断汲取营养，不断进行生活和艺术的积累，才能创作出为人民群众喜爱的优秀作品，才能为人民群众提供最好的精神食粮。这深化了文艺创作不断创新的思想。

---

[1] 江泽民：《江泽民论有中国特色社会主义》（专题摘编），中央文献出版社 2002 年版，第 391—392 页。

[2] 江泽民：《在中国文联第七次全国代表大会中国作协第六次全国代表人会上的讲话》（2001年 12 月 18 日），《中国戏剧》2002 年第 1 期。

[3] 江泽民：《江泽民论有中国特色社会主义》（专题摘编），中央文献出版社 2002 年版，第 393 页。

第三，继承和发展了马克思主义文艺创作内容美和艺术美统一的规律。马克思主义认为，艺术创作要有正确的世界观和审美情趣。江泽民在此基础上发展了这一创作理论，并进一步深化为思想性和艺术性相统一的创作思想。他认为文艺创作要"大力提倡一切有利于发扬爱国主义、集体主义、社会主义的思想精神，大力倡导一切有利于民族团结、社会进步、人民幸福的思想和精神，大力倡导一切用诚实劳动争取美好生活的思想和精神"①。文艺要讴歌英雄的时代，反映波澜壮阔的现实，深刻地行动地表现人民群众改造自然、改造社会的伟大实践和丰富的精神世界，要表现新的时代和新的人物。为此，文艺创作必须进一步深入生活、深入群众，向生活学习、向群众学习，认识社会发展的客观进程，认识人民群众的利益所在，认识人民群众的历史创造性和精神生活的进步。

2. 文艺评论思想

文艺评论是文艺发展的重要推动力。江泽民也十分重视文艺评论，对这一问题有过多次论述，对许多中外文艺家、文艺作品也曾发表过评论。

江泽民指出，"文艺的发展，离不开文艺理论的指导和文艺评论的促进。要适应时代特点和结合实践要求，努力加强文艺理论建设，积极开展文艺评论，大胆进行文艺理论和文艺评论的创新，为我国文艺事业的健康发展提供正确引导"②。江泽民认为，在文艺领域"无论是提高艺术表现力，还是判断艺术的优劣高下和艺术上的是非，都不能靠行政命令，而要靠艰苦的艺术实践，靠平等的争鸣"③，靠健康的、充分说理的、富有建设性的文艺批评。这些论述进一步说明了文艺评论的职责、作用和目的。

第一，文艺评论的职责。在努力总结社会主义文艺实践、积极探索社会主义文艺规律的基础上，文艺理论、文艺批评要发挥指导、引导、促进

---

① 江泽民：《江泽民论有中国特色社会主义》（专题摘编），中央文献出版社2002年版，第386页。
② 江泽民：《在中国文联第七次全国代表大会中国作协第六次全国代表大会上的讲话》（2001年12月18日），《中国戏剧》2002年第1期。
③ 江泽民：《在中国文联第六次全国代表大会中国作协第五次全国代表大会上的讲话》（1996年12月16日），《中国戏剧》1997年第1期。

的功能。

第二，文艺评论的作用。要善于发现、评论并推荐优秀的文艺作品，展示作品闪烁的一面和艺术上的新创造，让作品发挥出更大的社会效应；文艺评论要帮助作家艺术家提高思想水平和艺术水平，总结文艺创作的经验，让作家艺术家为社会主义文化文艺建设发挥出更大的力量。当然，文艺评论也要及时地、深刻地批评错误的文艺思潮和文艺创作上的不良倾向，引导社会主义文艺沿着正确的方向健康地发展。可以说，文艺评论在探索文艺规律、促进文艺繁荣、推荐优秀作品、批评错误的文艺倾向，帮助人们区分真善美与假丑恶方面，在积极倡导先进文化，坚决抵制腐朽文化方面具有重要的积极作用。

第三，文艺评论的目的。文艺评论最直接的目的是为了引导文艺创作，促进社会主义文艺的发展和繁荣。文艺评论的根本目的是推动社会主义精神文明建设，培养"四有"新人，推动社会主义现代化建设。

（六）文艺家的职责和文艺队伍建设的基本要求

1. 文艺家的职责

邓小平曾指出，包括文艺家在内的知识分子"是工人阶级的一部分"，文艺家要承担起"人类灵魂工程师"的职责。江泽民重申并发展了这一思想。

文艺工作者在社会主义精神文明建设中，"承担着培养有理想、有道德、有文化、有纪律的'四有'新人，激励人民团结奋进的庄严职责。以自己的艺术实践投向建设有中国特色社会主义的宏伟事业，和时代迈着共同的脚步，和祖国一道前进，努力成为名副其实的人类灵魂工程师"[1]。江泽民还指出，文艺家要同所有知识分子一道"努力成为先进思想的传播者，科学技术的开拓者，'四有'公民的培育者和优秀精神产品的生产者"[2]，并且指出"包括知识分子在内的我国工人阶级，是推动先进生产力发展的基

---

① 江泽民：《在中国文联第六次全国代表大会中国作协第五次全国代表大会上的讲话》(1996年12月16日)，《中国戏剧》1997年第1期。

② 江泽民：《高举邓小平理论伟大旗帜，把建设有中国特色社会主义事业全面推向二十一世纪》(1997年9月12日)，人民出版社2006年版，第35页。

本力量"①。这就指出了文艺家不仅要以他们所从事的文艺工作，同宣传思想工作者一道，承担起"以科学的理论武装人，以正确的舆论引导人，以高尚的精神塑造人，以优秀的作品鼓舞人"的职责，而且是推动先进艺术生产力从而推动整个社会生产力发展的"基本力量"，他们应以自己的作品，开展爱国主义、集体主义、社会主义教育，引导人们树立正确的世界观、人生观、价值观，提高国民素质。为现代化建设提供精神动力和智力支持，从而推动生产力的发展，增强我国的综合国力。

2. 文艺队伍建设

为了使文艺家担负起神圣的职责，江泽民指出，一定要努力培养越来越多"紧跟时代步伐、热爱祖国和人民、艺术精湛"的作家艺术家，培养一大批"德艺双馨"的人才，造就一支与时代要求相适应的强大的"政治强、业务精、作风正"的文艺队伍。他指出，我们现在所处的是人民自觉创造自己新生活的伟大社会主义时代，是更应该出现伟大的作家、艺术家和创造出伟大艺术精品的时代。因此，文艺家要团结合作，更要加强学习，首先要深入学习马列主义、毛泽东思想、邓小平理论，作为自己的"精神支柱"和"精神动力"，尤其要深入学习马克思主义文艺理论，"马克思主义的文艺思想，是马克思主义的重要内容。坚持马克思主义，包括坚持马克思主义文艺思想的基本理论。文艺界的同志要认真地学习马克思、恩格斯、列宁的文艺论著，特别要认真地学习毛泽东同志的《在延安文艺座谈会上的讲话》和邓小平同志的《在中国文学艺术工作者第四次代表大会上的祝词》这两篇讲话，集中体现了我们党的文艺思想、文艺路线、文艺方针，是我们党对马克思主义文艺理论的独特贡献，将长期对我们的文艺事业发挥指导作用"②。同时，还要"进一步深入生活、深入群众，向生活学习、向群众学习，认识社会发展的客观进程，认识人民群众的利益所在，认识人民群众的历史创造性和精

---

① 江泽民：《在庆祝中国共产党成立八十周年大会上的讲话》（2001 年 7 月 1 日），《江泽民文选》第三卷，人民出版社 2006 年版，第 274 页。

② 江泽民：《在中国文联第六次全国代表大会中国作协第五次全国代表大会上的讲话》（1996年 12 月 16 日），《中国戏剧》1997 年第 1 期。

神生活的进步"，从而"在人民的历史创造中进行艺术的创造，在人民的进步中造就艺术的进步"①。此外，他还多次强调文艺工作者要潜心钻研业务，既要学习一点社会主义市场经济和科学技术知识，完善自己的知识结构，更要学习、继承和发扬中国传统文化、外来文化中一切有价值有东西，学习一点文学史、音乐史、美术史，了解中国文化和世界文化发展的历程，借鉴前人的经验，提高自己的艺术表现力。

二、胡锦涛文艺理论的主要内容

（一）文化建设、文艺工作的地位和作用

进入新世纪新阶段，中国特色社会主义建设事业总体布局已由"经济建设、政治建设、文化建设三位一体转变为经济建设、政治建设、文化建设和社会建设四位一体的总体格局"②，胡锦涛多次强调社会主义文化建设是我国现代化建设的有机组成部分，认为"文艺事业是中国特色社会主义事业的重要组成部分，是社会主义文化建设的重要内容，文艺工作在党和国家工作全局中具有十分重要的地位"③，指出"文艺以昂扬的精神、奔放的激情吸引和感染着亿万人民对东路人民精神需求、丰富人民精神世界、增强人民精神力量、促进人的全面发展发挥着不可替代的作用"④。"文化是民族凝聚力和创造力的重要源泉，是综合国力竞争的重要因素，是经济社会发展的重要支撑。"⑤

1. 文化是民族凝聚力和创造力的重要源泉

"人类文明进步的历史充分表明，没有先进文化的积极引领，没有人民

---

① 江泽民：《在中国文联第六次全国代表大会中国作协第五次全国代表大会上的讲话》（1996年12月16日），《中国戏剧》1997年第1期。

② 胡锦涛：《在省部级主要领导干部提高构建社会主义和谐社会能力专题研讨班上的讲话》（2005年2月19日），《人民日报》，2005年6月27日。

③ 胡锦涛：《在中国文联第九次全国代表大会、中国作协第八次全国代表大会上的讲话》（2011年11月22日），《人民日报》，2011年11月23日第2版。

④ 同上。

⑤ 胡锦涛：《在十七届中共中央政治局第22次集体学习时的讲话》（2010年7月23日），《人民日报》，2010年7月24日。

精神世界的极大丰富，没有全民族创造精神的充分发挥，一个国家、一个民族不可能屹立于世界先进民族之林。"①文化是凝聚和激励全国各族人民的重要力量。在全面建设小康社会的进程中，在大力建设社会主义现代化的过程中，文化成为民族凝聚力和创造力的重要源泉。

文艺是民族精神的火炬。中华民族在五千多年的发展中形成了以爱国主义为核心的团结统一、爱好和平、勤劳勇敢、自强不息的伟大民族精神，正是有了以爱国主义为核心的民族精神，文艺作品才能富有强盛的生命力，才能让人民群众所接受，才能成为传世之作。文艺要成为民族精神的火炬，应该具有引领作用。要顺应历史发展潮流，创作出符合时代节拍、符合人民心声、激励人民前进的作品。文艺要成为民族精神的火炬，应该具有发光作用。这种作用，主要体现在以文化人上。也就是说，通过文艺的形式，不仅给人们带来欢乐，更重要的是让人们在喜怒哀乐中得到潜移默化，改变人们的精神世界，提高人们的思想素质。文艺要成为民族精神的火炬，还应该发挥主流作用，让主流抵制邪恶，积极弘扬正能量。

2. 文化是综合国力竞争的重要因素

"当今时代，文化在综合国力竞争中的地位日益重要。谁占据了文化发展的制高点，谁就能够更好地在激烈的国际竞争中掌握主动权。"②"综合国力竞争的一个显著特点，就是文化的地位和作用更加凸显，经济较量中的文化因素日益突出。"③当今社会，综合国力的比拼，不仅是经济实力、军事实力、科技实力的比拼，更是文化实力的大比拼。

加强我国社会主义文化建设，既能依靠其发展产生极大的社会效益和经济效益，也能不断提升我国在国际舞台上的话语权，因此，文化实力成为衡量社会文明程度和人民生活质量的显著标志，成为衡量我国综合国力的重要指标。

---

① 胡锦涛：《在中国文联第八次全国代表大会中国作协第七次全国代表大会上的讲话》（2006年11月10日），《人民日报》，2006年11月11日。

② 同上。

③ 胡锦涛：《在全国宣传思想工作会议上的讲话》（2008年1月22日），《论文化建设——重要论述摘编》，学习出版社、中央文献出版社2012年版，第12页。

3. 文化是经济社会发展的重要支撑

胡锦涛在中共中央政治局第七次集体学习时明确指出，"只有大力加强社会主义先进文化建设，才能为我国现代化建设的伟大事业提供思想保障、精神动力和智力支持"①，文化是经济社会发展的重要支撑。

第一，为社会主义现代化建设提供强有力的思想保障。在我国社会主义现代化建设的进程中，会面临各种思想交锋，会面对各种艰难困苦，通过社会主义文化建设进一步引导人们认同社会主义基本制度，坚定社会主义道路信念，为现代化建设提供强有力的思想保障。

第二，为社会主义现代化建设提供强大的精神动力。强大的民族凝聚力和伟大的民族精神是一个国家、一个民族兴衰成败的关键。社会主义文化建设可以弘扬中华优秀传统文化，培育民族精神，增强中华民族凝聚力，为社会主义现代化建设提供强大的精神动力。

第三，为社会主义现代化建设提供持久的智力支持。社会主义现代化建设离不开科教先行、人才培养。社会主义文化建设可以切实提升全体国民文化素养，培育创新精神，提高社会主义精神文明境界，为社会主义现代化建设提供持久的智力支持。

（二）文化建设、文艺工作的根本任务和主要任务

进入新世纪，面对我国进入全面建设小康社会的新时期，艺术工作被赋予了新的重要任务。

1. 培养"四有"公民

早在 1980 年，邓小平就提出了培养"四有"新人的论述。培养有理想、有道德、有文化、有纪律的"四有"公民，提高中华民族整体思想意识、道德修养以及科学文化素质，这是中国特色社会主义事业全面发展与推进的需要，更是我国社会主义文化建设的根本任务。

进入新世纪新阶段，胡锦涛进一步拓展了"四有"新人理论内涵，希望广大青年朋友以英雄模范、先进人物为榜样，"努力成为理想远大、信念

---

① 胡锦涛：《始终坚持先进文化的前进方向，大力发展文化事业和文化产业》，《高校理论战线》2003 年第 9 期。

坚定的新一代，品德高尚、意志顽强的新一代，视野开阔、知识丰富的新一代，开拓进取、艰苦创业的新一代"①。虽然时代在变，环境在变，但这些体现社会主义先进文化的理念却一脉相承。胡锦涛关于"四有"新一代的论述是科学发展观的重要组成部分，是新时期社会主义文化建设根本任务的强调与发展。

2. 促进人的全面发展

胡锦涛在2003年全国宣传思想工作会议上提出了三个"着眼于"，即"着眼于巩固马克思主义在我国意识形态领域的指导地位，着眼于服务经济建设这个中心和全党全国工作大局，着眼于促进社会全面进步和人的全面发展"②，揭示了新世纪新时期文化文艺工作的出发点和着力点。

"着眼于巩固马克思主义在我国意识形态领域的指导地位"，就是要把马克思主义、毛泽东思想、邓小平理论和"三个代表"重要思想作为文化文艺工作的指导思想，运用马克思主义理论，对文化文艺工作的改革发展问题进行理论思考；"着眼于服务经济建设这个中心和全党全国工作大局"，就是要通过文化文艺自身的特殊方式为经济建设提供智力支持和精神动力；"着眼于促进社会全面进步和人的全面发展"，就是要发挥文艺的认识作用、教育作用、审美作用和娱乐作用，以文化艺术来陶冶人、鼓舞人、慰藉人，从而增强人们内心世界的丰富感，营造人们精神上的安宁感和幸福感，激发人们创造力，鼓舞人民自尊自强的民族精神，最终促进人的全面素质的提高。

3. 促进社会和谐

在2006年11月召开的第八次文代会第七次作代会上，胡锦涛指出，"繁荣社会主义先进文化，建设和谐文化，为构建社会主义和谐社会作出贡献，是现阶段我国文化工作的主题"③。这一重要论述，站在新的时代高度，

---

① 本刊编辑部：《胡锦涛向中国青年群英会致信》，《党史文苑》2007年第9期。

② 《胡锦涛总书记在全国宣传思想工作会议上的讲话摘要》，《政工研究动态》2004年第21期。

③ 胡锦涛：《在社会主义先进文化引领下建设和谐文化》（2006年11月10日），《胡锦涛文选》第二卷，人民出版社2016年版，第540页。

将我国文化建设置于社会主义现代化建设的总体布局中，置于构建社会主义和谐社会的广阔视野里，置于我国经济社会发展进入关键阶段的历史背景下，指明了我们这个时代文化发展的方向。

文化的力量是民族生存和发展的根本力量。人类社会的每一次跃进，人类文明的每一次升华，无不镌刻着文化进步的烙印；任何一个国家历史的变革、社会的进步，也从来离不开文化的引导与推动。文化艺术有着润物无声的影响力。弘扬先进文化的艺术作品要极大地发挥这种影响力，面向人民大众，关注他们的生产质量、幸福指数、发展潜能，维护他们的基本文化权益，满足他们的文化需求，让文化艺术对培育民族精神、增强民族凝聚力、建立和谐文化、促进社会和谐产生重要的作用。

（三）文化建设、文艺工作遵循的方针原则

1. 坚持"二为"方向和"双百"方针

文艺为人民服务、为社会主义服务的"二为"方向及百花齐放、百家争鸣的"双百"方针，是我们党一贯坚持的文艺方针政策。

进入新世纪新阶段，在社会主义现代化建设稳步推进过程中，会面临新形势、新环境、新情况，社会主义文化建设也会注入新内容、新形式、新渠道，但文艺为人民服务、为社会主义服务的价值取向则一直贯穿于中国特色社会主义文化建设的实践中。最早由毛泽东提出的"双百"方针，在第五届全国人民代表大会第一次会议上通过并被载入宪法，这为社会主义文化建设的发展提供坚实的法律保障。在继承马克思主义文艺观的基础上，胡锦涛结合我国新世纪新时期文化文艺工作的实际，强调要"牢牢把握先进文化的前进方向，坚持为人民服务、为社会主义服务的方向和百花齐放、百家争鸣的方针，繁荣发展社会主义文化，不断满足人民群众日益增长的精神文化需求"[1]，强调要"坚持'二为'方向和'双百'方针的有机统一"[2]，

① 《中华人民共和国国民经济和社会发展第十一个五年规划纲要》，《全国人民代表大会常务委员会公报》2006年第3期，第211页。

② 胡锦涛：《在全国宣传思想工作会议上的讲话》（2003年12月5日），《论文化建设——重要论述摘编》，学习出版社、中央文献出版社2012年版，第42页。

指出要"全面贯彻党的文艺方针政策，充分发掘艺术民主和学术民主，坚持社会责任和创作自由的统一，弘扬主旋律和提倡多样化的统一"①，这是对"二为"方向和"双百"方针毫不动摇的坚持。胡锦涛还指出，文化文艺工作要继续"坚持以科学的理论武装人，以正确的舆论引导人，以高尚的精神塑造人，以优秀的作品鼓舞人"，这就进一步将"二为"方向和"双百"方针具体化。

2. 坚持"三贴近"原则

胡锦涛在全国宣传思想工作会议上的讲话中明确指出，文化文艺工作要"坚持贴近实际、贴近生活、贴近群众"，即"三贴近"原则。贴近实际，就是立足于社会主义初级阶段这个最大的实际，真实反映改革开放和现代化建设的实践；贴近生活，就是深入到火热的显示生活和人民群众的日常生活中，反映客观现实，把握社会主流，从生活中挖掘生动事例，吸取新鲜营养，展示美好前景，激励人民群众同心协力，奋发图强，为创造更加美好的新生活而共同奋斗；贴近群众，就是深深扎根于群众之中，想群众之所想，急群众之所急，办群众之所盼，以群众满意不满意、高兴不高兴、赞成不赞成、答应不答应作为根本出发点和落脚点，更好地代表最广大人民群众的根本利益。

"三贴近"原则，是使文艺真正能够扎根现实，赢得群众，在建设文艺的同时也建设队伍本身，是增强文艺自身活力、壮大实力、提高竞争力的一个重要原则。"三贴近"原则，就是从文艺为人民服务出发，来要求和检验文艺工作的目的、做法、成果与效益。文艺工作者要关注时代，关注民众，深入到人民群众中去，从生活中汲取营养，努力创作出真正为群众喜闻乐见的作品，不断增强文化文艺工作的针对性、实效性、创新性，不断增强文化文艺工作的吸引力、亲和力和感召力，把文化文艺工作提高到一个新的水平。

---

① 胡锦涛：《在中国文联第八次全国代表大会中国作协第七次全国代表大会上的讲话》(2006年11月10日)，《人民日报》，2006年11月11日。

【案例】 纪录片《舌尖上的中国》带来的启示 ①

　　纪录片《舌尖上的中国》讲述的是中国民间的饮食文化,然而,它却引得无数观众深夜还守候在电视机前。《舌尖上的中国》之所以如此广受欢迎,很重要的一点就是,其运用通俗易懂的语言和耐人寻味的故事对民族文化、民族感情进行了成功的解读,真正做到了"贴近实际,贴近生活,贴近群众",让不同文化层次、不同年龄阶段的观众都能看得懂、愿意看。

　　真诚是艺术的第一要义,感动自己才能感动别人,自己相信才能说服别人。在这部纪录片里,厨师级别不分,食材贵贱不分,没有更多的玉盘珍馐,最美的味道往往在边远闭塞的农家厨房里,最好的食物常常用粗瓷大碗或者竹筛大坛盛装着。在云南香格里拉的原始森林里,在黑龙江绥化的冰天雪地里,在广西东兴湛蓝的大海边,在陕北绥德黄土高坡的朔风里……摄影师用朴素、踏实的镜头记录下一张张劳动人民朴实无华、真诚动人的笑脸,在诉说食物的同时,看到更多的还是普通中国人的故事。正如导演陈晓卿所说的,这个片子不完全是美食纪录片,是通过美食这个窗口更多地看到人与人之间的关系、人和食物的关系、人和社会的关系,这个片子充满人物故事,更多的是像你我这样的吃货带着对食物的敬意和感情做这个纪录片,正是这种"敬意"和"感情",才能使我们看到那些衣着朴素的劳动者脸上满足、灿烂的笑容以及他们对自然的感恩,也正因如此,其感染了电视机前无数的观众。

　　真实是一种作风。明代著名哲学家、思想家吕坤在《呻吟语》中讲道:"实言实行实心,无不导人之理",即说话办事为人实在,就没有不被人信服的道理。在《舌尖上的中国》这部纪录片里,选取的人物都是我们身边普普通通的人,他们穿着朴素的衣服,用劳动的双手将林里捡的、土里挖的、地里长的、海里捞的食材腌、晒、烤、炒、炖、煮,在展现中国各地美食的同时,描述着许多普通中国人的日常生活,不仅充满了对真实的、平民的、自然的尊敬与礼赞,而且告诉了我们一个真实的、原味的、带着

---

① 摘自陈金星:《从〈舌尖上的中国〉热播看"三贴近"原则》,《中共山西省委学校学报》2012年第35期。

土地气息和食物香味的中国。无需精雕细琢，无需深情渲染，也无需用诸如"美味、好吃"之类的辞藻大声赞叹，只需用我们熟悉的生活，加上熟悉的食物，脉脉的温情，朴实、真实、感人的气息便已洋溢而出，不知不觉打动人们的心扉。

饱含真情是落实"三贴近"的必然要求。白居易在《与元九书》中讲到，"感人心者，莫先乎情"，意思是能够感化人心的事物，没有什么比情先的。思想的共鸣，必先借助于真情的撞击，与群众保持鱼水之情，说百姓的话、为百姓的事、解百姓的难，以实际行动回报百姓，饱含对人民群众的感情与他们打成一片。在《舌尖上的中国》这部纪录片里，美食不是重点，而是以饱含着对祖国、对人民浓浓的真情为基调，以各地的饮食文化、民族文化和人们的价值观、家庭观为切入点，使观众深深地感受到：多么可爱的中国！影片里没有空洞地宣扬饮食文化的博大精深，而是怀着对祖国、对人民的深厚感情，让人们感受"山的味道，风的味道，阳光的味道，时间的味道，人情的味道"，如在讲述宁波年糕的故事时，阿公阿婆准备好满满一桌酒菜，孩子们约好从城市回到农村家里，四代同堂的一家人围坐在一起吃年糕的场景，对家庭、亲人的真情流露感人至深；再比如从第一集里云南香格里拉的炭烧松茸到最后一集西藏的青稞酒，再到首都北京贵春在屋顶上的菜园，中间穿插了港、澳、台，蒙古族、朝鲜族、白族、藏族、壮族、苗族，到达过黄海的最北端、南海的最南端，不需要过多的语言，也不需要讲述历史和血脉，影片很自然地就会使人们从内心流露出对祖国文化的喜爱和真情，以及对自己民族传统、民族身份的深层次认同。

《舌尖上的中国》取得的成功给我们带来许多有益的启示。

3. 坚持社会效益和经济效益相统一

社会主义文化建设具有重要价值，这个价值既包括社会效益，也包括经济效益。艺术作品是一种精神产品，具有鲜明的文化属性和意识形态属性，承载着一定的思想和精神内涵，作用于人们的思想和心灵，影响人们的思想观念和行为准则。同时艺术作品也具有商品属性和市场价格。但社会效益始终是艺术创作的第一追求，"推动我国社会主义文化体制的创新与完善，需要始终把社会效益摆在首位，努力做到社会效益与经济效益协调统一"①。

在社会主义市场经济条件下，既要重视社会文化事业的繁荣，也要顾及社会文化产业的发展。"在努力开拓和繁荣社会主义文化市场的同时，还要不断深化社会主义文化体制改革，着力强化社会主义公共服务体系建设"②。另外，"在大力发展社会公益性文化事业的同时，还要强化对经营性文化产业的管理与指导，从而有效实现经济效益与社会效益的有机统一"③。

4. 坚持取其精华、去其糟粕，坚持以我为主、为我所用

我国社会主义文化建设、艺术创作，离不开中华文明传统的优质资源，"要全面认识祖国传统文化，取其精华、去其糟粕，使之与当代社会相适应、与现代文明相协调，保持民族性，体现时代性"④。

我国社会主义文化建设、艺术创作，同样离不开世界各国的优秀文化成果，"要坚持从我国国情出发，坚持以我为主、为我所用，辩证取舍、择善而从，积极吸收借鉴国外文化发展的有益成果，更好地推动我国文化的发展繁荣"⑤。

（四）文化建设、文艺工作的重大措施

1. 建设社会主义核心价值体系

社会主义核心价值体系是马克思主义在我国社会主义意识形态领域的重要体现，由马克思主义指导思想、中国特色社会主义共同理想、以爱国主义为核心的民族精神和以改革创新为核心的时代精神、社会主义荣辱观四个

① 胡锦涛：《高举中国特色社会主义伟大旗帜，为夺取全面建设小康社会新胜利而奋斗——在中国共产党第十七次全国代表大会上的讲话》，《人民日报》，2007 年 10 月 25 日。
② 胡锦涛：《在省部级干部落实科学发展观研讨班上讲话》，《人民日报》，2010 年 2 月 4 日。
③ 《中华人民共和国国民经济和社会发展第十二个五年规划纲要》，《人民日报》，2011 年 3 月 17 日。
④ 胡锦涛：《高举中国特色社会主义伟大旗帜，为夺取全面建设小康社会新胜利而奋斗——在中国共产党第十七次全国代表大会上的讲话》，《人民日报》，2007 年 10 月 25 日。
⑤ 胡锦涛：《在十六届中共中央政治局第 7 次集体学习时的讲话》，《人民日报》，2003 年 8 月 13 日。

方面构成。2006年，党的十六届六中全会审议通过的《中共中央关于构建社会主义和谐社会若干重大问题的决定》首次提出了"社会主义核心价值体系"的概念，指出"社会主义核心价值体系乃建设和谐文化的根本"。

"建设社会主义核心价值体系，必须牢牢把握马克思主义在我国主流意识形态中的绝对指导地位，始终坚持我国社会主义先进文化的前进方向"①。在社会主义核心价值体系建设过程中，要始终坚持马克思主义在意识形态领域指导地位，把马克思主义指导地位贯穿到文化建设各方面，确保我国文化建设始终沿着正确方向前进。"要巩固马克思主义指导地位，坚持不懈地用马克思主义中国化最新成果武装全党、教育人民，用中国特色社会主义共同理想凝聚力量，用以爱国主义为核心的民族精神和以改革创新为核心的时代精神鼓舞斗志，用社会主义荣辱观引领风尚，巩固全党全国各族人民团结奋斗的共同思想基础。"②

2. 建设和谐文化

胡锦涛在第八次文代会、第七次作代会上指出："面对当今世界各种思想文化相互激荡的大潮，面对国家发展和人民生活改善对文化发展的要求，面对社会文化生活多样活跃的态势，如何找准我国文化发展的方位，创造民族文化的新辉煌，增强我国文化的国际竞争力，提升国家软实力，是摆在我们面前的一个重大现实课题。建设和谐文化，为构建社会主义和谐社会作出贡献，是现阶段我国文化工作的课题。"③和谐文化是以和谐为思想内涵、以文化为表现形式的一种文化系统。它融思想观念、理想信仰、社会风尚、行为规范、价值取向为一体，包含着对和谐社会的总体认识和评价。"和谐文化既是和谐社会的重要特征，也是实现社会和谐的精神动力。建设和谐文化，是构建社会主义和谐社会的重要任务，也是构建社会主义和谐

---

① 胡锦涛：《中共中央关于构建社会主义和谐社会若干重大问题的决定》，《光明日报》，2006年10月19日第1版。

② 胡锦涛：《高举中国特色社会主义伟大旗帜，为夺取全面建设小康社会新胜利而奋斗》，《十七大以来重要文献选编》（上），中央文献出版社2009年版，第26页。

③ 胡锦涛：《在中国文联第八次全国代表大会中国作协第七次全国代表大会上的讲话》（2006年11月10日），《人民日报》，2006年11月11日。

社会的重要条件。"[1]

第一，建设和谐文化，要立足社会生活实际。和谐文化的建设，要坚持从我国国情出发，既不能脱离社会现实，也不能超越社会发展阶段和人民群众的思想道德水平。和谐文化的建设，既要充分体现文化的先进性，让先进文化引领整个社会和谐思想观念不断提升，又要使文化传播具有广泛性，能被社会大多数成员接受。和谐文化建设是改造社会的实践活动，是广大社会成员进行自我教育、提高全社会文明程度的有效途径。

第二，建设和谐文化，要继承和弘扬中国传统文化中的和谐思想观念。中国是有悠久历史的文明古国，生生不息的中华民族优秀文化传统是我们赖以生存和发展的根基和血脉。优秀传统文化既是华夏中国历史发展的内在思想动力，也是我们建设社会主义和谐文化的宝贵资源。"要全面认识祖国传统文化，取其精华，去其糟粕，使之与当代社会相适应，与现代文明相协调，保持民族性，体现时代性"[2]。构建和谐社会，建设和谐文化，需要优秀传统文化的支撑。

第三，建设和谐文化，要吸收借鉴世界优秀文明成果。在人类历史发展过程中，不同的国家和民族都因其独特的文化屹立在世界之林，尽管每一个国家和民族的文化千姿百态，但都有追求和谐社会境界的内容，都对人类文明进步作出了贡献，各国、各民族间应该彼此尊重、相互学习和吸收。要"辩证取舍、择善而从，积极吸收借鉴国外文化发展的有益成果"[3]，要以宽广的眼界和博大的胸怀，积极借鉴世界各国优秀文明成果，博采众长，这是建设和谐文化的又一个重要途径。

3. 推进文化创新

"当今世界发展瞬息万变，要顺应时代发展的要求，紧跟时代前行的步

---

① 胡锦涛：《在中国文联第八次全国代表大会中国作协第七次全国代表大会上的讲话》(2006年11月10日)，《人民日报》，2006年11月11日。

② 胡锦涛：《高举中国特色社会主义伟大旗帜，为夺取全面建设小康社会新胜利而奋斗》，《十七大以来重要文献选编》(上)，中央文献出版社2009年版，第27页。

③ 胡锦涛：《在十六届中共中央政治局第7次集体学习时的讲话》，《人民日报》，2003年8月13日。

调，就必须不断加强和推进理论创新、体制创新、科技创新。"①文化创新是一个国家文化软实力建设的重要体现，更是衡量一国综合国力的重要因素。"文化是最需要创新的领域，只有把握时代脉搏、反映时代精神、贴近现实生活、引领人民思想的文化，才能始终赢得人民，才能始终成为社会进步的先导。"②"文化的生命力在于文化的创造力"③，因此，"推进文化发展，基础在继承，关键在创新"④。

第一，推进文化创新，"就必须大力发展创新文化事业，运用创新理念和创新思维激励创新文化机制的不断完善"⑤，这是我国社会主义文化繁荣发展的必由之路。

第二，推进文化创新，要在传承、弘扬中国传统优秀文化基础上，"大力推进文艺观念、内容、风格、流派的积极创新"⑥，增强中华文化吸引力、感召力。

第三，推进文化创新，要充分吸收、借鉴世界各国优秀文化成果，"大力推进文艺体裁、题材、形式、手段的充分发展"⑦，"在时代的高起点上推动文化内容形式、体制机制、传播手段创新，解放和发展文化生产力"⑧。

4. 深化文化体制改革

"深入推进文化体制改革，推动文化建设和经济建设、政治建设、社会

① 胡锦涛：《推进理论创新形成强大凝聚力和丰富创造力》，《人民日报》，2002 年 3 月 4 日。

② 胡锦涛：《开创思想政治工作新局面》(2008 年 1 月 22 日)，《胡锦涛文选》第三卷，人民出版社 2016 年版，第 69 页。

③ 胡锦涛：《在中国文联第九次全国代表大会、中国作协第八次全国代表大会上的讲话》(2011 年 11 月 22 日)，《人民日报》，2011 年 11 月 23 日。

④ 胡锦涛：《在中国文联第八次全国代表大会中国作协第七次全国代表大会上的讲话》(2006 年 11 月 10 日)，《人民日报》，2006 年 11 月 11 日。

⑤ 胡锦涛：《十六大以来重要文献选编》(下)，中央文献出版社 2008 年版，第 193 页。

⑥ 胡锦涛：《在中国文联第八次全国代表大会中国作协第七次全国代表大会上的讲话》(2006 年 11 月 10 日)，《人民日报》，2006 年 11 月 11 日。

⑦ 同上。

⑧ 胡锦涛：《高举中国特色社会主义伟大旗帜，为夺取全面建设小康社会新胜利而奋斗》，《十七大以来重要文献选编》(上)，中央文献出版社 2009 年版，第 28 页。

建设协调发展，已成为实现科学发展的必然要求。"①

第一，深化文化体制改革，"必须以邓小平理论和'三个代表'重要思想为指导，深入贯彻落实科学发展观，坚持社会主义先进文化前进方向，坚持文化事业和文化产业协调发展，遵循社会主义精神文明建设的特点和规律，适应社会主义市场经济发展的要求"②。

第二，深化文化体制改革，要"以发展为主题，以体制机制创新为重点，以满足人民群众精神文化需求为出发点和落脚点，着力构建充满活力、富有效率、更加开放、有利于文化科学发展的体制机制"③。要积极探索建立健全事业单位法人治理结构，创新社会公共文化服务机制，推进经营性文化单位转企改制步伐，不断完善统一透明、健康有序的现代文化市场体系。

第三，深化文化体制改革，要"推进公共文化服务体系向基层延伸，加快文化产业基地和区域性特色文化产业群建设，发展新型文化业态，推动文化产业成为国民经济支柱性产业"④。

第四，深化文化体制改革，"要抓紧完善深化改革配套政策，继续执行实践证明行之有效的文化经济政策，提高改革决策科学性，增强改革措施协调性，妥善处理各方面利益关系，激发广大文化工作者支持参与改革、投身文化建设的积极性和主动性"⑤。

5. 加强文化人才队伍建设

繁荣发展社会主义文化，需要一支德才兼备的人才队伍，需要一批德艺双馨的艺术工作者。

第一，加强文化人才队伍建设，"要全面贯彻人才强国战略，高度重视哲学社会科学人才的培养，努力营造有利于优秀人才脱颖而出、人尽其才

① 胡锦涛：《在十七届中共中央政治局第22次集体学习时的讲话》，《人民日报》，2010年7月24日。
② 同上。
③ 同上。
④ 胡锦涛：《在中央经济工作会议上的讲话》（2010年12月10日），《论文化建设——重要论述摘编》，学习出版社、中央文献出版社2012年版，第106—107页。
⑤ 胡锦涛：《开创宣传思想工作新局面》（2008年1月22日），《胡锦涛文选》第三卷，北京：人民出版社2016年版，第67页。

的良好机制"①。要建立健全培养、选拔、考核、激励机制，做好培育人才、吸引人才、使用人才工作。

第二，加强文化人才队伍建设，"要认真贯彻尊重劳动、尊重知识、尊重人才、尊重创造的方针，研究落实国家荣誉制度，表彰有杰出贡献的文化工作者，充分调动他们的积极性、主动性、创造性"②。要求各级领导干部同艺术工作者交朋友，"特别是要同那些学术造诣高、社会影响大的知识分子加强联系，主动听取他们的意见，发挥他们的积极性、主动性、创造性，使广大知识分子积极认同和传播我国社会主义核心价值体系，自觉投身社会主义先进文化建设"③。

第三，加强文化人才队伍建设，"要加强文化战线领导班子建设，加强文化事业和文化产业人才培养，为深化文化体制改革和文化建设提供有力组织保证和人才保障"④。"要加快网络文化队伍建设，形成与网络文化建设和管理相适应的管理队伍、舆论引导队伍、技术研发队伍，培养一批政治素质高、业务能力强的干部"⑤。

（五）加强党对文化建设的领导

党对宣传领域、意识形态领域、对文化建设方面的领导，"是我们党在长期实践中形成的重要原则和制度，是坚持党的领导的一个重要方面，必须始终牢牢坚持，任何时候都不能动摇"⑥。

第一，加强党对文化建设的领导，要求各级党委和政府对文化领域全局

① 胡锦涛：《在十六届中共中央政治局第 13 次集体学习时的讲话》，《人民日报》，2004 年 5 月 30 日。

② 胡锦涛：《在全国宣传思想工作会议上的讲话》（2008 年 1 月 22 日），《论文化建设——重要论述摘编》，学习出版社、中央文献出版社 2012 年版，第 122 页。

③ 胡锦涛：《在中共十六届六中全会第二次全体会议上的讲话》，《十六大以来重要文献选编》（下），中央文献出版社 2008 年版，第 687 页。

④ 胡锦涛：《在十七届中共中央政治局第 22 次集体学习时的讲话》，《人民日报》，2010 年 7 月 24 日。

⑤ 胡锦涛：《在十六届中共中央政治局第 38 次集体学习时的讲话》，《人民日报》，2007 年 1 月 25 日。

⑥ 胡锦涛：《在全国宣传思想工作会议上的讲话》（2003 年 12 月 5 日），《论文化建设——重要论述摘编》，学习出版社、中央文献出版社 2012 年版，第 133 页。

性、前瞻性、战略性问题开展研究，"特别是要围绕推动社会主义文化大发展大繁荣，深入研究人民群众对文化建设的新要求和对文化工作的新期待，深入研究中国特色社会主义文化发展的规律和特点，深入研究文化发展与经济发展、政治发展、社会发展的内在关系，深入研究古今中外思想文化发展深化的经验教训，提出兴起社会主义文化建设新高潮的政策措施"①。

第二，加强党对文化建设的领导，要求"各级党委和政府要把文化体制改革和文化建设摆在全局工作的重要位置，纳入经济社会发展总体规划，纳入科学发展考核评价体系，建立健全领导体制和工作机制，坚持一手抓繁荣、一手抓管理，牢牢把握发展主动权"②。

第三，加强党对文化建设的领导，还"要密切关注社会思想动态和文化发展趋势，经常分析思想理论领域的形势，着力提高驾驭意识形态复杂局面、引领社会思潮的能力，提高调控大众媒体、引导社会舆论的能力，提高发展文化事业和文化产业、满足人民精神文化需要的能力，提高借鉴世界优秀文化成果、促进我国文化发展繁荣和维护国家文化安全的能力，提高推动改革创新、激发全社会文化创造活力的能力"③。

第三节 江泽民、胡锦涛文艺理论的主要特征及重大意义

一、江泽民文艺理论的主要特征及重大意义

（一）江泽民文艺理论的主要特征

1. 深厚的人民性

文艺的人民性理论是马克思主义文艺理论的一个重要内容，它必然要

---

① 胡锦涛：《在全国宣传思想工作会议上的讲话》（2008 年 1 月 22 日），《论文化建设——重要论述摘编》，学习出版社、中央文献出版社 2012 年版，第 136 页。
② 胡锦涛：《在十七届中共中央政治局第 22 次集体学习时的讲话》，《人民日报》，2010 年 7 月 24 日。
③ 胡锦涛：《在全国宣传思想工作会议上的讲话》（2008 年 1 月 22 日），《论文化建设——重要论述摘编》，学习出版社、中央文献出版社 2012 年版，第 135—136 页。

随着时代的发展而不断遭遇新的挑战，并在实践推动下不断丰富自己的理论内涵。在社会主义市场经济的新形势下，江泽民以"三个代表"重要思想作为逻辑基础，对文艺的人民性的理论做了新拓展。

在艺术的客体性方面，江泽民的"代表中国先进生产力的发展要求，代表中国先进文化的前进方向，代表中国最广大人民的根本利益"的"三个代表"重要思想，指出了社会主义艺术所反映的经济、政治关系的实质，是这三者所融合和渗透的人与人之间的新型关系。对文艺的性质和方向，对社会主义艺术所反映的内容方面，江泽民始终把"代表中国最广大人民的根本利益"作为最重要的一点。面对新的艺术现实，站在崭新的时代高度，江泽民对"人民"这一历史概念的内涵作出了新拓展。他说，"我们的文艺是人民文艺，是社会主义文艺"，作家、艺术家要"在人民的历史创造中进行艺术的创造，在人民的进步中造就艺术的进步"[①]。面对新形势下不同阶层、不同方面人民群众的利益要求，江泽民强调艺术家与人民群众的联系最根本的是与他们情感的沟通和心理的交融，指出社会主义文艺要"充分体现人民的利益和愿望，满足人民不同层次的、多方面的、丰富的、健康的精神需要，激发人民建设社会主义的积极性"[②]。针对存在的某些远离时代、远离政治、远离群众的创作倾向，江泽民要求艺术家和理论家们站在社会主义审美理想的高度，站在进步的和人民的立场上，并提出了反对和抵制拜金主义、享乐主义、极端个人主义等腐朽思想的要求。

在艺术的主体性方面，江泽民突出强调了艺术家的历史选择和自由创造。艺术主体性构建的实质是如何坚持"唱响社会主义的主旋律，坚持为人民服务、为社会主义服务，实行百花齐放、百家争鸣"的"发展先进文化必须贯彻的主要方针"[③]，以实践"三个代表"思想所提出的要求。江泽民将历史唯物主义实践观科学运用于艺术创作中，形成了自己"三个深入"

---

① 江泽民：《十四大以来重要文献选编》(下)，人民出版社 1999 年版，第 2152 页。

② 江泽民：《当代中国共产党人的庄严使命》(1991 年 7 月 1 日)，《江泽民文选》第一卷，人民出版社 2006 年版，第 159 页。

③ 江泽民：《在文学社中国共产党成立八十周年大会上的讲话》(2001 年 7 月 1 日)，《江泽民文选》第三卷，人民出版社 2006 年版，第 277 页。

的思想。他说，"中国社会主义文艺发展和繁荣的最深刻根源，在中国人民的历史创造活动之中"①，广大文艺工作者要"深入基层、深入群众、深入生活，从人民群众的历史创造活动中汲取营养，充实自己，提高自己"②。艺术创作不能闭门造车，艺术家应熟悉一切现象、一切感情，必须了解生活的整个潮流和一切细小的支流。他要求文艺工作者，要"向生活学习，向群众学习"，"认识社会发展的客观进程，认识人民群众的利益所在，认识人民群众的历史创造性和精神生活的进步"③，要从社会主义现代化建设和改革的伟大实践中获取艺术创作的原料、灵感、思想和艺术技巧的无尽源泉。其中，他对灵感、艺术技巧与生活实践的关系的理论，极富新意。

通过艺术主客体这两个方面的结合，揭示艺术的本质是艺术与人民的关系，并把艺术应当为谁服务的理论统一于如何服务之中，这体现了江泽民一贯的实事求是、与时俱进的思想方法。

2. 浓郁的民族性

民族性构成艺术价值的内在规定性。不难发现，每一个时代的伟大作家、艺术家留下的伟大作品，往往总是充满民族性的，蕴涵着鲜明而浓郁的民族气质。江泽民指出："一个伟大民族的过去、现在和未来，都会有文艺的发展和繁荣相伴随。"④"古往今来，世界各民族无一例外地受到其在各个历史发展阶段上产生的文艺精品和文艺巨匠的深刻影响。中华民族的精神，不仅体现在中国人民的奋斗历程和奋斗业绩中，体现在中国人民的精神生活和精神世界里，也反映在几千年来我们民族产生的一切优秀文艺作品中，反映在我国一切杰出文学家、艺术家的精神创造活动中。"⑤ 所以，江

---

① 江泽民：《在中国文联第六次全国代表大会中国作协第五次全国代表大会上的讲话》（1996年12月16日），《中国戏剧》1997年第1期。

② 《以科学的理论武装人 以正确的舆论引导人 以高尚的精神塑造人 以优秀的作品鼓舞人——江泽民同志在全国宣传思想工作会议上的讲话摘要》，《党建》1994年第21期。

③ 江泽民：《在中国文联第六次全国代表大会中国作协第五次全国代表大会上的讲话》（1996年12月16日），《中国戏剧》1997年第1期。

④ 同上。

⑤ 江泽民：《在中国文联第七次全国代表大会中国作协第六次全国代表大会上的讲话》（2001年12月18日），《中国戏剧》2002年第1期。

泽民强调，"一个国家的文艺，对振奋民族精神非常重要"；"文艺是民族精神的火炬，是人民奋进的号角"；"有没有高昂的民族精神，是衡量一个国家综合国力的重要尺度"；必须"弘扬民族艺术，振奋民族精神"。

江泽民在提出大力"弘扬民族艺术，振奋民族精神"的同时，还精辟论述了中华民族的民族精神的主要内容。江泽民指出，"在我国漫长的历史中。各族人民在建设伟大祖国和美好家园、抵御外来侵略和克服艰难险阻的奋斗中，不断培育和发展着中华民族的民族精神。中华民族的精神，最突出的就是团结统一、独立自主、爱好和平、自强不息的精神。它们不仅千百年来影响着中国历史的进程和中华民族的生存，也通过风俗化的方式最生动最广泛地存活在人民的生活中。"他还指出："这些传统，随着时代变迁和社会进步获得扬弃和发展，对今天中国人的价值观念、生活方式和中国的发展道路，具有深刻的影响"①。江泽民这个关于中华民族的民族精神的概括，言简意赅，丰富而深刻。

3. 鲜明的时代性

时代精神是构成文艺价值的基本因素和主要材料，是伟大艺术的基本价值追求和取向。面对蓬勃发展、欣欣向荣的社会主义建设事业，江泽民多次强调，"这样伟大的时代，这样伟大的事业，需要我们的作家、艺术家去描绘，去反映，去引吭高歌，去加以诗情画意地表现"②，"文艺要讴歌英雄的时代，反映波澜壮阔的现实，深刻地、生动地表现人民群众改造自然、改造社会的伟大实践和丰富的精神世界"③。

那么，什么是社会主义时代精神呢？江泽民用"主旋律"的概念来表述"社会主义时代精神"。江泽民要求在艺术创作中要"唱响社会主义的主旋律"，"反映社会主义时代精神应该成为主旋律"。他说："弘扬主旋律，

---

① 江泽民：《增进相互了解，加强友好合作——在美国哈佛大学的讲演》，《人民日报》，1997年11月2日。

② 江泽民：《在政协八届一次会议上与文艺界委员座谈时的讲话》，《人民日报》，1993年3月27日。

③ 江泽民：《在中国文联第六次全国代表大会中国作协第五次全国代表大会上的讲话》（1996年12月16日），《中国戏剧》1997年第1期。

就是要在建设有中国特色社会主义的理论和党的基本路线的指导下，大力倡导一切有利于发扬爱国主义、集体主义、社会主义的思想和精神，大力倡导一切有利于改革开放和现代化建设的思想和精神，大力倡导一切有利于民族团结、社会进步、人民幸福的思想和精神，大力倡导一切用诚实劳动争取美好生活的思想和精神。"①

4. 高度的实践性

马克思主义的理论是实践的理论。江泽民文艺理论是马克思主义文艺理论的普遍原理同我国社会主义文艺的具体实践相结合的产物，在发展市场经济这一新的历史条件下，江泽民对建设中国特色社会主义文艺提出了"一手抓繁荣，一手抓管理"的方针，鲜明地体现了江泽民文艺理论的实践性品格。

"一手抓繁荣"，关键是要创作更多反映我们时代精神、鼓舞人民奋发向上的优秀作品及培养更多立志献身文艺事业的优秀人才。为此，要鼓励艺术家、作家深入基层、深入群众，弘扬主旋律、提倡多样化，强化精品意识，通过"五个一工程"的导向作用，重点抓好长篇小说、影视文艺、儿童文艺，促进文艺的繁荣。同时抓好文艺工作者队伍的建设，要求文艺工作者学习马克思主义，树立正确的文艺观，要加强团结，反对文人相轻。

"一手抓管理"，是要营造良好的文化环境，以管理促进建设。江泽民明确指出："对那些错误的、违法的东西不能不管不问。在大是大非面前，宣传思想文化部门要坚持原则，提倡什么、允许什么、限制什么、反对什么，必须旗帜鲜明。"② 为此，要加强和改善党对文艺工作的领导，要"用符合文艺规律的办法来领导文艺"③。还要积极推进文化体制改革。文艺事业的改革要同发展社会主义市场经济、同整个社会主义现代化建设相适应，符合社会主义精神文明建设的要求，符合文艺事业自身发展的规律。

---

① 江泽民：《在全国宣传思想工作会议上的讲话》（1994 年 1 月 24 日），《论党的建设》，中央文献出版社 2001 年版，第 134 页。

② 江泽民：《江泽民论社会主义精神文明建设》，中央文献出版社 1999 年版，第 28 页。

③ 江泽民：《在中国文联第六次全国代表大会中国作协第五次全国代表大会上的讲话》（1996 年 12 月 16 日），《中国戏剧》1997 年第 1 期。

（二）江泽民文艺理论的重大意义

江泽民文艺理论是中国特色社会主义文化理论体系的重要组成部分，是中国化马克思主义文艺理论的重要组成部分，对推进中国特色社会主义事业和建设社会主义文化强国具有理论价值和实践意义。

1. 丰富了马克思主义文艺理论

江泽民文艺理论是"三个代表"重要思想的有机组成部分，在继承马克思主义文艺理论、毛泽东文艺思想、邓小平文艺理论基础上，在合乎时代潮流发展的背景下，在建设中国特色社会主义文化的实践过程中形成，尤其是其提出的什么是先进文化、怎样建设先进文化的思想，丰富了马克思主义文艺理论宝库。

"社会主义现代化建设事业是物质文明和精神文明协调发展、相辅相成的事业，缺少任何一个方面，都不成其为有中国特色的社会主义。"[1] 先进文化是中国特色社会主义社会的基本特征。在当代中国，发展先进文化，就是发展中国特色社会主义文化，就是建设社会主义精神文明。精神文明对物质文明建设起着巨大的推动作用，中国特色社会主义文化，对经济、政治、社会的发展有着极大的促进作用。

先进文化是凝聚和激励全国各族人民的重要力量，建设先进文化思想为实现中华民族复兴提供强大的精神动力。中国特色社会主义文化渊源于中华五千年文明，植根于当代伟大实践，吸收世界优秀文明成果，是中华民族的象征，是激励各族人民建设社会主义现代化强国、实现民族复兴的强大精神支柱。"在全社会形成共同理想和精神支柱，是有中国特色社会主义文化建设的根本。"[2] 只有用先进文化把各族人民凝聚在一起，把广大人民的智慧和力量集中并发挥出来，才能焕发出中华民族强大的生机和活力，才能完成中华民族伟大复兴的伟业。

---

[1] 江泽民：《努力开创社会主义精神文明建设的新局面》(1996 年 10 月 10 日)，《江泽民文选》第一卷，人民出版社 2006 年版，第 571 页。

[2] 江泽民：《高举邓小平理论伟大旗帜，把建设有中国特色社会主义事业全面推向二十一世纪》(1997 年 9 月 12 日)，《江泽民文选》第二卷，人民出版社 2006 年版，第 33 页。

先进文化是综合国力的重要标志，建设先进文化思想为提升我国综合国力提供强大的智力支撑。"当今世界，文化与经济和政治相互交融，在综合国力竞争中的地位和作用越来越突出。文化的力量，深深熔铸在民族的生命力、创造力和凝聚力之中。"①国家强盛、民族振兴、人民幸福，离不开强大的文化支撑。要"努力建设我国的先进文化，使它在全国人民乃至世界人民中间具有强大的吸引力和感召力；努力发展我国的先进生产力，使我国加快进入世界生产力发达国家的行列，都是我们实现社会主义现代化的战略任务"②。只有大力加强社会主义文化建设，才能在世界文化的相互激荡中把我国建设成为文化强国，才能在激烈的国际竞争中不断增强我国的综合国力，才能使中华民族自尊、自信、自强地屹立于世界民族之林。

江泽民认为，"先进文化"与"社会主义精神文明""中国特色社会主义文化"是相通的概念，在本质上具有一致性，这是马克思主义与中国具体实际在文化艺术领域相结合的最好诠释和解读，使马克思主义文艺理论得以进一步丰富与发展。

2. 发展了中国特色社会主义文化理论体系

江泽民文艺理论是在对跨世纪世界经济社会发展新趋势和文化实力新特点的科学总结之上提出的一系列创新思想和观点，进一步发展了中国特色社会主义文化理论体系。

一是进一步强调了文化建设的重要地位。江泽民指出，"社会主义的优越性不仅表现在经济政治方面，表现在能够创造出高度的物质文明上，而且表现在思想文化方面，表现在能够创造出高度的精神文明上"③。江泽民在党的十五大报告中提出了"文化是综合国力的重要标志"④的论断，第一次

---

① 江泽民：《全面建设小康社会，开创中国特色社会主义事业新局面》，《江泽民文选》第三卷，人民出版社 2006 年版，第 558 页。

② 江泽民：《文艺是民族精神的火炬》(2001 年 12 月 18 日)，人民出版社 2006 年版，《江泽民文选》第三卷，人民出版社 2006 年版，第 400 页。

③ 江泽民：《发挥我军的政治优势，大力加强军队的精神文明建设》，《社会主义精神文明建设文献选编》，中央文献出版社 1996 年版，第 473 页。

④ 江泽民：《高举邓小平理论伟大旗帜，把建设有中国特色社会主义事业全面推向二十一世纪》，《江泽民文选》第二卷，人民出版社 2006 年版，第 33 页。

把文化上升到综合国力的层面来认识，开辟了从国力来理解文化的新视角和文化力的新思路，使中国特色社会主义文化理论体系更具系统性。

二是继承并发展了社会主义文化的科学内涵。江泽民将毛泽东对新民主主义文化的界定和邓小平关于教育"三个面向"的思想相结合，同时结合当代世界发展及中国发展的实际阐述当代中国先进文化，提出了中国先进文化就是"面向现代化、面向世界、面向未来的，民族的科学的大众的社会主义文化"①，这是对社会主义文化科学内涵的继承与发展。

三是丰富了社会主义文化建设的方针。江泽民提出了社会主义文化建设要坚持"弘扬主旋律、提倡多样化"的方针，这是坚持"二为"方向和"双百"方针的具体表现。提出"以科学的理论武装人，以正确的舆论引导人，以高尚的精神塑造人，以优秀的作品鼓舞人，不断培养和造就一代又一代有理想、有道德、有文化、有纪律的社会主义新人"②，这是对文化艺术工作任务的精辟概括和指导。

四是进一步阐释了文化创新思想。江泽民指出，"创新是一个民族进步的灵魂，是一个国家兴旺发达的不竭动力"③，这一思想深刻贯穿在江泽民文艺理论中，文化创新成为社会主义文化建设的根本途径。

二、胡锦涛文艺理论的主要特征及重大意义

（一）胡锦涛文艺理论的主要特征

1. 鲜明的人民性

构建社会主义和谐社会，建设和谐文化，其核心要求是坚持"以人为本"。所谓以人为本，就是要把人民的利益作为一切工作的出发点和落脚点，不断满足人们的多方面需求和促进人的全面发展。以人为本，体现了

---

① 江泽民：《文艺是民族精神的火炬》（2001年12月18日），《江泽民文选》第三卷，人民出版社2006年版，第400页。

② 江泽民：《在全国宣传思想工作会议上的讲话》（1994年1月24日），《论党的建设》，中央文献出版社2001年版，第125页。

③ 江泽民：《全面建设小康社会，开创中国特色社会主义事业新局面》（2002年11月8日），《江泽民文选》第三卷，人民出版社2006年版，第537页。

马克思主义的基本观点，贯穿在胡锦涛文艺理论中，体现出鲜明的人民性。中国特色社会主义文化建设，必须坚持以人为本，要以服务群众、满足群众的精神文化需要为基点和归宿，一切为了人民，一切依靠人民。

在中国文联第九次、中国作协第八次全国代表大会上，胡锦涛深刻论述了文化建设人民性思想，希望广大文艺工作者"始终坚持以人为本，更加自觉、更加主动地承担起为人民抒写、为人民放歌的历史责任"①。"一切进步的文艺创作都源于人民、为了人民、属于人民，一切进步的文艺工作者的艺术生命都源于同人民群众的血肉联系。"②人民是文艺工作者的母亲。只有把人民放在心中最高位置，立足服务群众，站稳群众立场，增进群众感情，坚持贴近实际、贴近生活、贴近群众的"三贴近"创作原则，在创作中为人民抒写、为人民放歌，努力把人民作为表现主体、服务对象，着力歌颂人民生动实践、展示人民精神风貌，才能更好地满足人民群众的精神文化需求。只有走到生活深处，走进人民心中，从人民群众的火热生活中挖掘素材，从人民群众的实践创造中提炼主题，从人民群众的审美需要中汲取灵感，创作才有不尽的源泉、无穷的活力。只有说群众想说的话、讲群众能懂的话，才能把握时代脉动、反映人民心声，创作出思想性艺术性观赏性完美统一的深入人心的优秀作品。2011年，胡锦涛在中共十七届六中全会上再次强调，"必须发挥人民在文化建设中的主体作用，坚持文化发展为了人民、文化发展依靠人民、文化发展成果由人民共享"③。所有这些论述，充分体现了胡锦涛文艺理论所表现出的鲜明的人民性。

2. 深厚的传承性

中华优秀传统文化是胡锦涛文艺理论形成的重要来源，胡锦涛文艺理论中的以人为本的思想、构建和谐文化的思想等，都蕴含了中国传统哲学智慧和世界优秀文明成果，体现出深厚的传承性。

---

① 胡锦涛：《在中国文联第九次全国代表大会、中国作协第八次全国代表大会上的讲话》(2011年11月22日)，《人民日报》，2011年11月23日。

② 同上。

③ 胡锦涛：《坚定不移走中国特色社会主义文化发展道路》，《胡锦涛文选》第三卷，人民出版社2016年版，第564页。

无论是中国古代的"民为邦本，本固邦宁"的民本思想，还是西方古希腊时期普罗太拉提出的"人是万物的尺度"，都蕴含着朴素的"以人为本"的思想。"以人为本"是马克思主义理论的本质规定。马克思创立的唯物史观，本质上就是"以人为本"的历史观和发展观。胡锦涛文艺理论充分体现了这一思想。

众所周知，中国文化中早就有"和谐"与"和谐社会"的理念，西方哲学的和谐观、西方政治学中的社会和谐思想、西方社会学视野中的和谐社会、空想社会主义对和谐社会的构想均为人们所熟知，马克思恩格斯列宁也提出过关于社会主义和谐社会的思想，胡锦涛吸收借鉴了中外古今的和谐思想，提出了构建社会主义和谐社会的目标，指出"建设和谐文化，是构建社会主义和谐社会的重要任务，也是构建社会主义和谐社会的重要条件"[①]。

3. 浓郁的现代性

现代性是文化建设的一个重要维度，文化的现代性，是指反映当前时代的问题、体现时代精神、顺应时代要求、符合时代潮流等文化特性。胡锦涛文艺理论贯穿着浓郁的现代性。

胡锦涛对文化的重要作用做过精辟的概括："文化是民族凝聚力和创造力的重要源泉，是综合国力竞争的重要因素，是经济社会发展的重要支撑。"[②] 他指出中国特色社会主义文化主要价值取向是构建共同思想基础和共有精神家园。胡锦涛文艺理论以当代中国马克思主义作为指导思想，植根于中国特色社会主义文化建设实践，反映了中国特色社会主义文化发展的要求，吸收了当今世界文明发展的积极成果，顺应了时代的潮流，体现了伴随经济全球化、科学技术、社会改革等不断发展而来的新的时代内涵，具有浓郁的现代性。同时，胡锦涛文艺理论体现出现代性与传统性的统一，既主张要弘扬优秀传统，又强调要吸纳现代文明，彰显了时代精神，为进

---

① 胡锦涛：《在中国文联第八次全国代表大会中国作协第七次全国代表大会上的讲话》（2006年11月10日），《人民日报》，2006年11月11日。

② 胡锦涛：《在社会主义先进文化引领下建设和谐文化》（2006年11月10日），《胡锦涛文选》第二卷，人民出版社2016年版，第538页。

一步筑牢共同的思想基础、培育共有的精神家园提供了坚实的理论保障。

4. 显著的创新性

当今时代，综合国力竞争日趋激烈，文化越来越成为民族凝聚力和创造力的重要源泉、越来越成为综合国力竞争的重要因素。在国与国之间文化交流日盛、文化交锋频繁之下，如何既提高国家文化软实力又能维护国家文化安全，胡锦涛文艺理论在这方面给出了新世纪新阶段文艺建设新思路，具有显著的创新性。

胡锦涛文艺理论中有多处阐述了提高国家文化软实力、加强文化建设的重要意义。早在 2006 年，胡锦涛就认识到文化在综合国力竞争中的重要性，认为"找准我国文化发展方位，创造民族文化新辉煌，增强我国文化的国际竞争力，提升国家软实力，是摆在我们面前的一个重大现实课题"[1]，指出"谁占据了文化发展制高点，谁就能够更好在激烈的国际竞争中掌握主动权"[2]。党的十七大报告确立了"提高国家文化软实力"的战略任务。在 2008 年全国宣传思想工作会议上，胡锦涛进一步指出，当今综合国力竞争的一个显著特点，就是文化的地位和作用更加凸显，经济较量中的文化因素日益突出，越来越多的国家把提高文化软实力作为重要发展战略。

与此同时，面对当今世界处于前所未有的大变革大调整，胡锦涛充分认识到"世界范围内各种思想文化交流、交融、交锋更加频繁，国际思想文化领域斗争依然深刻复杂，国家软实力竞争更趋激烈"[3]，认为这种发展大势既为我们学习、借鉴世界优秀文化成果，让中国文化走向世界提供了良好机遇，但同时交流交融后随之带来的西方价值观念、文化资本、文化产品也给我国文化安全带来了严峻的挑战。面对机遇与挑战，胡锦涛指出，要坚持马克思主义在意识形态领域的指导地位，增强社会主义意识形态的吸引力和凝聚力，以维护国家的意识形态安全。他提出要适应时代条件的

① 胡锦涛：《在社会主义先进文化引领下建设和谐文化》（2006 年 11 月 10 日），《胡锦涛文选》第二卷，人民出版社 2016 年版，第 539 页。
② 胡锦涛：《十六大以来重要文献选编》（下），中央文献出版社 2008 年版，第 752—753 页。
③ 胡锦涛：《十七大以来重要文献选编》（上），中央文献出版社 2009 年版，第 230 页。

新变化，不断提高文化发展活力。他强调要弘扬传统文化，进一步增强中华文化影响力。

（二）胡锦涛文艺理论的重大意义

胡锦涛文艺理论是中国特色社会主义文化理论体系的重要组成部分，是中国化马克思主义文艺理论的重要组成部分，对推进中国特色社会主义事业、繁荣发展社会主义文艺具有理论价值和实践意义。

1. 进一步丰富了马克思主义文艺理论

胡锦涛文艺理论在继承马克思主义文艺理论、毛泽东文艺思想、邓小平文艺理论、江泽民文艺理论基础上，在新世纪新阶段呈现的文化发展新特点的历史背景下，在建设中国特色社会主义文化的实践过程中形成，创造性地提出了和谐文化思想，丰富了马克思主义文艺理论宝库。

"建设和谐文化，是构建社会主义和谐社会的重要任务。"[①] 建设和谐文化，为推进社会主义现代化建设、为构建社会主义和谐社会提供精神动力和思想保证。一方面，社会主义现代化建设需要凝聚人心，形成共同的思想基础。建设和谐文化，有助于人们认识社会和谐对于中国特色社会主义事业的重要价值和在新的历史条件下构建和谐社会的必要性，有助于我们用中国特色社会主义的共同理想凝聚人心、振奋精神。另一方面，构建社会主义和谐社会需要强大的精神动力的思想保障。建设和谐文化，可以发挥文化的力量，帮助人们用正确的立场、观点和方法观察、分析、解决社会问题，正确认识和处理人与社会、人与国家、人与人之间的关系，有效地调节社会关系，化解社会矛盾，形成和谐的社会秩序。

和谐文化思想以社会主义核心价值体系为根本，以崇尚和谐、追求和谐为价值取向，将和谐精神融入文化建设中，进一步丰富了马克思主义文艺理论宝库。

2. 进一步发展了中国特色社会主义文化理论体系

一是进一步提升了文化建设的重要地位。胡锦涛在继承江泽民文艺理

---

① 胡锦涛：《在社会主义先进文化引领下建设和谐文化》（2006 年 11 月 10 日），《胡锦涛文选》第二卷，人民出版社 2016 年版，第 539 页。

论中提出的"文化是综合国力的重要标志"的基础上，进一步提出了要提高国家文化软实力的思想，同时明确提出，要把我国建设成为文化强国，将文化强国的建设提升到了国家发展战略的高度。

二是丰富了社会主义文化建设的方针。在"双百"方针、"二为"方向、"弘扬主旋律、提倡多样化"的基础上，面对新世纪新阶段人们更多、更高的精神文化需求，胡锦涛提出文化建设和艺术创作要遵循"三贴近"原则，要求文化建设和艺术创作立足于社会主义初级阶段这个最大的实际，真实反映改革开放和现代化建设的实践，要从生活中吸取新鲜营养，挖掘生动事例，展示美好前景，要深深扎根于群众之中，创作出人民满意的作品。"三贴近"原则是面对文化建设新情况提出的具有针对性的社会主义文化建设方针。

三是推动了文化创新理念的实施。胡锦涛强调，"推进文化发展，基础在继承，关键在创新。只有坚持解放思想，大力推进文艺观念、内容、风格、流派的积极创新，大力推进文艺体裁、题材、形式、手段的充分发展，才能创作出更多具有中国特色、中国风格、中国气派的优秀作品，不断增强文艺的时代感和吸引力"①。胡锦涛的文化创新理念极大地推动了我国文化内容和形式的创新，促进了文化体制机制的创新，推进了文化传播手段的创新。

思考题：

1. 如何把握江泽民文艺理论、胡锦涛文艺理论形成的社会历史条件？

2. 艺术作品"主旋律"的内涵是什么？在文艺创作中如何处理弘扬主旋律和提倡多样化的关系？

3. 什么是"三贴近"原则？文艺创作中如何贯彻"三贴近"原则？

4. 什么是先进文化？什么是和谐文化？试述两者关系。

---

① 胡锦涛：《在中国文联第八次全国代表大会中国作协第七次全国代表大会上的讲话》（2006年11月10日），《人民日报》，2006年11月11日。

第六章　习近平文化思想

习近平文化思想是新时代党领导文化建设实践经验的理论总结，为在新的历史起点上更好担负起新的文化使命提供了强大思想武器和科学行动指南。这一思想通古今之变，用马克思主义基本原理激活中华优秀传统文化的生命力。这一思想立时代潮头，深刻回答中国之问、世界之问、人民之问、时代之问。习近平文化思想举文明之旗，把中华民族的历史经验、思想智慧与马克思主义中国化和时代化理论成果有机结合，深刻推动"两个结合"，孕育并创造了新的文化生命体。习近平文化思想既有文化理论观点上的创新和突破，又有文化工作布局上的部署要求，内涵十分丰富、论述极为深刻。这一重要思想，充分反映了习近平关于文化建设理论成果在体系化、学理化方面日益完善的实践，标志着我们党对中国特色社会主义文化建设规律的认识达到了新高度，表明我们党的历史自信、文化自信达到了新高度，是党的宣传思想文化事业发展史上的里程碑。

第一节　习近平文化思想的逻辑遵循

一、习近平文化思想蕴含的理论逻辑

习近平文化思想作为习近平新时代中国特色社会主义思想的文化篇章，不仅是对马克思主义文化观的继承与发展，更是对中华优秀传统文化的深刻阐释与发扬，以及对世界文明精髓的广泛吸收与借鉴的集大成之作，是新时代我国文化领域的重大理论创新成果。习近平文化思想具有深刻的理论逻辑，推动着马克思主义中国化、时代化新的进程。

（一）习近平文化思想是对马克思主义文化观的继承与发展

习近平文化思想继承、丰富、发展了马克思主义文化观，这绝不是简单地对经典理论的照搬，而是在理论深度和时代背景上对文化思想进行了丰富发展，彰显了理论的历史延续性，体现了理论的时代性创新性，为党的文化事业提供了理论指导和实践路径，为社会主义文化繁荣与国家软实力的提升奠定了理论基础。

习近平文化思想坚持了马克思主义对于文化的基本观点，强调文化在社会历史发展中的决定作用。习近平指出，"文化是一个国家、一个民族的灵魂"①，强调文化是社会发展的核心力量，与马克思主义强调文化在社会历史发展中的地位是一脉相承的。这种观点的继承使得中国共产党更加明确文化对社会发展的根本作用，有助于更好地引领新时代社会主义文化建设。

习近平强调了中国共产党领导下的社会主义文化建设必须坚持中国特色，充分发扬中华文化传统。这体现了对马克思主义文化观的创新发展，不仅注重在社会主义框架下推进文化建设，还强调文化建设要融入中华优秀传统文化的精髓，以提升文化的传承性和创新性。习近平在多个场合提到中华文化自信心，强调坚守和发扬中国传统价值观，使得文化建设更加具有时代性和中国特色。

习近平文化思想对于文化产业的发展也给予了高度重视，这一点与马克思主义文化观的内涵相契合。在经济全球化的今天，文化产业的崛起已经成为推动国家软实力的重要手段。习近平明确提出文化是最深沉的软实力，并倡导"走出去"战略，将中国文化推向国际舞台。这与马克思主义文化观中对于文化在国家发展中的战略地位相一致，同时为中国在全球文化领域的竞争提供了战略引导。

在治理现代社会方面，习近平强调了文化治理的重要性，这也是对马克思主义文化观的有益补充。他强调用中国式现代化推动社会主义现代化，

① 《决胜全面建成小康社会　夺取新时代中国特色社会主义伟大胜利》（2017年10月18日），《习近平谈治国理政》第三卷，外文出版社2020年版，第32页。

提出"中国式现代化是物质文明和精神文明相协调的现代化"①，体现了对当代中国文化建设的深刻思考。这不仅是对马克思主义文化观的发扬，更是在当前社会背景下对文化治理理念的创新与发展。

（二）习近平文化思想是对中华优秀传统文化的阐释和发扬

习近平文化思想在对中华优秀传统文化的阐释和发扬中，深刻理解其核心价值，强调其与现代社会的有机结合，提倡文化自信，注重文化对人的全面培养。习近平文化思想为中华优秀传统文化在当代中国的传承与创新提供了理论指导和实践路径，为构建具有中国特色的社会主义文化奠定了坚实基础。

习近平明确指出中华优秀传统文化的核心价值是中国共产党一以贯之的价值追求。他在多个场合强调，"中华优秀传统文化是中华民族的精神命脉"②，这反映了优秀传统文化在中国文化体系中的重要性。他强调"要挖掘中华优秀传统文化的思想观念、人文精神、道德规范，把艺术创造力和中华文化价值融合起来，把中华美学精神和当代审美追求结合起来，激活中华文化生命力"③。

习近平在对中华优秀传统文化的阐释中强调其与现代社会的有机结合。他提出用中国式现代化推动社会主义现代化，强调优秀传统文化是中国现代化建设的重要资源。在这一理念下，优秀传统文化不仅被看作是历史的遗产，更是对现代社会问题的一种解决方案。习近平指出，"中华优秀传统文化的丰富哲学思想、人文精神、教化思想、道德理念等，可以为人们认识和改造世界提供有益启迪，可以为治国理政提供有益启示，也可以为道

---

① 习近平：《高举中国特色社会主义伟大旗帜　为全面建设社会主义现代化国家而团结奋斗——在中国共产党第二十次全国代表大会上的报告》（2022 年 10 月 16 日），人民出版社 2022 年版，第 22 页。

② 习近平：《在文艺工作座谈会上的讲话》（2014 年 10 月 15 日），《人民日报》第 2 版，2015 年 10 月 15 日。

③ 习近平：《在中国文联十一大、中国作协十大开幕式上的讲话》（2021 年 12 月 14 日），《人民日报》第 2 版，2021 年 12 月 15 日。

德建设提供有益启发"①。

习近平对中华优秀传统文化的发扬体现在其强调文化自信的理念上。他指出"文化自信是一个国家、一个民族发展中更基本、更深沉、更持久的力量"②，强调要坚守和发扬好中华文化传统，推动中华文化走向世界。这与中华优秀传统文化注重自身特色、强调文化自信的内在逻辑相契合，为中国在国际舞台上展示独特文化魅力提供了战略支持。

此外，习近平提倡以文化人，以文育人，强调要通过文化建设培养更多担当民族复兴大任的时代新人。这体现了对中华优秀传统文化教育功能的认识，强调传统文化对于塑造人的品德和价值观的重要作用。他指出中华优秀传统文化注重的是人的全面发展，追求的是心灵的升华，这与中华优秀传统文化注重德育、智育、体育、美育的综合培养目标相契合。

（三）习近平文化思想是对世界文明精髓的吸收与借鉴

习近平文化思想在对文明精髓的吸收与借鉴方面体现了对中外文化的广泛涵养和创新整合。习近平文化思想既坚守中华优秀传统文化，强调中华文明的宝库地位，又主张平等对话、文明互鉴，推崇世界各国共同追求文明进步。通过对世界文明的广泛了解与学习，习近平文化思想为构建人类命运共同体、推动世界文明进步提供了有益的理论支持。

习近平明确指出中华文明是世界文明的宝库，强调中华文化的独特性和丰富性。他指出，中华文明包含着深厚的哲学思想、道德观念、审美情感，是中华民族的文化根基。这种对中华文明的自信，不仅是对中华优秀传统文化的肯定，更是在国际舞台上展现中国文化自信心的重要体现。

习近平在文化思想中指出"文明因交流而多彩，文明因互鉴而丰富"③，

---

① 《在纪念孔子诞辰二千五百六十五周年国际学术研讨会暨国际儒学联合会第五届会员大会开幕会上的讲话》（2014年9月24日），《习近平外交演讲集》第一卷，中央文献出版社2022年版，第190页。

② 习近平：《决胜全面建成小康社会 夺取新时代中国特色社会主义伟大胜利——在中国共产党第十九次全国代表大会上的报告》，人民出版社2017年版，第23页。

③ 习近平：《在联合国教科文组织总部的演讲》（2014年3月27日），《论坚持推动构建人类命运共同体》，中央文献出版社2018年版，第76页。

提倡文明交流互鉴。他强调不同文明之间应该平等对话，相互尊重，相互学习，以推动人类文明的共同进步。在国际交往中，他强调"要通过推动跨国界、跨时空、跨文明的交流互鉴活动，促进各国人民相互了解、相互理解、相互支持、相互帮助"①。

习近平文化思想在对文明精髓的吸收与借鉴方面，还表现在对世界文化经典的尊重和学习上。习近平在多个场合引用古今中外的文学、哲学、艺术经典，既体现了其博学多才又为理论提供了广泛的文化支持。在对待外来文明时，他强调取其精华，去其糟粕，体现了对外来文化进行有选择性吸收的理念。

习近平对文明的吸收与借鉴还体现在对科技文明的推崇上。他多次强调科技是第一生产力，注重推动科技创新，提升中国在国际科技舞台上的地位。这体现了对西方现代文明的积极吸收，将其融入中国特色社会主义现代化建设的大框架中。

在对外交往中，习近平提出了"一带一路"倡议，强调构建人类命运共同体。这一倡议旨在推动不同文明之间的互利合作，通过共建基础设施、加强经济合作等方式，促进各国人民的相互了解与尊重，实现文明互鉴的目标。

二、习近平文化思想蕴含的历史逻辑

习近平文化思想作为中国共产党人文化思想的集大成者，在革命、建设和改革开放的实践中，不断丰富、完善与发展。习近平文化思想既是对几千年来中华文化思想的传承与发展，也是对百年来党的文化思想的凝练与拓展，还是对新时代中国特色社会主义文化发展的探索和创新，蕴含着深厚的历史逻辑。

（一）新民主主义革命时期党的文化思想一脉相承

自中国共产党成立之初，就将建设科学的、大众的中华民族新文化视

---

① 习近平：《中国人民不接受"国强必霸"的逻辑》（2014 年 5 月 15 日），《论坚持推动构建人类命运共同体》，中央文献出版社 2018 年版，第 109 页。

为自身的使命，并积极推动文化建设和文艺的繁荣发展。党的初创时期，就高度重视马克思主义的宣传教育和人民大众的文化培养，通过创办报纸杂志、开设夜校等途径，传播先进文化思想，提升革命文化水平。1940 年，毛泽东在《新民主主义论》中指出，"建立中华民族的新文化，这就是我们在文化领域中的目的"①。可以说，新民主主义革命时期党的文化建设与中国革命、与中国人民的解放事业相融在一起。在中国共产党领导下，革命战争时期我党的文化建设尤其是红色文化积累了宝贵财富。在抗日战争和解放战争时期，各民族团结一心、同仇敌忾，维护了国家统一和主权完整，这是革命战争时期文化思想的集中呈现，彰显了中华文化的强大韧性。习近平文化思想作为新时代文化思想指南，蕴含着深刻的革命文化，习近平提出"理想之光不灭，信念之光不灭"②，这是中国共产党和中国人民用鲜血和汗水写就的辉煌历史，孕育出的鲜明独特的革命文化，始终是我党重要的文化财富。可见，习近平文化思想与新民主主义革命时期文化思想可谓一脉相承。

（二）社会主义革命和建设及改革开放时期文化思想的创新发展

自社会主义制度在我国确立后，党在文化工作方面提出了"百花齐放、百家争鸣"的方针，旨在促进我国社会主义文化的繁荣。毛泽东明确提出，"艺术上不同的形式和风格可以自由发展，科学上不同的学派可以自由争论"③。党的十一届三中全会以后，我国进入改革开放新的时期，文化建设也迈入了新的征程。邓小平指出，"我们要在建设高度物质文明的同时，提高全民族的科学文化水平，发展高尚的丰富多彩的文化生活，建设高度的社会主义精神文明"④。以邓小平为主要代表的中国共产党人恢复了中国高考制度，强化人才培养体系，完善相关学科设置，推动了文化传承与保护。党

---

① 毛泽东：《新民主主义论》（1940 年 1 月），《毛泽东选集》第二卷，人民出版社 1991 年版，第 663 页。

② 习近平：《在庆祝中国共产党成立 95 周年大会上的讲话》（2016 年 7 月 1 日），中央文献出版社 2021 年版，第 124 页。

③ 《毛泽东文集》第七卷，人民出版社 1999 年版，第 229 页。

④ 邓小平：《在中国文学艺术工作者第四次代表大会上的祝词》（1979 年 10 月 30 日），《邓小平文选》第二卷，人民出版社 1994 年版，第 208 页。

牢牢坚持物质文明与精神文明两手抓，两手都要硬。党的十七届六中全会作出《中共中央关于深化文化体制改革推动社会主义文化大发展大繁荣若干重大问题的决定》，在党的历史上首次提出建设社会主义文化强国的奋斗目标。可见，党中央非常重视文化建设，致力于推动中华文化新的发展和繁荣。改革开放一方面带来了思想解放，带来了文化建设的发展繁荣，但另一方面，随着国内外文化交流日益频繁，也对我国文化传承带来一定冲击。如何面对西方文化涌入的态势，保持文化自信、坚守文化底线、确保文化安全，成了迫切需要解决的问题。习近平文化思想基于社会主义革命和建设及改革开放时期文化建设的丰富实践，立足于文化层面的中国之问、时代之问，坚定马克思主义世界观，紧密结合中国文化发展现实，实事求是、兼收并蓄、去伪存真，提出了创新性解决上述难题的新思路新理念新观点，进一步推动中国特色社会主义新时代文化的向前发展。

（三）中国特色社会主义新时代文化思想的凝练升华

中国特色社会主义步入新时代，面对百年未有之大变局，面对东西方文化碰撞、意识形态白热化交织的态势，以习近平同志为核心的党中央审时度势，深化对宣传思想文化工作规律性认识。习近平指出，"中国特色社会主义进入新时代，必须把统一思想、凝聚力量作为宣传思想工作的中心环节"①。为确保宣传思想文化工作的全面领导，党坚定不移，牢牢掌握意识形态工作的领导权、管理权和话语权。在新闻媒体、党报党刊、网络新媒体、文艺创作、思政教育、内政、外交、国防等多领域，全面强化责任意识，推动中华优秀传统文化的创造性转化和创新性发展，呈现出风清气朗的文化发展形态。以人民为中心的创作导向意识更加深化，社会正气弘扬力度明显加大，网络新媒体审核把关意识显著增强，错误思潮传播得到遏制，社会主义意识形态凝聚力和引领力显著提升，形成了科学的宣传思想文化工作机制。基于历史的厚重和中国特色社会主义文化的实践进程，习近平站位高远、思考深邃，全面把握社会主义文化演进规律，深入洞悉中

① 习近平：《自觉承担起新形势下宣传思想工作的使命任务》（2018年8月21日），《习近平谈治国理政》第三卷，外文出版社2020年版，第311页。

国特色社会主义文化发展态势。习近平文化思想作为马克思主义文化观中国化的最新理论成果，不仅仅引领中国文化发展进程，同时作为科学马克思主义文化观，也为其他国家致力于文化发展提供了理论指南，开启了我国文化建设新的篇章。

三、习近平文化思想蕴含的实践逻辑

随着改革开放和社会主义现代化建设的逐步深入，我国宣传思想文化建设取得了巨大发展。然而，在宣传思想文化领域，我们仍然面临一些现实问题，如党对领导权的持续加强、意识形态领域的复杂斗争态势以及如何处理中华优秀传统文化的传承和创新等挑战。习近平文化思想的实践基础在于深刻认识并解决这些现实困境。习近平文化思想在深入研究这些实际问题的基础上，提出了一系列切实可行的解决方案，为宣传思想文化工作指明了正确方向。

（一）切实加强党对宣传思想文化工作的全面领导

加强党对宣传思想文化工作的全面领导是确保文化建设与中国特色社会主义事业相一致的战略举措。习近平强调，党的领导是中国特色社会主义最本质的特征，因此在宣传思想文化领域，必须牢牢掌握意识形态工作领导权、管理权和话语权。

新时代，在以习近平同志为核心的党中央的坚强领导下，宣传思想文化工作积极作为、开拓进取，党的理论创新全面推进，中国特色社会主义和中国梦深入人心，社会主义核心价值观和中华优秀传统文化广泛弘扬，主流思想舆论不断巩固壮大，文化自信得到彰显，国家文化的软实力和中华文化影响力大幅提升，全党全社会思想上的团结统一更加巩固，中华民族凝聚力和向心力更加强大。可见，正是坚持了党对宣传思想文化工作的全面领导，才使得宣传思想文化工作始终保持正确前进方向，文化软实力得以提升，文化安全得到保障。因此，坚持党对宣传思想文化工作的全面领导是习近平文化思想最根本的政治要求。这一导向在任何时候都不能动摇，才能确保中国特色社会主义文化在正确方向上稳健前行，保持战斗力

更加强劲，对抵御极端思潮的渗透形成更加坚实的篱笆。

（二）牢牢掌握意识形态工作主动权

新形势下，意识形态领域斗争复杂尖锐。新时代，我国意识形态领域面临着多方面的复杂局面。全球化和信息技术的发展使得不同文化和意识形态在空前的程度上交汇碰撞，增加了多元化和多样性。网络空间成为主要的意识形态斗争领域，涌现出各种新型媒体和信息平台，呈现出高度分散和碎片化的传播格局。此外，国际社会的负面声音、西方文化的渗透，以及一些思想观念的冲击也给我国意识形态安全带来了新的挑战。

牢牢掌握意识形态工作的主动权，就要履行好巩固壮大主流思想文化的责任。马克思主义是社会主义意识形态的旗帜和灵魂。巩固马克思主义在意识形态领域的指导地位、巩固全党全国人民团结奋斗的共同思想基础，是做好意识形态工作的根本，也是巩固壮大主流思想文化的根本。核心价值观是主流意识形态的本质体现，要持续加强社会主义核心价值体系建设，"把培育和弘扬社会主义核心价值观作为凝魂聚气、强基固本的基础工程"[1]，让社会主义核心价值观内化于心、外化于行，成为全体人民的共同价值追求。互联网是思想文化传播的新空间，"要加强网上正面宣传，旗帜鲜明坚持正确政治方向、舆论导向、价值取向"[2]。阵地是意识形态工作的基本依托，"要增强阵地意识。宣传思想阵地，我们不去占领，人家就会去占领"[3]，要坚持政治家办报、办刊、办台、办新闻网站，要把党管媒体的原则贯彻到新媒体领域。

习近平文化思想为解决我国意识形态领域的复杂问题提供了科学的理论指导和实践方案，有助于稳固我国意识形态阵地，确保意识形态领域始终成为中国特色社会主义事业的坚实支持。

---

[1] 习近平：《培育和弘扬社会主义核心价值观》（2014年2月24日），《习近平谈治国理政》第一卷，外文出版社2018年版，第163页。

[2] 习近平：《自主创新推进网络强国建设》（2018年4月20日），《习近平谈治国理政》第三卷，外文出版社2020版，第306页。

[3] 《习近平新时代中国特色社会主义思想专题摘编》，党建读物出版社、中央文献出版社2023年版，第309页。

（三）切实处理好中华传统文化传承和创新关系

在新时代，中华传统文化面临着现代化进程和全球化冲击下的一系列问题。随着中国国门打开，外来文化尤其是西方文化的渗透，对中华传统文化形成了一定的冲击。改革开放后社会生活发生巨大变化，人们的生活方式、价值观等也发生了变化，传统文化在这个过程中可能失去了一些传承的土壤。另外，科技进步和新媒体的兴起，使得人们获取信息更加便利，但同时也带来了信息碎片化和文化深度缺失的问题。

习近平提出的"两个结合"理论，特别是"第二个结合"为处理好中华传统文化的传承和创新提供了科学的指导。他明确表示，在新的历史条件下，我们党要更好发挥文化工作引导和凝聚作用，让中华文化展现更强大的软实力。通过这种方式，习近平文化思想有效地解决了我国文化传承过程中的新旧矛盾，推动了中国文化的创新和发展。习近平在不同场合都强调"两个结合"的理念，从中国共产党百年华诞庆祝大会到文化传承发展座谈会，都深入阐述了"两个结合"的内涵和实践。在传承中，需要充分理解和发扬中华传统文化的优秀之处，同时注重创新，使其更好地适应现代社会的需求。此外，习近平在文化传承发展座谈会上还从五个方面系统阐述了"两个结合"的具体实践，包括推动中华优秀传统文化的创新性发展和创造性转化。这表明在创新中华传统文化时，要注重保持其独特性和传统特色，同时进行必要的变革，以适应当代社会的发展。

总体而言，习近平的"两个结合"理论为中华优秀传统文化的传承和创新提供了明确的方向，既强调对优秀传统文化的珍视和传承，又注重在传承的基础上进行创新，使中华优秀传统文化焕发出新的活力，更好地为当代社会服务。

第二节　习近平文化思想的科学内涵

一、习近平文化思想的主体内容

党的十八大以来，习近平高度重视文化建设，对宣传思想文化领域一系列根本性、方向性、战略性问题进行深入思考，对新时代文化建设进行系统谋划，对铸就社会主义文化新辉煌进行战略部署，提出的"九个坚持"高度概括了党对宣传思想文化工作的规律性认识，提出的"十四个强调"明确坚持党的文化领导权、深刻理解"两个结合"、建设中华民族现代文明的时代任务，提出的"三个事关""七个着力"全面阐述了新时代文化强国建设的重大意义和重要实践面向，明确了新的政治任务和聚集新的文化使命，内涵十分丰富、论述极为深刻，是新时代党领导文化建设实践经验的理论总结，丰富和发展了马克思主义文化理论，构成了习近平新时代中国特色社会主义思想的文化篇，形成了习近平文化思想。

习近平文化思想是坚守魂脉、守正创新的重要理论。这一重要思想始终坚持和运用马克思主义的立场观点方法来认识和把握文化，深刻阐述了中国特色社会主义文化建设一系列重大理论和实践问题，提出一系列重大创新观点，是新时代党领导文化建设实践经验的理论总结，丰富和发展了马克思主义文化理论，极大激活了马克思主义文化理论的时代价值。

习近平文化思想是赓续根脉、茹古涵今的重要理论。这一重要思想深刻把握五千多年中华文明的深厚历史底蕴和丰富文化内涵，传承中华民族优秀文化传统，观照波澜壮阔的新时代文化建设实践，鲜明提出坚定文化自信并将其纳入"四个自信"，鲜明提出我们党在新时代新的文化使命，特别是创造性提出并深刻阐述"两个结合"，把马克思主义思想精髓同中华优秀传统文化精华贯通起来，聚变为新的理论优势，具有强大的历史穿透力、文化感染力、精神感召力，彰显了我们党高度的文化自信和文化自觉。

习近平文化思想是指导实践、引领变革的重要理论。党的十八大以来，习近平坚持把文化建设摆在治国理政的突出位置，亲自谋划指导、系统部署推进，倾注了巨大心血、投入了巨大精力，推动新时代宣传思想文化事业取得历史性成就，意识形态领域形势发生全局性、根本性转变，全党全国各族人民文化自信明显增强、精神面貌更加奋发昂扬。新时代宣传思想文化事业取得的丰硕成果，雄辩地印证了党在文化建设理论上的成熟，充分彰显了习近平文化思想的强大实践引领力。

习近平文化思想是胸怀天下、造福世界的重要思想。这一重要思想提出弘扬全人类共同价值、落实全球文明倡议等重要理念、重大主张，揭示了人类文明发展的基本规律，为推动人类文明进步、应对全球共同挑战提供了战略指引，体现了我们大党大国的天下情怀和责任担当，彰显了中国共产党人开放包容的胸襟格局和兼容并蓄、博采众长的理论大格局大气象。

（一）"九个坚持"：宣传思想文化工作的规律性认识

2018年8月，习近平在全国宣传思想工作会议上用"九个坚持"高度概括了我们党对宣传思想文化工作的规律性认识。"九个坚持"即：坚持党对意识形态工作的领导权；坚持思想工作"两个巩固"的根本任务；坚持用习近平新时代中国特色社会主义思想武装全党、教育人民；坚持培育和践行社会主义核心价值观；坚持文化自信是更基础、更广泛、更深厚的自信，是更基本、更深沉、更持久的力量；坚持提高新闻舆论传播力、引导力、影响力、公信力；坚持以人民为中心的创作导向；坚持营造风清气正的网络空间；坚持讲好中国故事、传播好中国声音。

坚持党对意识形态工作的领导权，强调了宣传思想文化工作的政治保证；坚持思想工作"两个巩固"的根本任务，强调了宣传思想文化工作的原则遵循；坚持用习近平新时代中国特色社会主义思想武装全党、教育人民，强调了宣传思想文化工作新的指导思想；坚持培育和践行社会主义核心价值观，强调了宣传思想文化工作的基础工程；坚持文化自信是更基础、更广泛、更深厚的自信，是更基本、更深沉、更持久的力量，强调了宣传思想文化工作的文化自觉；坚持提高新闻舆论传播力、引导力、影响力、公信力，强调了宣传思想文化工作的"喉舌力量"；坚持以人民为中心的创造导向，强调了宣传思想文化工作的文艺方针；坚持营造风清气正的网络空间，强调了宣传思想文化工作的主战场、最前沿；坚持讲好中国故事、传播好中国声音，强调了宣传思想文化工作的国际传播。"九个坚持"系统阐明了宣传思想文化工作的地位作用、目标任务、职责使命、实践要求，回答了宣传思想文化工作方向性、全局性、战略性的重大问题，是做好新时代宣传思想文化工作的根本遵循。

（二）文化建设方面的"十四个强调""两个结合"及新的文化使命

在2023年6月2日文化传承发展座谈会上，习近平总结了党的十八大以来在文化建设中提出的一系列新思想新观点新论断，明确了文化建设方面的"十四个强调"，鲜明提出坚持党的文化领导权、深刻理解"两个结合"、担负新的文化使命等重大创新观点。

文化建设方面的"十四个强调"是指：（1）强调坚持和加强党对宣传思想文化工作的全面领导，担负起新的文化使命，建设社会主义文化强国，铸就社会主义文化新辉煌；（2）强调坚持马克思主义在意识形态领域指导地位的根本制度，推进马克思主义中国化时代化，建设具有强大凝聚力和引领力的社会主义意识形态；（3）强调坚持文化自信，推动社会主义文化繁荣兴盛，建设中华民族现代文明；（4）强调以社会主义核心价值观引领文化建设，广泛开展中国特色社会主义和中国梦宣传教育，使全体人民在理想信念、价值理念、道德观念上紧紧团结在一起；（5）强调加快构建中国特色哲学社会科学，以我国实际为研究起点，阐释中国道路、解读中国实践、构建中国理论；（6）强调推动中华优秀传统文化创造性转化、创新性发展，让中华文化展现出永久魅力和时代风采；（7）强调提高新闻舆论传播力引导力影响力公信力，弘扬主旋律、传播正能量，巩固壮大奋进新时代的主流思想舆论；（8）强调坚持以人民为中心的创作导向，把社会效益放在首位，推出更多增强人民精神力量的优秀作品；（9）强调要像爱惜自己的生命一样保护历史文化遗产，加强文物保护利用和文化遗产保护传承，守护好中华文脉；（10）强调中国式现代化是物质文明和精神文明相协调的现代化，能促进全体人民精神生活共同富裕，促进人的全面发展；（11）强调铸牢中华民族共同体意识，建设中华民族共有精神家园；（12）强调过不了互联网这一关就过不了长期执政这一关，要把互联网这个变量变成事业发展的增量，培育积极健康向上向善的网络文化，建设网络文明；（13）强调提升国家文化软实力和中华文化影响力，加强国际传播能力建设，讲好中国故事，推动中华文化更好走向世界；（14）强调弘扬全人类共同价值，落实全球文明倡议，推动文明交流互鉴，丰富世界文明百花园，等等。

从在庆祝中国共产党成立 100 周年大会上明确提出"两个结合",到在党的二十大报告中深刻阐释"两个结合",再到在文化传承发展座谈会上系统阐述"两个结合"的丰富内涵和精髓要义,习近平提出了关于"两个结合"的一系列新思想新观点新论断,立意高远,视野宏阔,内涵丰富,原创性强。"两个结合",即"坚持把马克思主义基本原理同中国具体实际相结合、同中华优秀传统文化相结合"。根据习近平在文化传承发展座谈会发表的重要讲话,可从以下几个方面把握"两个结合"的内涵和精髓:第一,"结合"的前提是彼此契合。马克思主义和中华优秀传统文化来源不同,但彼此存在高度的契合性,相互契合才能有机结合。第二,"结合"的结果是互相成就,造就了一个有机统一的新的文化生命体,让马克思主义成为中国的,中华优秀传统文化成为现代的,让经由"结合"而形成的新文化成为中国式现代化的文化形态。第三,"结合"筑牢了道路根基,让中国特色社会主义道路有了更加宏阔深远的历史纵深,拓展了中国特色社会主义道路的文化根基。中国式现代化赋予中华文明以现代力量,中华文明赋予中国式现代化以深厚底蕴。第四,"结合"打开了创新空间,让我们掌握了思想和文化主动,并有力地作用于道路、理论和制度。更重要的是,"第二个结合"是又一次的思想解放,让我们能够在更广阔的文化空间中,充分运用中华优秀传统文化的宝贵资源,探索面向未来的理论和制度创新。第五,"结合"巩固了文化主体性,创立习近平新时代中国特色社会主义思想就是这一文化主体性的最有力体现。

在此次文化传承发展座谈会上,习近平还明确提出新的文化使命,即"在新的起点上继续推动文化繁荣,建设文化强国,建设中华民族现代文明"。习近平把中华文明的突出特性概括为五个方面,即突出的连续性、创新性、统一性、包容性、和平性。中华文明具有突出的连续性,要从源远流长的历史连续性来认识中国;中华文明具有突出的创新性,从根本上决定了中华民族守正不守旧、尊古不复古的进取精神;中华文明具有突出的统一性,从根本上决定了中华民族各民族文化融为一体;中华文明具有突出的包容性,从根本上决定了中华民族交往交流交融的历史取向;中华文明具有突出的和平性，从根本上决定了中国始终是世界和平的建设者。习近平从三个方面强调了如何承担起新的文化使命，具体包括：第一，坚定文化自信。坚定文化自信，就是坚持走自己的路。第二，秉持开放包容。秉持开放包容，就是要更加积极主动地学习借鉴人类创造的一切优秀文明成果。第三，坚持守正创新。守正，守的是马克思主义在意识形态领域指导地位的根本制度，守的是"两个结合"的根本要求，守的是中国共产党的文化领导权和中华民族的文化主体性。创新，创的是新思路、新话语、新机制、新形式，要在马克思主义指导下真正做到古为今用、洋为中用、辩证取舍、推陈出新，实现传统与现代的有机衔接。

（三）"七个着力"：宣传思想文化工作的要求

宣传思想文化工作事关党的前途命运，事关国家长治久安，事关民族凝聚力和向心力，是一项极端重要的工作。2023年，习近平对宣传思想文化工作作出重要指示，明确提出"七个着力"，为今后一个时期的宣传思想文化工作提供了行动指南、明确了工作着力点和重点任务。

"七个着力"，即着力加强党对宣传思想文化工作的领导；着力建设具有强大凝聚力和引领力的社会主义意识形态；着力培育和践行社会主义核心价值观；着力提升新闻舆论传播力引导力影响力公信力；着力赓续中华文脉、推动中华优秀传统文化创造性转化和创新性发展；着力推动文化事业和文化产业繁荣发展；着力加强国际传播能力建设、促进文明交流互鉴。

习近平指出："要加强党对宣传思想工作的全面领导，旗帜鲜明坚持党管宣传、党管意识形态"①，要"建设具有强大凝聚力和引领力的社会主义意识形态，是全党特别是宣传思想战线必须担负起的一个战略任务"②，"要强化教育引导、实践养成、制度保障，把社会主义核心价值观融入社会发展各方面，引导全体人民自觉践行"③，要"坚持正确舆论导向，高度重视传播

---

① 习近平：《自觉承担起新形势下宣传思想工作的使命任务》（2018年8月21日），《习近平谈治国理政》第三卷，外文出版社2020年版，第314页。

② 同上书，第312页。

③ 同上书，第313页。

手段建设和创新，提高新闻舆论传播力、引导力、影响力、公信力"①，"兴文化，就是要坚持中国特色社会主义文化发展道路，推动中华优秀传统文化创造性转化、创新性发展，继承革命文化，发展社会主义先进文化，激发全民族文化创新创造活力，建设社会主义文化强国"②，"要推动文化产业高质量发展，健全现代文化产业体系和市场体系，推动各类文化市场主体发展壮大，培育新型文化业态和文化消费模式，以高质量文化供给增强人们的文化获得感、幸福感"③，"展形象，就是要推进国际传播能力建设，讲好中国故事、传播好中国声音，向世界展现真实、立体、全面的中国，提高国家文化软实力和中华文化影响力"④，等等。"七个着力"既是认识论又是方法论，既有宏观层面的整体指导，又有具体层面的实践路径，具有很强的政治性、思想性、指导性，为今后一个时期宣传思想文化工作的开展指明了前进方向、提供了科学指南。

二、习近平文化思想的核心要义

（一）坚持马克思主义在意识形态领域指导地位的根本制度

意识形态关乎旗帜、关乎道路、关乎国家安全，决定文化前进方向和道路。坚持马克思主义在意识形态领域指导地位的根本制度是中国特色社会主义制度体系的一项根本制度，是坚持和加强党对宣传思想文化工作全面领导的本质要求，是发展社会主义先进文化的有力保障。

坚持马克思主义在意识形态领域指导地位的根本制度是历史的结论。马克思主义深刻揭示了人类社会发展规律，是来自人民、为了人民、造福人民的思想体系，是指引人民认识世界、改造世界的行动指南。近代以来，无数仁人志士为拯救民族危亡，寻觅过各种思想武器，但都不能解决中国

---

① 习近平：《决胜全面建成小康社会 夺取新时代中国特色社会主义伟大胜利——在中国共产党第十九次全国代表大会上的报告》，人民出版社 2017 年版，第 42 页。

② 习近平：《自觉承担起新形势下宣传思想工作的使命任务》（2018 年 8 月 21 日），《习近平谈治国理政》第三卷，外文出版社 2020 年版，第 312 页。

③ 同上书，第 314 页。

④ 同上书，第 312 页。

问题。正是中国先进分子选择了马克思主义，才为谋求民族独立、人民解放和国家富强、人民幸福指明了方向。在长期艰辛探索中，中国共产党把马克思主义基本原理同中国具体实际相结合、同中华优秀传统文化相结合，领导人民走出漫漫长夜，建立了新中国，确立了社会主义制度，开辟了中国特色社会主义道路，推动中国特色社会主义进入新时代，为实现中华民族伟大复兴开拓了光明前景。将坚持马克思主义在意识形态领域的指导地位明确为一项根本制度，这是关系党和国家事业长远发展、关系我国文化前进方向和发展道路的重大制度创新。

把马克思主义指导地位贯穿到文化建设各方面。坚持马克思主义在意识形态指导地位的根本制度，理论武装、新闻宣传、文艺创作生产、文化体制改革、精神文明创建、网络建设管理等文化领域的一切工作和活动都要紧紧围绕这一根本制度来展开、来推进，都要高扬马克思主义旗帜，确保我国文化建设始终沿着正确方向前进。努力推动建设具有强大凝聚力和引领力的社会主义意识形态，建设具有强大生命力和创造力的社会主义精神文明，建设具有强大感召力和影响力的中华文化软实力。

新时代新征程，坚持马克思主义在意识形态指导地位的根本制度，要牢牢掌握党对意识形态工作领导权，坚持以立为本、立破并举，把意识形态阵地建设和管理工作摆在重要位置，切实把坚持以马克思主义为指导体现到理论武装、舆论引导、思想道德建设、文化文艺等各方面，使全体人民在理想信念、价值理念、道德观念上紧紧团结在一起。

（二）坚定中国特色社会主义文化自信

"文化自信是更基础、更广泛、更深厚的自信，是更基本、更深沉、更持久的力量。"① 习近平强调，围绕在新的历史起点上继续推动文化繁荣、建设文化强国、建设中华民族现代文明这一新的文化使命，要坚定文化自信，秉持开放包容，坚持守正创新，为全面建设社会主义现代化国家、全面推进中华民族伟大复兴提供坚强思想保证、强大精神力量、有利文化条件。

---

① 习近平：《在中国文联十大、中国作协九大开幕式上的讲话》（2016年11月30日），《人民日报》第2版，2016年12月1日。

中华优秀传统文化是坚定文化自信的深厚基础。中华文化博大精深、源远流长，中华文明是世界上唯一没有中断的文明。在几千年历史长河中，我国产生了孔子、孟子、老子、庄子、墨子、孙子等闻名于世的伟大思想巨匠，发明了造纸术、火药、印刷术、指南针等深刻影响人类文明进程的伟大科技成果，创作了诗经、楚辞、汉赋、唐诗、宋词、元曲、明清小说等伟大文艺作品。中华民族创造的优秀传统文化是民族的根脉，根植在中国人内心，形成了中国人看待世界、看待社会、看待人生的独特价值体系、文化内涵和精神品质，这是我们区别于其他国家和民族的根本特征，也铸就了中华民族一以贯之的文化自信。

党带领人民在伟大斗争中孕育的革命文化和社会主义先进文化是坚定文化自信的坚强基石。我们党领导各族人民在进行革命、建设和改革的历史实践中，创造了鲜明独特、奋发向上的革命文化和社会主义先进文化，是激励人民投身革命和社会主义建设的伟大精神力量，是我们文化发展的基础和优势。革命文化、社会主义文化以马克思主义为指导，与中华优秀传统文化一脉相承，贯通中华民族的过去、现在与未来，为中华文化注入符合中国实际、顺应时代发展要求的先进内涵，是中华民族精神内涵最生动的象征，共同筑起中国人民精神的万里长城，支撑起中国人文化自信的雄伟大厦。

中国特色社会主义伟大实践是坚定文化自信的现实基础。文化自信不仅来自文化的积淀传承与创新发展，更来自中国特色社会主义的伟大实践，来自中华民族伟大复兴的光明前景。改革开放以来，经过坚持不懈的中国特色社会主义伟大实践，我国经济实力、科技实力、国防实力以及综合国力得到大幅提升，使中华民族以崭新姿态屹立于世界的东方，极大增强了中国人民的自信心和自豪感。特别是党的十八大以来取得的历史性成就和发生的历史性变革，使中国人民的历史主动精神、历史创造精神极大焕发，文化主体性得到有力体现。坚定文化自信，首要任务就是立足中华民族伟大历史实践和当代实践，用中国道理总结好中国经验，把中国经验提升为中国理论，既不盲从各种教条，也不照搬外国理论，实现精神上的独立自主。

（三）坚持中国特色社会主义文化发展道路

中国特色社会主义文化发展道路，是推动社会主义文化繁荣兴盛的唯一正确道路。全面建设社会主义现代化国家，必须坚持中国特色社会主义文化发展道路，增强文化自信，围绕举旗帜、聚民心、育新人、兴文化、展形象建设社会主义文化强国，发展面向现代化、面向世界、面向未来的，民族的科学的大众的社会主义文化，激发全民族文化创新创造活力，增强实现中华民族伟大复兴的精神力量。

习近平强调，"做好新形势下宣传思想文化工作，必须自觉承担起举旗帜、聚民心、育新人、兴文化、展形象的使命任务。"①举旗帜，就是要高举马克思主义、中国特色社会主义的旗帜，坚持不懈用新时代中国特色社会主义思想武装全党、教育人民、推动工作，在学懂弄通做实上下功夫，推动当代中国马克思主义、21世纪马克思主义深入人心、落地生根。聚民心，就是要牢牢把握正确舆论导向，唱响主旋律，壮大正能量，做大做强主流思想舆论，把全党全国人民士气鼓舞起来、精神振奋起来，朝着党中央确定的宏伟目标团结一心向前进。育新人，就是要坚持立德树人、以文化人，建设社会主义精神文明，培育和践行社会主义核心价值观，提高人民思想觉悟、道德水准、文明素养，培养能够担当民族复兴大任的时代新人。兴文化，就是要坚持中国特色社会主义文化发展道路，推动中华优秀传统文化创造性转化、创新性发展，继承革命文化，发展社会主义先进文化，激发全民族文化创新创造活力，建设社会主义文化强国。展形象，就是要推进国际传播能力建设，讲好中国故事、传播好中国声音，向世界展现真实、立体、全面的中国，提高国家文化软实力和中华文化影响力。

坚持"二为"方向、"双百"方针。坚持为人民服务、为社会主义服务的根本方向，是决定社会主义文化事业前途命运的关键。要坚持以人民为中心，尊重人民主体地位，保障人民文化权益，鼓励人民参与文化创新创

---

① 习近平：《自觉承担起新形势下宣传思想工作的使命任务》（2018年8月21日），《习近平治国理政》第三卷，外文出版社，第312页。

造，实现满足人民文化需求和增强人民精神力量相统一。深刻把握新时代新征程的历史方位和民族复兴的时代主题，唱响昂扬的时代主旋律，充分发挥文化引领风尚、教育人民、服务社会、推动发展的作用。坚持百花齐放、百家争鸣，是繁荣发展社会主义文化的重要方针。要发扬学术民主、艺术民主，鼓励解放思想、大胆探索，营造积极健康、宽松和谐的氛围，"提倡不同观点和学派充分讨论，提倡体裁、题材、形式、手段充分发展，推动观念、内容、风格、流派切磋互鉴。"①

激发全民族文化创新创造活力。创新创造是文化的生命所在，是文化的本质特征。中国特色社会主义文化发展道路是改革创新之路，必须在全社会营造鼓励文化创造的良好氛围，让蕴藏于人民中的文化创造活力得到充分发挥。要从历史长河和时代大潮中把握文化创新推动文化进步、引领社会变革的重要作用，坚持不忘本来、吸收外来、面向未来，在继承中转化，在学习中超越，不断推动文化创新创造。要立足中国特色社会主义伟大实践，准确把握人民精神文化需求新变化，把改革创新贯穿文化建设各方面，使中国特色社会主义文化始终保持旺盛的生机活力，使精神文化产品和社会文化生活更加丰富多彩。

（四）坚持培育和践行社会主义核心价值观

核心价值观是一个民族赖以维系的精神纽带，是一个国家共同的思想道德基础。习近平指出，"如果没有共同的核心价值观，一个民族、一个国家就会魂无定所、行无所依。"② 要坚持培育和践行社会主义核心价值观，提高全社会文明程度，推动社会主义核心价值观融入经济社会发展和人们生产生活方方面面，更好构筑中国精神、中国价值、中国力量。

核心价值观，承载着一个民族、一个国家的精神追求，体现着一个社会评判是非曲直的价值标准。以富强、民主、文明、和谐，自由、平等、公正、法治，爱国、敬业、诚信、友善为基本内容的社会主义核心价值观，

---

① 习近平：《在文艺工作座谈会上的讲话》（2014 年 10 月 15 日），《人民日报》第 2 版，2015 年 10 月 15 日。

② 《十八大以来重要文献选编》中，中央文献出版社 2016 年版，第 133 页。

把涉及国家、社会、公民的价值要求融为一体，回答了我们要建设什么样的国家、建设什么样的社会、培育什么样的公民的重大问题。社会主义核心价值观既体现了社会主义本质要求，继承了中华优秀传统文化，也吸收了世界文明有益成果，体现了时代精神，对于巩固社会主义制度、国家繁荣发展、维系社会和谐稳定具有重要作用。

培育和践行社会主义核心价值观，要"强化教育引导、实践养成、制度保障"①，把社会主义核心价值观融入法治建设、融入社会发展、融入日常生活，使社会主义核心价值观成为人民大众日用而不觉的行为准则。要发挥精神文化产品育人化人的重要功能，运用各类文化形式，生动具体地表现社会主义核心价值观，告诉人们什么是真善美，什么是假丑恶，什么是值得肯定和赞扬的，什么是必须反对和否定的。要注重发挥社会实践的养成作用，广泛开展道德实践、志愿服务、精神文明创建及其他各种形式的活动。还要发挥法律推动核心价值观建设的作用，注重在日常管理中体现价值导向，使符合核心价值观的行为得到鼓励、违背核心价值观的行为受到制约。

（五）传承发展中华优秀传统文化

不忘本来才能开辟未来，善于继承才能更好创新。中华优秀传统文化是中华文明的智慧结晶和精华所在，是中华民族的根和魂。习近平在庆祝中国共产党成立100周年大会上首次提出"把马克思主义基本原理同中国具体实际相结合、同中华优秀传统文化相结合"。② 在2023年的文化传承发展座谈会上，习近平强调，"'第二个结合'是又一次的思想解放，让我们能够在更广阔的文化空间中，充分运用中华优秀传统文化的宝贵资源，探索面向未来的理论和制度创新"。③

深刻把握中华文明的突出特性。在历史的长河中，中华民族走过了不

---

① 习近平：《决胜全面建成小康社会　夺取新时代中国特色社会主义伟大胜利——在中国共产党第十九次全国代表大会上的报告》，人民出版社2017年版，第42页。

② 习近平：《在庆祝中国共产党成立100周年大会上的讲话》，《求是》2021年第14期。

③ 《担负起新的文化使命　努力建设中华民族现代文明》，《旗帜》2023年第6期，第7页。

同于世界其他文明体的发展历程，创造了博大精深的优秀传统文化。中华优秀传统文化有很多重要元素，共同塑造出中华文明连续性、创新性、统一性、包容性、和平性的突出特性。中国人民创造了璀璨夺目的中华文明，是世界上唯一自古延续至今、从未中断的文明，中华文明具有突出的连续性。中华民族产生了影响人类文明进程的伟大思想工匠、伟大科技成果、伟大文艺作品，涵养了守正不守旧、尊古不复古的进取精神，不惧新挑战、勇于接受新事物的无畏品格，中华文明具有突出的创新性。中华民族的历史，就是各民族共同缔造、发展、巩固统一的伟大祖国的历史，中华民族各民族文化融为一体、即使遭遇重大挫折也牢固凝聚，中华文明具有突出的统一性。中华文明自古就以开放包容闻名于世，在同其他文明的交流互鉴中不断焕发新的生命力，中华文明具有突出的包容性。和平、和睦、和谐是中华民族一直以来追求和传承的理念，中华民族的血液中没有侵略他人、称王称霸的基因，中国人民不仅希望自己发展得好，也希望各国人民都能拥有幸福安宁的生活，中华文明具有突出的和平性。

推动中华优秀传统文化创造性转化、创新性发展。要坚持马克思主义的立场观点方法，坚持古为今用、推陈出新，有鉴别地加以对待，有扬弃地予以继承。"创造性转化，就是要按照时代特点和要求，对那些至今仍有借鉴价值的内涵和陈旧的表现形式加以改造，赋予其新的时代内涵和现代表达形式，激活其生命力。创新性发展，就是要按照时代的新进步新发展，对中华优秀传统文化的内涵加以补充、拓展、完善，增强其影响力和感召力"[1]。要通过创造性转化和创新性发展，使中华民族最基本的文化基因同当代中国相适应、同现代社会相协调、同现实文化相融通，以传承和弘扬中华优秀传统文化。当然，这绝不是故步自封，要更广泛地开展各国文化交流，取长补短，在不断汲取世界各种文明养分中丰富和发展中华文化。

保护传承利用好文化遗产。习近平指出，"文物和文化遗产承载着中华

---

[1] 《把培育和弘扬社会主义核心价值观作为凝魂聚气、强基固本的基础工程》(2014年2月24日)，习近平《论党的宣传思想工作》，中央文献出版社2020年版，第57页。

民族的基因和血脉，是不可再生、不可替代的中华优秀文明资源"①，要统筹保护好、传承好、利用好。

历史文化遗产是不可再生、不可替代的宝贵资源，要始终把保护放在第一位，增强对历史文物和文化遗产的敬畏之心，保护好文化遗产，守护好中华文脉。历史文化遗产蕴含着丰富的历史信息和人文精神，其传承既有物质形态和制作技艺层面的传承，也有精神文化和民俗行为层面的传承，必须用心用情传承好。在保护好、传承好基础上利用好历史文化遗产，需要创造性转化和创新性发展。要拓宽视野，积极借鉴国际经验，与世界各国开展形式多样的人文交流，加强文明交流互鉴，充分吸收国外历史文化遗产活化利用宝贵经验，形成具有中国特色的历史文化遗产利用发展模式。要借助现代科技手段，加强对文化遗产的研究和利用，让收藏在深宫里的文物、陈列在广阔大地上的遗产、书写在古籍里的文字都活起来。要加强考古能力建设和学科建设，加强考古成果和历史研究成果的传播，更好认识源远流长的中华文明，不断增强民族凝聚力、民族自豪感。

（六）繁荣发展文化事业和文化产业

发展文化事业和文化产业，是推动文化繁荣兴盛、满足人民精神主文化需求的重要方面。文化事业着眼于保障人民群众基本文化权益，坚持政府主导，具有较强的公益性、均等性；文化产业着眼于满足人民群众多方面、多层次、多样化精神文化需求，强调市场导向，具有较强的市场属性。在习近平文化思想中，将"产业"与"事业"并举，既要繁荣文化事业，又要发展文化产业，强调文化事业与文化产业的相辅相成、相得益彰。要大力发展文化事业和文化产业，以文化人、以文育人、以文培元，增强人民精神力量，促进人的全面发展。

"文化是民族的精神命脉，文艺是时代的号角"②。举精神旗帜、立精神

---

① 习近平：《把中国文明历史研究引向深入　增强历史自觉坚定文化自信》，《求是》2022 年第 14 期。

② 习近平：《在中国文联十一大、中国作协十大开幕式上的讲话》（2021 年 12 月 14 日），《人民日报》第 2 版，2021 年 12 月 15 日。

支柱、建精神家园，是当代中国文艺的崇高使命。弘扬中国精神、传播中国价值、凝聚中国力量，是文艺工作者的神圣职责。要牢固树立马克思主义文艺观，坚持以人民为中心的创作导向，创作无愧于时代的优秀作品。"社会主义文艺，从本质上讲，就是人民的文艺"①，要把满足人民精神文化需要作为文艺和文艺工作需要的出发点和落脚点，把人民作为文艺表现的主体，把人民作为文艺审美的鉴赏家和评判者，把为人民服务作为文艺工作者的天职。中国精神是社会主义文艺的灵魂，"追求真善美是文艺的永恒价值"②，"要通过文艺作品传递真善美，传递向上向善的价值观"③。文艺工作者要心系民族复兴伟业，坚守人民立场，坚持守正创新，用情用力讲好中国故事，坚持弘扬正道，要自觉坚守艺术理想，讲品位、重艺德，努力创作生产更多传播中国价值观念、体现中华文化精神、反映中国人审美追求，思想性、艺术性、观赏性有机统一的作品。

发展文化事业，提升公共文化服务水平，是保障人民文化权益、改善人民生活品质、补充文化发展短板的重要途径。要建设覆盖城乡的公共文化服务设施网络。"要加强基层场地设施建设，让村村、乡乡、县县都可以广泛开展文化体育活动"④。要加快图书馆、博物馆、美术馆、综合性文化服务中心等公共文化服务设施建设，使各族群众在业余时间有个好的去处。要完善数字文化服务网络建设，"深入推进广播电视村村通、农家书屋、乡镇综合文化站等重点为文化惠民工程"⑤，"推进基层文化公共设施共建共享"⑥。要加大公共文化产品和服务供给力度。要"制定国家公共文化服务

---

① 习近平:《在文艺工作座谈会上的讲话》(2014 年 10 月 15 日),《人民日报》第 2 版, 2015 年 10 月 15 日。

② 同上。

③ 同上。

④ 习近平:《在第二次中央新疆工作座谈会上的讲话》(2014 年 5 月 28 日),《习近平关于社会主义文化建设论述摘编》,中央文献出版社 2017 年版,第 187 页。

⑤ 同上。

⑥ 习近平:《在党的十八届四中全会第一次全体会议上关于中央政治局工作的报告》(2014 年 10 月 20 日),《习近平关于社会主义文化建设论述摘编》,中央文献出版社 2017 年版,第 188 页。

标准和指标体系，促进基本公共文化服务标准化、均等化"①。随着标准化、均等化的推进，将促使优质公共文化产品和服务供给日益丰富。要提升公共文化服务效能，要促进公共文化服务社会化发展。通过政策引导、法治保障等手段，形成政府主导、社会力量参与的多元供给格局。提升公共文化服务效能，还要推进公共文化服务数字化发展。通过资源整合统筹规划，搭建互联互通的公共数字化服务平台，建设统一的公共文化服务数字网络，形成线上线下有机结合的服务模式。

要加快发展文化产业。文化产业是市场经济条件下繁荣发展社会主义文化的重要载体，是满足人民群众多样化、多层次、多方面精神文化需求的重要途径。要健全现代文化产业体系和市场体系。有序发展文化产权、版权、人才、技术、信息等要素市场，建立健全文化资产评估体系和文化产权交易体系，完善市场准入和退出机制，鼓励社会资本投资政策法规许可的文化产业，促进文化资源在全国范围内自由合理流动。健全文化市场政策法规体系，进一步提升市场监管水平。要推进文化产业转型升级。面对数字化、网络化、智能化强劲发展势头，以科技创新提升文化产业科技含量。要全面推进新技术与文化产业的融合，实现转型升级。加快发展新型文化企业、文化业态、文化消费模式，壮大数字创意、网络视听、数字出版、数字娱乐、线上演播等产业，推动广大文化企业运用新技术、培育新业态、拓展新模式。要完善文化经济政策。在适应社会主义市场经济发展要求的基础上，要遵循文化发展规律，突出文化领域特点，进一步完善文化产业扶持政策，拓宽文化产业投融资渠道。

要深化文化体制改革，"坚持把社会效益放在首位、社会效益和经济效益相统一"②。要完善文化管理体制，将文化行政管理职能向规划引导、政策调节、市场监管、社会管理、供服务等宏观层面转化，综合运用法律、行

---

① 习近平：《在党的十八届四中全会第一次全体会议上关于中央政治局工作的报告》（2014年10月20日），《习近平关于社会主义文化建设论述摘编》，中央文献出版社2017年版，第188页。

② 习近平：《高举中国特色社会主义伟大旗帜　为全面建设社会主义现代化国家而团结奋斗——在中国共产党第二十次全国代表大会上的报告》，人民出版社2022年版，第45页。

政、经济、科技等手段进行依法、科学、有效管理。要健全国有文化资产管理体制，完善互联网管理体制和工作机制，健全坚持正确舆论导向的体制机制。要深化文化事业单位改革。国有文化单位按公益性和经营性为划分标准进行分类改革。公益性文化单位继续保留事业体制，经营性文化单位转制为企业。公共文化馆、图书馆、博物馆、美术馆等属于公益一类文化单位，要进一步完善法人治理结构。新闻单位、保留事业体制的国有文艺陪审团以及少数出版社等属于公益二类的文化单位，要进一步推动宣传和经营分开的管理结构。要构建社会效益和经济效益相统一的体制机制。社会效益是文艺创作的第一追求。文艺作品是不同于一般物质产品的精神产品，尽管文艺作品也具有商品属性和市场价格，但其鲜明的文化属性和意识形态属性所表现出来的对人们思想和心灵的作用，对人们思想观念和行为准则的影响，使得人们主要通过艺术作品的社会属性和社会价值来衡量其好坏、优劣。"一部好的作品，应该是经得起人民评价、专家评价、市场检验的作品，应该是把社会效益放在首位，同时也应该是社会效益和经济效益相统一的作品"[1]，"同社会效益相比，经济效益是第二位的，当两个效益、两种价值发生矛盾时，经济效益要服从社会效益，市场价值要服从社会价值"[2]。要合理设置反映市场接受程度的各类量化指标，构建体现定量定性相结合的作品评价体系和评价程序，建立科学合理的评价标准和健全有效的引导机制，形成健康的文艺创作生态，引导市场、培育市场、拓宽市场，实现社会效益和经济效益双丰收。

（七）提升国家文化软实力和中华文化影响力

当今世界，一个国家或民族在世界上的影响力主要取决于其综合国力。综合国力是一个国家所具有的能够有效维护和保障自身权利和权益的各种力量的总和，既包括经济总量、军事力量、科技实力等硬实力，也包括基于文化而产生的凝聚力、生命力、吸引力和影响力等软实力。"一个国家、

---

[1] 习近平：《在文艺工作座谈会上的讲话》(2014年10月15日)，《人民日报》第2版，2015年10月15日。

[2] 同上。

一个民族的强盛，总是以文化的兴盛为支撑的"①，文化是民族生存和发展的重要力量，"文化的力量，或者我们称之为构成综合竞争力的文化软实力，总是'润物细无声'地融入经济力量、政治力量、社会力量之中，成为经济发展的'助推器'、政治文明的'导航灯'、社会和谐的'黏合剂'"②，要加大力气加强文化软实力建设，广泛传播当代中国价值观念，充分展示中华文化独特魅力，推动中华文化更好走向世界。

提高国家文化软实力，要夯实国家文化软实力的根基。文化软实力包括三个层面，首要的是国家和民族在文化传统、价值观念和制度体系层面的建设，这就要求文艺充分发挥在培育和弘扬社会主义核心价值观，传播我国当代价值观念以及展现中华文化独特魅力方面的独特作用。第二个层面是民众精神和品格的塑造，这就要求文艺要坚持古为今用、推陈出新，努力实现中华传统美德的创造性转化、创新性发展，通过艺术作品引导人们向往和追求讲道德、尊道德、守道德的生活。还有一个层面是包括音乐、戏剧、影视、出版、会展、动漫、游戏在内的文化产业的发展，这就要求文化产业结构要优化升级，要培育新型文化业态，扩大和引导文化消费，推动文化产业成为国民经济支柱性产业。

提高国家文化软实力，要"讲好中国故事，传播好中国声音，阐释好中国特色"③。"中华优秀传统文化是中华民族的突出优势，是我们最深厚的文化软实力"④，"中华优秀传统文化是中华民族的精神命脉，是涵养社会主义核心价值观的重要源，也是我们在世界文化激荡中站稳脚跟的坚实根基"⑤。

---

① 习近平：《在山东考察时的讲话》（2012 年 11 月 24 日—28 日），《习近平关于社会主义文化建设论述摘编》，中央文献出版社 2017 年版，第 3—4 页。

② 习近平：《文化是灵魂》（2005 年 8 月 12 日），《之江新语》，浙江人民出版社 2013 年版，第 149 页。

③ 习近平：《提高国家文化软实力》（2013 年 12 月 30 日），《习近平谈治国理政》，外文出版社 2014 年版，第 162 页。

④ 习近平：《把宣传思想工作做得更好》（2013 年 8 月 19 日），《习近平谈治国理政》，外文出版社 2014 年版，第 155 页。

⑤ 习近平：《在文艺工作座谈会上的讲话》（2014 年 10 月 15 日），《人民日报》第 2 版，2015 年 10 月 15 日。

这就要求文艺工作者必须深深扎根于中华优秀传统文化,从中华优秀传统文化的丰厚沃土中汲取营养,吸收养料。通过艺术作品表达出中华文化积淀的中华民族最深沉的精神追求,展示中华优秀传统文化的历史渊源、发展脉络、基本走向。通过艺术作品传递出中华优秀传统文化作为中华民族突出优势的品质,展示中华文化的独特创造、价值理念、鲜明特色。这也要求文艺要加强国际传播能力建设,借助各类交流机制和方式,针对不同国家和地区受众的不同心理需求和接受方式,创作合适的艺术作品,作品"要注重塑造我国的国家形象,重点展示中国历史底蕴深厚、各民族多元一体、文化多样和谐的文明大国形象,政治清明、经济发展、文化繁荣、社会稳定、人民团结、山河秀美的东方大国形象,坚持和平发展、促进共同发展、维护国际公平正义、为人类作出贡献的负责任大国形象,对外更加开放、更加具有亲和力、充满希望、充满活力的社会主义大国形象"[1]。文艺工作者要"用情用力讲好中国故事,向世界展现可信、可爱、可敬的中国形象"[2],向更多的国家和民族展示古老中华永不褪色的文化魅力和当代中国勇往直前的大国形象,使中国故事、中国声音、中国特色获得更多人的倾听与理解。

第三节　习近平文化思想的鲜明特征和重大意义

习近平文化思想是新时代党领导文化建设实践经验的理论结晶,是马克思主义文化理论中国化、时代化的最新成果。习近平文化思想既具有历史的厚重感,又具有理论的深邃性,还彰显了时代的创新力,其具有鲜明特征及重大意义。

---

① 习近平:《提高国家文化软实力》(2013 年 12 月 30 日),《习近平谈治国理政》,外文出版社 2014 年版,第 162 页。

② 习近平:《在中国文联十一大、中国作协十大开幕式上的讲话》(2021 年 12 月 14 日),《人民日报》第 2 版,2021 年 12 月 15 日。

一、习近平文化思想的鲜明特征

（一）明体达用、体用贯通

"明体达用、体用贯通"是习近平文化思想最为突出的特征，既讲出了当代中国文化发展的本源所在与精髓要义，又作出了当代中国文化建设的战略部署与行动纲领。习近平高度重视中华优秀传统文化的强大生命力，强调文化建设与发展对感国运之变化、立时代之潮头、发时代之先声的重要意义；强调理论创新、文化发展要及时科学解答时代新课题，突出繁荣中华文化要同当下实践要求相结合、同重大现实问题相结合；强调需要根据时代新变化和实践新要求，厘清当前文化发展的思路和举措。这些充分表明习近平文化思想是发展的而不是静止的、是全面的而不是片面的、是系统的而不是零散的、是普遍联系的而不是单一孤立的，很好促进了本体论思维与实践论工夫的相互成就，也很好保持了相对确定和稳定又不断转换和变化的实践形态。

习近平强调的"第二个结合"是又一次的思想解放，是明体达用的标志性成果，实现了新时代更深层次的文化认识的突破，也是习近平文化思想最为浓墨重彩的内容。习近平文化思想在把握中华优秀传统文化实质基础上为马克思主义中国化时代化提供了厚沃土壤，也使得中华优秀传统文化焕发出更加蓬勃的生机与活力。习近平推动的"两个结合"特别是"第二个结合"，完成了真理与价值在不同时空、维度上的交汇，实现了马克思主义科学理论同中华优秀传统文化在新时代背景下的交融，从理论上回答了以建设文化强国推进文化自信自强、进而全面推进现代化实践的一系列重大问题。

习近平文化思想开创了基于历史寻根、理论追溯、现实思考基础上的理论和实践创新，让马克思主义成为中国的、中华优秀传统文化成为现代的，让经由体用贯通的"结合"而形成中国式现代化的文化新形态，全面凝结了我们党文化主体性的思想结晶，为创造新时代社会主义新文化，凝心聚力奋进新征程，加快建设中华民族现代文明提供了强大思想保障。

习近平强调，新时代新征程，世界百年未有之大变局加速演进，中华民族伟大复兴进入关键时期，战略机遇和风险挑战并存，宣传思想文化工作面临新形势新任务，必须要有新气象新作为。如何才能展现新气象新作为？习近平文化思想给出答案：明确首要政治任务，即坚持以习近平新时代中国特色社会主义思想为指导，全面贯彻党的二十大精神，聚焦用党的创新理论武装全党、教育人民；聚焦新的文化使命，即在新的历史起点上继续推动文化繁荣、建设文化强国、建设中华民族现代文明；指明基本遵循原则，即坚定文化自信，秉持开放包容，坚持守正创新；明确提出"七个着力"的要求。习近平文化思想深刻回答了新时代文化建设应该举什么旗、走什么路、坚持什么样的原则、实现什么样的目标等重大理论和实践问题，既有认识论又有方法论，既有宏观层面的整体指导，又有具体层面的实践路径，既有文化理论观点上的创新和突破，又有文化工作布局上的部署要求，彰显了这一思想明体达用、体用贯通的鲜明特点。

（二）回应时代、人民中心

习近平文化思想回应当今世界和今日中国文化文艺发展实际及存在的问题，具有鲜明的时代性。当今世界，伴随经济全球化和世界多极化的推进，伴随科学技术迅猛发展和信息网络化的广泛普及，世界范围内西方与东方、中国与外国、传统与现代等多元思想观念、各种思想文化相互交流交融，相互影响。面对逐渐增长的对外文化传播与交流，习近平文化思想给予指引，要求"广大文艺工作者要立足中国大地，讲好中国故事，以更为深邃的视野、更为博大的胸怀、更为自信的态度，择取最能代表中国变革和中国精神的题材，进行艺术表现，塑造更多为世界所认知的中华文化形象，努力展示一个生动立体的中国"[①]。今日中国，中国特色社会主义进入新时代，人民群众对精神文化生活提出更高要求。人民群众期待更高质量的艺术产品，更为丰富的精神文化，更多选择的层次供给，更能促进人全面发展的文艺成果。面对人们不断增长的精神文化需要，面对文化事业发

---

① 习近平：《在中国文联十一大、中国作协十大开幕式上的讲话》（2021 年 12 月 14 日），《人民日报》第 2 版，2021 年 12 月 15 日。

展的短板和内生发展要求，习近平文化思想倾听时代声音，回答时代课题，对当下我国文化事业发展、文艺创作中存在的种种问题进行理性剖析，强调以人民为中心的创作导向，鼓励网络文艺工作者充分发挥网络媒介优势创作文艺作品，显示了鲜明的时代性。

人民性是贯穿于马克思主义文艺理论的重要方面，习近平文化思想充分体现了人民中心的特征，成为其文化思想的又一显著特征。习近平文化思想强调"人民既是历史的创造者、也是历史的见证者，既是历史的'剧中人'、也是历史的'剧作者'"①，强调文化工作要服务于人民、奉献于人民。他强调要通过文化建设让人民群众更好地参与到现代化建设中，推动全体人民的全面发展。在这一思想中，人民不仅是文化建设的对象，更是文化建设的主体，具有参与、创造和传承的重要角色。习近平鲜明指出，社会主义文艺，就其本质而言，即为人民的文艺。既然社会主义文艺是人民的文艺，就必须"反映好人民心声，坚持为人民服务，为社会主义服务这个根本方向"②。他强调，做好宣传思想文化工作，要"坚持人民性，就是要把实现好、维护好、发展好最广大人民根本利益作为出发点和落脚点，坚持以民为本、以人为本"③。这些理念明确了文化工作者要以人民为中心，提供符合人民需求的文化产品，使人民在文化繁荣中真切受益。这种人民中心的思想体现在宣传思想文化建设的方方面面，包括教育、传媒、文艺等各个领域，都要服务于人民，推动全体人民共享文化成果，不断提高整体素质，实现全体人民的全面发展。

（三）传承创新、开放包容

习近平文化思想的特征还充分体现在对中华优秀传统文化的弘扬和发展中。他强调要坚持传承中华传统文化，同时提倡在传承中积极创新，使优秀传统文化在新时代焕发出新的生命力。习近平强调传承中华优秀传统

---

① 习近平：《在文艺工作座谈会上的讲话》（2014 年 10 月 15 日），《人民日报》第 2 版，2015 年 10 月 15 日。

② 同上。

③ 习近平：《把宣传思想工作做得更好》（2013 年 8 月 19 日），《习近平谈治国理政》，外文出版社 2014 年版，第 154 页。

文化是保持文化根基的重要途径。在他的理念中，中华优秀传统文化是中华民族的宝贵精神财富，具有丰富的思想内涵和历史积淀。他指出："中华优秀传统文化是中华民族的突出优势，是我们最深厚的文化软实力"①，这一表述明确了对传统文化的高度重视，将其视为中华民族最为深远的文化积淀。习近平文化思想提倡在传承中积极创新，以适应当代社会的需求。他认为传承发展中华优秀传统文化，要坚持求真务实、创新发展的工作思路。这一理念将传统文化与现代社会发展相结合，强调要通过创新使传统文化在新时代焕发出新的活力。在他的指导下，中国进行了一系列涉及文化领域的改革和创新，如推动文艺创作的真实性、创造性、艺术性的统一，鼓励文艺作品积极反映时代特征，展现创作者的独立思考和创新能力。习近平文化思想对文化创新提出了更高的要求，要求文化工作者发扬中华民族的创造精神，既要尊重传统，又要注重在传承中进行创新，推动中华文化在新时代焕发新的生机。他强调要坚持守正创新，指出"真正做到古为今用、洋为中用、辩证取舍、推陈出新，实现传统与现代的有机衔接"②。

习近平文化思想以开放包容为显著特征，强调文化建设要在开放中发展，在包容中进步。这一特征体现在对世界文化多样性的尊重、对文明交流互鉴的推崇上。习近平文化思想倡导文化要开放包容，"要更加积极主动地学习借鉴人类创造的一切优秀文明成果"③。在他的理念中，文化的开放性是推动文化发展的必然要求，要加强对外文化的学习和吸收。他秉持文化在交往中发展、在互鉴中前进的观点，强调文化的开放性，指出要通过与其他文化的交流互鉴，推动中华文化的发展。习近平文化思想注重构建开放型的文化体系，强调不同文明应该相互尊重、平等相待。他指出要"尊重世界文明多样性，以文明交流超越文明隔阂、文明互鉴超越文明冲突、

---

① 习近平：《把宣传思想工作做得更好》(2013 年 8 月 19 日)，《习近平谈治国理政》，外文出版社 2014 年版，第 155 页。

② 习近平：《在文化传承发展座谈会上的讲话》(2023 年 6 月 2 日)，《求是》2023 年第 17 期。

③ 同上。

文明共存超越文明优越"①，这体现了对于文化多样性的重视和对文明交流的平等态度。习近平文化思想强调文明交流互鉴是实现共同繁荣的重要途径，要通过加强不同文明之间的交流，推动人类文明进步。习近平在推动中国文化走向世界的过程中也倡导了更广泛的国际文化交流。他指出："要讲好中国故事，传播好中国声音，向世界展现真实、立体、全面的中国，提高国家文化软实力和中华文化影响力。"②这一理念表达了对于国际文化交流的积极态度，强调中国应该在全球文化交流中发挥更为积极的作用，为人类文明的共同发展贡献力量。

二、习近平文化思想的重大意义

（一）习近平文化思想开辟了马克思主义文化理论新境界

习近平文化思想是马克思主义基本原理同中华优秀传统文化相结合的理论产物，实现了马克思主义中国化时代化进程中宣传思想文化领域的新飞跃，为马克思主义文化理论的丰富和发展作出了重要贡献。

中国特色社会主义进入新时代，在我国文化建设取得大发展大繁荣的同时，也面临意识形态领域的诸多问题，随着人民群众对精神文化生活的需求日益增长，推进宣传思想文化工作迫切需要回答"新时代坚持和发展什么样的中国特色社会主义文化，怎样坚持和发展中国特色社会主义文化"的重大时代课题。习近平基于深厚的理论功底，结合我国丰富的文化实践，提出了一系列关于宣传思想文化工作的新论断新观点，把文化自信列为"四个自信"，强调坚定道路自信、理论自信、制度自信，说到底是要坚定文化自信；强调要坚持马克思主义在意识形态领域指导地位的根本制度；强调培育和践行社会主义核心价值观，坚持以社会主义核心价值观引领文化建设制度；强调支持创造性提出"第二个结合"的重要命题；提出推动

---

① 习近平：《高举中国特色社会主义伟大旗帜　为全面建设社会主义现代化国家而团结奋斗——在中国共产党第二十次全国代表大会上的报告》，人民出版社 2022 年版，第 63 页。
② 习近平：《自觉承担起新形势下宣传思想工作的使命任务》(2018 年 8 月 21 日)，《习近平谈治国理政》第三卷，外文出版社 2020 年版，第 312 页。

中华优秀传统文化创造性转化、创新性发展；提出建设中华民族现代文明；提出全球文明倡议，携手构建人类命运共同体等。习近平文化思想系统性、创造性地回答了新时代文化建设方面的重大课题，标志着我们党对马克思主义文化理论和中国特色社会主义文化建设规律的认识达到了新高度。

习近平文化思想紧密结合新时代文化发展的要求，聚焦文化强国的建设，继承并发扬马克思主义文化理论的显著特质。坚守以人民为核心的文化发展理念，强调人民至上，注重满足人民的精神文化需求，促进人民精神力量的增强，彰显了马克思主义文化理论鲜明的人民性特征。习近平文化思想注重实践导向，全面规划新时代宣传思想文化工作，指导我国文化建设展开一系列具体实践，取得显著成效，生动展示了马克思主义文化理论鲜明的实践性品格。习近平文化思想坚持与时俱进，立足于新时代党领导文化建设的实际实践，不断结合新的实际需求进行丰富发展、补充完善，深刻揭示了马克思主义文化理论鲜明的发展性品格。

（二）习近平文化思想为担负起新的文化使命提供了科学行动指南

习近平文化思想站在新时代坚持和发展中国特色社会主义的高度，立足社会主义文艺建设实践，围绕新时代以什么样的立场和态度对待文化、用什么样的思路和举措发展文化、朝着什么样的方向和目标推进文化建设、文艺发展，提出了一系列重要论述和建设性战略举措，为实现中华民族伟大复兴提供强大的精神动力，为我国文艺事业的繁荣发展提供强有力的政策支持和制度保障，为新时代中国特色社会主义文艺发展指明前进方向，为担负起新的文化使命提供科学行动指南。

新时代以来，习近平整体谋划、系统部署，推动文化建设的实践逐步展开、不断升华。这一过程从 2013 年全国宣传思想工作会议上突出强调"意识形态工作是党的一项至关重要的任务"，到 2016 年庆祝中国共产党成立 95 周年大会上将"文化自信"与中国特色社会主义道路自信、理论自信、制度自信相提并论，并对文化自信的基本构成、重要地位和重大价值作出深刻的阐释，强调"文化自信是更基础、更广泛、更深厚的自信"；进而，从党的十九大报告中首次提出"新的文化使命"这一重大主张，到

2018 年全国宣传思想工作会议上通过"九个坚持"总结宣传思想工作的规律性认识,再到庆祝中国共产党成立 100 周年大会上正式提出"两个结合"的重大论断;随后,党的二十大报告中以五个方面着重部署文化建设工作,到 2023 年 6 月文化传承发展座谈会上明确提出文化建设的"十四个强调",强调建设中华民族现代文明;再到 2023 年 10 月召开的全国宣传思想文化工作会议上指出"宣传思想文化工作关系党的前途命运、关系国家长治久安、关系民族凝聚力和向心力,是一项至关重要的工作",并提出"七个着力"的重大要求等。习近平文化思想明体达用、体用贯通,既明确了新时代文化建设的路线图和任务书,又为新时代宣传思想文化工作、担负起新的文化使命提供了科学指引和行动指南。

（三）习近平文化思想为推动人类文明进步贡献思想智慧

习近平文化思想融汇古今、贯通中外,汇聚了各国文明交流互鉴、推动人类文明不断进步的重要观点。这一思想展现了深刻的人文情怀和广阔的全球视野,为人类文明的启迪和进步提供了智慧的引导和思想的支持。

在回应"世界之问"、澄清人类文明迷思方面,当前世界正经历百年未有之大变局的快速演变,多重挑战和危机交织复杂,"文明优越论"和"文明冲突论"等观念再度浮出水面,人类文明正站在关键的抉择节点。"世界怎么了、我们怎么办"这一全球性的问题成为迫切需要共同面对和解决的难题,各国纷纷面对一系列选择和疑问,如不同文明之间的是对话还是隔绝、是共同繁荣还是对抗冲突等。自党的十八大以来,习近平不仅放眼世界,也深入思考,提出了构建人类命运共同体的理念,主张坚持开放包容、互利共赢、公道正义;倡导"平等、互鉴、对话、包容"的文明观,坚决反对傲慢偏见、封闭排他、文明隔阂;提出全球文明倡议,呼吁尊重世界文明多样性、弘扬全人类共同价值、注重文明传承与创新、加强国际人文交流合作等。这一系列全球性的新理念、新主张、新倡议以"中国之答"深刻回应了"世界之问",解决了长期困扰各国人民的问题和疑虑,为人类文明的交流互鉴和进步做出了思想上的贡献、注入了强大动力,并指引了前进的方向。

中国以实际行动展现了大国担当，促进了人类文明的不断进步。作为负责任的大国，中国积极践行人类命运共同体、全球文明倡议等理念。例如，推动共建"一带一路"高质量发展，举办丝绸之路（敦煌）国际文化博览会、丝绸之路国际艺术节等文化交流活动，与沿线国家共同推动"鲁班工坊""丝路一家亲"等人文交流项目，广泛进行文明交流互鉴，全面深化人文交流合作；积极组织文明交流互鉴对话会、亚洲文明对话大会等国际会议，为推动全球文明的交流、融合、包容、互鉴汇聚更多共识。成功主办北京冬奥会、成都大运会、杭州亚运会等国际赛事，充分展现了中华文化的开放包容、深厚底蕴和独特魅力，通过体育为桥梁促进了世界各国文明的交流与融合。在习近平文化思想的指导下，中国通过生动实践向世界展示了其作为文明交流互鉴的倡导者、推动者、实践者所具备的博大胸怀和责任担当，为人类文明的繁荣发展和不断前进贡献着巨大的力量。

思考题：

1. 为什么要坚持马克思主义在意识形态领域指导地位的根本制度？

2. 为什么说文化自信是一个国家、一个民族发展中最基本、最深沉、最持久的力量？

3. 如何推动中华优秀传统文化创造性转化、创新性发展？

4. 如何提升国家文化软实力和中华文化影响力？

第七章　西方马克思主义文艺理论的发展与传播

随着马克思主义的广泛传播，其影响的深度与广度亦逐步扩大。进入
20 世纪 20 年代之后，德国、意大利、法国等西欧主要资本主义国家出现并
逐步形成一股小资产阶级左翼激进主义思潮。这股思潮一经出现，很快受
到大量西方知识分子的狂热颂扬，从而逐步蔓延开来并形成诸多思想流派。
这些流派有各自不同的主张，虽然我们无法将其视作一个完整统一的学派，
但是由于他们在对待传统的辩证唯物主义和历史唯物主义即经典马克思主
义理论方面、在对待马克思主义奠基人的态度上，以及对现代资本主义制
度及社会环境的批判等问题上，彼此之间又存在着一定的共同点，故而也
可以统称为"西方马克思主义"。西方马克思主义者们对于形式和内容的追
求是有着深刻的马克思主义内涵的，无论是早期的卢卡奇、葛兰西等西方
马克思主义创始人们，还是中流砥柱法兰克福学派以及当代英美马克思主
义文化批评学派，等等，他们对于文学和艺术的把握都形成了独具特色的
种种主张，他们普遍看重文艺同社会之间的关系，强调将文艺放在社会现
实这一重大框架中进行考察与观照，从而铸造了自我独特的文艺理论思想。

第一节　西方马克思主义文艺理论传播的背景

西方马克思主义文艺观是西方马克思主义理论的重要组成部分，产生
于 20 世纪二三十年代。当时的西欧马克思主义者面对西方社会存在的严重
社会危机，着力考察西方资本主义发展史，总结俄国十月革命成功的经验，
运用马克思主义的基本原理，力图寻找一条适合西方革命道路的一种理论
思潮和社会政治思潮。这股理论思潮的批判锋芒既指向当代资本主义社会

中的不合理现象，也批判苏联将马克思主义理论凝固化、教条化的倾向，其理论在诸多方面不同于苏联马克思主义模式，形成了颇具影响的西方马克思主义理论。

一、早期西方马克思主义文艺观形成的理论背景

西方马克思主义的产生和发展，有着深刻的社会政治、经济和文化背景。第一次世界大战间，俄国十月革命取得成功；与此同时，西欧各国的革命却全部失败。于是，西欧马克思主义者纷纷从理论上进行反思，探讨西欧各国革命失败的原因。他们把革命陷于低潮的原因归于第二国际的理论家把马克思主义庸俗化、机械化、教条化的倾向。他们认为第二国际奉行一种机械反映论和经济决定论，忽视了工人阶级的阶级意识在革命实践中的能动作用和历史进程中的主体功能。在这种情况下，西欧马克思主义者主张重新理解马克思、发展马克思，以适应变化了的西方社会形势的需要。1923 年，匈牙利共产党人卢卡奇发表了《历史与阶级意识》一书，系统地表述了上述意见。以卢卡奇为代表的早期西方马克思主义者反对当时共产国际在西方共产党内推行"布尔什维化"运动，反对在西方革命中教条式地照抄和照搬苏联十月革命模式，主张根据西方社会的实际情况，探寻适合西方的社会主义革命道路。在他们看来，资本主义较为发达的西方社会，资产阶级不仅利用其暴力机关对无产阶级实行政治统治，而且还利用其在市民社会中的文化领导权，向无产阶级输灌其思想道德文化观念，使无产阶级屈从于资本主义的文化统治。因此，对西方革命而言，革命的关键在于无产阶级的主观精神成熟与否，革命也不能简单地采取暴力革命的方式，而应该采取包括政治、经济和文化在内的总体革命模式。早期西方马克思主义者认为，当时西欧革命失败的根源在于无产阶级的主观革命精神的匮乏，它是由商品经济所产生的物化意识和资产阶级的意识形态所造成的，这就突现出意识形态斗争和发挥马克思主义哲学价值批判功能的重要性。他们充分强调和论证了马克思主义对近代哲学的超越，充分肯定了马克思主义的当代理论高度，勾勒出与第二国际解释路向完全不同的马

克思主义解释模式。他们通过对马克思主义思想体系作出富有特色的理解和阐发，从而将人类社会的历史命运与对马克思主义的思考紧密联系在一起，对马克思主义的当代意义作了多方面、多层次的论证，充分展现了马克思主义哲学的批判价值性与现代性质，实现马克思主义哲学对人的价值和命运的真正关怀。由此，早期西方马克思主义理论家尤其重视对马克思主义哲学基本理论问题的研究，特别重视阐释马克思所实现的哲学革命变革的意义及马克思主义哲学的特质，并由此形成了一种与苏俄马克思主义哲学不同的西方形态的马克思主义哲学。

西方马克思主义的文艺观作为整个西方马克思主义思潮中的重要组成部分，是从西方马克思主义哲学中衍生出来的。许多西方马克思主义理论家同时也是西方著名的文艺理论家、美学家，他们在文艺理论研究有很高的造诣，对西方文艺、美学理论的推动和发展有着不可磨灭的贡献。

西方马克思主义创始人卢卡奇针对资本主义的异化现象和法西斯主义兴起的现实，运用马克思的辩证分析方法，努力倡导"伟大的现实主义"文学理论，认为现实主义无论在文艺的审美效果、文艺的人民性，还是在文艺把握现实的整体性、文艺的政治作用以及对文艺遗产的继承等方面，都要优于自然主义和现代主义。从而引发了一场和布莱希特、布洛赫等人的争论。这场论争，深化了西方马克思主义对现实主义的理解。卢卡奇强调文艺对资本主义现存关系非人化的抗议，强调文艺与人的解放的关联，对以后的西方马克思主义者以直接而深刻的启迪。

第二次世界大战之后，各国的西方马克思主义者，大多是沿着卢卡奇的路线，也吸取了布莱希特等人的理论成果，对文艺的一系列重要问题进行了更加深广的研究，并提出很多新的理论模式，如法兰克福学派的艺术与革命模式、萨特的艺术与自由模式、阿尔都塞学派的艺术与社会意识结构的模式，英国的伊格尔顿提出了艺术意识形态论和艺术生产论相融合的模式。美国的杰姆逊对后现代主义文化的研究，反映了当今西方马克思主义者们针对现代社会的全方位的文化批判。尽管这其中也存在不少失误和偏颇之处，但是西方马克思主义一直与 20 世纪整个社会历史进程同呼吸、共命运，关注着人类的精神状况和文化境遇，关注着西方发达社会条件下人的解放和自由，他们能比较自觉地运用马克思曾论述过的基本理论，来回答时代提出的新问题，他们都自称为当代的马克思思想的诠释者和运用者。总之，西方马克思主义者在深化马克思主义文艺观研究方面作出了许多艰苦努力，并取得了非常丰硕的收获。美国知名文艺理论学家韦勒克在其为《20世纪世界文学百科全书》撰写的"文学批评"条目中称西方马克思主义文艺理论与心理分析、神话批评三足鼎立，为当今世界上"真正具有国际性的文学批评"。他们在西方发达社会的背景下对马克思主义的研究中强烈地跳动着时代的脉搏，直接切中现时代的根本要害，能从理论的高度把握实践中的困境和难题。西方马克思主义在经典马克思主义的薄弱环节中进行了深入的研究，在美学、文学及文化学研究领域取得了丰硕的成果，作出了突出贡献。他们意识到，"只有利用马克思所提示的方法对现实加以客观地观察并经过整理加工，才能达到既忠于现实又忠于马克思主义。"① 他们不仅仅是面对书本，更重要的是面对活生生的现实。西方马克思主义结合当今世界所面临的重大问题，有力地揭示和张扬了马克思主义的当代意义，同时也突出显现了其自身的理论深度和时代价值。

二、法兰克福学派马克思主义文艺观形成的背景

早期西方马克思主义文艺理论思潮的发展为之后西方马克思主义的传播和发展打下了坚实的基础。在西方马克思主义诸多思潮中，法兰克福学派是其中重要的一个思潮。

1923年，德国美因河畔的法兰克福成立了一所由私人筹款的社会研究所，它以研究马克思主义为宗旨、由一批左派知识分子组成。1930年，法兰克福大学教授霍克海默（1893—1973）担任所长后，克服了研究所以往忽视哲学、特别是忽视社会哲学研究的倾向，团结了一些有影响的哲学家，高举社会批判大旗，并给自己分析和研究社会问题的方法和观点命名为

---

① 卢卡奇：《历史与阶级意识》，商务印书馆1999年版，第50页。

"批判的社会理论"——法兰克福学派由此产生。

法兰克福学派在霍克海默领导下，不久便创办了《社会研究杂志》，创刊号于1932年发行，影响开始扩大。当时，纳粹即将上台，霍克海默面对日益加剧的威胁，果断地把研究所的人员和编辑部撤离德国。先是日内瓦，再是巴黎，最后于1934年定居纽约，在哥伦比亚大学找到了安身之地。1934—1939年，《社会研究杂志》用德文在巴黎出版；巴黎沦陷后，杂志用英文在美国出版，1940—1941年发行最后一期。霍克海默、阿多诺（1903—1969）、马尔库塞（1898—1979）等学派主要代表人物在该杂志上发表的文章，屡次再版。1949年，霍克海默、阿多诺等人因政府邀请回到德国；学派其他重要人物继续留在美国。1950年，法兰克福研究所在德国重建，留在美国的人员继续以纽约分支的形式存在。霍克海默和阿多诺任正副所长，《社会研究杂志》却没有恢复；不过，研究所接着连续出版了《法兰克福社会学丛刊》。1958年，霍克海默退休，阿多诺继任所长。在阿多诺任职期间，作为他学生和同事的哈贝马斯担任法兰克福大学哲学和社会学教授，被称为法兰克福学派第二代的代表人物，在思想上领导着法兰克福学派。1969年，哈贝马斯去世，霍克海默的学生施密特任所长。1971年，他着手把《社会研究杂志》各期再版出齐，使法兰克福学派在欧洲和美国继续保持着一定的影响。作为西方马克思主义传播与发展的中流砥柱——法兰克福学派的产生有着深刻的社会历史背景。首先是资本主义发展由自由形态向垄断形态转变，大量的社会现实问题与当年马克思主义经典作家在创立自己学说时的分析发生矛盾，促使一些激进的左翼知识分子在研究和推进马克思主义的旗帜下积聚起来，进行研究。其次是虽然苏联在斯大林领导下，取得了反法西斯战争的胜利，计划经济所产生的能量也得到了世界的认可；但是，由于斯大林的错误和集权统治，由于苏共领导下的第三国际组织的很多做法与传统马克思主义理论发生了脱节，加上20世纪30年代初马克思《1844年经济学—哲学手稿》的正式公开发表，这使得法兰克福学派有了重新研究马克思主义、重新阐述马克思主义的直接动机。第三是随着文化艺术和科学技术等社会思潮在质上的交叉和复合发展、在量上的补充和加速发展，包括人的本质、人的价值、人的审美特性在内的各种观点都可以在现代哲学、社会学、经济学和心理学、艺术学等领域内找到相应的支撑，既关注各种文化思潮的发展，又不满足于这些思潮的成果，迫切想用自己对马克思主义研究的最新观点、希冀在一个新的文化视角中来补充或修正马克思主义，这可以说是法兰克福学派产生的理论学术上的原因。

在这样的理论背景下，法兰克福学派在哲学、经济学和社会政治等方面产生了一些基本观点，可以概括为：

第一，把对资本主义的研究归结为对资本主义社会的批判，强调"批判"是理论的主要功能，并把自己的理论表明为"批判的社会理论"（又称"批判理论"）。

《传统的和批判的社会理论》是霍克海默的一篇论文，也是霍克海默希望以此文章为法兰克福学派制定理论纲要的一个目的。首先是为什么要把自己的理论体系称为"批判理论"？在霍克海默看来，一是为了说明自己理论同马克思主义的继承性。因为马克思学说的本质特征是"批判"，马克思把自己的许多著作命名为"批判"，绝不是偶然的。特别是马克思的《政治经济学批判》，里面凝聚着很多革命的、辩证的方法，"批判理论"就是要从中吸取养分。二是为了表明自己理论体系对当代资本主义社会的批判性。法兰克福学派的各位代表人物观点，无论怎样众说纷纭，但有一点是共同的，那就是它对当代资本主义不依不饶的批判立场和坚韧不屈的批判观点，通过这种批判努力使当时代社会变为一个更加正义、更加人道的社会。

"批判理论"和"传统理论"是对立的。这种对立主要表现为：一是"传统理论"产生于现存社会制度之中，把现存社会制度当作"自然的""永恒的"的东西接受下来；而"批判理论"则产生于现存社会制度之外，把它理解为系统的过程。"因为这一理论完全与目前的流行的思维习惯背道而驰，因此，批判理论常被视为偏见，是不合理的。"[1] 二是"传统理论"的目

---

① 霍克海默：《传统的与批判的理论》，转引自俞吾金、陈学明主编《国外马克思主义流派》，复旦大学出版社1990年版，第119页，第121页。

的是以纯粹的智力劳动来维护现存制度的再生产过程；而"批判理论"的目的是破坏一切既定的、事实的东西，证实它们的不真实和必须加以否定。三是"传统理论"在认知方式上，用研究自然科学的方法研究社会，把一切概念、范畴凝固化，没有了变化和发展；而"批判理论"则在总体性的运动中研究社会，其自身的概念也要在运动中得到改变。四是"传统理论"的实质是资产阶级意识形态和"科学知识"；"批判理论"则先是说明自己是一种立场、一种政治实践，其次才是一种理论。"批判理论"除了对"废除社会不公正"感兴趣外，没有任何特别要求。批判思想家的"天职是他的思想所隶属的那个斗争，而不是同那个斗争分开的、作为某种独立东西的思想"①。

第二，呼吁要"彻底否定"现代资本主义社会，对之实行"大批判""大拒绝""大否定"，把"否定的辩证法"等非常彻底的、激进的方法，作为批判理论的主要方法论。

在思想理论和学术立场等方面对资本主义进行了猛烈的批判后，法兰克福学派随即在方法上强调了"彻底否定"的精神。阿多诺的《否定的辩证法》是其中的代表作。这本书和马尔库塞的《单面人》一样，都具有非常锋利的批判锋芒，被学界称为"姐妹篇"。为什么要在"辩证法"前面加上"否定"两字？阿多诺认为，这一则因为以往的辩证法（包括黑格尔和马克思）是不彻底的；二则表明自己方法的"彻底性"。在阿多诺看来，他的"彻底性"主要是指："矛盾即是非同一性"。平常人们看见的同一性都是在非同一性掩盖下，把非同一性当成了同一性，实际上真正的同一性是不存在的。于是，用"非同一性"代替"同一性"，就成为他的首要观点。再就是用"绝对否定"代替"否定之否定"。他认为，就像非同一性和同一性不能共存一样，否定和肯定也是不能渗透的，马克思本意也是主张绝对否定的，而黑格尔则在"扬弃"过程中，夸大了保留的因素，导致了否定之否定就是保留了旧东西的否定。从这个前提出发，阿多诺在逻辑学上反

---

① 霍克海默：《传统的与批判的理论》，转引自俞吾金、陈学明主编《国外马克思主义流派》，复旦大学出版社1990年版，第119页，第121页。

对"同一律"、消除对一切概念的崇拜；在哲学本体论上反对孤立地议论"第一性"和"第二性"问题，主张把主体和客体作为一个整体统一起来研究；在社会历史观上他用一个简单的命题表达了问题的实质："否定辩证法＝崩溃性的破坏"，提出不但要破坏以往一切旧东西，还不要指望"未来总是存在于现实之中"。1962 年，他在一次讲演中，公开强调："进步就发生在它结束的地方。""如果认为世界精神是一个值得下定义的对象的话，那么可将它下定义为'经常不断的灾难'"，"绝望是历史和社会所造成的最后的意识形态"①。

法兰克福学派对资本主义批判的另一位重要人物是马尔库塞。《单向度的人》是其对当代工业化社会研究和批判后，所作出的理论回应。所谓"单向度"是相对于当代两个维度的单面而言的：一是当代社会的单面性，二是当代思想的单面性。就当代社会层面看，把人仅仅当作肉体上、物质上的满足欲的享受者，是单向度最大的弊端。在他看来，实际上人和动物最大的区别就是，人非但不满足于物欲的束缚，而且还要超越这个束缚。但在工业化社会里，在资产阶级消费至上原则的鼓励下，人们恰恰把最不是自己本质需要的东西当作自己的真实需要加以接受；因此，马尔库塞认为，这种不是人本质需要范围的"虚假的要求"，是这个社会强加给人的。就思想层面看，他把矛头对准了维特根斯坦为代表的语言哲学。因为，这个哲学使"心灵活动和社会现实的活动得到协调"，具有"一种内在的意识形态的特征"。他认为，现存社会的语言领域正趋向于凝结成一种完全被操纵和被灌输的领域，"如果语言分析无助于这样的理解；如果它反而有助于把思想局限在未经裁剪的日常话语领域内，那么它至少是完全不合逻辑的，甚至是向无争议的、不现实的、只在学术上才有争议的领域的逃避"。② 接着，马尔库塞对马克思主义的基本原理进行了修正和改造。他认为，一是马克思的"劳动价值论"已经"过时"。因为在机器主宰一切的情况下，自

① 阿多诺：《论进步》，转引自俞吾金、陈学明主编《国外马克思主义流派》，复旦大学出版社 1990 年版，第 171 页。

② 马尔库塞：《单向度的人》，刘继译，上海译文出版社 1989 年版，第 179 页。

动化已经本质上改变了死劳动和活劳动的关系，价值主要源自机器了；二是马克思对科学技术革命的赞扬要重新界定，因为科技的反作用、坏作用也日益突出；三是"无产阶级是资本主义掘墓人"的观点也不对，现在革命的力量不是无产阶级、而可能是"新左派"，是知识分子。在此基础上，马尔库塞在战略上宣布对资本主义实行"大拒绝""大否定"；在动因上，宣称革命"不是为了摆脱贫困"，而是为了"克服异化""实现自我"；在主体上，宣称革命"不能从单面社会大染缸中寻找"，而要"从第三世界的被压迫者和西方工业社会的'新左派'身上找"；在方式上，宣称革命既不搞暴力、也不走议会道路，而是采取在政治、经济乃至文化和人的本能结构等方方面面的"总体革命"方式，特别是采取"排除了人的心理压力、实现本能结构的决定性改变"的革命，才能解决一系列的社会问题。

第三，在对各类学科、学派综合起来、实行整体研究时，把马克思主义也同各相关学科、特别是相关学派"调和"起来，推行诸如"弗洛伊德的马克思主义"等现代的、西方马克思主义。

20世纪在思想文化方面的发展，除了科学技术以外，在人文科学方面也是速度惊人。这就决定了法兰克福学派在理论风格上广博采收、融合各家学说：马克思主义与非马克思主义、理性主义与非理性主义、科学思潮与宗教思潮、西方文化与东方文化等，交互作用、各显神通，其中弗洛姆（1900—1980）力图调和弗洛伊德主义与马克思主义的理论就是其中的一个典型。

弗洛姆首先就自由问题展开了对法西斯主义产生原因的剖析。弗洛姆认为，全部的关键是搞清楚"自由"对于现代人的双重意义：一是自由确实为人的发展，无论政治还是经济方面，提供了前所未有的条件，比如平等、博爱和竞争等；但另一方面，"资本主义虽在自由的过程中产生了上述的效果，但同时也使个人在社会中感到孤独、无意义和无权利"。在这种情况下，"逃避自由"是一种最好的，也是无奈的选择。于是，"逃避自由"，既是弗洛姆一本书的书名，更是弗洛姆对现代人丢失自我后面对自由的一种控诉！他指出："逃避自由的心理机制是指个人放弃其自己独立自由的倾向，而希望去与自己不相干的某人或某事结合起来，以便获得他所缺少的力量。换句话说，也就是寻找新的第二个束缚，来代替其已失去的原始束缚"。① 而这种机制，正是法西斯主义产生的心理根源。法西斯狂热分子的组成，无非是两种人：一是虐待狂，一是被虐待狂。前者千方百计力图支配人，后者心甘情愿服从他人。两者悲剧的根源都是因为远离了"自由"。

这样，弗洛姆就进入对人的性格结构模式的分析。他认为人有"非创发性"和"创发性"两种，前者有"接受型""剥削型""囤积性"和"市场性"四种，他们或把自己当作"唯命是从"的工具，或迷恋"偷来的水果最甜"，或认为"天下没有新东西"，或把自己当作"可以任意交换的商品"，等等，而"创发性"的人则不一样，他们"把培育和发展自己的所有潜力作为唯一的目标，使自己所有的其他活动都从属于这一目标"。②

《马克思关于人的概念》和《超越幻想的锁链》是弗洛姆的两篇重要著作，他在书中阐述了关于对马克思"异化"概念的观点，认为"异化"是一种"心理体验"；"异化"根源于人的本质中；清除"异化"的途径在于道德的自我修养。他还把马克思主义与弗洛伊德主义进行了比较，认为两者在"怀疑一切"的出发点、坚信真理的"解放力量"，以及"人道主义"核心和"动力学"研究方法等方面是一致的；而他自己则更进一步，把"社会性格"和"社会无意识"作为联结经济基础和上层建筑的桥梁，并且自称马克思主义只强调了人的经济利益、理性结构；而弗洛伊德则只注重了人的心理情绪、非理性结构，两者各有偏颇，只有他才能克服各自的局限，找到科学的路径，解决了人的本质和人的解放的出路。

认识和了解法兰克福学派在哲学、经济学和社会政治等方面的基本观点，对于我们比较全面和准确地把握法兰克福学派的文艺观，具有非常重要的意义。因为，一定的文艺都是从属于一定的阶级和时代的，从文艺同

---

① 弗洛姆：《逃避自由》，转引自《国外马克思主义流派》，复旦大学出版社1990年版，第299页。

② 弗洛姆：《寻找自我》，转引自《国外马克思主义流派》，复旦大学出版社1990年版，第309页。

阶级、时代的关系看，哲学、经济学和社会政治等方面同阶级、时代的关系，有的更加紧密、有的不太紧密，但不管这种关系形式上怎样表现，文艺观总是哲学、经济学和社会政治方面思想的具体体现和反映，在文艺观的背后总有一个根本性的、基础性的基本立场、观点在支撑着；换言之，从内容上讲，两者是前后呼应的；从逻辑上讲，两者是一以贯之的；从作用上讲，两者是相得益彰的；从结局上讲，两者是殊途同归的。

三、当代英美马克思主义文化批评理论形成的背景

同法兰克福学派一样，当代英美马克思主义文艺批评也是西方马克思主义发展演绎的重要产物之一，其形成与发展亦有相关的时代背景和社会语境。西方马克思主义本身即是一个思想家众多、跨越时代长度远远超出其他理论思潮的综合体。它的发展契机始终与 20 世纪的政治事变紧密联系在一起，种种新的现实状况和思想论争促成了西方马克思主义理论作为一种社会文化思潮的形成并产生了广泛的影响，它实际上主要以学术研究的方式，作为思想话语体系存在于人文社会科学领域。一方面，它继承了马克思批判并力图改造资本主义社会的宏大理想，另一方面，把现实批判的政治实践意义转向社会文化领域，既有哲学抽象的本体论解说，又有现实与艺术对象存在意义的具体化阐释。在这样的思想基础上，当代英美马克思主义诞生了自身独特的文化批评之路。

当代英美马克思主义从它产生之时起，就非常重视文化因素的作用，自身更像是一种单纯的文化思潮和意识形态。西方社会自二战以来发生了深刻的巨变，衍生出形形色色的新马克思主义流派和思潮，它们在结构上与政治实践相脱离，理论脱离工人阶级的革命实践，走了一条纯学术道路，实现了形式上的学术化转移，成为专业学术主题，其语言方式也术语化、专业化，变得晦涩难懂；研究方向和学科方向从经典马克思主义所关注的经济政治领域转向哲学文化领域，主要从事文化批判，哲学文化观念的检讨与颠覆是其关注的主题。

英国的文化马克思主义产生于 20 世纪 50 年代末期，它试图在新的历

史条件下，在英国重新确立社会主义的理论与实践，创造一种民主社会主义的政治，修正并发展马克思主义。它反对机械马克思主义，强调文化和意识形态的重要性，它的诞生在政治上与新左派的崛起有着密切关系，二战结束之后至50年代，新的世界政治格局正在形成之中，国际局势依然动荡不安，发生了一系列的国际事件，促使当时的知识分子从根本上对马克思主义进行反思，他们批评旧的经济基础、上层建筑模式，反对把政治、道德、文化、艺术简单化为经济关系的反映，认为应该对文化与经济的复杂关系进行更为深入的研究。自20世纪60、70年代以来，高科技革命所引发的信息产业化不仅改变了经济产业结构，也导致了整个社会结构的变革，消费社会的出现突出了文化在资本主义社会再生产中的作用，这一现象受到了西方左翼学者的高度重视并进行了深入研究，形成了欧美文化马克思主义的思想景观。

在20世纪最后30年西方社会的剧烈变动和冷战后的全球化进程中，当代英美马克思主义开始对传统的马克思主义、"现实社会主义"进行反思和总结，并主要对处于"后现代化"过程中的西方资本主义制度和价值观进行了以"后现代主义"为取向的文化批判和理论颠覆。其文化批判对20世纪70年代以来西方多元文化主义的兴起起了关键作用，对二战后资本主义发展所造成的人的生存方式的异化进行社会批判；在文化上，它对资本主义采取更为彻底的拒绝和批判态度，尽管这种批判的小资产阶级性质决定了它的无力与偏激，但是在其文化批判背后揭示的资本主义历史逻辑和经济政治现实弊端，却为马克思主义的当代发展提出了新的问题和路径。

新的社会现象对以往理论认识和价值观念提出了前所未有的挑战，传统理论无力做出令人满意的解释。对文化产品商品化和商品消费的符号化，人们可以做出不同的价值评价，但首先应当从社会发展的历史过程来认识它的必然性，马克思主义把文化的本质与人的发展作统一的理解，把文化视为人的实践活动的对象化和对象化成果人化的统一，从这个意义上说，文化是与自然相对而言的，可以把人作为社会历史主体的角度来理解文化与经济活动，从文化这样一个特殊的视角来理解人本身，把文化既看作是人类独特的生存方式，也看作衡量人类发展、进步与解放的尺度，并以此考察人类所有的实践活动是否有利于人本身的发展。文化在其本质上不是社会生活中的局部现象，而是一种普遍存在，它体现在社会生活的各个领域，从广义上说，人类的一切活动，社会生活的一切内容都是文化；在通常的理解中，当人们把文化、经济与政治看作社会生活的三个组成部分的时候，是在狭义上使用文化概念，仅指观念形态的文化，经济与文化的区分归根到底是由社会分工造成的，在分工存在的前提下，经济与文化并不能完全等同起来；在晚期资本主义时代呈现出了新的特点，即普遍的物化状态所造成的文化产品商品化和商品消费的符号化，所有的文化艺术品都变成了可供消费的商品，而所有的商品也相应地具有了审美功能和特性，市场经济制度使大众文化成为当今时代不可阻挡的趋势，消费社会的出现是资本主义信息生产力发展水平所带来的新的生产方式的结果，极大地改变了交换方式和消费方式，尤其是消费领域的巨大变化反过来又极大地改变了社会结构，它将传统上按照政治、经济范畴来划分社会阶层的观念提出了极大挑战，文化上的分野即人们的生活方式和生活风格的差异在某种程度上已经取代了经济、政治范畴的作用，文化的消费代替物质的消费成为西方社会的主导。

文化研究离不开具体的社会历史环境和特定的民族文化背景，不能把某一理论当作放之四海而皆准的教条对任何文化形态进行仲裁。以往评价当代英美马克思主义的文化批判，一般是肯定它们对大众消费文化的批判性向度，但也应看到它的偏激性、片面性，大众消费文化对传统精英文化和民族优秀文化遗产造成损毁，同时也有文化普及的人民性的一面，大众文化打破了以往少数人对文化的垄断和享受，推动了西方的社会平等和当代民主的发展，是现代化历史进程的一个组成部分，后现代主义马克思主义的文化批判成为西方国家内部反资本主义的新社会运动的理论先导，充分肯定文化批判在当代的重要意义，从前期的大众消费主义文化批判，深入到后来对资本主义现代性的文化质询，即从文化基因批判的高度对资本主义现代化和现存制度的合理性和合法性进行了根本的否定。

随着时代的变化，适应现实实践的理论路径也不断随之调整。在新的资本主义社会形势下，西方马克思主义理论呈现出学院派的乌托邦主义色彩：以"解释世界"的方式"改造世界"，或者说以改造、拯救资本主义异化现实中人的精神世界为己任，成为西方马克思主义理论家的共同追求。在不同历史时期，文艺与社会的关系总是以艺术的本质、特性等论题变化方式持续不断地被赋予不同的理论解说，并构成截然不同的艺术观，催生不同的艺术派别；在20世纪，文艺从现实主义走向现代主义、后现代主义的不同历史阶段。在一定程度上，西方马克思主义理论家成为当代仍在持续发展的文化研究潮流的导引者。

第二节　西方马克思主义文艺理论传播的代表性内容

马克思主义文艺理论随着时代和社会的发展愈发历久弥新，在全世界范围内都形成了颇具影响力的理论和观点。当我们讨论西方马克思主义文艺理论的传播、发展和衍变的时候，自然绕不开西方马克思主义创始人如卢卡奇和葛兰西的文艺理论思想、中流砥柱法兰克福学派文艺理论及当代英美马克思主义文艺批评学派理论。

一、早期西方马克思主义创始人的文艺观

（一）卢卡奇的文艺思想

1. 一个经历坎坷的坚定的马克思主义者

乔治·卢卡奇（Ceorg Lukacs，1885—1971）是匈牙利著名的哲学家和文学批评家，在20世纪马克思主义的演进中占据十分重要的地位。1923年，他以著名的《历史和阶级意识》开启了西方马克思主义思潮，被誉为西方马克思主义的创始人和奠基人。他的文艺理论独树一帜，美国著名文学史家、文艺理论家韦勒克将他与克罗齐、瓦莱里、英伽登并称为20世纪西方四大批评家。

卢卡奇出生于布达佩斯的一个犹太银行家的家庭里，他从小就受到良

好的教育。大学期间，卢卡奇先后修读法学、国民经济学、文学艺术和哲学，曾在科罗茨瓦获法学博士学位，在布达佩斯大学获哲学博士学位。他先后几次在德国的柏林、海德堡等地攻读德国古典哲学和现代西方哲学。在这期间，他直接接触了胡塞尔、李凯尔特、文德尔班、狄尔泰等著名哲学家，特别是直接就教于著名生命哲学家齐美尔和著名社会学家韦伯。卢卡奇后来在《历史和阶级意识》中关于物化和物化意识等问题的理解都同这一时期所建立起来的哲学理解框架密切相关。卢卡奇于 1918 年 12 月加入匈牙利共产党，并投身革命。1919 年 3 月，匈牙利苏维埃共和国成立，卢卡奇出任主管文化和教育的人民委员。匈牙利革命失败后，卢卡奇同许多政治流亡者一样，移居维也纳。在维也纳期间，卢卡奇把过去几年写成的 8 篇文章结集，以《历史和阶级意识》为题发表。卢卡奇在此书中以物化、总体性、阶级意识、主客体的统一等范畴所表述的对马克思主义的新的理解在国际马克思主义理论界产生了巨大影响。1930—1945 年，卢卡奇在苏联莫斯科马克思恩格斯研究院潜心研究理论，他研读了马克思 1844 年写成的哲学经济学手稿，并做了大量理论研究，埋头著述。这一时期卢卡奇的理论著述主要有《青年黑格尔》《存在主义还是马克思主义》《理性的毁灭》等。

第二次世界大战结束后，卢卡奇回到了匈牙利，任布达佩斯大学哲学和美学教授，并当选为匈牙利科学院院士。这一时期，卢卡奇的理论生涯又同政治活动有密切的关系，他热情投身于匈牙利的社会改革运动和民主运动。这一时期的理论著述集中表现为两部巨著，即 1963 年的《审美特征》和 1971 年的《社会存在本体论》。1971 年，卢卡奇在他的祖国匈牙利逝世。

卢卡奇的一生经历坎坷、充满了波折，并常常为各种政治争论和理论争论所环绕。他在《历史和阶级意识》中以极大的勇气对马克思主义学说提出了重新理解，又在后来的理论研究中不断对这一新理解做出各种修正和自我批评，他也在国际共产主义运动中受到过严厉的批判，他的理论也引起了无穷无尽的争论。卢卡奇一生的理论创作始终与国际共产主义运动的历史进程紧密相连、息息相关。在这期间，他义无反顾地坚持共产主义信念，执着于他所钟爱的哲学和文艺理论研究，他的理论曾产生了重大的影响，培育了一代新马克思主义者，由此给他带来很高的国际性声誉。

2．"以总体性重建马克思主义的尝试"

构建马克思主义文艺理论体系，是卢卡奇在20世纪30年代开始产生的学术抱负。卢卡奇多次提到，尽管马克思主义经典作家具有许多关于艺术和审美问题的论述，但马克思主义尚无系统的美学理论，他要立志构建这样一个美学理论体系，卢卡奇的这个夙愿在晚年得以实现。卢卡奇在《审美特性》的前言中指出："如果认为将马克思主义经典作家的言论加以搜集和系统排列就可以产生一部美学，或者至少是构成美学的一个完整骨骼，只要加入连贯的说明性文字就能产生出一部马克思主义美学，那就完全是无稽之谈。"① 卢卡奇在这方面作出了富有创造性的巨大贡献，卢卡奇所构建的这个马克思主义文艺理论体系也是他"以总体性重建马克思主义的尝试"② 的重要组成部分，卢卡奇由此被称为"美学方面的马克思"。

卢卡奇"以总体性重建马克思主义的尝试"主要体现在他的名著《物化与阶级意识》一书中。《物化与阶级意识》由8篇论文组成。这些论文是在西欧按俄国革命模式进行社会主义革命失败后，卢卡奇开始运用马克思主义理论探索西欧社会主义道路的心路历程。

针对第二国际的修正主义者把马克思主义庸俗化的思潮，如何诠释"马克思主义的正统"，即马克思主义的实质是什么？这是卢卡奇长期苦苦探索的问题。卢卡奇提出，方法是马克思主义的实质，而不是某个现成的理论结论和对经典著作的注释。他指出："我们姑且假定新的研究完全驳倒了马克思的每一个个别的论点。即使这点得到证明，每个严肃的'正统'马克思主义者仍然可以毫无保留地接受所有这种新结论，放弃马克思的所有全部论点，而无须片刻放弃他的马克思主义正统。所以，正统马克思主义并不意味着无批判地接受马克思研究的结果。它不是对这个或那个论点的'信仰'，也不是对某本'圣'书的注解。恰恰相反，马克思主义问题中

---

① 卢卡奇：《审美特性》，中国社会科学出版社1986年版，第5页。

② 卢卡奇：《历史与阶级意识》，商务印书馆1992年版，第2页。

的正统仅仅指方法。它是这样一种科学的信念，即辩证的马克思主义是正确的研究方法，这种方法只能按其创始人奠定的方向发展、扩大和深化。"①卢卡奇强调马克思主义的正统并不在于死背马克思主义的具体结论，而在于如何正确地运用其辩证方法。

关于马克思主义的方法，卢卡奇认为就是总体性方法。他说："构成马克思主义和资产阶级思想之间决定性区别的，不是历史解释中经济动机的优先性，而是总体性的观点。整体性范畴，整体对部分的优先性，是马克思方法的实质。……总体性范畴的首要地位是科学中的革命原则的体现。"②总体性之所以能成为马克思主义辩证法的实质，是由总体性范畴的本质和特征决定的。它有多重特征。作为本体论原则，卢卡奇的自然观是社会存在本体论；作为认识论原则，他的方法论是能动的、具体的认识论，强调理论与实践、主体与客体的统一；作为辩证法原则，他的辩证法是社会历史的辩证法。

由此可见，卢卡奇把方法视为马克思主义的实质，在理论和实践上都具有重要意义。在那个把马克思主义的个别原理和观点当作绝对真理的年代，在当时共产国际固守马克思主义的已有结论，不顾时间、地点和条件的转移，把马克思主义理论看作是解决一切问题的万能公式的情况下，他不墨守成规，不束缚在马克思主义的个别结论上，这无疑会开阔人们的视野，启迪人们的思想，在一定程度上，继承和发扬了马克思主义。

卢卡奇认为，发展马克思主义并不意味着否定马克思主义的基本方法，这个基本方法就是辩证法，而辩证法的实质在卢卡奇看来就是总体性，把握了总体性就把握了辩证法，坚持了马克思主义的基本立场、方法。同时，"总体性辩证法"是以"人类实践"为基础的、仅限于社会历史领域"主、客体相互作用的辩证法"，这也决定了马克思唯物主义哲学的研究对象只能是"人类社会历史"；卢卡奇还赋予"总体性"能动、实践的特性，或者说将"总体性"方法与"实践"的方法相通。他认为辩证法就是总体化、实

---

① 卢卡奇：《历史与阶级意识》，商务印书馆 1992 年版，第 47—48 页。
② 同上书，第 77 页。

践；辩证法、总体化、实践是一致的。"辩证的规律就是社会被我们自己所总体化和我们自己被社会所总体化，简言之，辩证法不是别的，只不过是实践。同时，实践就是产生和保持自己的整体，也可以把它叫作行动的逻辑。"这样，"总体性"方法就不仅仅是认识方法，更重要的是成为人们现实生活实践的方法。

卢卡奇从其"总体性"方法出发，提出了变革社会现实的"总体性"理论体系（或者说是实践纲领），这就是揭露资本主义的"总体专政"，通过"总体革命"，达到"总体性社会主义""总体的人"的理想境地。要变革社会，仅靠单纯的经济改革或政治改革就是没有用处的，必须在社会生活的各个领域、各个层面进行"总体性革命"。在总体性革命中，他又推崇"文化革命"。他从辩证法、"总体性""实践"的个体主观性前提出发，认为只要使群众真正确立了主体的意识，就能改变社会现实，他们甚至强调要从日常生活与大众文化批判做起，改造日常生活，从微观而达至社会宏观的"总体革命"。他所憧憬的社会主义也是"总体性"的，它不仅消灭贫困，还改变人们的生存方式，改变人们的需要及其满足需要的方式，不仅改变人们的物质生活方式，还改变人们相互交往方式，改变人们的心灵内容与情感生活，这样的社会是"总体性社会主义"，组成这种社会的个人就是"总体的人"。[1]

卢卡奇的"总体性"的哲学思想力图展现马克思主义哲学的批判价值性与现代性质，真正实现马克思主义哲学对人的价值和命运的真正关怀。卢卡奇在《历史与阶级意识》1967年新版序言中这样写道："《历史与阶级意识》的巨大功绩在于，它给那被社会民主党机会主义的'科学性'打入冷宫的总体范畴，重新恢复了它在马克思全部著作中一向占有的决定性的方法论意义。"[2] 由此，卢卡奇的"以总体性重建马克思主义的尝试"尤其重

---

① 卢卡奇，《文学史理论注释》，转引自刘象愚《卢卡契早期的美学思想》，《北京师大学报》，1991年。

② 《关于卢卡契哲学、美学思想论文选译》，张伯霖等编译，中国社会科学出版社1985年版，第11页。

视对马克思主义哲学基本理论问题的研究，特别重视阐释马克思所实现的哲学革命变革的意义及马克思主义哲学的特质，并由此形成了一种与苏俄马克思主义哲学不同的西方形态的马克思主义哲学。

3. 用艺术对资本主义"物化"的扬弃

这种"总体性"的哲学思想也体现、渗透于西方马克思主义的美学理论中。卢卡奇把他对资本主义异化的批判与对用现实主义文艺对抗、消除物化的思考紧密结合在一起，并认为审美与艺术是扬弃人的物化的重要途径。

在《历史与阶级意识》这部著作中，卢卡奇深刻分析了当代资本主义的物化危机，显示出对资本主义现代性危机及其克服的独特思考。他认为，西方资本主义社会同俄国相比，具有很大的不同特点。西方资本主义社会的市民社会比较发达，西方资产阶级不仅通过政治统治、经济剥削来维护其政权，而且还通过文化意识形态的作用来操纵工人、麻痹工人，使工人阶级政治意识、革命意识不断弱化。该书深刻地探讨了现代资本主义社会的各种文化危机，卢卡奇将它们概括为"物化"的危机，精辟地提出了克服"物化"危机的历史主体哲学。他深刻分析了资本主义商品生产造成的社会全面异化（卢卡奇表述为"物化"），强调对人的主体作用、实践、辩证法、总体观的研究，提出了西方革命的道路应是包括文化、政治、经济革命在内的总体革命模式。该书也因而在西方美学史上体现出独具特色的美学价值。

卢卡奇的"物化"理论主要得益于马克思的"商品拜物教"理论，同时，也吸取了齐美尔与韦伯的现代性理论。他首先依据马克思《资本论》中关于商品拜物教及资本主义商品生产、生产分工与专门化、具体劳动与抽象劳动等理论的分析，阐述其物化理论。他从对商品关系的剖析出发，深刻指出：商品交换的世界构成了资本主义社会的物化现象，物化不仅是经济学的中心问题，而且是囊括一切方面的整个资本主义社会的核心、结构的问题。关于"物化"一词的基本含义，他引证马克思的话说："可见，商品形式在人们面前把人们本身劳动的社会性质反映成劳动产品本身的物的性质，反映成这些物的天然的社会属性，从而把生产者同劳动的社会关系反映成存在于生产者之外的物与物之间的社会关系。由于这种转换，劳动产品成了商品，成了可感觉而又超感觉的物或社会的物……这只是人们自己的一定的社会关系，但它在人们面前采取了物与物的关系的虚幻形式。"① 综合卢卡奇的分析和论述，物化具体指现代资本主义人与人的关系彻底表现为商品关系，资本主义通过商品拜物教，将一切人的关系转化为物的关系。在资本主义的日常生活中，人看不到事情的实质，对自己创造的关系顶礼膜拜，使自己成为商品的操纵物，商品成为人的关系的物化形式，人创造的商品反过来而与人相对立，物的个别的物性转化为某种可计算的交换价值。生产者的个性化的劳动转化为某种可交换的抽象劳动。完整的生产过程被分解为流水线上的一个个机械的局部行为。卢卡奇说："在这方面，机械化也把他们变成一些孤立的原子，他们不再直接——有机地通过他们的劳动成果属于一个整体，相反，他们的联系越来越仅仅由他们所结合进去的机械过程的抽象规律来中介。"② 生产者个人不再体现为整个劳动过程的主人，而被分别结合到某一机械系统中去，而变得孤立化、原子化。人变得一无所有，无法支配自己的命运；物成了主宰，人成了奴隶。总之，现代资本主义的商品生产导致了人与人关系的非人化。

不仅如此，卢卡奇还进一步深刻指出，现代资本主义生产领域物化现象带来了一系列严重的后果，导致整个社会组织、精神文化及人的意识的全面物化。他主张，当代资本主义社会存在着不可扼制的普遍异化的趋向，资本主义的统治不仅是经济的，同时也是政治的、文化的乃至心理的；不仅表现在物质财富的生产和分配上，表现在生产方式上，而且还表现在消费方式、劳动方式、思维方式上，已"从抽象的'历史'领域扩展到每日生活的具体细节，由生存的舞台扩展到生活的舞台。"③ 既然如此，诸如劳动组织管理系统、法律机构的官僚化和形式合理化，以及人们的心灵、肉体、

---

① 卢卡奇：《历史与阶级意识》，商务印书馆 1992 年版，第 147 页。
② 同上书，第 337 页。
③ 同上书，第 147 页。

知识、伦理等也被物化渗透，屈从于这种物化，亦变为可以交换的"物"。物的价值升值而人的价值贬值。人们的整体意识消失，而代之为具体的、直接的、个别的意识。整体的或综合的思维被孤立的实证的"科学"分析所取代。日常语言和文化活动也被物化所渗透，充满浓厚的商业气息。

如何摆脱现代资本主义物化危机呢？卢卡奇提出了他的总体性哲学理论。卢卡奇认为，克服物化社会危机的出路在于，冲破物化意识的束缚，唤起真正主客体统一的历史主体——无产阶级（通过其先锋队政党）的阶级意识、历史意识、主体意识、辩证意识、总体意识、实践意识及人道意识，从而以巨大的主动性和热情去创造新历史。换言之，对于总体性的渴望，成为革命危机时代的历史动力。因此，该书最重要最核心最基本的观点是，回到马克思主义历史辩证运动的"总体性"。这种"总体性"的哲学思想是构建西方马克思主义文艺观的基础。卢卡奇认为，科学理性的统治与工业技术的进步，并未给人们带来快乐与满足，而是把人从自然那里引开，使人与自己的本质相异化，也使人的想象、和谐、美、艺术受到破坏，这种以牺牲人的本质（自然）为代价的科技理性使人迷失了精神家园，丧失了自身的根基；大工业细密劳动分工导致的人们"机械化"，使人变成机器或机器中的齿轮，完全丧失感情和精神、游戏和快乐、艺术和审美。人凭借自身的理性能力创造了无与伦比的物质、技术文明，但这种文明却反过来成为压迫人、毁灭人的强大异己力量。更为突出的问题是，现代资本主义条件下高度发展的物质、技术文明严重地压抑、窒息、吞噬着人们的心灵，使人的精神异化了。高度的物质技术文明与深刻的精神空虚、危机之间形成巨大的反差的裂痕。而艺术与审美是消除人的本质的异化、达到人性复归的最佳途径。卢卡奇在"以总体性重建马克思主义的尝试"的过程中，把重建马克思主义的文艺观作为一个重点，在总体的社会和总体的人的构架上确立了艺术和审美的地位，在总体性的意义上认识艺术和审美的本质、特征和功能，用艺术和审美去对抗资本主义社会的总体物化，去进行把人从日常生活的物化意识中解放出来的总体革命。

这些总体性理论对后来的西方马克思主义产生巨大的反响，成为后者的现代性话语的主要理论资源。他们一般都把艺术和审美看作与资本主义现实相对抗、拯救人的心灵异化的有效的药方，把艺术和审美看作否定资本主义现实、恢复人的本性、实现人的解放的必由之路。卢卡奇的"总体性"的哲学思想和物化的理论，为西方马克思主义的文艺观的研究提出了全新的课题。

4."伟大的现实主义"的美学理论

卢卡奇毕生关注重大的现实问题，为现实问题而献身于理论研究，是一位积极的政治活动家。他晚年曾说过："我活了漫长的一辈子，无论是小的私人问题还是大的社会问题，我从来没有发现哪一个是自行解决了的。"① 对他来说，唯有行动和参与才能解决问题，包括艺术创作和理论研究都属于这种"行动"和"参与"。他从这个角度出发，高度评价资本主义上升时期的杰出作家，呼唤文学家们要向巴尔扎克、托马斯·曼等作家学习，说这些"旧日的作家们是社会斗争的参加者，他们作为作家的活动或者是这种斗争的一部分，或者是反映当时重大问题，并在意识形态上和文学上提出解决的途径"②。他认为这些杰出的作家们维护和坚持了现实主义传统，使现代文学作品具有对现代社会现实及其历史发展趋势的洞察力和穿透力，从而真正发挥文学的认识价值和艺术审美价值。

卢卡奇的现实主义美学理论的基本思想是：现实主义是伟大的，是任何真正的伟大作品的基础。伟大的艺术作品，总是与现实主义的创作方法联系在一起的。与任何一种美学理论都有其哲学基础一样，卢卡奇的现实主义美学理论的哲学基础是反映论。卢卡奇的美学理论的中心观点是：文艺作品是对外部世界的反映。哲学反映论是通过人的意识从理论和实践上来掌握现实的所有形式的共同基础，因而同样也是关于现实的艺术反映理论的基础。他认为艺术是反映客观现实的一种特殊形式。反映论作为一根主线，贯穿在他30年代以后的所有关于文艺、美学的论述中。

卢卡奇所理解的"现实主义"与我们通常所说的现实主义创作方法不

---

① 卢卡奇：《卢卡奇自传》，李渚青、莫立知译，社会科学文献出版社1986年版，第288页。
② 《卢卡奇文学论文集》（第二卷），中国社会科学出版社1981年版，第325页。

完全相同，他是从艺术本体意义上去研究和关注现实主义的。在他那里，"现实主义"与"伟大的艺术"是同等程度的概念。卢卡奇明确指出："现实主义不是一种风格，而是一切真正伟大的文学的共同基础。"[①]并说："所有伟大的艺术时期都必然是深刻的客观现实主义时期。"[②]在他看来，伟大的现实主义文学在现代资本主义时期衰落了。所以卢卡奇要如此执着、热忱地倡导现实主义文学，而这也是马克思主义文艺观在卢卡奇这里最为显著的呈现。

（二）葛兰西的文艺思想

1. 久经磨难的囚徒革命家

安东尼奥·葛兰西（Antonio Gramsci，1891—1937）是意大利共产党的创始人，也是早期西方马克思主义的著名代表人物。他出生于意大利的撒丁岛，出身寒微，家境一贫如洗。孤独与厄运，伴随着他度过了青少年时期。葛兰西以优异成绩考入了都灵大学，攻读语言学。后因贫病辍学，投身于工人运动，并加入意大利社会党。1916 年，他成为该党《前进报》撰稿人，1919 年创办《新秩序》周刊。

在 1917 年俄国十月革命爆发的影响下，意大利工业中心都灵的菲亚特汽车厂和都灵冶金厂的工人率先成立工厂委员会，发起武装护厂、生产自救。针对工人创举，葛兰西在《新秩序》撰文，呼吁"走俄国人的道路"。1920 年 4 月，总罢工席卷都灵、米兰、热那亚等工业重镇，60 万产业工人参加了夺权行动。革命大潮中，葛兰西在工人中迅速赢得威望，当选为社会党都灵分部书记。他响应列宁"变帝国主义战争为国内战争"的口号，发起都灵工人总罢工运动。被社会党与政府联手封杀。他开始认识到：没有一个领导革命的共产党，工人运动注定要失败。1921 年 1 月，葛兰西带领陶里亚蒂、隆哥等一批同志，与波迪加为首的社会党左派联合组建意大利共产党。

1922 年 5 月，葛兰西前往莫斯科，当选共产国际执委、主席团成员。

① 《卢卡奇文学论文集》第二卷，中国社会科学出版社 1981 年版，第 495 页。
② 《卢卡奇文学论文选》第一卷，人民文学出版社 1986 年版，第 76 页。

1923 年底，这个斗争经验丰富的工人领袖，被共产国际任命为意共总书记，随即奉派回国，与法西斯展开殊死斗争。

1926 年 10 月，墨索里尼宣布取缔意大利共产党，并下令逮捕了葛兰西并判处 20 年徒刑。其后意共多方营救，莫斯科试同罗马交换囚犯，均无结果。

自 1929 年起，葛兰西获准在狱中写作。在狱中他久经磨难，罹患多种疾病，直至 1937 年才因病重而被释放就医，一周后他就溘然而逝。在漫长的监狱生活中，他以超常的毅力克服艰苦条件与病痛的折磨，写下了大量的笔记和信件，至 1936 年病危，他总共写下 32 本、2800 多页笔记。1937 年他去世后，其手稿被偷运至莫斯科。二战后，意苏两党分别出版部分手稿。后人根据这些笔记整理成了《狱中札记》和《狱中书简》，他的主要思想也基本体现在这两部书中。他在理论上的主要贡献在于他对实践哲学的理解和认识，他以"实践哲学"作为马克思主义的代名词，成为马克思主义传播的重要代表理论之一。

2. "文化霸权"的理论

葛兰西在列宁领导的俄国革命成功之后，充分觉察到人民群众的巨大作用，由此他开始研究人民群众力量的来源，并最终发现知识与权力的关系，从而认识到知识分子阶层在社会中的地位和功能。在此基础上，他提出了具有开创意义的文化领导权理论——即无产阶级必须建立起自己的知识分子阶层，通过占有文化领导权，从而最终获得政权，这就是"文化霸权"的理论。葛兰西认为，文艺总是作为文化的一个组成部分而存在的。在他看来，文化的概念，既包含有哲学的内容，同时也将所有的文学艺术形式囊括在内。葛兰西对于文艺的性质、内容与形式的关系、文艺批评标准等问题的论述，统统是放置在其文化理论的大框架下完成的。葛兰西这样描述他的文艺观："艺术始终同一定的文化或文明休戚相关，为改革文化而进行的斗争势必导致改变艺术的内容，人们不应当谋求从外部去创立新的艺术（例如提倡教诲性的、宣传性的、道德说教式的艺术），而须从自身开始，因为人的情感、观念和关系一旦改变，作为这一切的必然体现者，人自然随之整个地改观。"①这说明，葛兰西始终把文学艺术作为文化的一部分或一方面来进行研究，目的就在于把这种建立新艺术的斗争，与创立新文化的斗争，同改造人自身的斗争融为一体，从而建立一种新的精神生活和感受、认识现实的方式。以此为前提，葛兰西将文艺的社会功用问题与意识形态理论相结合，并且将文化作为意识形态理论的核心内容，把以非暴力方式表现出来的文化控制作为一种极其重要的权力运作方式加以考察。他将文化，包括文艺，视为相对于强制性国家机器而言的隐蔽的专制统治方式，从而形成了一定社会形态下，某一社会集团在思想、意识、文化、道德等方面的领导权，葛兰西称之为"文化霸权"。葛兰西认为，在西方社会，资产阶级的统治并非主要依赖政治社会及其代理机构进行维持，而主要依赖其对意识形态领导权的占有，通过对市民社会的控制从而使大众接受着一定的道德观念、行为准则和价值体系。他把政治社会比作外围的堡垒，而市民社会就如同其背后牢固的防御工事，国家机器容易被摧毁，稳固、复杂的市民社会则难以突破。而一旦统治阶级在文化和意识形态上的领导权受到削弱，国家也就进入了危机状态。

基于以上的认识，葛兰西将文化的意识形态职能凸显出来，即统治者借助于文化手段影响并塑造大众的世界观，使其服从于现存的政治和社会秩序。葛兰西将某一社会集团在文化、思想、道德、意识形态等方面所取得的领导权，称之为"文化霸权"。正因为文艺具有这种意识形态性的功能，因此，文艺的根本任务就是服务和斗争，就是通过教育人民，提高他们的思想意识，使他们获取文化的领导权，并最终获得精神的解放。文艺无疑是无产阶级掌握文化领导权必不可少的一个环节。

作为西方马克思主义的创始人，葛兰西根据欧洲革命的新形势和资本主义发达国家的现实提出，在社会变革中，必须经济基础与上层建筑、理论与实践相统一，充分发挥实践主体创造性，改造社会意识形态，掌握文化领导权，并最终获得政治领导权的理论，无疑对马克思主义理论的深入

---

① 葛兰西：《论文学》，吕同六译，人民出版社 1983 年版，第 22 页。

具有开创性作用。

3. "民族—人民的文学"

在"文化霸权"的理论中，葛兰西又引申出"民族—人民的文学"的文艺思想，更注重对意识形态、对文化领导权的占领和领导。无产阶级要占领文化领导权，就必须先要从思想上、从文化上解放无产阶级，这就要求无产阶级知识分子（包括无产阶级文艺家）必须采取对待人民的新的立场，这种立场就是要自觉地和人民融为一体，体现人民的意志、情感、理想。他说："它无疑是指彻底的、统一的和在整个民族普及的'对生活和对人的观念'，是某种'世俗宗教'，是某种'哲学'，它应该名副其实地称为'文化'，即应该产生某种道德、生活方式、个人与社会的行动准则。这就首先要求'文化阶级'的统一……至关重要的是要求对待人民阶级采取新的立场，确立关于'民族的新观念'。"[①]"民族—人民的文学"文艺思想提出的实践根源在于他分析了意大利文学、艺术的现实以后发现意大利不存在"民族—人民的文学"这一事实。他认为当时充斥意大利文坛的都是一些来自国外的文艺作品，如连载的法国小说等，而缺乏具有本国内容、本国精神的作品，这种状况说明"意大利人民在思想上和精神上接受外国知识分子的领导，在更大程度上它们不是同'本国'知识分子联系在一起；就是说在意大利不存在一个思想上和精神上的民族统一体。"[②] 所以，意大利的文学如同她的人民一样是在接受外国的统治。在葛兰西看来，民族的和人民的是同义词，其关键之处在于民族性或人民性上，这里面有一个"主权"的意义，就是说一个国家的文学必须是他本民族的文学，反映的是本民族的社会现实，体现的是本国家人民的感情、思想和意志，因此，葛兰西所说的"民族—人民的文学"的基本内涵就是体现意大利民族性，代表意大利本国人民的文学。也就是说要想人民之所想，喜人民之所喜，肩负起"民族教育者"的使命，体验人民的情感，跟人民的情感融为一体，从而培

---

① 葛兰西：《论文学》，吕同六译，人民出版社 1983 年版，第 22 页。

② 同上。

育人民的思想情感。① 而这一点恰恰是意大利文学所不具备的。造就新型的知识分子，这项工作不能依靠其自身的力量来完成，而只能从本质上来改造他们，也就是说，必须解决艺术家同人民的关系，必须使艺术家到人民中去，体验意大利人民真实的生活、真实的思想，自觉地同人民联系在一起，这样才能创作出代表人民思想、体现民族情感的文艺作品来，从而实现文艺的实践功能，最终占领文化领导权，为无产阶级革命服务。

4. "有机知识分子"

葛兰西对"文化霸权"理论的研究，目的在于通过颠覆资产阶级的文化霸权，推翻资产阶级的统治，从而构建社会主义的"文化霸权"，建立无产阶级的统治。在他看来，如果人们对于自身所处的时代和背景，没有获得一种自觉的和历史的意识，就无法成功地进行革命。因此，为了建立一种新社会，就必须首先建立一种新文化，从而塑造一种"新人"。这一任务，葛兰西认为，应该由有机知识分子即新型的无产阶级知识分子来完成。对知识分子在历史过程中作用的高度重视，是葛兰西"文化霸权"理论的一个突出特征。在葛兰西看来，意大利革命力量的活动过程也就是知识分子通过与群众运动的结合夺取文化领导权的过程，进而夺取政治领导权的过程，也即理论与实践相统一的过程。知识分子作为这个过程的领导者和组织者发挥着历史主体的作用。这里，葛兰西突出强调了知识分子在文化霸权的实现过程中的重要作用。也就是说，知识分子承担着这样的历史任务：通过为大众提供一种特定的意识形态和信仰体系，以确保统治者领导权的实现。他根据知识分子在社会中所处的地位及其功能，指出知识分子必须在包括文学在内的各个方面都与人民群众紧紧地联系在一起，成为人民的代言人，这样才有可能实现无产阶级的文化领导权。因为文艺具有这种意识形态性的功能，因此，文艺的根本任务就是服务和斗争，就是通过教育人民，提高他们的思想意识，使他们获取文化的领导权，并最终获得精神的解放。文艺无疑是无产阶级掌握文化领导权必不可少的一个环节，

---

① 葛兰西：《论文学》，吕同六译，人民出版社 1983 年版，第 2 页。

而掌握文化领导权就必须拥有有机的知识分子阶层。在文艺领域，有机的知识分子阶层指的就是艺术家们，他们无疑担负着教育人民、领导人民的职责，因此，必须培养无产阶级的文艺家。一方面，要引导艺术家到人民中去，去感受社会现实，体验民族的、人民的思想情感，从而成为真正的无产阶级艺术家；另一方面，还要努力造就新型的艺术家，即从工人阶级中培养能够创作出诗歌、绘画、戏剧的艺术家。葛兰西认为，从根本上来讲，知识分子要"积极地参与实际生活，不仅仅是作一个雄辩者，而且要作为建设者、组织者和'坚持不懈的劝说者'（同时超越抽象的数理精神）；我们的观念从作为工作的技术提高到作为科学的技术，又上升到人道主义的历史观，没有这种历史观，我们就只是停留在'专家'的水平上，而不会成为'领导者'。"[①]这是知识分子的真正职能所在。也就是说，通过文化的教育和传播，建立起知识分子活动与社会生活实践之间必然的联系。知识分子并非单纯地作为知识或思想的生产者，作为独立于社会各阶层之外的力量而存在的。指导和组织本阶级群众，为从属阶级向领导阶级的转化创造条件，这是实现无产阶级文化霸权的必要前提。

"有机知识分子"的概念是与"文化霸权"理论分不开的。葛兰西认为，有机知识分子的职能和作用是无产阶级意识形态领导权得以实现的根本保证。他始终坚信，当代社会的变革，总是首先通过知识分子在人民群众中行使的职能实现的。无产阶级需要培养自己的有机知识分子，并且同化和征服传统知识分子，借助于创造和传播科学、哲学和艺术等文化产品和价值观念，提高无产阶级的思想意识水平，在与民族——人民之间建立紧密的情感联结的基础上，实现社会的变革和历史的创造。

5. 艺术准则和文艺批评观

葛兰西对文艺的审美功能和文艺批评的准则也有独到的见解。他认为文艺应该是审美的形式和道德上的内容有机的、历史的统一。艺术就是艺术，而不应该是预先安排的政治宣传。但是，仅有艺术的审美是不够

---

① 葛兰西：《狱中札记》，曹雷雨等译，中国社会科学出版社 2000 年版，第 5 页。

的，还"需要一定的思想和道德内容，并使之成为一定的群众——即在历史发展的一定阶段的民族—人民的最深沉的愿望的完美和充分的反映。文学应该既是文明的必要组成部分，又是艺术作品。"① 也就是说，文学既要承担起教育人民、领导人民的实践功能，又要具有一定的审美特性和艺术特性，道德上的内容必须熔铸在审美的艺术形式之中，二者必须达到有机的历史的统一。这一点也充分体现在葛兰西的文艺批评观上。他指出："对于一部艺术作品而言，需要研究的仅仅是它的艺术特征，那么，绝对不可忽视研究这样的问题：这部作品贯穿着怎样的情感，它对生活采取怎样的态度。"② 葛兰西从一开始就坚持审美欣赏同对艺术美的积极判断即道德上的欣赏不是一回事，坚持这是文学批评的两个方面。对于历史唯物主义者来说，应该坚持二者的辩证统一，即不仅要重视美学批评，还要非常重视对文艺的道德、情感方面的批评。他说："实践哲学的文学批评，必须以鲜明的、炽烈的感情，甚至冷嘲热讽的形式，把争取新文化的斗争，即争取新的人道主义的斗争，对道德、情感和世界观的批评，同美学批评或纯粹的艺术批评和谐地冶于一炉，忽视任何一个方面都是片面的、跛脚的批评。"③

葛兰西还通过审美欣赏中的"距离说"来说明这一问题。他说"一个有知识的现代人阅读经典作家的作品时，一般地说，应该保持某种'距离'。换句话说，应该仅仅欣赏它们的审美价值；'迷恋'，容易导致附和诗歌的思想内容。"④ 他认为读者在阅读的过程中，应该同作品保持一定的审美距离，只有这样，才能不被作品的某些方面的内容所蒙蔽，所迷恋，从而客观地认识、理解作品的价值。在他看来，真正的文艺批评应该是在审美批评和道德批评两个方面辩证的统一，两者之间是不可替代的。

---

① 葛兰西：《论文学》，吕同六译，人民文学出版社 1983 年版，第 24 页。

② 同上书，第 28 页。

③ 同上书，第 32 页。

④ 同上书，第 27 页。

二、法兰克福学派文艺观

在法兰克福学派的理论中，文艺观是其思想体系里标新立异的一个篇章。从宏观看，它涉及了这些理论对意识形态及文化发展在资本主义社会总体中所占据战略位置的基本观点。所谓渴望"总体性"革命的概念，实际上就是把包括文艺观在内的意识形态和文化发展（"启发工人阶级革命意识"）作为主体的一场革命。从微观看，它同样维系到了这些理论对日常生活批判视野的合理性：技术手段的无孔不入、生存需要的无节制膨胀、统治权术的过眼烟云及人们心理的弱不禁风等，都让他们发现了艺术作品和艺术批评大有作为的延伸空间。因此，法兰克福学派在基本立场上延续了卢卡奇对资本主义"总体性"批判的思想脉络，在理论框架中贯穿了对现实批判的否定话语，在表现语汇里凸显了具有学派自身特色的美学追求，就构成了其文艺观的主要内容。

（一）艺术的功能

众所周知，马克思主义的发展，以1848年《共产党宣言》为标志，分为早期和后期两个阶段。以法兰克福学派为代表的西方马克思主义出于认识上的偏颇和思想政治倾向的需要，更强调的是马克思早期的、以《1844年经济—哲学手稿》为代表的人道主义思想，他们往往对马克思后期的阶级斗争理论和无产阶级专政理论不屑一顾，从而暴露了这个思潮政治立场上的局限性和思维方法上的片面性。因为，马克思主义哲学的"实践观"、马克思主义经济学的"资本论"和马克思主义的"科学社会主义"理论，都是在今天具有不可超越性和真理性。虽然，马克思早期的关于人的异化和人的解放的思想对我们还有很重要的现实意义，虽然资本主义异化的存在和人的解放任重道远，虽然无产阶级及其政党在完成自己历史任务过程中还有更多的、比资本主义还艰巨的困难要克服，但是，就异化恨异化、就解放求解放，这样就事论事的做法肯定要在实践中碰壁。因此，把马克思早期和后期的两个不同发展阶段统一起来，不要肢解这个思想的一致性，不要分裂这个理论的完整性，更不要破坏这个真理发展的连续性，既是我们的责任，也是我们的工作。

法兰克福学派在对马克思早期人道主义进行论证时，特别是在对自己文艺观进行阐述过程时，有一点是明确的，这就是它们非常注重对艺术社会功能的强调。霍克海默强调："一旦艺术放弃了认识的作用，从而被实践所排斥，艺术就会被社会实践看作消遣的娱乐。"① 因此，他呼吁："应该掌握一切的统治工具，即语言、武器以及机器，必须被所有的人掌握。这样，在统治权中，合理的因素作为一个与统治权不同的因素发挥着作用。使工具成为普遍可以运用的工具的对象性，工具对于所有人的'客观性'已经包含了对统治权的批判，形成了作为批判手段的思想。"② 把语言等艺术的载体作为一种工具、把工具变成所有人可以掌握的武器、由此产生的"客观性"就是对统治权的"批判性"——马克思关于"批判的武器"和"武器的批判"之间辩证的、革命的思想，被霍克海默、被法兰克福学派直接用来论证文艺否定的、批评的功能，这也是他们对马克思主义所谓"批判""革新"中的一个特色。

沿着这样的逻辑，阿多诺也旗帜鲜明地表达了自己关于艺术功能的观点："现状的权力建起了我们的意识要冲撞的外表。意识必须极力去冲撞这个外表，只有这样才会使深层的假设从意识形态中解放出来。"③ 现状的权力建起了一个什么样的外表呢？我们的意识怎样才能极力去冲撞这个外表呢？阿多诺以对大众文化的批判为例进行了对这个外表的讨伐。他认为，大众文化是启蒙的辩证法在当代社会的恶性发展，是文化的异化、艺术的异化现象。它通过对大众的意识和潜意识的操纵，加深了人的异化处境。造成这样的原因有三个方面：一是由大众文化的操纵者垄断资产阶级操纵时尚、操纵意识的地位决定的；二是由大众文化创作者的媚俗、迎合时尚、迎合大众需求的创作取向决定的；三是由大众心理存在的共有弱点决定的。

---

① 俞吾金、吴晓明主编：《二十世纪哲学经典文本——西方马克思主义卷》，复旦大学出版社1999年版，第171页。

② 同上书，第174页。

③ 阿多诺：《否定的辩证法》，转引自俞吾金、吴晓明主编：《二十世纪哲学经典文本——西方马克思主义卷》，复旦大学出版社1999年版，第196页。

这些弱点表现为：逃避现实，逃避对现实的思考；反应方式退化，特别对机械化的刻制、模制、批制的文化生产方式反应退化。于是，就形成了现在千篇一律的文化运作模式：表现题材的模式化，思考问题的平面化，个性设置的虚假化，等等。文化工业的每一次运动，都用一种外表把人们裹装起来、塑造完毕，大众意识受到如此的欺骗、麻痹和操控，丧失了独立的思考精神，陷入了更加异化的境地。艺术必须冲破这样的外表，艺术必须在现代派艺术的基础上再接再厉，运用美学、心理学、社会学和政治学等学科的综合优势，不局限于单一的视角和方法，寻觅到现象背后的、支配外表的真实和本质。只有这样的艺术功能才是最令人信服的艺术，只有这样的艺术功能才最能使深层的假设不攻自破。

　　同时，阿多诺还把艺术的功能寄托在艺术本身的自律性上。他说："艺术的社会性主要因为它站在社会的对立面。但是，这种具有对立性的艺术只有在它成为自律性的东西时才会出现。通过凝结成为一个自为的实体，而不是服从现存的社会规范并由此显示其'社会效用'，艺术凭借其存在本身对社会展开批判。"[1] 我们知道，"自在"和"自为"是法国存在主义哲学家萨特在论证思维和存在互相关系时所运用的一对范畴，意即说明意识的存在、有生命力的存在对物质的存在、对无生命力的存在的重要性、根本性、自主性。阿多诺在这里沿用萨特的语汇，其真实意图无非是表白艺术本身的能动性、艺术功能本身的批判性。因为能动，所以"自为"；因为批判，所以"自为"。能动也好，批判也罢，艺术的功能是决不能离开对社会规范的反叛、对社会本身的超越。"每当艺术试图复制社会现实时，它所得到的肯定是'仿佛如此'的东西。……艺术的社会性并不在于其政治态度，而在于它与社会对立时所蕴含的固有的原动力。"[2] 这里，我们可以看出，"固有的""原动力"等概念，在阿多诺比较彻底的、力图从事物根基上解释艺术功能的态度。

　　马尔库塞对艺术功能的观点是建立在他对人认识方式的革命性变化基

---

① 阿多诺：《美学理论》，王柯平译，四川人民出版社 1998 年版，第 386 页。
② 同上书，第 386—388 页。

础上的。他认为，要改变现存社会，首先要改变社会中的人；要改变人首先要改变意识；要改变意识就首先要改变本能结构，建立"新感性"和塑造具有"新感性的人"。人类要获得彻底的解放，必须在感性上、在审美情趣上创造出与传统的感受力完全不同的"新感性"，这样才能在理智上建立新的世界观。"新感性"是感性和理性自由的结合，是崭新的感性与反升华的科学理智，在"美的尺度"的造物中结合的产物。他认为培育新的感受力是人类争取自由的政治革命的理性基础。艺术的内在逻辑发展，艺术的根本功能，说到底就是为出现一种敢于向既定社会旧感性和旧理性挑战的另一种新感性和新理性而努力。也就是说，通过改变人们旧的感受世界的方式，造就具有"新感性"的社会主体。这种"新感性"是同未来无剥削、无攻击性的理想社会相适应的，也是马尔库塞一生所致力于的人性和心理本能的革命或政治实践。认识方式的变革、"新感性"及其社会主体的诞生、心理本能的政治实践推进，等等，都和艺术功能联为一体，都和人的解放密不可分。

最后，他为艺术在当今社会的出路亮出了自己的观点："艺术只有作为否定力量才能拥有这种魔力。只有当形象拒绝和驳斥已确立秩序的活生生的力量时，它才能讲述自己的语言。"[①]"艺术无论仪式化与否，都包容着否定的合理性。在其先进的位置上，艺术是大拒绝，即对现存事物的抗议。它那些使人和物出场、吟唱、述说和讲演的方式，是拒绝、破坏和重新创造其实际存在的方式。"[②]

马尔库塞这种把艺术功能直接用于政治实践、用于哲学实践的理念也在弗洛姆身上再次出现。在关于"爱"的价值是什么这个问题上，弗洛姆申明"爱"对于艺术、对于人生、对于社会的重要意义。他特别引用了马克思早期关于"爱"的一段论述："你跟人和自然界的一切关系，都必须是同你的意志对象相符合的、你的现实的个人生活的明确表现。如果你的爱没有引起对方的反应，也就是说，如果你的爱作为爱没有引起对方对你的

---

① 马尔库塞：《单向度的人》，上海译文出版社 1989 年版，第 57 页。
② 同上书，第 59 页。

爱，如果你作为一个爱者用自己的生命表现没有使自己成为被爱者，那么你的爱就是无力的，而这种爱就是不幸。"① 这里，弗洛姆指出，假如将人作为人的前提，以及将其对世界的关系作为一种人性关系的前提，则你就只能以爱去交换爱，以信任换取信任。如果你要欣赏艺术，你就必须是一个具有艺术修养的人，你要想对他人施加影响，你就必须是一个真正对他人具有吸引力和鼓动力的人。显然，弗洛姆在这里论证的"爱"有点抽象，但透过抽象的表面深入事物内部，你就会发现，他的观点对于艺术功能的发挥还是有借鉴意义的。以一部艺术作品为例，如果它用主人公博大的胸怀去爱每一个人的存在、去拨动每一个人的心弦、去引发每一个人的思绪时，你就必须与你的"意志对象相适应"，你就必须用你的爱"引起对方对你的爱"，你就必须既爱别人又使"自己成为被爱者"。否则，你的"爱"就是白搭；你的意志就是"徒有虚名"；你的艺术功能就是"无力的"，就是"不幸"。

弗洛姆又从"物欲"分析到"占有"；又从人的生存状态论证到人的精神境遇，并写了一本题为《占有或存在》的专著。该书一是对资本主义的现实进行批判，二是对资本主义的文艺现象进行归类批判。他认为："占有和存在是人类经验的两种基本不同的形式。正是它们各自的强度决定着个体性格的不同及各种社会性格类型之间的不同。"② 这就是说，占有和存在作为人和社会的不同形式，是有着本质区别的，而在现实生活中，大多数人是认识不到这个区别，甚至误认为两者就是一回事。美国戏剧之父奥尼尔创作的许多优秀戏剧，在某种程度上说，就是对人类这种不分彼此的昏庸表示鄙视。以《榆树下的欲望》为例，表面上看是父亲凯布特和小儿子埃本为了一个女子艾碧尔在争风吃醋，实际上贯穿的一根主线是，包括还有两个到西部去淘金的儿子在内所有人员的活动都是围绕对农庄的控制、贪婪和攫取而展开的，全剧蕴含的主题则是人们对占有和存在之本质区别的麻木。虽然，剧中年轻的一对恋人在残忍地扼杀了襁褓中的婴儿后迎着一

---

① 马克思：《1844 年经济学—哲学手稿》，人民出版社 1989 年版，第 109 页。

② 弗洛姆：《占有或存在》，杨慧译，国际文化出版公司 1989 年版，第 14 页。

轮鲜红的朝阳离家出走，是希望寻找一个没有物欲的干净世界，还是希望逃脱占有的支配？对此，连奥尼尔本人也没法回答。于是，弗洛姆又强调："在一个以占有和不知餍足地占有为最高目标的社会里，在一个人们终日谈论某人是个'百万富翁'的社会里，如何还谈得上在占有与存在之间进行选择？相反，倒似乎是存在的原本质就包含在占有之中；于是，谁一无所有，谁也就一无所是。"①

人与人的关系是如此，国与国的关系又何尝不是如此呢？瑞士剧作家迪伦马特创作话剧的《物理学家》，在美国、苏联两个超级大国核武器竞赛的背景下，描写了一群原本是正常科学家的人现在却被关在精神病医院里发疯的故事。发疯的理由似乎很简单，因为为了人类的爱从事核科学研究，最终的结果不是爱，而是爱的被亵渎、被出卖、被吞噬！时代前进了50多年，半个世纪前的悲剧，今天仍然在改头换面的进行：以所谓"人权""援助""维和"名义不经过联合国授权就可以入侵一个主权国家的事情不也屡屡发生在我们这个星球上吗？这正如弗洛姆所揭示的那样："但如果爱是发生在占有方式中的经验，则等于去吞没、去俘虏、去控制那被'爱'的对象。这样一种爱是扼杀性、麻痹性、窒息性和致死性的，而非振奋性的。多数被称为爱的，往往是对这个词的滥用。其目的是为了掩盖实际上并未被爱。"②

与马尔库塞、弗洛姆在政治实践和人性善恶方面注重艺术本质的观点相比，哈贝马斯（1929— ）的艺术功能论更侧重于社会人际关系和社会公共机制的分析。哈贝马斯对艺术功能的论证是以他的"交往行为合理化"理论为基础的。根据这个理论，"交往行为"是指主体之间通过符号协调的相互作用，以语言为媒介达到人与人的理解和一致。而"交往行为合理化"，就是要求交往不受控制，人与人之间建设起真诚的信任关系，使交往者生活的世界没有冲突、没有压制，运用共同的语言、共同的道德规则。哈贝马斯把艺术和美学同科学、道德等并列为"交往行为合理化"中文化价值的一部分，在他看来，艺术和美学所关心的趣味性问题同科学所关心

---

① 弗洛姆：《占有或存在》，杨慧译，国际文化出版公司1989年版，第13页。

② 同上书，第41页。

的真实性问题、道德所关心的正义性问题互相交织在一起，其中，既不要把真实性问题放在首位，也不要把三者分开。总之，根据"交往行为合理化"的要求，艺术和美学的目的是把认识理论因素和道德实践因素运用于艺术本身，批判资本主义现代条件下表面合理化、实质的不合理化。

在这个思想指导下，他强调艺术的功能就是艺术家在与人交往的过程中，"发现在另外的情况下表现出同样感情的表达方式。抒情诗人具有与一种感情激动联系在一起的美的经验，并且作为艺术家可以运用语汇，他寻找适合他的激情的词汇，以及在其他情况下能引起自己态度的词汇……决定性的，是为交往的词汇，就是说，象征在一种个人那里，本身是引起与其他个人那里相同的情况"。[1]

"公共领域"是哈贝马斯社会哲学思想中的一个基本范畴，也是他把自己思想进一步延伸到艺术和美学领域的一个重要观点。在他看来，西方历史上的"公共领域"有三种类型：一是古希腊作为雏形的"公共领域"；二是封建社会的"代表型公共领域"；三是资本主义社会的"市民公共领域"。每一种"公共领域"的文化机制都不一样，但不管怎么不一样，文化与"公共领域"的关系，比政治、经济与"公共领域"的关系都紧密。在"代表型公共领域"中，封建领主的地位就是特权，一句"朕即国家"就是对"代表型公共领域"本质的最好说明。这时，"公"和"私"的关系是：大公不是无私，而是大私，两者由高度对立走向了无中介的高度统一。它的文化机制，一个是象征权利的礼仪制度，一个是教会；后者的作用则大大超过前者。现代"市民公共领域"产生后，"公"和"私"的关系也出现了革命性的变化。他指出："市民阶级公共领域首先可以理解为一个由私人集合而成的公共的领域；但私人随即就要求这一受上层控制的公共领域反对公共权利自身，以便就基本上属于私人，但仍然具有公共性质的商品交换和社会劳动领域中的一般交换规则同公共权利展开讨论。"[2] 这里，哈贝

---

① 哈贝马斯：《交往行动理论》第 2 卷，洪佩郁译，重庆出版社 1994 年版，第 20—21 页。

② 转引自：《西方马克思主义艺术与美学理论批评》，姜哲军，刘峰等著，社会科学文献出版社 2002 年版，第 344 页。

马斯强调了"代表型公共领域"和"市民公共领域"的区别：（1）就"公"和"私"关系看，前者没有界限，后者有界限，而且"公私分明"，不能混淆。（2）就话语形式看，前者一言堂，后者大众化，独断型的话语权让位于平等型的对话权。（3）就文化机制看，哈贝马斯认为，建立了"文学公共领域"是"市民公共领域"不同于其他公共领域的最主要、最本质的地方。咖啡馆、沙龙、（语言）文学团体这三种文化机制都和文学发生紧密的关系，所以，文学的中介作用就表现在这三种文化机制的共同因素上。至于文学在"公共领域"中的作用，他认为，就是培养和训练公众。使个体（私人）通过阅读和讨论进入文化共同体。"市民公共领域"中的所谓公众，实际上就是指作为文学艺术受众的出现过程，文学艺术作为公共领域文化机制中发挥的中介作用，应该被看作现代社会和现代思想的组成部分。它构成"文学公共领域"，形成了独特的现代性话语权，当它们与其他现代性总体话语权集结在一起时，比如和政治批评中心、和社会批评中心结合时，它的威力就大了，它甚至可以成为革命到来的导火线。

　　法兰克福学派关于艺术功能的观点，无论是阿多诺的"冲破现状"还是马尔库塞的"政治实践"；也无论是弗洛姆的"人性善恶"还是哈贝马斯的"公共领域"，首先是让我们发现了艺术功能的触角除了传统艺术理论所涉及的以外，还有许多空间可以延伸，还有许多视点可以聚焦。其次是让我们认识了一个现代社会的维持和行进，以艺术为象征的文化之力量是起着非常重要的、其他社会门类难以替代的作用。没有面包，人会饥饿；没有文化，人要迷茫。第三是让我们肩负了作为文化人的重任，最主要的体现可能不是在自己的头脑中，也不是在自己的工作坊，而是在社会广袤的土壤里、在民众深厚的心海中。从总体上看，法兰克福学派对艺术功能的观点会有一些不太令人信服的地方，比如，艺术功能的发挥在弗洛姆的"人性善恶"方面、特别在"存在和占有"方面如何找到一条由此及彼的桥梁；艺术功能的归宿在马尔库塞"政治实践"的"新感性"接受体中，如何落体为安；等等，还需要我们进一步探讨、研究。但是，这并不阻碍我们对它们中一些合理性因素的借鉴和吸收。

（二）关于艺术的形式

法兰克福学派在艺术形式问题上，也发表了不少观点。它们非常重视形式这个传统美学的范畴。在它们看来，传统美学对形式的看法有两个比较极端的观点。一是就内容论形式，二是从纯形式论美学。前者把形式仅仅当作内容的附庸，不承认形式的独立价值和意义；后者片面拔高形式的地位，忽视形式中存在的历史积淀的内容。法兰克福学派力求在新的高度对这些问题进行研究，它们突破了把内容和形式仅仅作为一对对立范畴的传统模式，力图重新界定形式这个范畴，特别从审美的角度，把形式作为审美的中介物来认识。

阿多诺指出："作品的存在应归功于形式，因此形式是它们的中介体，是它们在自身中得以反思的客观条件。"[1] "形式解放的历史哲学意味在于：它拒绝利用形象去缓解异化，而是更想通过首先界定何为异化的方式与异化合并。遁世或超凡的作品若与那些为从事鲜明的社会批评而利用非激进形式的作品相比，可能会对现状更具批判性，因为后一类作品的上述做法默然承认了泛滥盛行的文化产业。"[2] 阿多诺还对 20 世纪活跃在西方文艺舞台上现代派艺术的形式发表了看法。他认为，现代派艺术之所以没有得到公允的对待，是同这个流派的怪诞形式有关。但是，如果以为它形式荒诞就可以嘲笑，甚至反感，那就大可不必了。阿多诺指出："对如此丑陋的现代艺术经常表示愤怒的行为是反精神的，即便这不断地唤起自大傲慢的理想。这种对丑的理解过于肤浅，看不出丑是精神化力量的一种证据，是强化这一力量的挑战性密码。"[3] 阿多诺认为，在当代社会，只有现代派艺术还没有与强制的同一性社会现实实行妥协，它身上的批判精神、特别在形式感方面的批判精神是难能可贵的。阿多诺还对大众拒绝接受现代派艺术形式的原因进行了分析。从客观上说，是它自身反和谐、反规则、反确定等要素在起作用；从主观上说，一是源自传统的文化偏见，二是源自"口腹

---

① 阿多诺：《美学理论》，王柯平译，四川人民出版社 1998 年版，第 251 页。

② 同上书，第 253 页。

③ 同上书，第 166 页。

之快"的审美心理，三是源自社会主导意识的滞后性。最后，阿多诺强调，现代派艺术抗议绝对、颠覆极权、拒绝常规、摈弃异化等革命性的追求是我们要保护和发扬的。形式的作用在艺术中显示出如此巨大的威力，这是法兰克福学派所振奋和向往的。

法兰克福学派关于艺术形式的理论在马尔库塞的"艺术即形式"的形式本体论中进一步得到了发挥。在他看来，"在漫长的艺术史中，尽管趣味有所变化，始终有一个不变的标准"，① 这就是美学标准，即"审美形式"。

马尔库塞认为，艺术对世界的改造和重建表现为它推崇一种全新的把握世界的方式。他从新感性结构对客观世界的改造的角度论述了艺术和审美的政治功能。他认为，新感性体现了一种新的价值观，能"规划和指导"对新世纪的"重建工程"。通过艺术和审美形成的新感性能产生一种生产力，"作为这种生产力，艺术会是塑造事物的'现象'和性质、塑造现实、塑造生活方式的整合因素"。② 这种整合，既有量的积累、又有质的飞跃；既有现实依据、又有可能引导；既有形象熏陶、又有思想武装。在重建世界的过程中，"人的非攻击性的、性爱的、感官的机能，与自由意识相一致，可从这种美之中努力争取人与自然的调和，为了达到这个目标，现实完全会具备一种表示新目标的形式，其主要审美特质将使现实成为一件艺术品"。③

马克思说过的"光要思想体现现实是不够的；还要现实体现思想"的精辟论述，在马尔库塞这里演变成为艺术的功能和艺术形式等，就是使人在与自然的协调中，用自己的新感性使现实"成为一件艺术品"。也就是说，"社会生产力可能近似艺术的创造力，艺术世界的建设可能近似现实世界的重建"，二者相统一。他说："审美的天地是一个生活世界，依靠它，自由的需求和潜能，找寻着自身的解放。自由的需求和潜能不能生长于一

---

① 马尔库塞：《美学方面》，参见《马克思主义文艺理论研究》第 2 卷，文化艺术出版社 1984 年版，第 441 页。

② 马尔库塞：《审美之维》，李小兵译，广西师范大学出版社 2001 年版，第 105 页。

③ 转引自复旦大学中文系文艺理论教研室编著《马克思主义文艺理论发展史》(修订版)，中国文联出版公司 1995 年版，第 634 页。

个受制于或者为了攻击性的冲动而构织的社会环境，它们也不能被看作是一套新的社会制度的简单结果；它们只可能出现在创立一个新的社会环境的集体实践中：在物质的和知识的生产中，一步步、一层层地创造。"①

马尔库塞指出，艺术和审美改造和重建世界的作用不是直接的，而是通过艺术形式的中介力量来建立一个与既定现实相对抗的完全不同的现实，这种改造与重建既是精神意义上的也是物质意义上的，艺术和审美通过美学形式而转化为按照美的规律来改造、重建世界的重要物质力量。因此，艺术和审美"是一条通向主体解放的道路，这就为主体准备了一个新的客体世界"，②也就是审美化了的客体现实。在这个基础上，他进一步指出，艺术的"审美形式"就其实质而言，是对现实社会关系的异化——虽然，讲的只是艺术形式，在常人看来应该离现实较远，但在马尔库塞批判锋芒的眼中，却一处也没有可以离开现实的地方，却一刻也没有可以停止对现实反省的时间。在他看来，由于艺术和文学一样具有本质上异化的性质，所以在形式上，艺术必须通过语词、色彩、声音、意象等背离传统与现实的陌生化运用，传递出不属于日常语言与经验的客观性，造成日常意义的颠倒，并以此来表现被压抑、被歪曲的"人和自然的潜能"，产生间离和疏隔效果，把人们熟识的感知方式和理解定势及惯性破坏掉，艺术就是靠这样的形式感萌生出对既定社会秩序的否定、颠覆和造反的功能。这里，马尔库塞再次强调："艺术在方法上和异化的社会保持着距离。并创造出那个不现实的'表面的'世界，在这一世界里，只有艺术才拥有真实性和传达真实性，同时艺术通过这一异化和社会发生了关系……作为思想意识，它使统治的思想意识'失去效力'"。③

马尔库塞在《作为现实形式的艺术》一文中，对艺术的形式作了如下界定："我用形式指代那种规定艺术之为艺术的东西，也就是说，作为根本

---

① 马尔库塞：《审美之维》，李小兵译，广西师范大学出版社 2001 年版，第 104—105 页。

② 转引自复旦大学中文系文艺理论教研室编著《马克思主义文艺理论发展史》(修订版)，中国文联出版公司 1995 年版，第 635 页。

③ 转引自马驰《"新马克思主义"文论》，山东教育出版社 1999 年版，第 220—221 页。

上（本体论上）既不同于（日常）观念，又不同于诸如科学和哲学这样一些智性文化。"①审美形式对于艺术作品之所以重要，是因为这些和谐、结构、对比等性质所形成的总体，是艺术本身不可缺少的，"它使得作品成为一个自足的整体，具有自身的结构和秩序（风格）。艺术作品正是借助这些性质，才改变着现实中支配一切的秩序（风格）"。"和谐性的幻想，理想性的造型，以及与这些相伴随的将艺术抽离出现实，这些东西就是审美形式的特质。"②需要指出的是，马尔库塞关于"艺术形式"的观点，既有法兰克福学派文艺观中对内容和形式辩证关系的共同性的看法，（比如，把形式和内容不当作两极对立的范畴，而是当作一个有机统一的整体）；也有他自己比较独特的看法，其中在"美学转化"旗帜下分析形式与内容互相渗透的观点，尤其要引起我们的注意。马尔库塞说："美学形式并不与内容对立，甚至也不是辩证的对立，在艺术作品中，形式变成内容，反之亦然。戏剧、小说是靠形式成为文学作品。"③这里，"形式变内容"，是指在审美活动中以形式出现的东西，我们必须当作内容来体验；反之，"内容变形式"，是指艺术家在创作过程中将具体的历史内容转化为艺术的形式符号。它们两者的关系，不是机械统一，也不是一方压倒另一方，而是在形式占据主导的前提下，内容和形式在作品中的有机融合。马尔库塞说："我们不妨把'美学形式'解作一个既定内容（既有的或历史的、个人的或社会事实）转化为一个独立自主的整体（如一首诗、一篇剧作、一部小说等）的结果。作品就是这样从现实的永恒过程中'取出来'的，它具备自己特有的意义和真实性。美学转化之得以完成，是通过对语言、感觉和理解力的改造，使之能在现实的现象中显示现实的本质：人与自然的被压抑的潜能。艺术品就是这样一面控诉现实，一面复现了现实。"④

很明显，以马尔库塞等人为代表的法兰克福学派的"形式主义美学"，

① 马尔库塞：《审美之维》，李小兵译，广西师范大学出版社2001年版，第178页。
② 同上书，第141页。
③ 转引自马驰《"新马克思主义"文论》，山东教育出版社1999年版，第214页。
④ 马尔库塞：《美学方面》，参见《马克思主义文艺理论研究》第2卷，文化艺术出版社1984年版，第447页。

是受到了以往欧美艺术史上相关学派的观点的启发。俄国形式主义美学理论就宣称，"是形式——不断变幻的形式，使现实生活具备了陌生化效果，从而升华为艺术的。文学艺术的本质——文学性，正在于形式对内容的融解和改造之中"。① 英国著名文艺理论家克莱夫·贝尔在《艺术》中将艺术界定为："有意味的形式"；美国著名美学家苏珊·朗格提出艺术是"人类情感的表现性形式"；还有英迦登、韦克勒等人也提出了艺术品的层次结构的理论。他们都超越了传统的内容和形式二元对立的理论模式，将艺术品看作是一个以形式载体为主的完整的、多层次的有机体。法兰克福学派正是在吸收了这些成果后，提出自己的形式本体论艺术观。当然，它们还对之进行了补充和完善，反对绝对地脱离内容谈形式。马尔库塞就把"艺术形式的独特性与主体审美意识的建构性联系起来，将形式创造与人类的生活经验和感知方式的变革联系起来，将艺术形式的美学自律和社会他律（对社会的干预功能）联系起来，把艺术形式视为决定作品成败的中心概念"②。

【案例】 艺术形式与荒诞派戏剧家尤内斯库的作品

法兰克福学派关于艺术形式的理论在以荒诞派戏剧为代表的现代西方艺术思潮中找到知音。比如，观看荒诞派戏剧家尤内斯库的作品，与其说是艺术享受，不如说是理性思考——其中有很多思考正是通过艺术形式直接刺激出来的，这和马尔库塞等人的思想是相得益彰的。与另一位荒诞派戏剧家贝克特不同，尤内斯库总是非常坦率地把自己的创作意图谈出来、写出来，并且认为这个意图比作品本身要来得更深刻。在《秃头歌女》中，几对夫妻只是坐在那里闲聊，内容只是一些毫无意义的陈词滥调，这些人物没有性格、没有主见，他们所表现出的精神犹如没有大脑的自动机发出的物理声响——尤内斯库说，他是在无意间阅读一部英文课本的词汇排列表时产生剧本构思的，对此他不无得意地总结自己的创作体会："超现实的内容就在这里，就在我们手边，就在我们的如此生活中。"在《阿麦戴或怎

① 童庆炳等：《马克思与现代美学》，高等教育出版社 2001 年版，第 185 页。
② 张和平：《论马尔库塞的艺术形式论》，《西北师大学报》（社科版）第 38 卷第 1 期。

样摆脱它》一剧中，剧中人的爱情死了，但尸体仍然留在隔壁的卧室里，蘑菇在墙上生长，尸体也在房间扩张，最后充满了舞台，虽然主人公还想维护着自己的尊严，但是，剧场的效果已经让观众捧腹；联系到他的另一部戏剧《椅子》中，舞台上放满了椅子，人的行走、人的空间，甚至人的喘息也感到压抑的氛围，你就可以发现，追求物欲，追求开心，追求"你也有、我也有"，做到"你也是、我也是"，乃是现代人的根本特征，从心理上分析，还是人对自己本质的无知、人对自己自由的恍惚、人对自己生命意义的迷茫和恐慌所造成的！这样严肃的一个思想主题，这样深邃的一个思想内容，却运用了如此滑稽的表现形式，如此形象、生动甚至浅薄、怪诞的形式——这样巨大的反差、这样强烈的对比，实在是荒诞派戏剧家的一大创造，也是法兰克福学派关于艺术形式理论能够在学术论坛中占有一席之地的原因。

艺术的发展离不开包括艺术形式在内的各种艺术要素的创新。20世纪的艺术发展史，在某种程度上说，就是一部包含着内容变革的艺术形式发展史。法兰克福学派对于艺术形式的观点，至少在理论层面上，让我们深刻地感知了这一点。形式是人的心理轨迹的外在体现，形式是人的精神空间的外在延伸，形式更是从包括人的肢体、欲望、心灵、思想等所有物理和非物理要素在内的"一切自然关系和社会关系总和"的客观标志、符号象征、文化图式。从原始人、野蛮人开始在陶瓷制作中自觉不自觉地刻上纹路时起，人类至今已经走过了几千年的文化创造历程，其中，形式的不断更新预示着人类的不断前进；形式的不断革命昭示着人类的不断超越。当然，法兰克福学派对艺术形式的描述，还不可能涵盖这一切；但是，他们在这个过程中的一些论述、一些观点，还是值得我们思考的。

三、当代英美马克思主义文化批评文艺观概述

（一）主要代表人物

当代英国马克思主义思想来源主要是文学批评，文学批评不仅在英

国的人文科学中处于核心地位，而且也是大学教育的重点，更重要的是，它也是观察英国社会的一个总体性视角。英国现代诗人 T. S. 艾略特、马修·阿诺德和文学批评家 F. R. 李维斯的文化观对英国的当代马克思主义产生了直接而重要的影响。

雷蒙德·威廉斯是当代英国最有影响的马克思主义批评家，他一度成为与卢卡契、萨特并驾齐驱的马克思主义文化批评家。威廉斯的工人阶级家庭背景，丰富的社区生活经验以及所从事的非学院式的大众与成人教育为其日后文化理论探索和研究奠定了有益的基础。他的著作范围在英美左翼文化界无与伦比，涉及政治、文化理论、文学评论、语言学，以及对小说、戏剧、电视、电影的评论等。威廉斯在英国的文化马克思主义中处于核心地位，是二战以来最具创造力和最具影响的社会主义思想家之一。与大多数文化研究的中坚人物相仿，出于利维斯门下的威廉斯，首先表露的也是对文学的浓厚兴趣，他本人就写过小说和剧本，在剑桥大学他的教职也是戏剧教授。无论是他早年的《阅读与批评》（1950）、《戏剧：从易卜生到艾略特》（1952）等还是后来的《英国小说：从狄更斯到劳伦斯》（1971）和《马克思主义与文学》等，都可以从中发现利维斯的影子，然而旨趣终与利维斯的精英主义趣味大相径庭。威廉斯反对精英主义文化的一统天下，提倡尊重一般民众文化传统和劳动者的尊严。他认为工会和其他劳工组织是参与文化民主进程并形成共同文化的重要力量。他提倡去发现那些被人瞧不起的大众娱乐文化方式，承认普通民众对狂欢传统的大众文化的满足与欣赏，总之，尊重有差异的"他者"的平等的文化权利。威廉斯认为，一个有创造性的、民主的、富有活力的"共同文化"正可以由他们创造出来。由此可见，威廉斯的理论表现出明显的社会主义倾向。威廉斯对当代英国文化批评和文化研究的卓越贡献在于：他最先把研究方向对准大众文化、通俗文学甚至传媒电视，从而实现了对利维斯等人文化保守主义思想的批判和超越。

在当代英国乃至整个西方文论界，继雷蒙德·威廉斯之后，最杰出的文学理论家、文化批评家和马克思主义理论家当推特里·伊格尔顿（Terry

Eagleton，1943— ），他为马克思主义文学理论批评在新的形势下仍保持旺盛的生命力，从而使之成为当代西方各种批评理论中的重要派别立下了汗马功劳。特里·伊格尔顿出生于英国曼彻斯特附近的萨尔福一个工人阶级家庭，1961年进入剑桥大学，在这所充满贵族气息的大学，出身工人阶级的伊格尔顿倍感孤独，于是投身于学校文化圈外的政治运动中。在校学习期间，伊格尔顿在学术研究和批评思想等很多方面深受老师威廉斯的影响，尽管他后来在一系列理论问题上与威廉斯发生了分歧，但他早期的著述仍留有不少导师影响的痕迹；他阅读和钻研了马克思本人以及"西方马克思主义"理论家的著作，并逐渐成长为一位马克思主义批评家。

伊格尔顿的批评道路是从文学研究入手逐步进入当代文化研究和文化批评领域的，他的切入点主要是英国文学，对各种后现代/后结构主义理论的态度往往是批判多于同情，特别对后现代文化和反历史倾向提出了尖锐的批评；在当代文化研究的大潮之中，由文学研究出发逐步进入对文化现象的分析，体现了马克思主义文化研究的批判风格。到现在为止，伊格尔顿已出版美学理论、文学批评著作十多种。这些著作可大体分为两大类。第一类是用马克思主义的美学理论来分析和评价英美一些作家的作品，其中他的老师威廉斯的"文化与社会"的问题框架对他有着深刻的影响。第二类主要是阐述马克思主义的美学和文艺理论，并用他的"新马克思主义"美学和文艺理论去分析评论西方现当代各种美学和文学理论批评流派。在伊格尔顿的批评思想中，有着三个重要的理论维度或者说话语背景，它们在他的思想中以相互融合、相互支持的方式交叉并置。它们是：西方马克思主义、英国本土的文化研究传统和当代西方从精神分析学到结构主义和后结构主义的理论。其中，西方马克思主义可以说为他的批评和分析提供了一个基本的理论框架，英国本土的文化研究传统则为他提供了基本的问题视角，而当代西方的各种理论思潮则在一定程度上为他提供了多样的分析方法。

在当代英语文学理论界和比较文学界乃至整个英美思想界，美国的新马克思主义理论家、著名的后现代主义研究者弗雷德里克·詹姆逊（Fredric

Jameson，1934—　）的影响恐怕难以有人匹敌。他也和德国的法兰克福学派、英国的雷蒙德·威廉斯等其他西方马克思主义者一样，并不把马克思主义教条化，而是通过对马克思主义原著的细读总结出马克思主义的基本原理，并将其与文学研究的实践相结合。针对20世纪的各种形式主义批评流派，詹姆逊采取的策略是站在一个更高的高度看到各学派的内在合理因素，对各种理论均持一种宽容的态度，承认它们各自的合理部分，对之进行批判性的阐释。他一贯反对那种庸俗马克思主义的专断性和排他性做法，坚持与各个理论学派进行对话，通过对其中合理成分的吸纳而发展构建出颇具自己特色的马克思主义阐释理论。

　　詹姆逊所坚持的是马克思主义的历史唯物主义和辩证唯物主义，并以此来指导文学研究，通过对现当代西方社会现象的分析阐释来修正和改造传统的日趋僵化的马克思主义。他之所以能在众多的西方左翼知识分子中脱颖而出，其中的一个重要原因就在于他对马克思主义抱一种发展的眼光并采取一种能动的阐释态度。在詹姆逊看来，马克思主义并不是一成不变的，为了使其适应新的历史时期的形势，马克思主义也应该是一种动态的、发展的理论。虽然詹姆逊本人是一位文学研究出身的理论家，他在自己的著作中同时分析文学文本和哲学文本，但他往往更加着眼于哲学层面的论述，因而不少人认为他的理论演绎抽象，常常用词生僻，使得语句冗长艰涩，极具形而上的思辨色彩。尽管詹姆逊的著述深奥难懂，但由于他所探讨的问题与当代知识分子的生活密切相关，再加之他立论的严谨、分析的深刻、推理的颇具逻辑性及阐述的透彻，他的著述一经问世，总是不失众多的读者。作为文学理论家和文化批评家，詹姆逊的批评道路也是从文学研究入手逐步进入当代文化研究和文化批评领域的，他所赖以起家的则是法国文学和比较文学，更习惯于作一些形而上的沉思；他以较大的热情投入了国际性的后现代主义理论争鸣中，积极地与之对话，并从马克思主义的角度对后现代主义现象作了全新的阐释，可以说，詹姆逊的立场越到后来越踯躅于马克思主义和后现代主义之间；詹姆逊的视野则早已超越了文学研究的范围，广泛涉猎包括建筑在内的造型艺术和包括电影在内的当代大众传媒，似乎对大众文化有着较多的宽容性。

（二）当代英美马克思主义文化批评学派的主要内容与视野

1. 文化观——动态的、共同的、政治的

威廉斯的文化观是动态的。他认为：“'文化'一词含义的发展，记录了人类对社会、经济及政治生活中这些历史变迁所引起的一系列重要而持续的反应，我们不妨把这段发展本身看成一幅地图，借助这幅地图，我们得以探索以上种种历史变迁的性质。”他认为文化既具有既成性，又具有不断创新性。他用这种动态的观点有机地统合了马克思主义的经济基础——上层建筑决定论，增加了新的因素。由于文化既具有实践性，又涉及人类意识，因此必然是非常复杂的。不仅因为它的多样性，而且还因为它始终是历史的，它既包括对人类现实存在的反映，又包括对过去传统的继承。威廉斯认为马克思主义经典作家都强调经济基础与上层建筑两者关系的复杂性，但并不意味着放弃经济处于首要地位的原则，只是反对把“唯一”绝对化。而英国某些马克思主义的文化批评家和苏联的所谓正统马克思主义者却把两者关系绝对化了。在威廉斯看来，这种新因素就是文化。他认为文化既具有实践性，又具有精神性，是一种具有实践—精神二重性的新因素，也是 20 世纪西方马克思主义学者的共同特点。他极力反对把经济基础——上层建筑两者关系静止、僵化的看法。他的文化观其实是不再把经济基础、上层建筑看成固定不变的“实体”，而是“过程”，强调从动态的、过程的角度去理解基础与上层建筑的关系，认为它们之间相互作用、相互生成。为了避免对基础与上层建筑关系的机械理解，他提出了“文化唯物主义”的概念。①

在威廉斯看来，文化一般有三种定义。首先是“理想的”文化定义，根据这个定义，就某些绝对或普遍价值而言，文化是人类完善的一种状态或过程。如果这个定义能被接受，文化分析在本质上就是对生活或作品中被认为构成一种永恒的秩序，或与普遍的人类状况有永久关联的价值的发

---

① 亢宁梅：《大众文化：新的文化生长点——析威廉斯的文化唯物主义美学观》，《甘肃社会科学》2006 年第 4 期。

现和描写。其次是"文献式"文化定义，根据这个定义，文化是知性和想象作品的整体，这些作品以不同的方式详细地记录了人类思想和经验。从这种定义出发，文化分析是批评活动，借助这种批评活动，思想和体验的性质、语言的细节，以及它们活动的形式和惯例，都得以描写和评价。这种批评涉及范围很广，从非常类似于"理想的"分析过程，经过着重强调被研究的特定作品的过程（以阐明和评价这部作品为主要目的），同时对传统发生兴趣，并发现"世界上构思和写得最好的作品"，在分析特定的作品之后，历史批评试图将它们与它们从中出现的特定传统和社会联系起来。最后，是文化的"社会"定义，根据这个定义，文化是对一种特殊生活方式的描述，这种描述不仅表现艺术和习得中的某些价值和意义，而且也表现制度和日常行为中的某些意义和价值。从这样一种定义出发，文化分析就是阐明一种特殊生活方式、一种特殊文化隐含或外显的意义和价值。这种分析将包括总是被提及的历史批评，在历史批评中，分析知性和想象的作品与特定的传统和社会联系起来。但是这种批评也包括对生活方式中诸因素的分析，而文化其他定义的追随者认为这些因素根本不是"文化"：生产组织、家庭结构、表现或制约社会关系的制度的结构、社会成员借以交流的独特形式。此外，这类分析涉及的范围包括"理想的"重点，即发现某些绝对的或普遍的，或至少是高级或低级的意义和价值，以阐明一种特殊生活方式为主要目的的"文献式的"重点，它研究特殊意义和价值，目的不在于对它们进行比较以确立一种标准，而是通过研究它们的变化方式，去发现从总体上更好地理解社会和文化一般发展的某些一般"规律"或"趋向"。

威廉斯的文化理论论述了文化艺术活动是一个积极能动的创造过程和中介过程，是新的意义和价值不断形成的过程。"感情结构"是威廉斯文化唯物主义理论中的一个核心概念，是特定时代的文化心理和氛围，可以包含一个社会某一时期特有的愿望、压抑和生活基调，这些因素共同构成一种实际的生活感，涉及整个社会，类似于一种社会共同体验。威廉斯由经济基础决定的人类实际存在状况出发，进入到实际社会心理，再由社会心理上升到文化创造。这样他就把握了意识形态的基本切入点，比经济基础—上层建筑理论层次要丰富，具有学理分析性。更重要的是，他强调了文化创造活动中人类积极的、主动的因素，那就是感情结构的变化不以人的主观意志为转移，它是文化变迁的内在动力，这样一来，找到不同时期的感情结构，也就找到了文化变迁的内在线索。

受英国文化研究的创始人威廉斯的影响，伊格尔顿把"文化"放在历史和政治的视野中加以思考，对共同文化、文化观念的演变、文化的价值，以及文化与历史和意识形态等问题进行了深入研究。在伊格尔顿看来，"文化"一词可以包含三个层面的意义："第一，文化可以指价值得到认同的具体的艺术作品和思想作品及其制作和欣赏过程。第二，由此扩展开去，可以指一个社会的所谓'情感结构'，是社会的生活方式、习俗、信念、道德、美意识等组成的不断变迁但无法触摸的综合体，是习得行为和信念所形成的渗透性氛围，它将自己相当含混地记在社会意识里，即躲躲闪闪地、辩证地融入所谓'看不见的日常生活本身的颜色'。第三，进一步扩展开去，文化当然可以指制度层面上的整个社会生活方式，包括艺术、经济、政治和意识形态等相互作用的所有成分，它们构成全部生活经验的所有因素，决定了这样而不是那样的社会。"但是他特别强调指出："最重要的是三个意义互相关联。"①

威廉斯也强调作为生活体验的文化的无意识性，在他看来，文化中的任何一点都缺乏整体上的可把握性，这是由于文化随时敞开接受贡献给它的一切。文化永远不能被完整地带到意识面前，因为它永远都不会彻底地完成。所谓共同文化，就是意义、行动，以及描述等不断交换的过程，绝不是自我意识到的或可以总体化的整体，而是在所有文化成员的意识中，因而也是在充分的人性中不断长大推进。威廉斯与艾略特的关键区别是，威廉斯主张的共同文化不仅被共同地享有，而且被共同地创造：通过合力参与得到共同享有。对激进社会主义者而言，共同文化是这样一种文化：

---

① 柴焰：《当代马克思主义文化研究——特里·伊格尔顿对资本主义的文化批判》，《海南师范学院学报》(社会科学版) 2005 年第 1 期。

它全力创造并维护自己的所有形式，包括艺术、政治、道德以及经济，所有成员都最充分地共同参与这些文化形式。

对社会主义者而言，相信共同文化的可能性就是相信"高雅"文化的力量，但这种文化是由整个群体再创造并分享的，应该得到丰富而不是破坏，在这个意义上的文化共享就是必须让全体人民参与并控制作为整个生活方式的文化生成过程；现实地看，这个运作过程就是革命政治。当然，保守主义把这两个层面都看成灾难。自由主义可能承认有必要让群众接近文化价值，但也会抛弃或限制为确保群体接近文化而创立的实践机构。在一定程度上，关键的不同是把社会看作静止的还是运动的，已然的结构还是正在进行的人的创造活动。在伊格尔顿看来，为更广泛的参与而进行的革命从来就没有停止过；每一道不情愿地撤去的障碍，每一种新的结合形式，都引向进一步的整合。这一进程是无法抗拒或终止的，除非用静止的形象去代替生长着的形象。这就终结了保守主义式的稳定和阶层森严的社会及其特定的文化程度和关系，终结了依靠少数几个正派人在不变的、非个人的社会里维系个人发展的自由主义传统。一种最完整意义上的共同文化的存在，必然要遇到并了解这两种共同文化观。

在伊格尔顿的文学批评理论体系中，意识形态是一个核心的概念。在理解文学艺术的意识形态性的时候，伊格尔顿指出："一切艺术都带有它的时代印记，而伟大的艺术是带有这种印记最深刻的艺术。"不论文学的内容、形式、还是它的风格，都是特定历史的产物。伊格尔顿断言，一部文学史，实质是政治与意识形态历史的一部分。伊格尔顿充分强调了作为意识形态的文学与社会历史密不可分的关系。他通过对意识形态概念的实践功能的强调，首先勾连了基础和上层建筑中的一般生产方式和文学生产方式的关系，强调文学是一种社会生产方式。其次，它又在文学的范围内区别了经济基础与上层建筑，强调文学生产基础上的文学的意识形态特性，在意识形态的范围内再次区分了一般意识形态和作者意识形态、审美意识形态、文本的关系，强调文学独特的审美意识形态特点，从而既把艺术看成是与经济基础中一般生产方式相关的一种生产方式，同时又把它看成是与意识形态相关的一种审美意识形态，得出了文学是一种独特的审美意识形态生产的结论。①

詹姆逊对"文化"的含义是什么，有着自己的理解。他认为，在欧洲语言中，文化除了意指"耕耘""农作"之外，至少还有三种含义。其一，是指个性的形成、个人的培养。这是浪漫主义时代的概念，是新兴中产阶级的思想产物。其二，是指文明化了的人类所进行的一切活动，文化是与自然相对的。这第二个概念是人类学意义上的定义，人们经常讨论的文化都是从这个定义入手。其三，是指日常生活中的吟诗、作画、看戏、看电影之类。这种文化和贸易、金钱、工业是相对立的，和日常工作是相对立的。詹姆逊的文化批评工作，正是在第三个意义上展开的。②

在对后现代的研究中，詹姆逊敏锐地感受到后现代的"文化"概念与以往侧重于精神特征的文化观念有了很大的区别。从德国古典美学一直到现代主义，文化都被理解为是与日常生活相对立的，是逃避现实的去处，是很高雅的事情，因此很自然地被理解为音乐、绘画或纯文学之类，这样便形成了文化圈层的自律性。詹姆逊认为这实际上是一种意识形态。在后现代社会里，"文化"的疆界被大大拓展，文化对各种事物的渗透或者说移入是普遍而深刻的现象，文化不仅是一种知识，而且成为一种行为方式，这种扩散的程度之泛滥使得文化与总的社会生活享有共同边界。简言之，在后现代社会中，文化的含义已经相当广泛了，文化与商品生产联系起来，一方面，经济进入了各种文化形式，另一方面，文化逐步经济化。当今的文化形式不仅与经济生产、政治运作水乳交融，而且对文化的分析也就是对后现代社会状况的分析。因此，文化研究实际上是对晚期资本主义发展逻辑的研究。后现代文化不再是一种孤立的美学现象，它不仅涉及 20 世纪资本主义的文化生产，而且涉及文化与经济生产之间的复杂关联，涉及当

---

① 段吉方：《意识形态视野中的批评实践——特里·伊格尔顿的文学批评理论》，《温州师范学院学报》（哲学社会科学版）2005 年第 3 期。

② 孙辉：《从文学到文化——詹姆逊的文化批评之路探寻》，《三峡大学学报》（人文社会科学版）2005 年第 6 期。

代资本主义的意识形态的构建和新的结构性压迫的形成，涉及跨国资本主义时期的民族或群体之间的关系。

2. 关于大众文化的思考

威廉斯认为，一切社会实践是由有意义的和物质的要素组成的，文化贯穿在社会生活的全过程，在这种文化观看来，某些文化样式如艺术等并不具有特殊的地位，因此也就消除了文化上的等级分别，大众文化自然也不再被视为高级文化的威胁。在威廉斯看来，大众文化不同于以往任何一种流行文化。作为一种在现代工业社会和商业消费社会中产生并盛行的文化形式，它是特定历史条件下的必然存在，有其存在的必然性。到 20 世纪上半叶，摄影、电影、唱片、广告、报纸杂志等大众文化形式铺天盖地而来，影响这些新形式的直接因素主要是技术和大众。对于技术，威廉斯做了细致分析。他发现由于新技术的发展从而引起了文化生产方式的重大变化。威廉斯辩证地看到了技术因素对文化生产的积极作用，肯定了人类文化生产的求新趋势，也就肯定了大众文化存在的必然性。与传统艺术的精英—通俗二元划分相比，20 世纪艺术出现了只限于极小圈子的先锋艺术和涵盖几乎全社会的大众文化。威廉斯认为大众文化既然是这个时代最重要的文化创造形态，它就必然与人们的感情结构相对应，也就有它积极的建设意义。威廉斯的文化发展观试图在文化发展的潜流和主流的动态变迁中找到技术的积极作用，最终肯定了大众文化的革命性。威廉斯的文化唯物主义是辩证的、发展的，更是向前的、乐观的。它既具有经典美学的思考深度，又继承了批判的传统，把美学思考的领域扩展到文化。20 世纪晚期美学学科已经不再局限于传统的狭义的美学，已经扩大到社会、政治等领域，可以说任何美学建设都是文化建设，政治问题始终是美学的核心问题。[①] 威廉斯的文化唯物主义美学观既追随了时代的潮流，又有自己鲜明、独特的思考。

伊格尔顿的主要文学观点体现在，文学是意识形态的一部分，它具有

---

① 亢宁梅：《大众文化：新的文化生长点——析威廉斯的文化唯物主义美学观》，《甘肃社会科学》2006 年第 4 期。

一定的政治色彩，但同时它也是经济基础的一部分。作家和文学艺术生产者在资本主义社会实际上扮演的是雇佣劳动者的角色，而文学艺术在后工业后现代社会则是一种制造业，艺术产品在某种程度上说来也可以算作是商品。艺术生产的维系取决于特定的生产技术，而艺术生产方式则是艺术形式的决定因素。他沿袭了本雅明的现代主义意识，对后现代社会的文化工业持批判的态度。他也和不少西方马克思主义理论家一样，对经典马克思主义的文学反映论持不同的看法，认为文学反映现实的提法实际上把文学与社会的关系简单地理解为被动的和机械适应的关系，这显然是不恰当的。因此，在伊格尔顿看来，不顾文学创作的规律，一味在文学作品中搜索政治、经济和阶级斗争的内容，标明了一种对文学的幼稚态度，这并不是把马克思主义的基本原理用于批评实践的正确态度，而是一种庸俗社会学的方法。他主张把结构主义的某些合理因素糅合进马克思主义中，从而创立一种新的综合"话语理论"，这种话语用于文学研究，则可吸收当代各种批评理论的积极方面，以便对文学进行多角度和全方位的考察研究。应该承认，由于伊格尔顿的努力，英国的文化批评和文化研究带有了鲜明的马克思主义文化批判的色彩，并在某种程度上仍未远离文学研究的精英立场。

60年代以来，文化研究逐步在英国步入理论家的批评视野，并逐步走出早先的利维斯主义的精英文化认知模式，更加关注当代大众文化和工人阶级的社区生活。到了80年代后期，在后现代主义大潮消退之后，经过后殖民主义的短暂兴盛，文化研究迅速包容了各种后现代、后殖民文化现象，迅速占据了英语文学和文化学术界的主导地位。作为一位有着坚定的马克思主义信念的文学理论家，伊格尔顿同时也是一位有着独特批判个性的文化批评家。他的文学研究始终具有文化批评的特征，因而体现了广阔的理论视野。文化研究固然对打破精英文化的统治地位起到了某种反拨作用，但是一味向大众文化献媚则与马克思主义的批判精神不相符合。因此伊格尔顿一方面致力于马克思主义文化批评的实践，另一方面又对文化研究脱离文学研究的倾向提出了中肯的批评。他曾在80年代就积极介入国际性的后现代主义理论争鸣，对后现代主义的表演性和怀疑一切的带有虚无主义色彩的世界观和人生观予以了尖锐的批判。在他看来，有着不同文化传统的国家不必把西方后工业社会的特定文化现象统统引进自己的国家，否则便会丧失自己民族的文化特色。然而，与威廉斯等人所不同的是，伊格尔顿的马克思主义理论主要受到阿尔杜塞的结构马克思主义的影响，因此在很大程度上，他只能算作一位有着强烈精英意识的"学院"马克思主义者或马克思主义理论的研究者，而不是那种坚定地投身社会主义事业的传统意义上的马克思主义者。

美国文化批评家弗雷德里克·詹姆逊，对西方后工业时代的文化作出了深入、精湛的分析，尤其是他对后现代主义文化特征的描述，已经成为后现代理论的经典论述。詹姆逊的文化批评之旅是从文学批评开始的，与一般文学批评家不同的是，詹姆逊认为要对文学批评采取阐释学的立场，他称之为"马克思主义阐释学"。马克思主义阐释学应该坚持唯物主义的历史观，应该对文学文本产生的社会历史环境"连同其形式和内容及上层建筑同基础结构之间关系的特殊问题"做出深刻的分析。文学作品于是被置于更大的社会历史关系中整体地加以考察，在此，任何一部文学作品都不是一个孤立的对象，它总是与一个更大的整体发生联系，总是与它所处的历史境域及构成这一境域的一部分思想意识发生关系。如果说，20世纪70年代的詹姆逊还只是发现后工业社会语言学、经济、政治的行动方式同文化有着紧密的联系；那么，到了80年代，他已经发现了后工业社会更为显著的特征，那就是"文化的扩张"。在后工业社会里，后现代主义文化已经是无所不包了，文化已经完全大众化了，高雅文化与通俗文化、纯文学与通俗文学的距离正在消失。商品化进入文化意味着艺术作品正成为商品，甚至理论也成了商品，因为商品化的逻辑已经影响到了人们的思维。后现代主义文化已经从过去那种特定的"文化圈层"中扩张出来，进入人们的日常生活，成为消费品。自从詹姆逊转向了对世界范围内后现代主义文化发展的关注，似乎在他眼中什么都是文化，这固然是他所谓"文化的扩张"的缘故，也代表着他文化批评的意识，在不同的阶段，文化的作用、含义，和地位也是不一样的，是在转变的，社会文化生活的侧重点也各不相同。"因此文化中有着'分期'，有历史阶段。"文化批评的任务何在？就是要对文化的分期做出分析，以此为基础，深入阐释当下文化发展的现状。詹姆逊的文化批评遵循着这一思路。由于文化发展到无所不包的地步，詹姆逊的文化批评所包容的范围也是极为广泛的。文学、绘画、录音带与录像带、摇滚音乐、建筑大厦、电视、电影、金融、新教、广告、斗牛等等，都成为他操作的"文化文本"，这些都是作为文化的表征而出现的。①

詹姆逊对大众文化采取的是正视而非拒斥的态度，同时他也不是加剧两者的对立，而是促进双方的共融和多元共生。他认为孤傲地坚持高雅艺术只会导致高雅艺术的消亡，同时他也要求对商品化和市场机制在大众文化中的殖民化渗透保持高度警惕。詹姆逊尝试从马克思主义的经济基础和上层建筑的关系的角度对大众文化进行批判性分析。在他看来，大众文化的吸引力就在于它在实现一种紧迫的意识形态功能的同时，又是一种具有极端乌托邦幻想的载体。他认为大众文化不应被理解成无聊的消遣和虚假意识，而应被理解为对社会和政治的焦虑与幻想的一种改造工作。焦虑和希望是同一集体意识的两个方面，一方面，大众文化必然隐含着对社会秩序的否定和批判，并通过对焦虑的压制使现存秩序合法化，另一方面，它又必须表达集体的最深刻最基本的希望和幻想。大众文化是通过想象性解决的叙述结构和对社会和谐的视像幻觉同时实现了压制与愿望，在压制的策略中唤起幻想。詹姆逊敏锐地感受到大众文化的乌托邦性质，不论采取多么歪曲的方式，它所体现的集体幻想总会发出自己的声音。如果忽视大众文化中的乌托邦成分，就难以对大众文化做出恰当的评价。

有些西方马克思主义者对大众文化的批判是激愤而又深刻的，他们确实道出了当代资本主义文化生产的种种弊端，但是，若把大众文化描绘得一团黑，也不太妥当，因为当代西方大众文坛上毕竟产生了大批具有深刻社会价值的脍炙人口的杰作，大众艺术生产手段也不断推陈出新，为丰富

---

① 孙辉：《从文学到文化——詹姆逊的文化批评之路探寻》，《三峡大学学报》（人文社会科学版）2005 年第 6 期。

人类文化宝库作出了巨大贡献，并且，大众文化对于密切文艺与生活、文艺与读者的关系也起到了前所未有的促进作用，对于大众文化的批评意见也有一定的警醒和借鉴意义，应以历史的、辩证的观点正确分析大众文化的积极意义和消极影响。

第三节　西方马克思主义文艺理论传播的主要特征及其重要意义

一、西方马克思主义创始人文艺观特征及影响概述

（一）卢卡奇

马克思主义文艺观在卢卡奇这里最为显著的美学呈现是其"伟大的现实主义"理论，此一理论具有极为丰富的内涵——他把"总体性"的哲学思想引入了他的"伟大的现实主义"的理论。卢卡奇把哲学上的"总体性"（现象与本质、个别与一般、主体与客体的辩证统一）视为同"物化"相对立的两极一样，他把文学的整体性反映当成了对资本主义日常生活和日常思维的异化状态的克服。他强调，文学是对现实的一种反映，但这种反映是对客观现实更深刻、更全面的反映。在现代条件下，作家艺术家更应如此。这是因为，现代资本主义生产方式，使资本主义社会的客观现实作为一种整体存在，已经不像以前那样可以被人们轻易地凭感官直觉地把握了。资本主义社会人与人之间的关系被由资本主义的物与物的关系所掩盖了，人的本质被割裂成碎片隐藏在日常生活中，导致当代资本主义社会在外表上表现为支离破碎，而资产阶级由于其阶级利益的局限不可能对社会整体有一个全面的认识，在现代资本主义社会感性范围内的日常生活和日常思维具有一种普遍的虚假性和片面性。因此，现代作家倘若停留于对日常生活和日常思维作直观反映，则是对资本主义物化现象的认同，从而模糊对资本主义社会真相的认识。卢卡奇强调："伟大现实主义艺术家的主要特征就是他们千方百计、废寝忘食地按照客观本质去掌握并再现现实。"[①] 强调

---

① 《卢卡奇文学论文选》第一卷，人民文学出版社 1986 年版，第 292—293 页。

文学对现实的整体反映，意味着将资本主义社会的每一种社会现象都置于总体性的视野中来加以把握和描写。因此，"对伟大的现实主义者来说……主要的是，他拥有什么样的手段，他思维和塑造的总体性有多么广和多么深。"① 卢卡奇认为，巴尔扎克、司汤达等人就是这样在社会发展的动态过程中表现完整、真实的社会关系的。例如，巴尔扎克、司汤达对隐匿在表面现象之下的深含不露的本质做了深入探索，从而在纷繁复杂的资本主义社会的种种现象之中敏锐地把握到了资产阶级整个上升时期的历史发展趋势和最本质的金钱关系。真正伟大的艺术作品就是一个独特的世界，这个世界比人们在日常生活中所看到的世界更真实、更完整、更富有生气。但是，这个本质的世界"并不能为人人所认识，它甚至对最伟大的艺术家也会久隐不现。"② 原因在于，对这种本质的完整、深刻的认识，是以恢复了自己的完整主体性的人为前提条件的。在卢卡奇看来，人的主体性结构有完整与零碎之分，而完整的主体性结构包含理性与感性、理智与直觉、理解与体验等多重性质、多个层次、多种侧面。伟大的现实主义文学就是以全面的主体性去把握全面的客体性，就是反映这两种总体性之间内在的、辩证的同一性。正如卢卡奇所说："如果断定主体自身是一个总体性，那么客体的总体性也可以断定；如果主体希望认识自身，它必须把客体设想为一个总体性。"③ 整体反映观是总体性哲学在文学中的必然延伸。总之，强调文学应当对社会生活作整体的反映，是卢卡奇现实主义文学理论的首要特色。

（二）葛兰西

葛兰西的哲学观的基本特征是以"实践"为基础，以"人类社会"为研究对象，以"政治批判、文化批判和道德批判"为基本内容的实践哲学。以"实践哲学"作为基点，葛兰西具体分析了意大利及西方发达资本主义国家的现实状况，形成其独创性的文艺和文化思想。他指出了西方发达资本主义社会在经济控制和暴力强制之外，资产阶级的真正力量在于使被统

---

① 《卢卡奇文学论文选》第一卷，人民文学出版社 1986 年版，第 86 页。
② 同上书，第 293 页。
③ 《历史与阶级意识》，商务印书馆 1992 年版，第 32 页。

治阶级积极或消极地接受着某一价值体系和道德观念，即"文化霸权"的实现。葛兰西的"文化霸权"的理论，是对马克思主义理论的开拓和创造。在这样一种前提下，葛兰西提出建立"民族—人民的文学"，作为实现无产阶级文化霸权的手段和途径。"文化霸权"与"民族—人民的文学"，构成了葛兰西文艺和文化思想的核心，也使葛兰西成为西方马克思主义的奠基人之一。其文艺和文化思想，对于马克思主义文艺理论研究、文化思潮研究、文化政治与意识形态研究，以及后殖民主义理论的建立，都产生了深远的国际影响，至今仍保持着鲜活的生命力。

二、法兰克福学派马克思主义文艺观特征及影响概述

法兰克福学派的文艺理论在马克思主义的立场上，最为突出的有两点主要特征——一个是关于艺术本质问题的求索上，还有一个即是关于艺术的社会批判功能的界定。在关于艺术的本质问题上，法兰克福学派一开始就非常清晰地表达了自己的批判本性。霍克海默公开说："批判的理论活动的目的不是简单的消灭这一种或那一种社会弊端，因为在它看来，任何社会弊端和社会结构的组织方式有着必然的联系。"[①]自由资本主义时期是自由资本主义时代人们同社会结构的联系，从法国的《悲惨世界》到英国的《三个火枪手》，从德国的《阴谋与爱情》到俄罗斯的《安娜·卡列尼娜》乃至到美国的《飘》，人物形象无论是正义还是卑鄙、思想主题无论是崇尚进步还是暴露黑暗、写作题材也无论是本国国内还是走向世界，我们都能够从中寻觅那个社会的前途，发现那个社会的弊端，得到那个社会的启示。到了垄断资本主义时期，社会弊端和社会结构同人们的联系，至少在艺术样式上是让我们眼花缭乱和大吃一惊的：先是波德莱尔的诗和毕加索的画、再是邓肯的舞蹈和卡夫卡的小说，以及伯格蔓的电影和贝克特的戏剧，几乎无一不让人哀叹人生的无常、痛说人性的苦恼、鞭挞自我的丢失、展现自我的尴尬。

---

① 转引自《国外马克思主义流派》，复旦大学出版社 1990 年版，第 120 页。

霍克海默认为，人的这种弊端以及由这种弊端引起的活动虽然源于社会结构，但无论就人的主观目的还是就事物本身的客观意义来说，这种活动的目的并不是为了在这种结构中起更好的作用。"恰恰相反，它要怀疑那些被人们视为现存秩序中有用的、合适的，创造性的、富有价值的范畴，它要把这些范畴作为对人们毫无用处的非科学的东西加以排斥。"①

霍克海默的这些论证，在英国人约翰·奥斯本的戏剧《愤怒的回顾》中得到了形象体现。该剧主人公吉米·波特，由于具有内省的资质，由于有着模仿下流动作的天赋，由于说话不客气且直爽，由于对虚情假意极为蔑视，由于他死不回头地坚信我们的时代是脱了节的……因此，许多评论家认为，"他是自哈姆雷特以来最完整的青年人"，作者也把他看成是"战后比较年轻一代的代言人"——"他走上舞台向世界四周看了看，觉得没有一样是看得上眼的"，怎么办？没有一样看得上眼也得活下去啊！于是，一个出身卑微且对社会心怀不满的年轻人，最终做了一个大胆的选择，干脆娶了一个有教养的家庭出身的姑娘并因为自己的不高尚而使姑娘有失身份。姑娘不仅在剧中受到当众侮辱，观众在剧场也受到了作品的一次侮辱，这种侮辱何止是短暂的一次感受、更是心灵对现存秩序永远的发难和指责！

霍克海默的这些思想，在阿多诺的观点中更是得到了更系统的理论体现。否定辩证法，引申出否定性的美学原则，再去寻找艺术的本质——这就是阿多诺的逻辑。在他看来，否定的辩证法通过对整体性、同一性等"幻想"的打破来寻找真理，艺术对真理的寻找同样也要靠打破和谐、统一的"幻想"来达到。艺术是什么？阿多诺下了一个定义："艺术是对社会的否定的认识"。这个定义表明了两层意思：一是艺术必须有对社会现实的批判立场；二是艺术必须放弃对现实认同的感性外观。阿多诺表示，在人的本质被严重异化的社会现实里，在虚假的同一性笼罩下，如果艺术只是沦为对社会认同和褒扬的工具，必将成为没有尊严和意义的存在。

---

① 转引自《国外马克思主义流派》，复旦大学出版社 1990 年版，第 120 页。

在艺术与社会的关系上，阿多诺说："艺术中没有任何东西具有直接的社会性，即使在直接的社会性成为艺术家的特殊目的时也不例外。……每当艺术试图复制社会现实时，它所得到的肯定是'仿佛如此'的东西。"①艺术如果"试图复制社会现实"，那它就只能得到假象，即同一性社会的假象。阿多诺曾经说："社会生活过程把自己的表面弄得越来越严实，越来越缜密无隙，这样一来，它就用面纱将社会生活的本质包藏得越紧。因而，小说如果要忠实于自己的现实主义遗产，如实地讲叙，那么，它就必须抛弃那种靠正面的东西来帮助社会干欺骗买卖的现实主义。"②

既然不能正面反映，那就只能再次走否定性的道路，对此，阿多诺对艺术本质采取了以下的步骤来加以论证：一是"反整一的断片样态"，拒绝"完整"。他认为贝多芬的作品，除了《第九交响乐》之外，几乎都是非总体化的创作风格，用"断片"拒绝与现实妥协，既是贝多芬的美学风格，更是拿破仑失败后资产阶级精神的写照。二是反和谐的"陌生化"样态。在《新音乐哲学》中，他极力推崇勋伯格，贬低斯特拉文斯基，因为后者不顾现实生活的异化和矛盾，沉湎于陈旧的曲式外壳，没有在音乐中恪守否定性的立场；而前者则放弃调和、以自己反和谐、无调性的音乐警示给人们现实所丢失的内容。三是反虚假美之后的"极端丑"的样态。美学变为丑学是20世纪艺术世界的一大特点，阿多诺也持同样的主张，他指出："艺术需要借助作为一种否定的丑来实现自身"，而"丑的印象源自疯狂的破坏原则"。③"在艺术中丑恶与残酷并非单单是对丑恶与残酷事物的描绘"，而是用丑的形象、丑的形态对造成丑的事实的对象——异化的世界进行讨伐。"艺术应当追究那些被打上丑的烙印的东西的起因。不应借助幽默的手法来消解丑，也不应借此调节丑与丑的存在……艺术务必利用丑的东西，借以痛斥这个世界，……"④四是"反确定"的谜语性样态。当代艺术

---

① 阿多诺：《美学理论》，王柯平译，四川人民出版社1998年版，第387 388页。
② 转引自佈麟甫 胡经之主编《西方文艺理论名著选编》，下卷，北京大学出版社1987年版，第703页。
③ 阿多诺：《美学理论》，王柯平译，四川人民出版社1998年版，第82—84页。
④ 同上书，第87页。

的不幸在于它变得越来越不确定，谜语性样态随之出现。在谜语中，答案是隐藏着的，要由结构去发现，"可望而不可即的东西与已经获得的东西之间的不确定区域构成了作品之谜"。① 艺术家虽然曾经完全成功地表达了他想表达的东西，但由此产生的作品不过是欲言之物的徽记，企及不到事物的本质。

马尔库塞是继阿多诺之后又一个对艺术本质从否定性立场出发给予论证的思想家。他在 1937 年发表的著名论文《文化的肯定性质》中，提出了他对艺术和美学性质的看法。他认为，古希腊人和社会两者都是完美的，到柏拉图时虽然开始产生分裂，但两者还是有一定联系，其美学思想仍然具有一种直接的现实意义的超越性；到了亚里士多德时，观念被现实征服并与之握手言和。资本主义阶段出现的"肯定文化"就是沿着这个走势发展的结果。"这种文化的根本特性就是认可普遍性的义务，认可必须无条件肯定的永恒美好和更有价值的世界：这个世界在根本上不同于日常为生存而斗争的实然世界，然而又可以在不改变任何实际情形的条件下，由每个个体的'内心'着手而得以实现"。②

马尔库塞指出，"肯定文化"是资本主义最具特征的文化形式。一方面，它关注个体的幸福，是理想主义的，"对孤立的个体的需要来说，它反映了普遍的人性；对肉体的痛苦来说，它反映着灵魂的美；对外在的束缚来说，它反映着内在的自由；对赤裸裸的唯我论来说，它反映着美德王国的义务。在新社会蓬勃兴起的时代，由于这些观念指示出超越生存既存的组织的方向，它们是革命的。"③ 另一方面，随着资产阶级统治的稳固，这个文化的性质也开始发生变化，"愈发效力于压抑不满之大众，愈发效力于纯为自我安慰式的满足。它们隐藏着对个体的身心伤害"。④

马尔库塞预言，当资本主义的极权嚣张时，这个文化的反动性也就暴

---

① 阿多诺：《美学理论》，王柯平译，四川人民出版社 1998 年版，第 225 页。

② 马尔库塞：《审美之维》，李小兵译，广西师范大学出版社 2001 年版，第 7 页。

③ 同上书，第 9 页。

④ 同上。

露了，因为它使人逃避现实世界、安分守己，它把文化的内在美作为一种瞬间即逝的放纵和满足，在有限的范围内使良心得到快慰，对现实世界几乎无害。它理解、尊重现实的一切，却不想改变它；它议论人的尊严，却不涉及尊严的具体表现；它使现实的东西有尊严，却不用新的更有尊严的东西取代它。这时，"在理想中起支配作用的特征，就不再是进步和批判的特性，而是倒退和辩护的特性"，理想的实现"并不需要推翻物质生活秩序，只要借助个体灵魂的活动就行了"。①

当然，马尔库塞批判肯定文化并不等于不要文化。他强调：肯定文化的发展虽然有取消文化的趋势，但是，我们批判它，决不会导致文化的消失；相反，我们是取消其"肯定"的性质，使文化（包括艺术和美）恢复它本来就具有的能动、进步、超越性的因素，恢复对现实的介入，因为"当文化达到维护满足本身而不再纯属欲望的地步时，它就不再会在具有肯定性质的内容中完成这一点了。"而"当美不再表现为现实的幻想而是作为现实本身和现实的快慰而展现时，它会开掘出一种崭新的内隐"。②

在批判了肯定文化之后，马尔库塞正面阐述了对艺术本质的观点。首先，他认为，"艺术就是反抗"。马尔库塞说："革命构成了艺术的实质"；"永恒的美学颠覆"是艺术的首要任务。在反对资本主义社会中，艺术是"一种武器"，艺术就是造反，它运用"被压迫者的语言"，抗议和拒绝现实社会，因此，艺术和革命的结合就存在于审美之维中。其次，他认为，艺术具有"自由和超越的特性"。马尔库塞说："艺术和审美可以用幻想和想象去进入一个非压抑的世界，超越外在现实，又可以用无功利的自由的游戏，派遣现实中自我内心的愁苦和忧虑，让人摆脱内外和身心的压抑，走向自由。"③再次，他认为，"艺术是解放的承诺"。马尔库塞指出："这种承诺也是审美形式的一个性质，或更确切地说，是审美形式的一个美的性质。这种承诺是从现存社会的搏斗中冲杀出来的；它展示出一幅权利消亡、自

---

① 马尔库塞：《审美之维》，李小兵译，广西师范大学出版社 2001 年版，第 14 页。
② 同上书，第 39 页。
③ 转引自冯宪光：《"西方马克思主义"美学研究》，重庆出版社 1997 年版，第 210 页。

由显现的图景。但是，艺术给人的仅仅是这种显现。无疑，在艺术的领域里，这个承诺并不能完全实现。"①因此，除了艺术本身之外，马尔库塞还希望用艺术的政治实践来解决问题，这涉及艺术的功能问题。

马尔库塞和阿多诺共同认为，在资本主义的统治阶级意识形态几乎实现了对社会生活的一体化控制的今天，与意识形态合流的艺术是不具有真理性或真实性的。艺术有其特有的真实性。艺术的真实性和价值不在于其描绘与生活现象即意识形态现实的一致性，而在于其不一致性；真正的艺术本质上是一种"反世界"的"异界事物"，从而也是反认识的，它以基于个人的主体性的审美自主性对意识形态认可的"真实"的现实世界提出质疑与控诉，在拒绝与批判中超越现实，打破既成现实（即确定现实的人们）解释何为真实的垄断权。

必须指出，法兰克福学派关于艺术本质的观点，就其思想的基本倾向看，一方面是继承了传统艺术的关于"艺术具有反叛性使命"的思想，另一方面则是创造性地推进了这个思想并且把它同 20 世纪上半叶社会发展的实际，特别是人的命运跌宕起伏的实际结合起来，在各种文艺思潮前赴后继、纷纷登台之后，法兰克福学派的关于艺术本质的论述，让人从卢卡奇的"物化"理论和"总体革命"的战略上、从葛兰西的"争夺文化领导权"的要求中，看到了这种艺术本质观对于人的解放，特别是对于无产阶级的解放的意义。在法兰克福学派看来，人的沦落不可怕，艺术的堕落也不可怕，唯独对艺术阵地的放弃、对资本主义现实批判性的忽视、对无产阶级运用艺术载体去实现自己作为一个新兴阶级的抱负和责任的使命感的冷漠，才是最可怕的！

三、当代英美马克思主义文化批评流派特征及影响概述

在当代英美马克思主义文化批评流派的普遍观点中，最为引人注目的即是关注文化的社会批判功能。比如威廉斯关注的是社会和历史的变迁与

---

① 马尔库塞：《审美之维》，李小兵译，广西师范大学出版社 2001 年版，第 220 页。

普通人的日常生活和疾苦的关系，是这种关系在小说和戏剧等文字写作中的表达，及其在后来的广播和电视等电子传媒中的体现和延伸。这正是威廉斯对文学评论和文化社会学的贡献。这种坚定的普通人立场将威廉斯与当时大多数中产阶级知识分子和文化人区别开来。面对阶级划分十分明显、等级观念异常强大的英国社会，威廉斯的奋斗目标是一个真正民主和公正的社会。在这样一个社会里，人们机会均等，人为的、象征性的身份差别——诸如口音和所谓的文化品位——不复存在。威廉斯倾其一生都在为靠近这一目标而不懈努力。他对英国的阶级社会以及维护阶级特权的精英文化保持清醒的、毫不妥协的批判态度。他的文化批判目的在于社会和政治变革，将少数人把持的文化（minority culture）变成为多数人服务的文化（majority culture），并同时改变这种文化，促使英国社会向更加民主和公正的方向变革。

在威廉斯看来，优秀的文化遗产应该由全社会共同拥有，而不应该被某一占统治地位的阶级所垄断，成为他们维护本阶级利益和特权的手段。威廉斯关注和研究现代传播媒体，目的也在于使它们成为民主文化的载体。这是将媒体看成既是科学技术又是文化的视角。与许多文化和知识精英对大众传媒（mass media）和大众文化采取的拒斥态度不同，威廉斯关心的是如何利用传媒建立"民主的共同文化"，从根本上改变没有真正民主的阶级社会。对工人阶级生活和文化有切身体会的威廉斯，也自然采取了与欧陆其他左派，如法兰克福学派，截然不同的理论立场。如果保守的精英们将大众社会和大众传媒看成一种危及文化的、十分可怕的力量，威廉斯却看到了它们所包含的民主潜力。威廉斯认为传媒技术的发展本身就是一场漫长的革命，在一定的社会条件下，可以朝着民主化的方向发展。当前传媒的诸多问题是由资本主义的组织和经营方式造成的。他还多次强调媒体的垄断趋势和市场化的危险性，明确指出商业利益与公众利益之间存在的经常性的矛盾。即使如此，他仍然确信技术本身是中立的，可以为不同的社会和政治目的服务。

威廉斯认为马克思主义对人类社会的认识是建立在对社会生活的全面

把握之上的，因为马克思主义认为，人类文化是人类自身的创造性活动的产物，同时一切重大的活动都是集体的，都具有社会性。"文化"内含着人类"意识"的概念，它是人类在内在精神生活指导下进行创造的产物。所谓"社会"的全部内容是指"人们生活的完整方式"，它既包括精神生活，也包括物质生活，而"文化"这一概念可以涵盖动态的人类社会生活。在文化唯物主义方法论的指导下，威廉斯提出了新的艺术研究原则，就是打破利维斯的语义分析理论，突出文学艺术与其他社会实践之间不可分割的联系，取消作品和背景、文本与"语境"之间陈旧的分野。他认为文学艺术以其文化的特质参与了对社会的改造。威廉斯的这一认识是深刻的，文学在他的心目中并不是简单的无功利的审美对象，也不是现实社会的直接代言人，而是改造社会的现实力量。从威廉斯的理论体系里，我们可以发现他吸收了韦伯的社会学理论，在文化独立的意义上赋予文学强烈的意识形态价值。这样，文学就不仅仅是康德意义上的与知性相对的审美，也不仅仅是马克思意义上的意识形态，而是动态的，具有强大的创造、改变人类发展进程的功能。意识形态不再是第二性的，被动的，而是具有再造现实的功能。威廉斯在历史唯物主义的基础上用社会学理论发展了马克思主义的经济基础—上层建筑理论，具有强烈的现实性和可操作性，弥补了经典马克思主义意识形态理论的不足。这是一种宏观的大文化—历史观，在对微观的文化规则的研究中力图对宏观的文化结构有所把握。

像威廉斯一样，伊格尔顿所指的"文化"宽泛地包含了从具体的艺术作品和学术著述到所谓的"情感结构"以至整个社会生活方式的多种意义，当然更重要的是诸意义之间的相互关联。他发现，在浪漫主义初期，这些不同意义既有各自的界限，又相互联系。作为想象创造活动的文化与作为一般生活经验的文化是相互影响的；作为艺术、价值、风尚及信念的文化与作为社会政治经济生活的具体形式的文化是结合在一起的。换言之，它们是一枚文化硬币的两面。伊格尔顿并没有明细地描述这种文化的构成，因为他热情饱满地肯定这是一种比自由主义理想的文化"更丰富、更多样、更开放、更灵活、更自由"的文化，因为这种文化不是完成了的静物，而是在全体社会成员的集体实践中"不断重新创造和重新定义的整个生活方式",是一个"充分的民主过程"。从历史唯物主义观点看,文化诸意义是互相依托、互为实现的。如果说确实有一种作为整个价值体系的更为精神化的文化,那么它也必然植根于更广大的社会历史语境之中。以整个文化为批评视野,意味着将批评对象置于它所由产生的社会条件。伊格尔顿始终面向广阔的文化视野,坚持文化诸意义互相阐发的关系,尤其是坚持将作为社会意义总体的文化置于作为社会根本结构的一般生产方式之中。

文化问题同样是革命的社会主义的重要问题。不管"文化"指的是艺术和思想作品以及制作和享受作品的过程,还是一整套价值、意义和审美体系,抑或是整个社会生活方式,社会主义的目标就是为了建设一种比自由主义理想的文化"更丰富、更多样、更开放、更灵活、更自由"的文化,因为这种文化不是完成了的静物,不是少数几个正派的精英人物设计并交给大众去执行的"传统"或"精神"或"文明",而是在全体社会成员的集体实践中不断重新创造和重新定义的整个生活方式,当然首先是一个"充分的民主过程"。如果说人们总是把"文化"当作一个非常高雅而神圣不可仰及的理想,那是因为文化的诸意义在迄今为止的历史上总是互相脱节的。文化研究或文化批判总是一种社会政治实践,并不是用"文化"来解释一切,恰恰相反,应该调动一切资料和方法来解释文化。如果离开人与人的现实历史关系,将特定社会结构的问题转换成观念变迁本身的所谓文化问题,那是对问题的真实性和症结的有意或无意的掩盖。①

文化研究和文化批评是 20 世纪 80 年代以来引起人们极大热情的一种批评方法,它似乎可以将学术研究从狭隘的语言学天地带入一个广阔的领域,于是"文化诗学"和"文化哲学"成为走俏一时的理论主题。许多人纷纷从文学研究转向文化研究。伊格尔顿旗帜鲜明的坚持文化研究的方法论问题必须与实践政治紧密结合起来,因为文化并不是一个可以涵盖一切的范畴,更不是可以调和一切现实纷争的最终裁决者。如果用文化来解释

---

① 马海良:《文化政治学的逻辑——伊格尔顿的文化批判思想概要》,《外国文学》1999 年第 4 期。

一切，文化就成了永远漂浮着的无所指的"能指"。但实际上，文化从来就是问题的一部分，而不是解决问题的方法，文化本身就是政治斗争的场所。后现代文化的零散化、折中化、低俗化和世界化，烙着晚期资本主义无处不在的消费主义和商品化的印记，也许文化曾经（尝试）给社会冲突提供药膏，但现在它自身就是价值和意义全面斗争的场所。当"政治"成为伊格尔顿批评话语里的中心概念时，他的"文化政治批判"开始成型了，他的研究视野扩大到整个当代文化，而且更加强调批评的政治意义。①

随着社会的发展，特别是晚期资本主义所引发的后现代社会的来临，使文化的生产方式、格局和存在形态都发生了根本的变化。大众文化取代精英文化获得了霸权地位，文化工业的推动使批量生产支配了创造，商业价值成为衡量文化价值的绝对标准。詹姆逊不但随之扩大了文化批评的范围，也调整了观察文化的方式。他充分地注意到商品生产逻辑、消费及消费意识形态对文化所产生的深刻影响。他将后现代主义置于与晚期资本主义体系相连的总体性的文化变革中进行评价。可见无论在詹氏的现代性理论还是其后现代性理论中，其理论本源依然是他坚守至今的马克思主义，其尊重历史逻辑的现代性与后现代性批判鲜明地表现出马克思主义的辩证法在其文化批判中的最终决定作用。故而，尽管詹氏关于现代性及后现代性论题的论断前后期不无变化之处，似乎其文化立场及批判指向也已开始发生转变——具体表现为他先解构了一般意义上人所共知的"现代性"，后又出乎意料地开始了某种意义上的"回归"（指的是他重拾"现代性"话语），并相应地修正自己一直热衷的"后现代性"理论这一历史举动，他试图通过新的"现代性"理论去回应"后现代性"问题，这种追踪时代变化而作的再思考与其之前的理论难免有相矛盾处，可是由于他始终有一个马克思主义的立场，坚持以马克思主义的辩证法进行文化批判，从连续性与非连续性的双重视角入手研究，从而使得其前后期的文化理论仍然保持了一定的思想连贯性。

---

① 马海良：《文化政治学的逻辑——伊格尔顿的文化批判思想概要》，《外国文学》1999 年第 4 期。

关注当下成为詹姆逊文化批评的鲜明特色，詹姆逊的马克思主义批评理论具有强烈的社会使命感，他尤其善于透过各种错综复杂的社会现实，提出自己的批判性见解，虽然这些见解并不一定能真的充当解决社会问题的良方，但却为当代人观察社会现实提供了新的视角。这一点完全可以从他对后现代主义的研究中看出。就文化批评而言，詹姆逊一方面继续强调生产方式对资本主义文化性质的决定作用，主张从研究文化与经济的关系入手，认为经济"是马克思主义的一个内在的、历史的、不可逾越的特征"，并尝试采用经济系统及生产方式的语汇对文化进行分析，同时他又力图充分发挥批评的政治阐释功能，突出文化批评的意识形态批判性。在詹姆逊看来，文化批评应关注文化文本的基本政治性质和意识形态的矛盾，特别要关注那些过去被忽视和被压抑的领域。詹姆逊的后现代文化批评拒绝接受清一色的身份，他认为批评不是将不同群体所代表的意识形态消解为统一的意义，而是揭示出各种意识形态的相互影响和矛盾。后现代文化批评所面对的文本具有丰富的内涵，代表着各种群体的声音。詹姆逊更强调批评的体验性，同时坚持把这些现象同当代资本主义政治经济现实联系起来，给予马克思主义的解释。

第四节　西方马克思主义文艺理论传播的选段

一、西方马克思主义创始人的文艺理论著作选摘

（一）卢卡奇

1. 著作简介

卢卡奇一生著作等身，但他最重要的一部著作，奠定他西方马克思主义创始人及思想家地位的，是他在维也纳流亡期间协作完成并于1923年出版的《历史与阶级意识》一书。这本书号称"西方马克思主义"的"圣经"。卢卡奇在这部理论著作中，从发掘青年马克思著作中有关异化及实践的概念入手，试图重新来诠释什么是马克思主义及其辩证法的本质等一系列极其重要的理论问题。他提出的总体性原则是马克思社会哲学方法论的

实质的思想，是卢卡奇在马克思主义研究方面的重要成果。卢卡奇在这本书中还提出了他对于历史及其主体及物化问题的解释，阐明了无产阶级及其阶级意识的历史作用。卢卡奇在《历史与阶级意识》一书中，还提出了要建造一个马克思主义美学体系的任务，更是有着对于物化现象及总体性辩证法的诠释和解读。

2. 著作节选

物化现象：

马克思描述整个资本主义社会并揭示其基本性质的两部伟大成熟著作，都从分析商品开始，这绝非偶然。因为在人类的这一发展阶段上，没有一个问题不最终追溯到商品这个问题，没有一个问题的解答不能在商品结构之谜的解答中找到。当然，只有当这个问题的提法达到马克思的分析所具有的那种广度和深度时，只有当商品问题不是仅仅表现为个别的问题，也不是仅仅表现为按专门科学理解的经济学的核心问题，而是表现为资本主义社会生活各个方面的核心的、结构的问题时，它才可能达到这种普遍性。因为只有在这种情况下，才能在商品关系的结构中发现资本主义社会一切对象性形式和与此相适应的一切主体性形式的原形。

——选自《历史与阶级意识》，商务印书馆 2004 年版，第 115 页。

可见，商品形式的奥秘不过在于：商品形式在人们面前把人们本身劳动的社会性质反映成劳动产品本身的物的性质，反映成这些物的天然的社会属性，从而把生产者同总劳动的社会关系反映成存在于生产者之外的物与物之间的社会关系。由于这种转换，劳动产品成了商品，成了可感觉而又超感觉的物或社会的物。……这只是人们自己的一定的社会关系，但它在人们面前采取了物与物的关系的虚幻形式。

——选自《历史与阶级意识》，商务印书馆 2004 年版，第 119 页。

生活的各个孤立方面的合理化，由此而产生的各种形式上的规律，虽然直接地看来归入一个有普遍"规律"的统一系统，但是，看不到这些规律的内容所依据的具体方面，就会使这种规律系统实际上显得缺乏联系，使局部系统的相互联系显得是偶然的，使这些局部系统相互之间表现出比较大的独立性。

——选自《历史与阶级意识》，商务印书馆 2004 年版，第 137 页。

只有当哲学通过对问题的完全另外一种提法，通过专注于可认识事物、被认识事物的具体的、物质的总体来突破这种陷入支离破碎的形式主义限制时，才是可能的。但是，为此就需要认清这种形式主义的原因、起源和必然性；而且，为此就不必机械地把专门化的各专门科学联系成一个统一体，而要通过内部统一的、哲学的方法从内部把它们加以改造。显然，资产阶级社会的哲学必然没有能力做到这一点。这不是说，好像它没有对综合的渴望；也不是说，好像那个社会中最优秀的人物乐于接受敌视生活的存在机械论和与生活格格不入的科学形式主义。但是，在资产阶级社会的基础上，要使立场来一个根本性的变化，是不可能的。

——选自《历史与阶级意识》，商务印书馆 2004 年版，第 148 页。

总体性辩证法：

德国古典哲学的伟大、矛盾和悲剧正在于，它不再——像斯宾诺莎那样——把每一个既定的事实当作不存在的东西，并让它们消失在由知性创造的理性形式的宏伟建筑后面，而是相反，它把握住了概念的既定内容的非理性特征，牢牢地抓住这种特征，超越和克服这种证明，力求建立体系。但是本文至此的论述已经清楚地表明：既定性的问题对理性的体系意味着什么；既定性是不能任其留在它自己的存在和存在方式之中的，因为那样的话，它就必然还是"偶然的"，它必须一无遗漏地被放到知性概念的理性体系中去……要就是"非理性的"内容一无遗漏地化为概念体系，就是说，这个体系是封闭的，必须被构造成能适用于一切东西，似乎不存在任何内容即既定性的非理性，这样一来，思维就重又跌落到幼稚独断的理性主义水平上：思维无论如何把非理性的概念内容的简单事实性视为不存在了……要就是被迫承认：既定性、内容、物质进入形式，进入形式结构，进入形式的相互关系，即肯定地进入体系本身的结构，这样，作为体系的体系就必须被抛弃，体系只能是对事实的尽可能一目了然的记载，一种尽可能条分缕析的描述，然而这些事实之间的关系确实不再是理性的，因而不再是可以加以体系化的了，尽管它们的因素的形式从知性的角度来看是理性的。

——选自《历史与阶级意识》，商务印书馆2004年版，第158页。

总体性辩证法：历时层面的总体性

物化意识决不是纯粹思想的形式，而是当代资产阶级社会的对象性形式，因此，对它们的消除如果是真正的消除的话，就不能是一场简单的思想运动，而必须提高为是对它们作为社会生活形式的实际消除。任何一种想坚持纯粹认识的认识必然导致对这些形式的重新肯定。

——选自《历史与阶级意识》，商务印书馆2004年版，第234页。

个体决不能成为事物的尺度，这是因为个体面对的是必定作为僵化事物的集合体的客观现实。个体发现这些事物是已经存在的、一成不变的。面对这样的事物，个体只能作出承认或者拒绝的主观判断。只有阶级（而不是"类"，类只是按照直观的精神塑造出来的神秘化的个体）才能和现实的总体发生关系并起到实际上的改造作用。而阶级也只有当它能在既定世界的物化的对象性中看到一个过程，而这个过程同时就是它自己的命运时，才能做到这一点。对个体来讲，物化和决定论（决定论就是认为事物必然是互相联系的思想）都是不可消除的。

——选自《历史与阶级意识》，商务印书馆2004年版，第255页。

历史正是在于，任何固定化都会沦为幻想：历史恰恰就是人的具体生存形式不断彻底变化的历史。

——选自《历史与阶级意识》，商务印书馆2004年版，第245页。

在历史中再也不会有任何最终不能回溯到人，回溯到人与人的关系的东西。

——选自《历史与阶级意识》，商务印书馆2004年版，第246页。

总体性辩证法：历史的必然性与机械的因果性

无产阶级意识在变为实践时，只能给历史的辩证法迫使人们要作出抉择的事情注入生命，但决不能在实践中不顾历史的进程，把只不过是自己的愿望和认识强加给历史。因为无产阶级本身无非只是已被意识到的社会发展的矛盾。

——选自《历史与阶级意识》，商务印书馆 2004 年版，第 235 页。

工人阶级"只需解放那些在行将崩溃的资产阶级社会中成长起来的新社会的成分。"因此就必须有某些新东西，即无产阶级的变为行动的意识加入到纯粹的矛盾——资本主义发展的自动地合规律的物——中去。

——选自《历史与阶级意识》，商务印书馆 2004 年版，第 235 页。

由于意识成为向实践的过渡点，迄今常常提到的无产阶级辩证法的特性就再一次更具体地表现出来了：因为这时意识不是关于它所面对的客体的意识，而是客体的自我意识，意识这一行为就彻底改变了它的客体的对象性形式。

——选自《历史与阶级意识》，商务印书馆 2004 年版，第 235 页。

什么是正统的马克思主义？

不是经济动机在历史解释中的首要地位，而是总体的观点，使马克思主义同资产阶级科学有决定性的区别。总体范畴，整体对各个部分的全面的、决定性的统治地位，是马克思取自黑格尔并独创性地改造成为一门全新科学的基础的方法的本质。生产者同生产总过程的资本主义分离，劳动过程被肢解为不考虑工人的人的特性的一些部分，社会被分裂为无计划和无联系盲目生产的个人，等等，这一切也必定深刻地影响资本主义的思想、科学和哲学。而无产阶级科学的彻底革命性不仅仅在于它以革命的内容同资产阶级社会相对立，而且首先在于方法本身的革命本质。总体范畴的统治地位，是科学中的革命原则的支柱。

——选自《历史与阶级意识》，商务印书馆 2004 年版，第 42 页。

总体性与美学：机械反映论 VS 审美反映论

思维和存在是同一的，就不是说它们是互相"符合"，互相"反映"，它们是互相"平行"或互相"叠合"的（所有这些说法都以隐蔽的形式包含着僵硬的二重性的思想）。它们的同一在于它们都是同一个现实的和历史的辩证过程的环节。

——选自《历史与阶级意识》，商务印书馆2004年版，第270页。

马克思在完全不同的场合引用过维科的话："人类史同自然史的区别在于，人类史是我们自己所创造的，而自然史不是我们自己创造的。"

——选自《历史与阶级意识》，商务印书馆2004年版，第151页。

我们——根据已经引证过的维科的预言——自己创造了我们的历史。如果我们可以把全部现实看作为历史（即看作为我们的历史，因为别的历史是没有的），那么我们实际上使自己提高到这样一种立场，在这种立场上，现实可以被把握为我们的"行为"。

——选自《历史与阶级意识》，商务印书馆2004年版，第194页。

（二）葛兰西

1. 著作简介

葛兰西在漫长的监狱生活中，以超常的毅力克服艰苦条件与病痛的折磨，写下了大量的笔记，共2848页和900多封信件，后人根据这些笔记整理成了《狱中札记》和《狱中书简》，他的主要思想也体现在这两部书中。葛兰西在理论上的主要贡献在于他对于实践哲学的理解和认识，其文艺观是紧密围绕实践哲学而展开的。他的文艺思想是他在实践哲学基础上针对无产阶级革命而提出的革命理论，是他对马克思主义意识形态学说所作的别具一格的诠释。葛兰西文化领导权理论则侧重于从意识形态批判的视角，强调日常生活批判、文化道德价值批判和意识形态批判对于夺取文化领导权的必要性和重要性。夺取文化意识形态领导权，目的是用以形成无产阶级统一的集体意识，找寻作为整体的无产阶级的自由和解放之路。他指出，任何社会集团要想获得和维护政治领导权，就必须首先占有文化领导权，要实现这一目的，就必须使知识分子自觉地同人民群众紧密地联系在一起，实现"民族—人民"的文学。

葛兰西反对象牙塔中的封闭式哲学研究，认为哲学具有普世性，能够为人民群众所接受与理解，以指导人们走向全面解放、转化为能够改变世界的强大物质力量为最终目的。

2. 著作节选

意识形态领导权：

一个社会集团的霸权地位表现以下两个方面，即"统治"和"智识与道德的领导权"。

常识在判断的整个领域中确认准确而简明方便的原因，不允许虚伪的诡辩以及假冒深刻、假冒科学的形而上学的莫名其妙的东西将其引入歧途。

——选自《狱中札记》，中国社会科学出版社 2000 年版，第 369 页。

政治领导权：

在俄国，国家就是一切，市民社会处于原始状态，尚未开化；在西方，国家和市民社会关系得当，国家一旦动摇，稳定的市民社会结构就会显露。国家不过是外在的壕沟，其背后是强大的堡垒和工事。

——选自《狱中札记》，中国社会科学出版社 2000 年版，第 369 页。

艺术中"有趣的"因素：

需要澄清，一般地说，艺术中"有趣的"因素是指什么，具体到散文创作和戏剧，又是指什么。

一般说来，"有趣的"因素随着个性、人群和社会集团的不同而改变。因而，它是文化因素，而不是艺术因素。但由此能够断定它是同艺术毫不相干和截然分离的东西吗？艺术满足生活的需要，所以它激发人们的兴趣，也就是说它本身是有趣的。除了艺术这个内在的特征，即它本身是有趣的而外，一部艺术作品，例如一部小说、一首长诗或一部戏剧作品，还可能具有哪些其他"有趣的"因素？从理论上说，这样的因素是无穷尽的。但那些"激发人们兴趣"的成分却不是无穷尽的，它们只能是那些据认为直接或间接促使小说、长诗或戏剧或早或迟取得"成功"的成分。一个语言学家可能对皮兰德娄的戏剧作品产生兴趣，因为他想了解，皮兰德娄把西西里方言的哪些词汇、词态和句法因素注入了意大利文学语言；这种"有趣的"因素对剧本的流传当然不会产生很大的影响。卡尔杜齐的"野蛮韵律"①对极其广泛的阶层，对职业文学家和有志成为职业文学家的人来说，却是"有趣的"因素；也就是说，它是使作品立即"声名鹊起"的因素，促使成百上千用野蛮韵律写就的诗集广为流传。这些"有趣的"因素随着时间、文化条件和个人的气质而异。激发"兴趣"的最持久的因素，自然是对"道德"的兴趣，肯定的或否定的，即表示赞同或表示反对。所谓"持久的"，是就某种意义即"道德范畴"的意义而言，而不是就具体的道德内容来说。与此密切相关的是某种特殊意义上的"技术"因素，即以最直接和最富有戏剧性的方式使人领悟小说、长诗和戏剧的道德内容、道德冲突，由此便有戏剧中的"剧场效果"、小说中的主要"情节纠葛"。所有这些因素不必一定是"艺术的"，但也不见得一定就不是"艺术的"。从艺术观点来看，它们在某种程度上"无足重轻"，超越于艺术之外；但它们受文化史的制约，因为这个缘故，它们应该受到重视。

所谓的商业文学证实，这样的情况确实存在和不时发生。"商业文学"是人民—民族文学的一个分支，其"商业性"根源于这样的事实：它的"有趣的"成分不是"真挚的""内在的"，无法同艺术观和谐地融合，它是呆板地从外界搜寻得来，作为保证"一鸣惊人"的成分，用巧妙的方法炮制而成。然而，这至少意味着，在任何情况下，即便是商业文学，在文化史上也不应该被忽视：正是在这个意义上，它甚至具有极大的价值，因为一部商业性小说的成就，表明了（有时是唯一的标志）"时代哲学"是怎样的哲学，即在"沉默的"群众中间什么样的感情和世界观现在占据主导地位。商业文学是不胫而走的"麻醉剂"，是"鸦片"。从这样的观点出发，可以对或许堪称通俗小说当中最具有"鸦片"毒的作品——大仲马的《基度山伯爵》，作一番剖析：那些普通公众展卷阅读的时候，谁会不认为自己有着遭受强暴者欺凌的际遇，因而幻想对他们复仇呢？邓蒂斯（《基督山伯爵》主人公）为他们树立了楷模，他用自己的发迹使他们"陶醉"，打掉了他们对超然存在的教义的虔诚信仰。

里纳蒂^①发表于《今日图书》（1929 年 2 月）的文章值得一读。里纳蒂问道：作品借以激发人们兴趣的那个 quid^②在哪里，但他最终寻找不到答案。自然，正确的答案是无法获得的，至少说在里纳蒂理解的意义上是如此。里纳蒂寻找这个 quid，旨在使自己或他人能够写出饶有趣味的作品。里纳蒂说，最近以来这个问题已经具有"异常的迫切性"。这是切合实际而合情合理的看法。民族主义情绪有了某种程度的活跃，人们理所当然地要提出责问：为什么意大利作品遭到冷遇，为什么视它们为"令人厌烦"之物，而把外国作品吹捧为"饶有趣味"的作品。

民族主义情绪的活跃使人意识到，意大利文学不是"民族的"文学；就是说，它不是人民的文学，它如同人民一样接受外国的统治。形形色色的纲领、争论和探索由此应运而生，但毫无成效可言。看来必须对传统进行毫不留情的批判，进行文化—道德的革新，这将导致新文学的诞生。然而，这又恰恰是无法实现的；因为存在这样的矛盾：民族主义情绪的活跃正孕育着崇尚过去的倾向。马利涅蒂掀起了反对 Pastasciutta^③传统的斗争，竟然成为科学院院士。

——选自《文学与民族生活》，埃依纳乌迪出版社 1954 年版，第 85—87 页。《葛兰西论文学》，人民文学出版社 1983 年版，第 34—37 页。

二、法兰克福学派文艺观要点导读

（一）霍克海默

1. 著作简介

《启蒙的辩证法》是一部把批判矛头直指整个人类文化、指向几千年人类文明史的著作。在霍克海默和阿多诺看来，人类的启蒙由于其内在的逻

---

① 卡洛尔·里纳蒂（Carlo Linati，1878—1949），意大利小说家、批评家、翻译家。

② 拉丁语：什么。

③ 意大利日常食用的用干酪和牛油拌和的通心粉，此处喻指意大利民族传统。

辑而走向了自己的反面，"文化的发展是在绞刑吏的记号下发生的"，"恐怖是和文明分不开的"。他们写此书的主题就是论证"启蒙运动的目的总是在于使人们摆脱恐怖，确立其统治权，但是被完全启蒙了的世界却处在福兮祸之所伏的境况"。什么是"启蒙"呢？他俩回答："启蒙运动的纲领就是要消除这个着魔的世界；取缔神话，用知识代替幻想。"此书分为六个部分：（1）"新版说明"；（2）"导言"；（3）"启蒙的概念"；（4）"文化工业。欺骗群众的启蒙精神"；（5）"反犹太主义的因素。启蒙的界限"；（6）"札记和草稿"。其中，第三部分最重要。

2. 著作节选

权力惩罚人的野蛮性不能体现出人的真正性质。

在受启蒙的世界里，神话学世俗化了。由不可抗拒的力量和它们所掌握的派生物彻底净化的定在，具有通过光辉的自然性所表现出来的特有的性质，而这种性质是以前的世界强加给不可抗拒的力量的。正像医生在神的保护下是神圣不可侵犯的一样，现在社会上的邪恶势力，在它所派生出来的野蛮事物的掩护下，倍加保护地被奉若神明。不仅对自然界的支配是以人与所支配的客体的异化为代价的，随着精神的物化，人与人之间的关系本身，甚至个人间的关系也神化了。个人变成了事实上必然表现出来的习俗的活动和活动方式的集中表现点。摹拟活动使事物具有了灵魂，工业化主义使灵魂物化了。经济结构由于全面计划已变成自动的，商品是按照决定人的行动的价值进行交换的。自从自由交换结束以后，商品就失去了它的经济性质，而具有了偶像崇拜性质，这种偶像崇拜的性质一成不变地渗入了社会生活的各个角落。大规模的生产和文化通过它们的无数代表，使各个人采取作为唯一自然的、正常的、合理的统一的行动方式。个人只是决定事件、决定统计的因素，决定成功或失败。他的尺度就是维持自我生存，使他的机能成功地或不成功地适应客观性，以及他的行动应该遵守的规范。其他的一切思想和行动表现，是由学校班级到工会等集体的力量来检验的。但是，甚至起决定性作用的集体也只是属于伦理面，在这种伦理面的下边，隐藏着可以通过暴力行动进行控制的权力。这种权力在惩罚个人时所表现出来的野蛮性，完全不能体现出人的真正性质，这一点正像价值完全不能体现出使用的东西的性质。……在史前时期，人莫明其妙的死亡等所遭的厄运，完全表现在不言而喻的定在上，使人们因此而突然领悟到，作为宇宙的自然界的白天混乱的恐惧，是来自现在每时每刻都在爆发的混乱：人们在期待，世界是没有出路的，宇宙已把世界置于火海之中，人们本身就是这种火海，他们对此根本无能为力。

——选自《二十世纪哲学经典文本·西方马克思主义卷》，复旦大学出版社 1999 年版，第 167—168 页。

（二）阿多诺

1. 著作简介

《否定的辩证法》（1966 年出版）是阿多诺一生中最重要的著作。它以阿多诺 1961 年在巴黎的讲课稿为基础、参考了马尔库塞 1964 年发表的《单向度的人》，以"否定"和"批判"为宗旨，以艰深晦涩的哲理，为西方左翼派别对现代西方社会进行全面批判和彻底否定的激进理论和"大拒绝"斗争策略提供了哲学论证。该书从否定的辩证法总论、否定的逻辑学认识论、否定的本体论、否定的历史观等方面展开论述，用"彻底的"辩证法代替马克思、黑格尔"否定之否定"的辩证法。《否定的辩证法》一书的观点是他与霍克海默 1947 年合著的《启蒙的辩证法》思想的发展。

2. 著作节选

艺术和哲学都通过对立面而忠实于自己的实质。

因此，审美的要素尽管出于完全不同于谢林所说的基础，对哲学来说也不是偶然的。但避免它的唯美主义，靠有说服力的见解把审美的东西升华为现实的东西，同样是哲学义不容辞的责任。说服力和游戏是哲学的两极。哲学和艺术的密切联系并不要求它来自艺术，至少不能依赖于被野蛮人视为艺术之特权的直觉。直觉很难孤立地闪现，像天上的雷电一样。直觉根本不会像雷电一样击打艺术家的工作，它们和作品的形式法则拴在一起，如果人们力图抽取并保留它们，它们也就溶化了。泉源的清新可以使人们从思想中解放出来，而思想并不保护泉源。我们具有的认知形式只能是已掌握的认知形式，绝对没有与此不同的别的形式。而直觉主义者却对这种认知形式惊恐万分并徒劳地想逃避它。

极力模仿艺术的哲学、使自身变成艺术品的哲学会自取灭亡。它会提出同一性的要求：通过赋予它的方式一种至上性，让作为内容的异质的东西先验地服从这种至上性，以此来穷尽它的对象。对真正的哲学来说，和异质东西的联系实际上是它的主旋律。艺术和哲学共有的东西不是形式或构造的过程，而是一种禁止假象的行为方式。艺术和哲学都通过它们的对立面而忠实于它们自己的实质：艺术靠抵制它的意义，哲学靠不去捕捉任何直接的事物。哲学将不放弃的东西是那种使艺术的非概念方面充满生气的渴望，哲学的实现将避开作为纯现象的艺术的直接方面。概念——既是思维的推理法，又是思维和被思维物之间的城墙——否定这种渴望。哲学既不能绕开这种否定，也不能屈服于它。它必须靠概念极力超越概念。

——选自《二十世纪哲学经典文本·西方马克思主义卷》，复旦大学出版社 1999 年版，第 193—194 页。

（三）马尔库塞

1. 著作简介

《理性与革命》是马尔库塞写手 1911 年的一部著作。内容一是论证了黑格尔理性主义的革命性，二是重新解释了马克思主义与黑格尔主义的关系。在对黑格尔理性主义论证中，他一味地肯定，包括其唯心主义的、神秘主义的成分，有一些是违反历史事实的。在对马克思主义与黑格尔主义关系的论证中，他否认两者具有的原则区别，而是坚持两者的"同一性"，两者在服从理性力量方面的"同一性"。同时，在这部著作中，他还反对恩格斯的《自然辩证法》理论，认为辩证法只存在于人类社会、阶级社会中，自然界不存在辩证法。

《爱欲与文明》是马尔库塞在 1950 至 1951 年间在华盛顿精神病学院的讲稿，后来他把该讲稿加以整理，于 1955 年出版。此书分两大内容：一是对弗洛伊德精神分析学的哲学改造，把弗洛伊德的"性欲"理论提升为"爱欲"理论，强调人的本质就是"爱欲"，人的解放就是"爱欲的解放"。二是把弗洛伊德与马克思主义"综合"，把"爱欲解放"与马克思的"劳动解放"结合在一起，认识爱欲受压抑的根源并为批判"现代工业社会"提供理论根据。

《单向度的人》的主要内容诚如其副标题所揭示的，是"发达工业社会的意识形态之研究"。所谓发达工业社会的意识形态，则是指这个社会中存在的"单面性"。具体地说，该书一是批判了"单面社会"——资本主义社会；二是批判了"单面思想"——当代哲学；三是在此基础上提出了"救世良方"——革命新理论。在第一部分中，批判了把"虚假需求"当作"本质需求"的社会现象；在第二部分中，批判了当代哲学被形式逻辑、被语言特别是被普通语言"牵着鼻子走"的走势；在第三部分中，用"时效性"观点力图对马克思的"剩余价值论""科技革命论""无产阶级是掘墓人论"进行修正和改造。

2. 著作节选

涅槃原则在文明中的持久力量，说明了对爱欲的文化建设力量所加的压制的范围。爱欲在与死亡本能的斗争中创造了文化，它努力要在更大、更丰富的规模上保存存在，以满足生活本能，使之免受不能实现，甚至被灭绝的威胁。但正是爱欲的失败，在生活中的不能实现，提高了死亡本能的价值。形形色色的倒退，都是对过度的文明所作的无意识的反抗。有机体有一种最深层的倾向，它妨碍支配文明的原则，坚持要求摆脱异化。死亡本能的派生物与爱欲的各种神经症的反常表现一起参与了这一反抗。弗洛伊德的文明理论一再指出了这些逆流。虽然在既存文化看来，这些逆流具有破坏性，但它们恰恰证明了它们所要破坏的东西即压抑才是破坏性的。它们的目的不只是反对现实原则，实现虚无，而且要超越现实原则，达到另一种存在。它们表明了现实原则的历史性、有效性和必要性的限度。

在这一点上，弗洛伊德的元心理学与西方哲学的主流汇合了。

——选自《二十世纪哲学经典文本·西方马克思主义卷》，复旦大学出版社 1999 年版，第 279 页。

　　决定性的区别不是欢乐中创造的艺术和悲哀中创造的艺术之间的心理学区别，也不是精神健全和神志不清之间的心理学区别，而是艺术现实和社会现实之间的区别。与后者相决裂、魔术般地或合理地越界，甚至是最具肯定性的艺术的本质特征；这样做也即是同作为艺术对象的大众相异化。所以，不管庙宇和教堂对于生活在周围的人们是多么亲切和熟悉，它们还是与奴隶、农民和手艺人——甚至其主人——的日常生活处于可怕的鲜明的对照之中。

　　艺术无论仪式化与否，都包容着否定的合理性。在其先进的位置上，艺术是大拒绝，即对现存事物的抗议。它那些使人和物出场、吟唱、述说和讲演的方式，是拒绝、破坏和重新创造其实际存在的方式。但这些否定的方式对与之相联系的敌对社会却大加赞颂。由于与社会再生产其自身及其不幸的劳动领域相分离，上述否定方式所创造的艺术世界及其全部真理依然还是一种特权和幻影。

　　——选自《单向度的人》，上海译文出版社 1989 年版，第 58—59 页。

　　现在，艺术远离社会、冒犯社会、指控社会的特征已被消除。虽然，其文本及情调至今犹存，但那种使人能够呼吸来自其他星球的空气的间距已被克服。艺术的异化已经成为同上演艺术的新型剧院和音乐厅建筑一样是从使用的观点来设计的。而且在这里，合理的东西和邪恶的东西也是不可分离的。毫无疑问，新型建筑是更好的建筑，例如，是比维多利亚时代那些庞然大物更漂亮、更实用的建筑。但它也是更加“一体化”了的建筑——文化中心变成了商业中心、市政中心或政府中心的适当场所。统治有它自己的美学，民主统治有其民主的美学。这是非常惬意的事情：现在差不多人人都可以随时获得优雅的艺术享受，只要扭动收音机的旋钮或者步入他所熟悉的杂货铺就能实现这一点。但在这种艺术的传播过程中，人们却成了改造他们思想的文化机器的零件。

　　——选自《单向度的人》，上海译文出版社 1989 年版，第 60 页。

　　由于降低爱欲能力而加强性欲能力，技术社会限制着升华的领域。同时它也降低了对升华的需要。在精神设施中，人们所渴望的东西同准许得到的东西之间的张力似乎已大大减弱，现实原则似乎不再要求各种本能需要进行彻底而又痛苦的改造。个人必须使自己适应于一个似乎不要求他克制其内在需要的世界——即一个本质上没有敌意的世界。

因此，这个有机体正在为自发接受所给予的东西预作准备。既然更为充分的自由导致的是本能需要的克制而不是扩张和发展，那么它的作用就有利于普遍压抑的现状而不是相反——人们不妨谈论"制度化的俗化"。后者看来在造成我们时代的专横个性方面是必不可少的因素。

——选自《单向度的人》，上海译文出版社 1989 年版，第 68 页。

过去，高尚的形式（指故事的叙述风格和语言）曾是跟现实格格不入的那些梦想的标志。今天，由于解除了这种形式，性欲成了关于压抑的畅销书的一种工具。人们要想用巴尔扎克描写妓女埃斯黛尔的笔调来描写任何当代文学中的性感女人已经是不再可能的了；埃斯黛尔所不断萌发的不过是温情而已。这个社会把它所接触到的每一样事物都转变成进步与开发、苦役与满足、自由与压迫的潜在来源。性欲也未能幸免。

——选自《单向度的人》，上海译文出版社 1989 年版，第 71—72 页。

（四）弗罗姆

1. 著作简介

《马克思主义人的概念》是弗罗姆写于 1961 年、在西方流传很广的一本书。该书以解释马克思《1844 年经济学—哲学手稿》为支点，总结了前人和他同时代人的"人道主义的马克思主义"的观点，论述了马克思主义的本质、目标，以及人的异化和人的解放等一系列问题的看法。

他以为，马克思在论述人的本性时突出了两个方面的区别：一是把"一般的人的本性"同"特定社会的人的本性"的区别；二是把"固定不变的"人的倾向和欲望同"相对的"欲望的区别。前者是人性的组成部分，"只是在不同的义化中所采取的形式和方向上有所改变"；后者不是人的本性，"它们的起源应归于一定的生产和交换条件"。

《占有或存在》是弗罗姆以人道主义者眼光，在其完成大量著作的基础上写就的一本著作。在该书中，弗罗姆不仅指出了当代文明社会致病的根本原因在于人的心理、性格和生活方式都被"占有欲"所浸透，而且力图以人的"独立、自由和批判理性"为前提的"存在生活方式"作为治疗"占有"之患的药方呈现给读者。为此，他还在本书中用相当的篇幅描绘了"存在式新型社会"的远景和"新人"轮廓。

2. 著作节选

在形形色色的误解中间，也许没有什么观念比马克思的"唯物主义"观念传播得更为广泛了。在有些人看来，仿佛马克思认为人的最主要的心理动机是希望获得金钱与享受，这种为获得最大利润而作出的努力，构成个人生活和人类生活中的主要动力。作为对这种观念的补充的是下述这个同样广泛流传的看法：马克思没有看到人的重要作用；马克思对人的精神需要既不重视，也不了解；马克思的"理想人物"是那种吃得好、穿得好然而"没有灵魂"人。他们把马克思对宗教的批判看作是马克思否认一切精神价值；在那些把宗教信仰看作精神生活的基本条件的人们身上，这种看法表现得似乎尤其明显。

对马克思的这种看法进一步把马克思的社会主义天堂描绘成这样一种情景：成千上万的人听命于一个拥有至高无上权力的国家官僚机构，这些人即使可能争取到平等地位，可是牺牲了他们的自由；这些在物质方面得到满足的"个人"失去了他们的个性，而被变为成千上万个同一规格的机器人和自动机器，领导他们的则是一小撮吃得更好的上层人物。

在本书的开头，只需要指出对马克思的"唯物主义"的这种流行的看法（即认为马克思具有反精神的倾向，希望人们变得单调划一和俯首听命）是完全错误的，那就够了。马克思的目标是使人在精神上得到解放，使人摆脱经济决定论的枷锁，使人的完整的人性得到恢复，使人与其伙伴们以及与自然界处于统一而且和谐的关系之中。用世俗的、无神论的语言来说，马克思的哲学是朝着预言式的救世主义传统重新迈出一大步；它的目标是使个人主义得到充分体现，正是这个目标指引着西方的思想，从文艺复兴、宗教改革运动一直到 19 世纪。

——选自《二十世纪哲学经典文本·西方马克思主义卷》,复旦大学出版社 1999 年版,第 319—320 页。

所以,彻底变革人性不仅是一个伦理或宗教的要求,也不单纯是一种出自我们当今病态化的社会性格本能的心理要求,而且是人类生存延续的最基本的先决条件。正确地活着无非是要实现一种伦理的或宗教的信条。在历史上,人类的肉体延续总是与一次人类心灵的彻底变革相关联的。不过,人类"心"中的这种变化,只有在剧烈的经济和社会变革出现,给它提供了转变的机会以及它所需要的、足以实现这种转变的勇气和想象力时,才有可能。

——选自《占有或存在》,国际文化出版公司 1989 年版,第 9 页。

当今的语言习惯自杜·马赖斯生活时代以来的二百年内取代动词的倾向大成了气候,这恐怕是杜·马赖斯难以想象的事情。这儿有一个典型的,或许多少有点夸张的现代语法的例子,我们假定,有一个妇女以下列方式开始和一位精神分析医生对话:"大夫先生,我有一个问题。"而放在几十年前,这个病人就很可能不说"我有一个问题",而说"我很忧虑"。现代语言的这种习气正是现代化异化的一个标志。如果我说"我有一个问题"而不是说"我很忧虑"则等于排除了一种主观的经验;产生这种经验的我被我所占的它所取代。我把我的情感变换成了一种被我占有的东西:一个问题。而一个"问题"是对所有种种不同困难的抽象表述。我不能占有它,因为它不是可供人占有之物,虽然这个问题可以占有我。确切地说,是我把我变成了一个"问题"。我的创造物占有了我。用这样一种方式去说话,正暴露了一种潜在和下意识的异化。

——选自《占有或存在》,国际文化出版公司 1989 年版,第 20 页。

三、当代英美马克思主义文化批评著作导读

(一)威廉斯

1. 著作简介

威廉斯的主要理论著作包括《从易卜生到布莱希特的戏剧》《文化与社

会：1780—1850》《现代悲剧》《从狄更斯到劳伦斯的英国小说》《关键词：文化与社会词汇》《马克思主义与文学》等。但是他的主要学术影响则是在他逝世后文化研究的异军突起并迅速占领学术前沿后逐步水涨船高的。作为一位著述甚丰的马克思主义文学理论家和文化批评家，威廉斯对英国当代文化批评和文化研究的卓越贡献体现在：首先，他通过把研究的触角指向大众文化和通俗文学而实现了对利维斯的精英文化思想的超越和批判。其次，威廉斯早在 20 世纪 30 年代就开始了与英国的马克思主义者的对话，他反对当时的英国马克思主义者机械地照搬教条片面理解马克思主义的做法，试图在自己的一系列著述中建立自己的马克思主义文学理论。再者，他通过《新左派评论》的中介，对欧洲大陆的马克思主义逐渐有了正确的了解，经过多年的独立思考和探索，他终于于 20 世纪 70 年代推出了自己构建文化唯物主义的理论著作《马克思主义与文学》，对这一新的唯物主义概念做了全面的阐述。

威廉斯的《文化与社会 1780—1950》(1958) 被誉为文化研究经典之作，这是英国文化理论史上一部里程碑式的巨著，开启了注重文化与社会的互动关系，尤其是从社会语境即社会的物质条件来诠释文化的新方向，形成了时至今日仍然非常活跃的一派学说，或曰"文化唯物主义"。威廉斯选择了英国文学史和思想史上的一些代表人物，探讨他们写作中对"文化"这一概念创造性地运用，追述了从工业革命到 20 世纪中叶"文化"的含义随社会变迁而演变的过程。他摒弃了狭义的文化概念，认为文化不应该仅仅是一个时代高级的精神和艺术产品，从根本上来说它是"一种生活方式"(a way of life)，从而在理论上确立了"文化是普通的"(culture is ordinary)这一典型的威廉斯式的立论。这个立论从此成为威廉斯和左派文化阵营与文化精英主义对峙和斗争的理论武器。

2. 著作节选

马克思本人曾想构建一种文化理论，但没有完全建成。例如，他对文学所作的随兴的议论只是作为那个时期的一位有识之士的感想。很难把它看成是我们今日所熟悉的马克思主义的文学批评。

——选自《文化与社会1780—1950》，吴松江、张文定译，北京大学出版社1991年版，第338页。（以下引用该书只注页码）

　　一种马克思主义的文化理论应充分估计多样性和复杂性，应考虑到变革的延续性，应考虑到或然性以及某些有限的自律领域，但尽管有了这些有限的限定条件，它还是以为经济结构的事实以及随经济结构而来的社会关系是由一条导线，文化在这条导线上编织起来，而且可以沿着这条导线去理解一种文化。这一点仍然是一种受到强调的理论，而不是一种非具体化的理论，这正是本世纪马克思主义者从他们的传统中继承下来的。（第343页）

　　人们都懂得，艺术是"依赖于社会变化"的。（第348页）

（二）伊格尔顿

　　1. 著作简介

　　伊格尔顿自20世纪60年代后期开始其著述生涯以来，已被公认为当今的西方马克思主义文学批评，尤其是阿尔杜塞的结构主义—马克思主义学派，在英语文学界最重要的代表人物之一。在他之前的卢卡契、本雅明、布莱希特、阿尔杜塞、戈德曼等西方马克思主义理论大师都曾对他的文学批评思想的形成发生过不同程度的影响。但他不断地超越包括自己的老师威廉斯在内的前辈理论大师，糅合批评的意识形态性和文化批判精神于自己的著述，从而针对当代西方理论界出现的各种新理论思潮和文化现象不断地发出强劲的声音。1976年，伊格尔顿出版了《批评与意识形态》和《马克思主义文学理论》两部代表作，引起很大反响，被普遍看作对马克思主义文学理论的重要贡献。两部著作反映了伊格尔顿对马克思主义与文学问题的集中系统的思考，这与当时的历史现实条件有关。

　　2. 著作节选

　　马克思主义批评在改造人类社会方面具有不说是中心的、也是重要的作用。……马克思主义批评是一个更大的理论分析体系中的一部分，这个体系旨在理解意识形态，即人们在各个时代借以体验他们的社会的观念、价值和感情。而某些观念、价值和感情，我们只能从文学中获得。理解意识形态就是更深刻地理解过去和现在，这种理解有助于我们的解放。

　　——选自《马克思主义与文学批评》，文宝译，人民文学出版社 1980 年版，第 2—3 页。以下引用该书只注页码。

　　马克思主义批评不只是一种"文学社会学"，只考虑小说怎样出版，是否提到工人阶级等等。马克思主义批评的目的是更充分地阐明文学作品，这意味着要敏锐地注意文学作品的形式、风格和含义。（第 6 页）

　　归根结底，一个社会的统治意识即是那个社会的统治阶级的意识……这种知觉结构（意识形态）确保某一社会阶级统治其他阶级的状况或者被绝大多数社会成员视之为"当然"，或者就根本视而不见。……对于马克思主义来说，艺术是社会"上层建筑"的一部分，即复杂的社会知觉结构的一部分。……一种意识形态从来就不是一种统治阶级意识的简单反映；相反，意识形态永远是一种复杂的现象，其中可能掺杂着冲突的，甚至是矛盾的世界观。（第 9—10 页）

　　首先，意识形态不是一套教义，而是指人们在阶级社会中完成自己的角色的方式，即把他们束缚在他们的社会职能上并因此阻碍他们真正地理解整个社会的那些价值、观念和形象。（第 20 页）

（三）弗雷德里克·詹姆逊

1. 著作简介

　　詹姆逊于 20 世纪 80 年代初期出版的《政治无意识——作为社会象征行为的叙事》（1981）是一部产生过重要影响且极具挑战性的学术著作。正是这部作品奠定了他在批评理论界的地位，在这部著述中，他以黑格尔和马克思的辩证法和历史观为指导，将一切文本与意识形态联系起来，提出了独特的解释文学作品的叙事分析方法：叙事艺术是人类一种复杂的思维方式；人们通过叙事方式去了解历史，形成历史的叙事，但历史既指事件也指存在方式，由生产方式决定，因此必须认识主体对过去的理解和阐释行为，因为阐释行为本身也是叙事，是历史和意识形态的体现；文化制品和叙事形式本身形成"形式的意识形态"。

詹姆逊为构建总体化的马克思主义阐释学体系所表现出的动机可谓远大，但这种努力和追求同时又可能暴露出某些弱点，而易招致各方面的抨击。在最根本的层面上，詹姆逊的理论体系可以被看作是在寻找"所有神话的答案"，而且在寻找答案的过程中，他从众多的来源里只选择了那些碰巧与其系统契合的某些成分，这就容易导致人们对他构建的体系产生误解。从结果来看，詹姆逊创造的这一模式或体系的确具有广泛的包容性，它既包含了阿尔都塞、马舍雷的结构马克思主义，又包含了结构主义、后结构主义、形式主义、原型批评及其他重要的批评流派。在后现代主义时代，既然"解构"成了我们建立知识体系的一大特征，要建立一套新的文本阐释体系必然要面临一系列的挑战。詹姆逊是当代西方马克思主义文论大师，他始终清醒地站在马克思主义的立场，来指导自己的实践活动。《政治无意识》所体现出来的巨大包容性，说明正是詹姆逊宽容的学术精神和强烈的创新意识，使马克思主义文论获得了新的生命力。

2. 著作节选

本书将论证对文学文本进行政治阐释的优越性。它不把政治视角当作某种补充方法，不将其作为当下流行的其他阐释方法——精神分析或神话批评的、文体的、伦理的、结构的方法——的选择性辅助，而是作为一切阅读和一切阐释的绝对视域。

这显然是比那种肯定为每一个人所接受的谦虚主张极端得多的一种观点，那种谦虚的主张认为，有些文本具有社会的和历史的，有时甚至是政治的共鸣。诚然，传统文学史从来不阻止探讨这样一些主题，如但丁作品中佛罗伦萨的政治背景，或弥尔顿与分裂教会派的关系，或乔伊斯作品中爱尔兰的历史暗喻。然而，我要论证的是，这样的信息——甚至在大多数情况下并不包含在思想史的唯心主义观念之中——并不产生如是阐释，而充其量是这种阐释的（不可或缺的）先决条件。

——选自《政治无意识——作为象征行为的叙事》，王逢振、陈永国译，中国社会科学出版社1999年版，第8页。

思考题：

1. 卢卡奇是怎样用总体性的范畴来构筑"伟大的现实主义"的美学体系的？

2. 葛兰西的建立无产阶级"文化霸权"理论的现实意义何在？

3. 如何理解法兰克福学派在西方马克思主义传播与发展中的地位和作用？

4. 我们怎样正确认识文化艺术的社会批判功能？当代英美文化批评有何借鉴意义？

再版后记

　　2008年，我们在上海市教委重点科研项目——"马克思主义文艺观理论与实践"研究和本科生思想政治理论课实施"马克思主义文艺观"进课堂实践的基础上，编写出版了《马克思主义文艺观教程》，至今已近十五年了。教材一经出版，就引起了全国艺术院校的广泛关注，不少艺术院校还选用了此本教材开展教学。此间，中国化马克思主义文艺理论伴随着中国特色社会主义文化建设的丰富实践有了很大的发展，产生了新的理论成果。为了在艺术院校大学生中更系统、全面、完整地开展马克思主义文艺观教育，引导他们运用马克思主义的观点和方法观察、研究复杂多变的文艺现象，进而培育他们形成正确的文艺观、审美观，我们在教育教学和理论研究两个方面齐头并进开展工作。一方面，继续在本科生思想政治理论课教学中实施马克思主义文艺观教育，同时在硕士研究生中开设"马克思主义文艺理论"课作为必修课程，多层次地开展马克思主义文艺观教育教学工作。另一方面，加强马克思主义文艺理论尤其是中国化马克思主义文艺理论研究，先后申请了"艺术院校马克思主义学科建设研究""新时代马克思主义文艺理论研究"等课题开展研究，试图通过深入研究更准确地理解和把握中国化马克思主义文艺理论成果的精髓，以科研为支撑来进一步促进教育教学水平的提升。

　　今天，我们将这些年开展马克思主义文艺观教育教学的经验和理论研究的成果加以梳理和总结，决定对《马克思主义文艺观教程》进行修订出版。此次再版，我们在内容上增加了中国化马克思主义文艺理论的最新成果，对第一版中某些陈旧的观点进行了修改，还参考、吸收、借鉴了学界同仁的研究成果。同时，编写成员也做了一些调整，各章撰写具体分工如下：导论，王奥娜；第一章、第二章，曹骏扬；第三章，桑新梅；第四章，施华东；第五章、第六章，陈敏；第七章，王奥娜。全书最后由陈敏统稿、定稿。

此次修订的《马克思主义文艺观教程》是上海市高水平地方高校建设项目"新时代马克思主义理论"阶段性成果，是上海戏剧学院"十四五教材库"校级规划建设教材，也是上海戏剧学院一流研究生课程"马克思主义文艺理论"课程建设阶段性成果。在项目立项及教材出版过程中，得到了上海戏剧学院教务处、科研处和研究生部的鼎力支持和帮助，在教材编写修订过程中，参考、吸收、借鉴了学界同仁的研究成果，在此一并表示诚挚的感谢。我们的学识、能力有限，本书的错讹、疏漏之处，在所难免，恳切希望专家、同行和读者们不吝赐教。我们会继续努力，开拓奋进。

陈　敏

2023 年 9 月